2017年广西社科规划课题《中国——东盟地区海外劳工权益保护法律问题研究》（17BFX003）成果

中国海外劳工权利法律保护研究

陶斌智　著

WUHAN UNIVERSITY PRESS
武汉大学出版社

图书在版编目(CIP)数据

中国海外劳工权利法律保护研究/陶斌智著.—武汉：武汉大学出版社,2017.12
ISBN 978-7-307-19037-5

Ⅰ.中…　Ⅱ.陶…　Ⅲ.国际合作—劳务合作—权益保护—劳动法—研究　Ⅳ.D912.504

中国版本图书馆 CIP 数据核字(2016)第 299042 号

责任编辑:胡　荣　　责任校对:李孟潇　　版式设计:马　佳

出版发行：**武汉大学出版社**　(430072　武昌　珞珈山)
(电子邮件：cbs22@whu.edu.cn　网址：www.wdp.com.cn)
印刷：虎彩印艺股份有限公司
开本:720×1000　1/16　印张:19.25　字数:337 千字　插页:1
版次:2017 年 12 月第 1 版　2017 年 12 月第 1 次印刷
ISBN 978-7-307-19037-5　定价:45.00 元

前　　言

全球化使通信和交通成本大幅降低，主权国家间不断扩大的经济和人口差别，使人类跨越国界的迁移成为全球化世界中的一种“自然反应”。历史唯物主义观点认为，“人口在世界各国的流动，实际上是平衡全球生产力发展和适应商品交换需要的一种社会必然产物”。国际移民现象伴随着国家的出现而产生，移徙劳工也必将受到国家法律、国际条约和惯例的规制和调控。尽管国际、国内层面不乏保护移徙劳工的国际标准和政策法律，但海外劳工总是在剥削性条件下工作，基本权利被剥夺，常常被排除在社会保护、法律保护之外，地位日益边缘化，最终致使其脆弱性进一步恶化。改善海外劳工的工作条件与劳动待遇充满了复杂性与挑战性，这就意味着解决措施必定是综合性的和多渠道的。海外劳工权利保护需要母国、东道国法律衔接配合，国内国际规则整合协作，硬法与软法融通合作。

海外劳工内部已有不同向度的分化和转型，其享受权利、待遇亦相应不同，不同群体权利缺失和诉求存在着广泛的统一性与多样性，故需首先明晰相关主体概念并界定权利形态与构成。观察海外劳工受侵害的基本表现形式，从政策理念、政府责任、劳工地位、维权能力、工会角色等方面分析其可能的原因，发现海外劳工实有权利减损、法定权利缺失、应有权利虚无。

海外劳工权利保障从来就不能回避一个“权利合法性的价值基础”，本书将直秉公平正义的价值理念，并将之作为海外劳工权利保障研究的逻辑起点。人权保护、弱势群体保护、人的全面发展理论、国家保护责任与权能、劳动创富理论均从不同维度阐释了海外劳工权利保护的理论基础。以此为基础，才能多角度、多层次地为东道国、母国、国际组织、市场主体与社会力量保护海外劳工权利提供强有力的理论支持和价值引导。

一般而言，跨国流动和劳动就业对劳工自身、输出和接受劳工的国家均为有利，因此母国、东道国都有动力、责任和道义保护海外劳工。海外劳工汇款既刺激母国消费，又带动了投资，新增国内就业岗位，从而成为母国发展所需资金的一个重要来源。海外劳工也可能成为新技术和新思想的源泉以及新兴出口产业形成的助推器，这会让广大国内民众同时受益。根据国家责任、属人管辖权、国家能力理论，母国应是保护海外劳工首当其冲的责任主体，应负担起域内域外全程保护海外劳工的责任。通过对海外劳工母国保护法律的一般性梳理和对印度、菲律宾等劳务输出较为成功国家的经验剖析，在出国管理、教育培训、合同监控、延伸保护、福利援助、归国安置等重要环节之法律安排方面加以借鉴，指陈中国现行法律制度存在立法体系不完善，开放不足，监管不力，市场无序，服务、支持功能不足和海外保护能力不足等种种缺陷，从完善海外劳工保护专门立法、专门机构统一执法、引导私人部门有序参与、强化政府服务与保障责任、改革教育培训制度、强化司法保护职能等方面提出立法、行政、司法建议。

对东道国而言，在多数情况下外籍劳工只是“填补空缺”，一般不会造成当地人失业，也不会冲击工资水平的稳定。相反，外籍劳工在当地缴纳的税金往往大幅超出其所享受的公共服务。在应对人口老龄化问题、提高劳动生产率和参与率方面，外籍劳工进入当地劳动力市场还能有效避免东道国整体福利水平下降。虽然输入劳工会引发社会适应性问题，但此种负面影响远不足以抵消外籍劳工给东道国带来的种种收益。但海外劳工通常会面对政治、经济、社会、文化上的多重不利因素，只能享受有限的权利、福利和不均等的就业机会。东道国雇佣关系的灵活性和就业的竞争性导致非正规就业、国籍歧视、违法招募以及非正常状态屡禁不绝。根据国民待遇和国际责任理论，东道国应是保护海外劳工权利责无旁贷的义务主体，其外籍劳工保护政策具有政治、经济、社会以及国际意义，因此其有责任兑现在宪法和国际条约中那些保证实行平等待遇的承诺，并最大程度地降低海外劳工所遭受的强迫、虐待与剥削。书中对大陆法系、英美法系、混合法系国家外籍劳工保护法律制度予以评析，指出欧陆国家外国人就业法专门保护、美国反就业歧视法精准保护、混合法系国家行政与司法交相保护均可借鉴，针对东道国立法保护不周、行政保护不足和司法保护不力等缺陷，从东道国立法规定的周延性、行政执法的充分性、司法运作的实效性方面指出完善之策。

总之，健全的移徙劳工政策既要立基于整体利益、长远利益之上，又要立足于尊重基本人权以及坚持人道主义原则，致力于两种目标的融合与平衡。母国、东道国在海外劳工权利保障中总是处于主导性地位，不应把政府当作侵权主体或“帮凶”予以价值上的批评。惟其如此，才能构建政府主导、多方参与的海外劳工权利保障体系。

从根本上说，管理海外劳工活动是个多边性的国际问题。但对移徙劳工政策的选择最终体现的是各国内部及相互之间的价值取向和优先目标。因此在确定移徙劳工政策方向时各国须达成广泛的共识，进而建构一个共同的行动框架。当前移徙劳工流动的全球规模及其网络的全球影响也进一步迫使各国通过双边或多边协议和条约来加强国际合作。同时不容忽视的是，大部分跨国界流动仍然发生在地区范围内，因此，区域条约和程序对于移徙劳工管理和保护同样重要。由此可知国际法规则和安排在海外劳工权利保护方面的作用无可替代。解读现行多边条约、区域条约、双边条约文本，发现三者在整合移徙劳工保护领域的国际标准和方法，授权或促进成员国采用国际标准和政策行动，提高国际劳工标准的连贯性、互补性、执行力和影响力均有积极作用和缺憾之处，针对三大层面条约不同的规制方式和运行环境，建议完善以权利为基础、惠及各方的国际移徙劳工制度，衔接国内国际规则共同治理移民过程，确保国际劳工标准连贯一致与权威适用，坚持共同但有区别责任的原则协调平衡各国利益主张，提升移徙劳工社会地位和推广海外劳工保护的最佳实践。

软法作为海外劳工权利保护的新工具，具有创制主体多元、制度安排灵活开放等特征。劳动软法与硬法可实现分工合作、优势互补，提升法律实效、降低治理成本，有利于海外劳工充分表达权利诉求、雇主企业强化自我约束以及良善应对劳资矛盾，从而能变革传统的劳动管制模式，推进劳动治理民主化与法治化。软法创制中存有地位不等、利益不均、保护不足问题以及实施中履行不实、追责不力、政治泛化、标准分歧等困境，但通过软法的民主创制、标准统一以及政府推动、劳资合作等途径，可促成政府“赋权”与劳工“自我增权”互动相济、国家“公力救济”与劳工“私力救济”有机联结、法律调控机制和社会压力机制协调配合。总之，软法机制的引入能整合国家、市场、社会三方力量参与劳动治理，其善用外在的市场规则、社会压力以及内在的自我约束、自发维权，从而全方位地支持与保障海外劳工权利。

现代国际移徙劳工从根本上说是经济全球化的产物，同时也是经济全球化的要素。全球化在国际政治经济关系层面以及实现平衡、可持续发展方面并未给发展中国家及其国民带来公正，更未给广大海外劳工带来公正。海外劳工权利保护问题既是全球化在社会方面产生的问题，也可能是影响人类安全与发展的全球性问题。因此需要立即采取共同行动改善海外劳工的地位和待遇，建立一种各方接受、多边合作、以公平正义为目标、以全面保护为原则的法律政策体系，从而确保劳务移民产生互利普惠之效，确保全球化在社会方面的公正。

目　录

导　论 …… 1
一、选题背景与意义 …… 1
（一）选题背景 …… 1
（二）选题意义 …… 4
二、研究综述与评析 …… 6
（一）国内研究综述 …… 6
（二）国外研究综述 …… 9
（三）国内外研究评析 …… 13
三、分析思路、研究方法与可能的创新 …… 14
（一）分析思路 …… 14
（二）研究方法 …… 15
（三）可能的创新 …… 17
四、叙述框架内容、拟突破的重点难点 …… 19
（一）框架内容 …… 19
（二）计划突破的重点和难点 …… 20

第一章　海外劳工权利保护问题概述 …… 23
一、海外劳工权利考察 …… 23
（一）海外劳工的界定 …… 23
（二）劳工权的意蕴 …… 31
二、海外劳工受侵害的权利 …… 34
（一）实有权利的减损 …… 34
（二）法定权利的缺失 …… 37
（三）应有权利的虚无 …… 43
三、海外劳工权利被侵害的主要原因 …… 47
（一）政策理念偏差 …… 47

（二）政府责任缺位 …… 47
（三）社会支持缺乏 …… 48
（四）劳工自身弱势 …… 49

第二章　海外劳工权利保护的理论基础 …… 51
一、人权保护理论 …… 51
（一）人权保护之价值 …… 51
（二）劳动者的人权保护 …… 55
（三）弱势群体的人权保护 …… 57
二、人的全面发展理论 …… 59
（一）劳动权保障人的劳动能力的发展 …… 60
（二）劳动权保障社会关系的发展 …… 61
（三）劳动权保障人的需要的实现 …… 64
（四）劳动权保障人的自由个性的发展 …… 66
三、国家管辖权理论 …… 67
（一）母国属人管辖权：合理延伸与自我限制 …… 67
（二）东道国属地管辖权：优先适用与待遇保障 …… 69
（三）外交保护：管辖权的衔接与协调 …… 72
四、国家责任理论 …… 73
（一）国家的内部责任 …… 74
（二）国家的外部责任 …… 75
（三）国家劳工保护机制的构建 …… 78
五、劳动创造财富理论 …… 83
（一）劳动创造财富理论的价值内涵 …… 83
（二）保护劳工与财富创造之关系 …… 84

第三章　海外劳工权利的母国法律保护 …… 87
一、海外劳工母国法律保护域外实践考察 …… 88
（一）海外劳工母国保护法律发展的基本状况 …… 88
（二）海外劳工母国法律保护的基本经验 …… 94
（三）海外劳工母国保护的典范：印度经验考察 …… 101
二、我国海外劳工保护的法律演进与制度缺陷 …… 106
（一）我国海外劳工法律制度的历史变迁 …… 108

（二）我国海外劳工保护法律制度的缺陷 …………………………… 116
三、完善我国海外劳工法律保护的初步构想………………………… 123
（一）完善海外劳工保护专门立法 ………………………………… 124
（二）成立专门机构统一执法 ……………………………………… 125
（三）引导支持私人部门有序参与 ………………………………… 127
（四）强化政府管理、服务与支持、保障责任 …………………… 129
（五）改革教育培训制度 …………………………………………… 130
（六）善用外交保护与司法保护 …………………………………… 131

第四章　海外劳工权利的东道国法律保护……………………………… 135
一、东道国外籍劳工法律保护的政策意义…………………………… 135
（一）政治意义 ……………………………………………………… 135
（二）经济意义 ……………………………………………………… 137
（三）社会意义 ……………………………………………………… 139
（四）国际意义 ……………………………………………………… 140
二、东道国外籍劳工保护法律制度基本状况………………………… 143
（一）大陆法系国家外籍劳工保护法律制度 ……………………… 144
（二）英美法系国家外籍劳工保护法律制度 ……………………… 152
（三）混合法系国家外籍劳工保护法律制度 ……………………… 160
三、东道国外籍劳工保护法律制度评析……………………………… 166
（一）大陆法系国家外籍劳工保护法律制度评析 ………………… 166
（二）英美法系国家外籍劳工保护法律制度评价 ………………… 173
（三）混合法系国家外籍劳工法律制度评析 ……………………… 183

第五章　海外劳工权利的国际法保护…………………………………… 195
一、国际层面条约对海外劳工权利保护的不足和完善……………… 195
（一）现行国际层面条约概况 ……………………………………… 195
（二）现行国际层面条约作用评价 ………………………………… 199
（三）现行国际层面条约的完善与利用 …………………………… 206
二、区域层面条约和安排对海外劳工权利保护的
不足和完善……………………………………………………… 214
（一）现行区域层面条约概况 ……………………………………… 214
（二）区域层面条约作用评价 ……………………………………… 219

（三）现行区域层面条约完善与利用 …………………………… 228
三、双边层面条约和安排对海外劳工权利保护的
不足和完善………………………………………………… 237
（一）典型国家间双边劳工条约 ……………………………… 237
（二）双边劳工条约作用评价 ………………………………… 240
（三）中国完善和利用双边劳工条约的建议 ………………… 245

第六章　海外劳工权利保护的新工具——软法………………… 257
一、海外劳工权利保护中的软法概观…………………………… 257
（一）软法的含义 ……………………………………………… 257
（二）软法的规范形式 ………………………………………… 258
（三）软法的特征 ……………………………………………… 260
（四）软法的价值 ……………………………………………… 263
二、海外劳工保护领域中软法的制定…………………………… 267
（一）软法的制定方式 ………………………………………… 267
（二）软法制定过程中的问题 ………………………………… 269
三、海外劳工保护软法的实施…………………………………… 270
（一）全面落实海外劳工权利诉求 …………………………… 270
（二）督促雇主企业自我约束 ………………………………… 271
（三）弹性灵活应对矛盾纠纷 ………………………………… 272
（四）协调各国劳动治理行动 ………………………………… 272
四、海外劳工权利软法保护的不足及其完善…………………… 274
（一）海外劳工权利软法保护的不足 ………………………… 274
（二）海外劳工软法保护的完善与利用 ……………………… 276

结语：体面劳动，公平的全球化………………………………… 281

参考文献…………………………………………………………… 284

后　记……………………………………………………………… 297

权利，同我们一起诞生。

——歌德

导　论

一、选题背景与意义

（一）选题背景

1. 国际背景

（1）全球人口急剧增长。当前世界人口正以每年约 8 400 万的速度增长，全世界每年则新增劳动力约 1 亿人，而全世界失业和就业人数不会少于 10 亿。新增人口、新增劳动力、失业或就业不充分的人口绝大部分来自于发展中国家。新增人口、新增劳动力、失业和就业人口相当一部分会选择或试图移民，流动到境外寻求工作机会或谋求更好的工作。人类历史几乎就是一部移民史。据估计全世界有超过 8 000 万经济活动移民，而 2013 年这一数字已达到 2. 32 亿。在过去 10 年中每年增加大约 600 万移徙劳工，其增长率高于世界人口增长率。

（2）经济全球化的推动。全球化、信息通信和交通成本大幅降低，主权国家之间不断扩大的经济和人口差别，使人类跨越国界的迁移成为在全球化世界中的一种“自然反应”。马克思历史唯物主义观点认为，人口在世界各国的流动，实际上是平衡全球生产力发展和适应商品交换需要的一种社会必然产物。国际移民现象伴随着国家的出现而产生，同时它也必将受到国家法律、国际条约和惯例的制约和调控。① 现代国际移徙劳工从根本上说是经

① 翁里著：《国际移民法学》，浙江大学出版社 2000 年版，第 1~3 页。

济全球化的产物，同时也是经济全球化的要素。①

（3）国际经济发展不平衡。移民活动的推动力量很多而且背后原因较为复杂。一般说来，"国家间差距的扩大，以及缺少有吸引力的就业机会和体面工作的机会、生活保障和个人自由等，可用于解释很多现代国际移民现象"②。当然最核心的原因是穷国与富国之间的人均收入差距不断加大，国际劳工组织最近的一项研究也表明，按人均 GDP 衡量的国家间不平衡正持续扩大。③ 国际劳工局索马维亚局长因此指出："如果你从人的角度来观察全球经济，其最大的结构性失败就是没有能力在人们生活的地方创造出足够的工作岗位。"④

（4）全球就业不足与人口老龄化并存。经济、政治和人口因素表明世界正处在一个移民压力增加的时代。发展中国家每年都有几百万青年人进入劳动力行列，而创造工作岗位的速度却不足以吸纳他们；与此同时，较为发达地区的人口日益老龄化，很多部门出现劳动力不足。从历史和现实上看，移民活动有利于绝大多数移民本身，也有利于海外劳工东道国和母国，因其为全球劳动力人口结构失衡问题提供一种解决之道，缓解发展中国家（一般为劳工输出国）庞大的人口就业压力，同时又减缓发达国家（一般为劳工输入国）累积的人口老龄化压力。

（5）海外劳工权利频遭侵害。国际移徙对广大海外劳工是一种谋生之道，劳动是其在东道国安身立命之本。但大量移徙劳工却遭受着最为恶劣的工作和生活条件。来自发展中国家的海外劳工从事几乎所有类型的工作，但绝大多数位于就业阵营的最底层，而且通常从事那些肮脏（dirty）、危险（dangerous）和困难（difficult）的工作——所谓"3D 岗位"，这些岗位一旦变成"移民者的岗位"，就有可能固定下来，就此定向分配给海外劳工。也许海外劳工的就业条件可能好于其母国，但通常必须接受比东道国国民要低得多的工资和差得多的工作、生活条件。尽管国际、国内层面不乏保护移民

---

① 丘立本：《国际移民的历史、现状与我国对策研究》，载《华侨华人历史研究》2005 年第 1 期。

② ［美］P. 马丁、J. 维德根：《国际移民：面对挑战》，载人口基准局《人口公报》2002 年第 57 卷第 1 期。

③ 阿吉特·K. 戈斯：《贸易和国际劳工流动》，国际劳工局就业文件，2002/33，（2002 年，日内瓦）。

④ 《在全球经济中为移徙劳工谋求公平待遇》，国际劳工大会 2004 年第 92 届会议，报告六，国际劳工组织，日内瓦，2004 年第 1 版，第 7 页。

的国际标准、政策法律，但海外劳工作为劳动者的权利几乎总是遭到践踏、侵害乃至剥夺，诸如被中介提供虚假工作、被雇佣从事危险工作以及被迫支付过高的安置费用、被雇主克扣或不付工资等。同时海外劳工不得不承受许多诸如种族主义、排外主义、贩卖人口和强迫劳动的巨大风险。①

（6）国际劳工保护机制不完善。愈演愈烈的跨国劳工流动已成为国际社会的一个中心问题，对移民活动进行管理，以及在全球经济中为移徙劳工建立一种公平待遇，使得海外劳工能够成为一种促进增长和发展的力量，而不是导致地下移民活动以及对既有体制和公认劳工标准造成威胁。但是处于非正常状态的海外劳工的数量正在急剧增加，移民过程的不断商业化，东道国对非正规就业方式的容忍甚至鼓励，以及现行国际国内立法尚未建立起有效的海外劳工保护机制，无一不对海外劳工权利的保护问题带来了难题和困局。

2. 中国背景

（1）人口大国面临就业困局。中国作为世界上最大的发展中国家和第一人口大国，人口规模持续增长，就业人口集中释放导致国内就业形势严峻，岗位饱和、就业不足同时并存，向外输出劳动力成为舒缓国内就业压力的重要出口。

（2）国内经济发展遭遇困难。因中国经济发展基础内在的缺陷和国际金融危机的冲击，导致出口、消费、投资动力不足，产生经济增长失速甚至经济停滞之虞，能否成功跨越中等收入陷阱仍存隐忧。传统产业产能过剩、产业转型升级导致就业结构失衡、经济增长压力陡增，急需找寻经济增长和外向发展的国际空间。

（3）改革开放和“走出去”战略带动海外劳工输出。中国作为“超日赶美”的全球第二大经济体和“世界工厂”，需要向外转移过剩产能、过气产业，需要绕过主权国家人为设置的国际贸易投资、高新技术方面的市场壁垒，争夺海外原料资源、消费市场甚或先进技术。同时中国实施的改革开放即是对内改革与对外开放，因此随着中国国力的强劲增长，国家“走出去”战略全面展开，国际贸易、国际投资规模齐头并进、迅猛增长，海外工程承包总量大幅攀升，中国—东盟自由贸易区建成以及各种服务贸易自由化的安排带动自然人流动加速，对外劳务输出从广度到深度全面拓展，中国国民赴

① ［印］P. N. 巴格瓦蒂法官：《移民和贩卖人口特别是贩卖妇女与儿童的问题》，曼谷：筹备世界反对种族主义会议和亚洲太平洋地区专家研讨会，2000年9月。

海外就业进程以一种前所未有的速度和态势在世界范围内全面展开。

(4) 中国劳工海外权利屡遭侵害，国内立法尚无积极应对。由于中国与海外劳动市场及相关法律差异巨大，入境后劳工在就业条件、工作待遇、职业安全、医疗保险、福利保障等方面存有差别待遇，法律冲突和权利纠纷层出不穷，中国海外劳工在东道国人权、劳动权频遭侵害，地位极为脆弱。我国对海外劳工的保护目前仅限于运用外交保护手段，但其覆盖范围有限，远不能做到事前防范与全面、及时救济。而我国国内立法尚无综合性的行政、司法手段全面保护海外劳工的配套规定。

(5) 国内相关研究不足。我国学术界研究主要聚焦在国内劳工权利保护方面，忽略或忽视了新生的且日益壮大的海外劳工群体的权利保护。因此，如何解决涉及海外劳工之劳资纠纷？从公平正义角度如何完善母国涉外法律政策保护本国海外劳工？如何完善东道国国内法律规范保护外籍劳工？如何在国际法律与规则框架下保护国际移徙劳工？如何通过软法规范整合海外劳工保护的市场纪律和社会惯例？研究和解决这些问题是十分迫切的。

(二) 选题意义

1. 理论价值

(1) 马克思主义理论探索方面

马克思主义内在本质、其所具有的理论特质和实践旨趣决定马克思主义学说永葆时代价值，将一直“占据着世界思想舞台的制高点”，同时会紧扣时代脉搏不断丰富发展。本文将始终坚持和运用马克思主义基本原理，认识实践、分析矛盾、解决问题，试图在现时世界、信息化社会、全球化时代丰富与拓展马克思主义法学的研究领域，亦即海外劳工法律保护问题。

一是因为马克思主义具有科学的前瞻性，其为当下中国乃至世界实现更高的劳工保护目标提供了正确而有利的一般规律或者说是理论根基。马克思揭示了存在的真实或者真实的存在，本文试图借助马克思揭示的普遍真理或一般规律来分析当下的法律、劳工、社会问题。其一，对社会存在的真实之揭示。马克思指出生产力决定生产关系，经济基础决定上层建筑，上层建筑对经济基础具有反作用。各国的迥异法律作为上层建筑的一部分，其实质反映的是其所有制属性，而反过来，法律也可作用于经济基础。这就为主权国家的法律建设、完善提供了可能。其二，对人之存在的真实之揭示。马克思揭示人之存在的物质前提和精神前提、人之解放的物质层面与精神层面以及人之解放外在和内在方面的过程与结果。这无疑会为海外劳工的权利保护提供更高层面的指引，即海外劳工之保护应立足于人之全面发展或人之解放。其三，对现实的真实之揭示。马克思指出了资本主义社会中资本对劳动的掠夺，揭示了剩余价值作为资本家掠夺的中介和目的以及由此导致的社会结构性对立。正是马克思准确把握社会症结所在、矛盾所在，本书才有可能在此基础上提出用法律手段为劳工群体增权赋权，使其能享受体面劳动的条件和分享社会发展、全球化发展的成果。

二是马克思所针对的时代问题（如劳资矛盾在东道国雇主与海外劳工之间依存、东西方矛盾在劳工输出国与输入国之间犹在），直至今天仍未得到根本性解决，其当时提出的解决措施置于今日时代特征及语境下仍很有价值，笔者试图在马克思主义的基础上从法制建设角度加以探索和分析。

三是马克思主义揭示了世界发展的一般规律或真理性认识，作为科学的世界观和方法论具有恒久的指导价值。在经济全球化条件下马克思主义学说更具有现实意义，本书试图通过海外劳工保护这一具体话题或载体来阐释马克思主义的现实意义和实践意义，充分认识和科学把握马克思主义方法论和世界观的科学性、严谨性和有机性，以其基本要义和旨趣为起点，综合运用辩证的方法、历史的方法、经济决定论和阶级分析的方法，一切从实际出发，观察和分析海外劳工权利保护问题。

简言之，对开放包容、永续发展的宏大马克思主义理论体系而言，本书的探索更多的是一种坚持，一种可能的发展。因此全书将运用马克思主义基本立场、观点和方法贯穿始终，试图丰富马克思主义新的时代内涵。

（2）法学理论方面的价值

一是建构以海外劳工的需求和意愿为导向，既关心其在境外生存和基本权利保障，又关注其未来发展的权利保障法律体系。在国家—市场—社会的理论模式下兼顾海外劳工自身主体性（自我维权能力建设）与劳工输出国、输入国政府的主导性（法律政策调整），市场和社会力量的参与性（市场纪律与社会软约束），通过国际区域性调查和深度的案例研究，根据东道国、母国经济社会发展以及法律保护水平的差异和特点，建构多方参与的权利保障体系和差异化的行动模式，通过法律体系的完善使得海外劳工的应有权利更多地转化为法定权利，通过法律执行的落实使得海外劳工的法定权利更多地转化成实有权利。

二是用综合动态的历史眼光与积极的现实主义态度，在现有结构因素背景下，秉承公平正义的价值理念去探索海外劳工权利保障的可行性对策。从推进全球一体化发展的高度，建构国际法治、促进全球良好治理的高度，在国际国内制度、法律和政策等方面既要保障海外劳工在境外生产、生活的基本权利，又要保障有条件的海外劳工转型、融合为东道国“新居民”，享受真正意义上的国民待遇、体面劳动的待遇。

三是回答“促进社会公平正义，普遍增进人类福祉”这一重要问题，为在国际贸易、投资体制中构建“高标准的劳工保护”法律机制和中国“走出去”国家战略实施提供理论解释和理论支持。中国特殊国情、中国劳务输出中的问题决定了海外劳工权利保护与实现公平公正之路不会简单复制西方经验，研究中国海外劳工群体权利保护和如何融入东道国当地社会有助于折射出中国—东盟自贸区以及中国与世界经济社会一体化进程不同于欧洲整合的特征，也有助于顺应全球治理新格局，对接国际法治新规则，创造“面向世界、深耕亚太”的中国经验与中国道路。

2. 应用价值

研究将立足国情、把握世情，明确提出保障海外劳工权利工作的重点和发展的方向，向政府有关部门提供案例分析及政策咨询，为各级政府制定具体的政策、法规以及国际协作提供参考，为保障海外劳工权利提供可操作的实施方案。

二、研究综述与评析

（一）国内研究综述

随着中国国际贸易、投资合作的深入，国内学者对于国际贸易、投资以及劳工主要的流入目的国法律日益关注。然而，关注焦点多集中在经贸、文化、科技方面，对于国际贸易、投资与国际工程承包、自然人流动中生发出来的海外劳工权利保护的研究成果不多。研究角度主要落脚于国际经济与贸易、国际服务贸易与投资、劳动经济与社会保障、人口学与移民学等学科，各类研究成果散见于学术专著、论文及报章杂志。其中法学研究则集中于经济法、国际法领域，但从整体上看法学研究成果在学术体系中占比不大，散乱杂现象突出，尚未形成自成一体、较为完善的逻辑体系。就研究资料来说，目前国内除范姣艳博士 2013 年新出专著外，① 还未见专门的全景式劳

① 范姣艳、殷仁胜著：《中国海外劳工权利保护法律制度研究》，中国经济出版社 2013 年版，第 65 页。

工权利保护的著作面世，仅在相关硕博论文、期刊中零星出现若干有关跨国劳务输出劳工权利保护法律研究，既不系统，也缺乏可证性。就研究内容来说对海外劳工权利保障进行综合研究的学者甚少，大多数学者集中于对跨国劳务输出劳工权利保障进行研究，并且已经有一些相关的文献。从目前可得的资料来看，国内研究成果主要集中于三个方面：

一是基于国际人权法、国际劳工法等制度供给视角探讨国际劳工权利保障。常凯（2002）认为，在经济全球化的背景下，世界各国劳资关系力量对比处于一种极端不平衡的状态，各国应该在工人权利日益被忽视和侵害的情况下，逐步在全球范围内统一国内外劳工标准，保障海外劳工权利。① 李琴（2011）介绍了临时性海外迁徙工人在就业过程中面临的差别待遇，从《联合国迁徙工人公约》和《国际劳工组织迁徙工人公约》角度探讨了保护跨国临时性劳工权利的途径。② 李文臣（2005）分析劳工权利保护领域的国际劳工标准、核心劳工标准、社会条款、企业社会责任守则及 SA8000 社会责任标准，认为劳工权利保护是经济全球化发展的必然趋势。③

二是基于全球或区域贸易投资自由化的正反效应视角探讨东道国外籍劳工的权利保护。在国际贸易制度、自然人流动制度以及 WTO 框架、GATS 框架内研究劳动权利保障立法进程。李先波等（2008）研究了劳工流入东盟国家的障碍和问题，如就业测试、经济需求测试以及劳动过程中的差别待遇实定化，认为在中国—东盟自贸区框架下应逐步消除自然人流动壁垒，推动服务贸易自由化来保障劳工权利。④ 李雪平（2005）提出经济全球化背景下自由贸易的激烈竞争，使劳工权利保护更加敏感，为确保降低劳工遭受贸易侵犯的风险，应建立有效的国际劳工权利保护监督机制。⑤ 另有论文从

① 常凯：《WTO、劳工标准与劳工权利保障》，载《中国社会科学》2002 年第 1 期。

② 李琴：《临时劳动力流动全球性法律制度研究》，湖南师范大学博士学位论文，2011 年。

③ 李文臣：《国际劳工权利保护及其对中国企业的影响》，载《中国工业经济》2005 年第 4 期 。

④ 李先波、谢文斌：《东盟自然人流动制度探析》，载《时代法学》2008 年第 1 期。

⑤ 李雪平：《论经济全球化背景下国际劳工权利保护监督机制》，载《武大国际法评论》2005 年第 1 期。

WTO、GATS以及国际贸易角度论及国际流动自然人、海外劳工权利保护。①

三是基于劳务输出国政府保护责任视角探讨母国海外劳工权利保障。孙国平（2013）认为我国现行法律保护机制、理念与规范不利于保障海外劳工的合法权利，应构建劳动法域外效力规范，整理涉外劳务管理及国际合作规范。② 李先波（2010）提出我国劳务输出、签证制度、资格认证标准、就业管理之不足，认为我国在多边谈判中应争取主动，并完善国内立法和配套制度。③ 单海玲（2011）认为应全面保护海外公民合法权利，依仗国家、社团、公民三方支撑，以人权保护为原则，谋求国家海外利益最大化。④ 另有相关专著、论文从外派劳务关系法律调整、跨国公司中的中国劳工权利、外派劳务协商机制等角度来探讨劳工权利保护问题。⑤

四是从海外劳务派遣的视角探讨海外劳工权利保护问题。常凯（2011）认为海外劳务派遣关系是一种兼具跨国性和超国家性的劳动关系。作为全球化背景下一种新型雇佣形式，其涉及劳务性质认定、劳动关系管辖以及法律适用等问题。因法律缺位、政府放松管制、国内外市场经营者联手压榨、工人无组织状态导致海外派遣劳动者权益遭侵，指出加强外派劳工的保护，必须从立法上明确外派劳务的劳动关系性质和劳动者保护的基本原则，进一步规范政府责任并理顺政府管理体制，促进劳工保护国际立法和强调国内工会作用与工会国际联合。⑥ 李颖（2011）、邵永利等（2009）分别研究海外劳

① 梅跃：《流动的财富——WTO框架下我国自然人流动研究》，复旦大学博士学位论文，2006年；郭琳佳：《GATS框架下自然人流动的法律问题研究》，西南政法大学博士学位论文，2004年；李荣晋：《国际贸易中的国际劳工权利保护问题研究》，中国海洋大学博士学位论文，2008年。

② 孙国平：《我国海外劳工法律保护之检视》，载《时代法学》2013年第2期。

③ 李先波：《自然人流动规制的晚近发展及其对中国的启示》，载《法学研究》2010年第1期。

④ 单海玲：《我国境外公民保护机制的新思维》，载《法商研究》2011年第5期。

⑤ 姜爱丽著：《我国外派劳务关系法律调整理论与实务》，北京大学出版社2004年版；曹德骏：《跨国公司与中国劳工权利受损关系初探》，载《中国工业经济》2005年第5期；朱剑宇：《中国劳工权利保障制度研究》，苏州大学博士学位论文，2012年；江流：《保障劳工权利的协商机制研究》，武汉科技大学博士学位论文，2012年。

⑥ 常凯：《论海外派遣劳动者保护立法》，载《中国劳动关系学院学报》2011年第1期。

务派遣法律适用问题和涉外劳务纠纷的性质认定问题。①

（二）国外研究综述

移民已经成为我们时代的一个突出的话题和问题。民族国家之间不断增加的经济和人口差别，使人民跨越国界的迁移成为全球化世界中的一种"自然反应"。尽管目前已有保护移徙劳工的国际标准，但移徙劳工作为劳动者的权利几乎总是遭到践踏。国际社会面临的挑战是，对移民活动进行管理以便使其能够成为一种促进增长和发展的力量，而不是导致地下移民活动的泛滥和对既有体制、现存劳工标准的威胁。在管理移民活动的规则和原则方面仍未达成一种全球共识，知识界与实务界的研究、讨论将持续深入。

1994年开罗人口和发展国际大会就建立一种新的、更为有序的移民体制进行讨论，大会通过的《行动计划》呼吁移民原籍国和目的国展开合作以保护移徙劳工权利，减少秘密的或非正规的移民活动，并与种族主义和排外行为作斗争。② 在国家和国际公共政策辩论中，移徙劳工问题也占据中心地位。在1995年哥本哈根社会发展首脑会议、北京第四届世界妇女大会，1996年联合国第二届人居大会以及2001年德班反对种族主义、种族歧视、排外及相关排斥世界大会，移徙劳工权利保护问题都列入大会重点议题。1998年在海牙举办了关于移民和发展的技术性研讨会，此后联合国拉美、非洲、亚洲经济和社会委员会亦分别举办了类似的区域技术性会议，欧盟则进一步讨论移徙劳工的社会融合政策。而WTO领域中，在服务贸易GATS框架下，制定了关于临时移民活动（即模式4）的新机制和新规则。

在开发创制国际移民管理框架方面，有瑞士联邦提出的"伯尔尼倡议"以及2003年国际发展协会荷兰分会提出的《关于难民前途和移民政策的海牙宣言》。人类安全国际委员会和全球化的社会方面影响世界委员会主张更好地管理全球移民。在瑞典和瑞士的倡议下，2003年12月成立了一个全球移民委员会，其被授权将国际移民列入全球议程并分析目前处理方法的差

---

① 李颖：《跨国公司海外派遣劳务法律适用问题探究》，载《求索》2011年第11期；邵永利、王平：《涉外劳务纠纷的性质》，载《人民司法》2009年第22期。

② 联合国《国际人口和发展大会报告》，A/CONF. 171/13/Rev. 1，1994年，纽约。

距。与移民有关的国际机构，如国际劳工组织（ILO）、国际移民组织（IMO）、联合国贸发大会（UNCTAD）、联合国人权事务高专署（OHCHR）、联合国难民事务高专署（UNHCR）、联合国毒品和犯罪办公室（UNODC）以及日内瓦移民小组之间在更正式的基础上进行了定期磋商。

国际劳工组织鉴于保护移徙劳工的国际条约批准率较低且实际标准不断下降的现实，要求公约与建议书实施专家委员会对各国有关移徙劳工地位的法律与惯例进行全面调查，就审议和修订相关文书展开全面深入的综合讨论以达成广泛的共识，力图在更大范围内确定相关的原则以便建立更具可持续性的移民秩序，对移民就业进行管理以使移民成为互利性活动。上述会议及研讨均聚集经济学、社会学和法学专家，产生了一批国际经济学、社会学、国际法学领域的研究成果，而国际劳工组织独特的三方结构吸引政府官员、国际公务员、雇主代表、雇员代表秉持各自利益居于不同立场参与讨论，激发了思想的交锋与碰撞，不同的利益和思想得到了展现、协调、整合，产生了一系列理论成果。

在国际劳工组织官方网站以“migrant workers（移徙劳工）”为关键词搜索相关研究和出版物，得到的结果是 4 011 篇。从年份/数量发展趋势看，相关论文从 1984 年的 2 篇，虽经 20 年间小幅增长仍徘徊在两位数以内，直至 2006 年才突破 110 篇；但进入 21 世纪的第二个 10 年相关研究逐步升温，特别是近三年大幅攀升，分别为 2012 年达 338 篇，2013 年达 566 篇，2014 年 775 篇。① 而根据国际劳工组织统计，以移徙劳工相关的主题（Topic）分类的相关文章近年来亦热度不减，如主题为“Migrant workers（移徙劳工）”有 1 658 篇，“Labour migration（劳务移民）”有 860 篇，“International migration（国际移民）”有 666 篇，“Migration policy（移民政策）”有 378 篇，“Decent work（体面工作）”有 509 篇，“International labour standards（国际劳工标准）”有 320 篇。②

1. 宏观概括，整体论证

从宏大的应然权利以及基本价值层面讨论海外工人的劳动权。Virginia

---

① 资料来源：国际劳工组织官方网站，http：//www. ilo. org/Search4/search. do? searchWhat=migrant+ workers& locale=en_ US. html，2013 年 8 月 26 日访问。

② 资料来源：国际劳工组织官方网站，http：//www. ilo. org/Search4/search. do? searchWhat= migrant+workers&avigators=datestrnavigator%1dyearstr%1d2015%1d%5e2015%24&sortby=default&lastDay=0&collection=&offset=0. html，2013 年 8 月 26 日访问。

Mantouvalou 在 2012 年《欧洲法律年刊》上发表《劳动权是人权吗?》，从国际人权法角度出发，认为劳动权利应纳入到人权范围内，劳动权利应受尊重，劳动者应该体面劳动，应享有平等的权利和待遇，其合法权利应得到充分保障。① 并在讨论移徙劳工权利时认为其事实上处于被奴役状态。② 美国塔夫斯大学教授 Joel P. Trachtman 在 2009 年专著《经济移徙的国际法：第四类自由》中，从福利经济学、国际政治经济学、伦理学、国际习惯法、条约法、WTO 法、国际人权法等多重角度对国际劳工经济移徙状况进行了全面的规范分析，并探讨欧洲及以外地区移民管理的多边、双边和区域条约与协定，提出如何确立移徙劳工问题的全球性规则、发展出旨在促进移民的特定国际规则以及如何建构全新的国际管理与协调的组织架构。③ 2004 年、2010 年国际劳工组织举办的国际劳工大会分别出版了两份报告：《在全球经济中为移徙劳工谋求公平待遇》和《国际劳动力移徙：以权利为本位的方法》④，集中研究"移徙劳工的权利保障"这一核心主题，分析了全球化世界中的劳务移民、移民及其后果、移徙劳工的工作条件和待遇、关于移徙劳工和移民活动的国际法规、国际组织及各国政府和社会伙伴的活动、移民活动的管理以及未来的出路等问题。

2. 中观解析，国别综述

2012 年国际劳工事务局发表了东盟地区、南亚地区等亚洲国家劳工权利报告如《菲律宾劳工权利报告》、《泰国劳工权利报告》以及《印度劳工权利报告》、《斯里兰卡劳工权利报告》，通过对劳工权利状况全面详细的调查，指明部分东盟成员国政府官员缺乏资源、能力和权威来有效地监控企业，侵犯海外劳工权利事件时有发生，提出如何从国家政策、市场力量层面

---

① Mantouvalou V, *Are Labour Rights Human Rights?*, European Labour Law Journal, 2012, pp. 151-172.

② Mantouvalou V, *Migrant Workers and Modern Slavery*, (2006) Yearbook of Immigration and Refugee Law, United Nations Office of the High Commissioner in Human Rights, (in Greek), pp. 397-419.

③ Joel P. Traehtman, *The International Law of Economic Migration. Toward the Fourth Freedom*. Kalamazoo: W. E. Upjohn Institute for Employment Research, 2009.

④ 资料来源：国际劳工组织官方网站，ILO. Executive summary, international labour migration: a rights-based approach, 2010, http://www.ilo.org/wcmsp5/groups/public/-ed_protect/-protrav/-migrant/documents/publication/wcms_208594.html，2013 年 10 月 28 日访问。

监控企业以维护海外劳工合法权利。也有研究倡导旨在保护和促进东盟地区海外劳工权利的三方行动，建立一个更强大的地区性法律和政策框架来更有效地管理劳动力迁移和保护移徙劳工权利，增强政府的监控能力以确保劳工和移民法律法规的执行，增强社会合作伙伴的能力以对劳动力迁移政策和海外劳工权利保护形成正面影响。① 亦有研究南亚国家的移徙劳工权利保护状况，着重探讨政府、工会角色与作用，特别指出有组织的海外劳工其在母国遭受的欺诈与胁迫、在东道国遭受的剥削与虐待将显著减少，并建议工会组织与海外劳工之间建立密切的联系以及母国工会与东道国工会实现信息共享与网络协助。②

3. 微观展开，个案评述

鉴于海外劳工内部已经分化出不同的阶层以及出现不同向度的转型，依托不同途径流出（如服务贸易协定、劳动输出协定或跨国自由就业）、处在不同就业部门的海外劳工权利状况各不相同，国外亦有学者或相关组织对服务贸易项下的自然人流动劳工、低技术劳工、女性劳工、产业部门劳工等特定群体或阶层的专题研究。（1）服务贸易自由化背景下南亚国家自然人流动案例研究。印度国际贸易研究者 Rupa Chanda 通过研究印度、巴基斯坦、斯里兰卡、孟加拉国劳务输出人员流入到东南亚、海湾国家以及美欧等国遇到的行政程序、经济测试、劳动能力测试等障碍，进而探讨南亚国家如何完善国内规则、加强与流入国谈判与政策协调，从而保护海外劳工的合法权利。③（2）研究亚洲低技术劳工或半熟练劳工在跨境自由流动和海外雇佣方面所面临的现实困境及发展前景。④（3）研究海外劳工群体内部地位最为脆弱的女性工人权利保护问题，调查指出女性海外劳工更容易招致歧视、

---

① 李世军：《我国跨境就业立法研究》，安徽大学博士学位论文，2012 年。

② 秦永红、胡兰：《国际劳工移民在南亚国家反贫困中的作用》，载《南亚研究季刊》2010 年第 4 期。

③ Chanda，R. ，*Migration between South and Southeast Asia*：*Overview of Trends and Issues*，Institute of South Asian Studies（ISAS）Working Paper No. 140，National University of Singapore，February 2012.

④ Chanda，R. ，*Impact of Services Trade Liberalization on Employment and People Movement in South Asia*，Discussion Paper No. 339，Asian Development Bank Institute，Tokyo，December 2011；Chanda，R. ，*Bilateral*，*Regional*，*and Unilateral Initiatives Covering Low and Semi-Skilled Labour Mobility- Implications for the GATS Mode 4 Negotiations*，for the UNDP office，Geneva.

剥削与虐待，指出应完善法律政策为其创造平等就业机会和公平权利，采取切实行动维护其劳动权利、平等权利乃至人权，避免其沦为被贩卖人口。① (4) 研究在特定部门就业的海外劳工阶层权利保护状况，如认为从事旅游酒店业的海外劳工通常接受低工资、季节性就业或非正式就业，因为劳动力市场的分割，东道国社会的成见和歧视使其比当地劳动力更加脆弱。尤其对接受较少教育或培训的海外劳工而言，他们面临更大的被剥削风险。②

（三）国内外研究评析

现有国内外研究存在如下不足：

一是忽视了海外劳工群体内不断增加的多样性和差异性，没能认识到其内部的分化和不同向度的转型，临时性移徙劳工与拥有永久居留权的移徙劳工，高技术移徙劳工与低技术、无技术移徙劳工存在诸多差异，致使所提出的研究对策前瞻性不足、针对性不强；未能将自然人流动进程中的劳工权利保障问题，放到全球化、区域一体化的大背景中进行透视，因而没有从具体研究上升为理论概括。

二是对劳工差别待遇问题、劳动关系问题、社会保障问题以及国家（东道国、母国）就业管理、国际劳工保护体制、劳动“软法”规范问题没有进行翔实的研究，以至于很多对策的提出都流于泛泛而谈，对实践没有实质的指导意义。

三是大多数的研究都是将国际服务贸易制度、国际投资制度、自然人流动制度和海外劳工权利保障割裂开来，没有进行综合统一的研究；或是既有研究未将国内法与国际法衔接、劳动硬法与劳动软法串联，导致研究零散、杂乱不成体系，或未能将东道国、母国的立法协调、执法合作、司法协助加以统合研究，导致执其一端，不及其余，从而无法产生协同、配合效应。

四是没有坚持用马克思主义的立场、观点和方法来分析海外劳工保护问题，以及在此基础上提出相应对策。许多发达国家的相关研究受到民族主义、国家保护主义思想观念的不当影响，纯粹站在狭隘的国家利益立场，完全抛弃国际主义和世界主义立场；片面主张资本创造财富和资本至

① Preventing Discrimination, *Exploitation and Abuse of Women Migrant Workers—An Information Guide*. Instructional Material, ILO, Geneva, 2003.

② Tom Baum, *Migrant Workers in the International Hotel Industry*, International Labour Office, International Migration Branch, Sectoral Activities Department, Geneva: ILO, 2012.

上的错误观点，无视劳动创造价值和资本家占有劳工之剩余价值的普遍真理；其研究前提与视角充满阶级偏见，一味坚持并维护资本主义生产资料私有制，无视发展中国家及其国民正当合理的利益诉求；其观察和分析问题的方法可谓“见物不见人”，将弱势的海外劳工视为被动受保护的“物化”客体，而非具有真实人权与独立人格的权利主体；畸形强调海外劳工在财富创造中的经济利益，而忽视海外劳工生而有之的精神权利；偏执于利用并实现海外劳工劳动过程中的工具价值，而选择性地弱化海外劳工自在自为的目的价值，这样既未洞悉劳工是财富的真正创造者这一核心本质，又忽略人之精神、人之权利，从而从根本上背离了“人的全面发展”这一法律、道德以及伦理层面的价值追求。

相关研究进一步发展的趋势：法学、经济学、社会学、政治学学者在生产要素国际流动、国际贸易投资自由化甚或地区一体化、未来国际经济共同体背景下探讨劳工权利保护，会从现代国际社会结构、全球一体化和国家法制、市场规则与社会参与等理论视角观察，在调查研究深刻把握实践实际的基础上，综合、深入探讨海外劳工权利保护。

三、分析思路、研究方法与可能的创新

（一）分析思路

按照“一种立场、两个目标、三大问题、四方主体”的思路展开研究。

一是当前海外劳工权利保障的研究一般都回避权利合法性基础的价值判断，在有意或无意抛却立场的情况下妄图展开所谓价值无涉或价值中立的研究。本书将坚持马克思主义立场，首先摒弃狭隘的民族主义、国家保护主义立场，坚持国际主义和世界主义立场，同时批判资本至上、资本家利益至上的立场，坚持劳动至上、劳工至上的立场，在此基础上提出从世界范围（母国、东道国、国际层面）内一体保护本土劳工和海外劳工的权利。本书将始终站在人民大众（含海外劳工群体）立场上，在理论与实践中自觉始终贯彻“群众原则”，用“群众原则”阐释劳工保护的历史观、实践观与整体观，深刻关注海外劳工这一弱势群体的存在与命运，抛却脱离群众、脱离劳工的一切抽象理论、狭隘实践理论，摒弃不以劳工为本的书斋理论和实用主义，一切为了劳工，用法律手段（国内法、国际法、软法）为广大劳工谋取应得权益，亦即通过法律的实践来改变“劳

工的世界”，从而最终实现“劳工的解放”和人之解放。为此，在立场确定的基础上直面海外劳工权利保护的价值判断，秉持促进社会公平正义和劳工为本的价值理念，以此作为海外劳工权利保障研究的逻辑起点，亦即坚持马克思主义的根本出发点和落脚点，将人的解放作为基本诉求。

二是抓住“全球化经济一体化、劳动世界的法治化”主线，以劳动待遇同等化，权利保护一体化为海外劳工权利保护的两大目标，促使国家、市场、社会、企业真诚地履行“人人享有体面劳动”① 的良好实践，实现国际国内制度的有机衔接与劳工权利的全面保护。

三是围绕着“海外劳工应有哪些权利”、“谁来保障”、“如何保障”三个问题，深入研究劳工权利现状、现实需求、保障的重点难点。首先对人权保护、弱势群体保护、人的全面发展、国家责任、社会财富源泉保护等理论与国内、国际、区域、双边实践经验进行梳理与总结，以此作为研究的基础和理论创新的起点；然后通过对母国、东道国现行海外劳工制度、法规和政策文本的分析，对海外劳工权利现状和权利诉求的调查，在国家—市场—社会关系的框架下，建构海外劳工权利保障的总体目标和具体目标，厘定海外劳工权利保障的内容，进而保护其作为国际社会公民应享有的基本人权和作为弱势群体应予重视的权利。

四是在海外劳工权利保障中将当事国政府置于一个主导性的地位，同时重视海外劳工自身主体性研究，关注海外劳工群体内部的分化和不同向度的转型，把握海外劳工群体内部不同阶层的特点。在此基础上，从国家角色、市场因素、社会力量和劳工自身四方主体入手探讨维护劳工权利的实践路径与保障机制建构。研究将在强调宏观层面的制度、结构影响的同时，注重劳工如何发挥主体性和能动性，探讨海外劳工为了争取平等公正所采取的维权行动与法律策略。

（二）研究方法

1. 文献研究法

采用文献法，充分收集各种相关法律文本、侵权案例等文献资料，掌握劳工的应然权利与实有权利保障机制。在资料分析方面，将采用路径分析方法理顺各种错综复杂的因素之间的因果关系；运用因子分析方法将各种影响

① 参见国际劳工大会：《局长向国际劳工大会作的介绍：面向可持续发展的劳动》，ILC96-2007/报告Ⅰ（A），国际劳工组织，日内瓦，2007年。

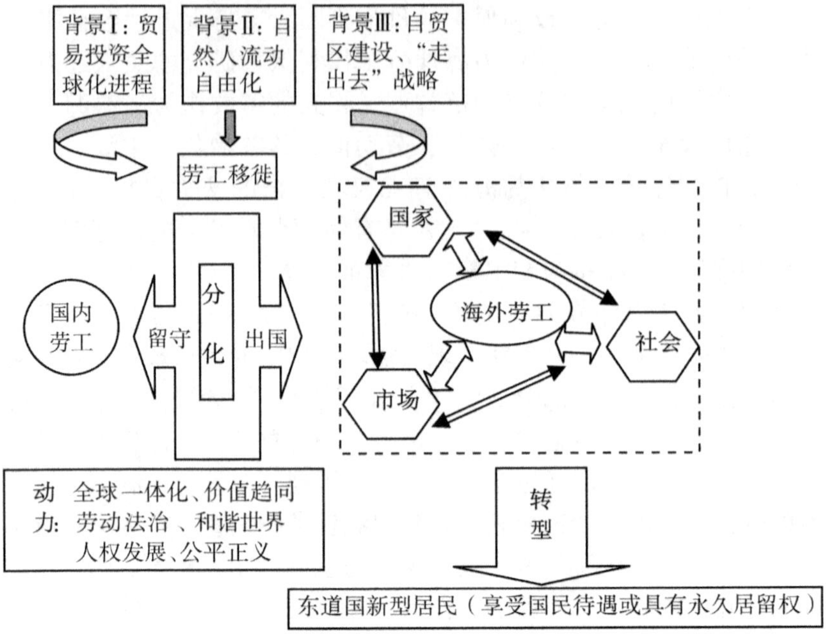

图 1　时空约束维度的逻辑演进思路

和制约劳工权利保障体系建设的表层和深层因素进行归并，构建出核心的因果关系模型；使用社会网络分析方法挖掘海外劳工权利维护主体（母国政府、外交领事部门、派驻企业、同业协会、乡谊会以及东道国主管当局、当地社会组织等）之间的关系网络。

2. 社会调查法

通过社会调查、实地访谈获得不同阶层、不同文化程度、不同就业方式的海外劳工以及不同管理级别劳务派遣部门、企业干部和人力资源管理与社会保障部门、外交外事部门代表的意见与建议，为综合推进海外劳工权利保障体系建设模型提供依据。

3. 参与观察法

运用劳工本位的方法，从劳工权利诉求、劳工权利的立场来观察和思考劳工权利保障体系建设及其改革，并在外部与政府部门、管理机构的相关观察结论进行比较，从而为提出最佳的海外劳工权利保障方案提供依据。

4. 比较分析法

从纵向历史比较到横向国别比较，通过比较分析各国宪法与劳动法典及其不同行政、司法运行制度，同时力争遍览域外研究成果以弥补国内研究的缺憾，持中思考、比较鉴证各家观点形成若干结论与建议，从而达致引进吸收、借鉴提高之目标。

5. 交叉学科分析法

单从法学角度进行海外劳工权利保障研究不仅不可能全面，也会流于表象、失之深刻。本书兼用法学、政治学、经济学、社会学、国际关系学等多学科有机结合的分析方法，有意识选用其他学科行之有效的研究方法，适时吸收支撑学科的论据或结论，使论证更加全面深刻、严谨科学。

6. 辩证分析法

文章坚持运用马克思主义的思想方法观察和分析问题。坚持用辩证唯物主义和历史唯物主义的世界观和方法论分析问题、解决问题。文章力求客观而不主观、发展而不静止、全面而不片面、系统而不零散、普遍联系而不孤立地观察事物，分析问题，解决问题，在矛盾双方对立统一的过程中把握发展规律。如运用全面的、联系的方法，在母国法保护海外劳工环节将研究视角从传统的国内保护延伸至国外保护，从劳工出国服务到国外救济，一直拓展至回国安置。东道国对外籍劳工的权利保障不仅限于生存权，还应延及发展权，从经济权利扩展至政治权利，从物质权利递进至精神权利；同时运用矛盾分析法，准确提炼出雇主与劳工、本地劳工与海外劳工、母国与东道国、国内法与国际法、硬法与软法等几对矛盾，揭示其两两之间的冲突，分析其冲突成因，把握存在一致性的方面，从而辩证分析几对矛盾关系存在对立统一，在此基础上提出建设“以劳工保护为本兼顾各方利益，秉持共同但有区别责任的原则”的海外劳工权利保护的综合法律体系。

（三）可能的创新

1. 分析视野的创新

本书不仅采取定性与定量相结合的多种调查方法，而且将劳工权利保障置于全球贸易投资自由化、服务贸易及自然人流动便利化进程和中国“走出去”发展战略、高水平自由贸易区建设图景中考察，采取“国家—市场—社会”的理论分析视角，这有助于把握海外劳工的多元化权利诉求，构建出科学的权利保障法律体系。

2. 理论的探索

从结构层面入手进行探讨，但侧重主体性因素分析，突出劳工权利保障的主体性，颠覆了以往“结构优先”的研究预设；对劳工权利保障的实践进行理论概括和总结，有助于提炼国别经验（母国方面如菲律宾国内法延伸保护、印度的双边协定联结保护，东道国方面如西欧诸国外国人就业法专门保护、美国的反歧视法精准保护或有关当事国采用行政保护、司法保护）、行业方法（从事农业、建筑业、制造业以及家庭服务业的海外劳工之权利保护方法和重点亦各有不同）。

3. 本书立足点的创新

本书着眼于世界经济一体化发展背景下，有机衔接国际法与国内法，融通硬法与软法，共同构建海外劳工权利保护的法治秩序。立足于国际条约或国内立法文本研究、当事国行政执法绩效评析和司法个案实证调查，了解问题症结，以海外劳工为本位，做到真正体现其意愿，从基本的生存权利和工作权利，到必要的保障权利和发展权利，均提出切实可行的对策。这样的研究可以避免经院式的“蹈空”或经验式的描述，研究成果有望进入政府部门，服务于国际化进程。

4. 部分观点的创新

（1）保护海外劳工之道首先在于矫正思想认识，“劳动力是商品”“劳动权不是人权”“劳心者治人，劳力者治于人”以及“财富创造源于资本增殖”“剥削有功”“资本至上”等形形色色的错误观点导致劳工保护困局。端正思想方能为国际国内海外劳工保护政策法律体系的建立与运行扫清观念障碍。

（2）海外劳工之权利有应有权利、法定权利和实有权利三种构成形态，而现实状况是实有权利减损、法定权利缺失、应有权利虚无。劳工权作为一种形式的人权，其权利内涵较为丰富，既涵括基本的人身权和财产权，也内含人格权、尊严权、平等权等精神性权利，更应扩展至家庭团聚权、驱逐保护权、社会融入权等新型权利。

（3）当事国（东道国、母国）政府在海外劳工权利保障中从来就是且应是处于主导地位，不应当把政府当作侵犯海外劳工权利的主体或“帮凶”予以价值上的批评，惟其如此才能构建政府主导、多方参与的海外劳工权利保障体系。

（4）外籍劳工配额制度的取消或工作准证制度的放松管制并不能使海外劳工权利保障问题迎刃而解，要从国际国内公平正义一体推进、促进国际法治及构建和谐世界的高度，在多边、双边、国内法律政策层面既保障海外劳工在东道国生产、生活的基本权利，又要保障海外劳工真正享受国民待遇或有条件地转化为有永久居留权的居民，与此同时母国、东道国亦有共同的责任帮扶部分海外劳工回国创业、持续发展。

(5) 人的自由和全面发展是共产主义的本质规定，是当下中国建设社会主义的重要任务，也是社会主义法制建设的重要义务。在国际国内法律发展中应始终坚持以人为本，始终着眼于人的全面发展。人权保护、弱势群体保护、劳动权保护、国家责任理论无一不体现以人为本、保障人的全面发展，在母国法、东道国法、国际法、软法建设与完善中应始终把海外劳工的根本利益作为法律保护、法治运行的出发点和落脚点。坚持发展为了劳工、发展依靠劳工、发展成果由劳动人民共享。坚持见物又见人，既重视物质生产生活水平（劳工拥有财产权利）的提高，又要重视人的素质（劳工拥有政治权、团结权、亲属团聚权、培训权、社会融入权等精神性权利）的提高，既注重经济权利又要注重人文精神权利。

四、叙述框架内容、拟突破的重点难点

（一）框架内容

1. 国内外劳工权利保障的理论模式与实践经验总结

一是梳理国内外已有研究成果，探讨建构符合中国国情、具有中国特色的海外劳工权利保障模式的可能进路。二是从价值理念、人权发展、法治发展及政策绩效等维度对已有相关法律和政策进行评估、分析，作为科学制定海外劳工权利保障制度的基础。三是在深入调查的基础上，挑选一些国家典型案例进行专题分析，充分发掘各国海外劳工权利保障的实践经验。

2. 海外劳工的权利现状和权利诉求调查

法定权利缺乏实现的条件，应有权利没有法定化、制度化以及海外劳工权利主体地位的缺失，即因为社会结构、制度缺陷、地区主义、国家保护主义、法治不彰等因素导致海外劳工处于被动受保护的地位，无法独自主张自己的权利，是其权利受损的主要原因。本书将通过对不同国别（海外劳工流入地一般为较为发达的国家和地区如欧美诸国、亚太地区的日本、韩国、新加坡、澳大利亚等国，流出地国家一般为发展中国家如中国、菲律宾、印度、泰国）、不同类型的海外劳工（低技术劳工、管理类、技术类工人）的权利现状和利益诉求的深入调查，作为构建海外劳工权利保障机制和保障法律体系的出发点和基础。

3. 时空约束下的海外劳工权利保障的目标建构与实践路径探讨

本书将采用综合动态的历史发展眼光与积极应对的现实主义态度，在现有结构背景下探索海外劳工权利保障的目标与现实路径，以全球一体化、区域经济一体化发展、诸国合作共赢为动力，以促进国际法治和全球善治为宗旨，以海外劳工的需求为导向，以促进劳工的全面保护为原则，建构一个囊括政治、经济、社会和文化四个方面的总体性法律制度体系。在国家—市场—社会的理论模式下，会衍生出不同的实践路径，如何协调不同主体的关系，找到可行的路径是本书要研究的核心议题。

4. 保障海外劳工权利的主体与机制研究

保障劳工权利的主体应当包括东道国及母国政府、市场、社会和劳工自身，本书将探讨发挥各方力量的机制。从在劳工权利保障中的实然及应然、立法确权之完善和司法救济之健全等维度探究政府的角色。在揭示市场主体、市场机制、市场风险与劳工权利关系的基础上，探讨如何通过外在的市场秩序建设和内在的企业组织建设来加强劳务派遣企业、用工企业的社会责任以保障劳工的权利，探究培育和发挥社会力量的措施；同时，简单分析海外劳工的自组织化和素质、能力的提升在权利保障中的作用。

5. 海外劳工权利保障的法律体系建构

在对海外劳工权利保障政策评估的基础上，提出构建包括法律、制度和政策等多层次的劳工权利保障体系的具体方案，充分注意政策的时序性、一致性和各利益主体的博弈性、平衡性。

（二）计划突破的重点和难点

第一，如何为海外劳工的权利保障提供理论支持，并在实践中总结出新的理论进而更好地指导实践，是本书追求的目标，也是研究的重点和难点之一。本书首先需要回答：在全球经济一体化进程中如何确定海外劳工保护的历史定位和未来走向？如何处理海外劳工与东道国、母国之间宪法、劳动法上的权利义务关系？如何协调国际人权保护制度、国际移徙劳工保护制度、各主权国家法律法规以形成合力从而更好保护海外劳工权利？如何顾及当前海外劳工内部分化的现实（高技术高收入劳工与低技能低收入劳工、有永久居留权的移徙劳工与临时移徙劳工）？如何处理不同群体权利缺失和诉求的多样性与统一性？如何处理当事国政府“赋权”与海外劳工“自我增权”之间的关系以及国家“公力救济”与劳工“私力救济”之间的关系？如何建构海外劳工权利保障中的国际国内法律体制

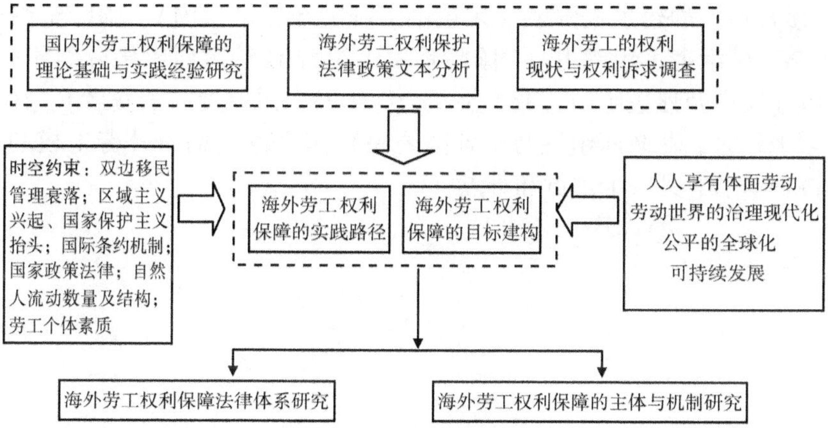

图 2　本书的框架结构图

和社会支持机制？如何处理国家管制与监控责任、市场规则自我约束与社会力量参与治理在海外劳工权利保障中的关系？怎样利用市场手段和社会力量来保障海外劳工的权利？

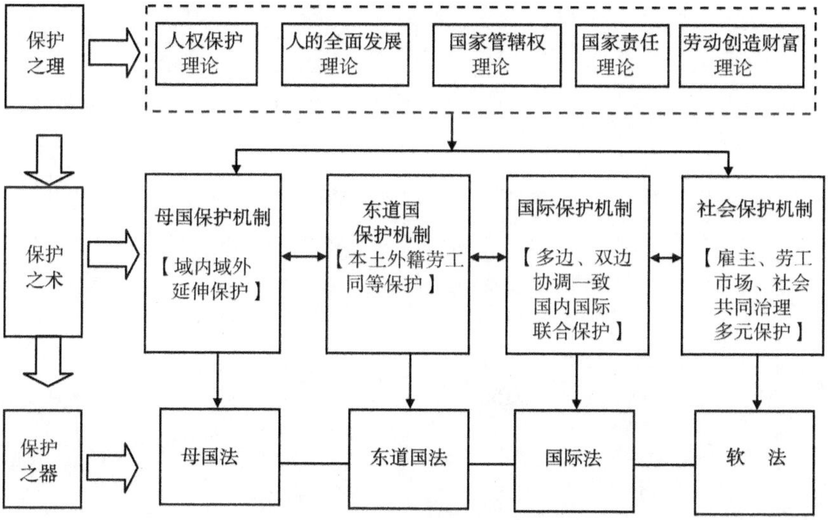

图 3　本书的逻辑展开图

第二，如何用多学科（马克思政治经济学、法学、社会学、国际关系学）、多视角，构建主权国家（东道国、母国乃至第三国）、国际组织（联合国 UN、国际劳工组织 ILO、国际移民组织 IMO 等政府间国际组织）、市场主体（雇主及雇主组织、劳工及工会组织乃至采购商、消费者）、社会力量（当地社区、非政府组织乃至各国公民）多方参与的海外劳工权利保障体系将是本书的另一个重点和难点。

对于无产者来说，他们自身的生活条件、劳动，以及当代社会的全部生存条件都已变成一种偶然的东西……

——《德意志意识形态》①

第一章　海外劳工权利保护问题概述

一、海外劳工权利考察

（一）海外劳工的界定

1. 海外劳工的概念

海外劳工（Oversea Workers）在不同国家或国际组织各有特定称谓，甚至在同一国家的不同部门称谓都不尽统一。国际组织发布的一些法律文件一般称之为“移徙劳工”（Migrant Workers）、“劳动移民”或“雇佣移民”（Migrant for Employment），劳工输出国政府部门在其制定的规范性文件就有“出国务工人员”（Workers Abroad）、“外派劳务人员”之称，而劳动输入国则称为“外国工人”（Foreign Workers）或“客居工人”（Guest Workers）。可见，国家从“以本国为中心”的立场和角度来看待外籍劳工，而国际组织从较为中性和客观的“人的移徙”角度对待海外劳工群体。当然，海外劳工活动在世界范围内展开，业已成为最为活跃的国际流动群体。如果单从国家角度来界定这一群体可能有失偏颇，因为主权国家各有不同价值取向和利益追求。相对于国家而言，国际组织自身一般无独立的部门利益，能够超脱于国家利益之上，协调各国利益纷争与价值冲突并达成共识，有利于超越

① 《马克思恩格斯选集》第1卷，人民出版社1995年版，第65页。原文为“相反地，对于无产者来说，他们自身的生活条件、劳动，以及当代社会的全部生存条件都已变成一种偶然的东西，单个无产者是无法加以控制的，而且也没有任何社会组织能够使他们加以控制。”

国家局限而不分国籍地保护一切海外劳工。但国际社会存在诸多国际组织，各国际组织因各自工作侧重或为自身工作便利，其关于海外劳工的定义也不尽一致。现分别加以考察。

（1）联合国关于“移徙劳工”之界定

联合国作为世界上最大最重要的政府间国际组织，在国际事务中发挥着最大的影响，也承担了最大的国际责任。联合国十分重视保护移徙劳工权利，1990 年通过《保护所有迁徙工人及其家庭成员权利的国际公约》。公约中将海外劳工称之为迁徙工人，也可译为移徙劳工。公约第 2 条第 1 款就移徙工人的概念进行界定：“为本公约的目的，‘移徙工人’一词指在其非国民的国家将要、正在或已经从事有报酬的活动的人。不分性别、国籍、年龄、经济地位、财产、婚姻状况、出身或其他身份地位等任何区别。”①

公约第 2 条第 2 款就特殊类型的移徙劳工概念也加以界定，如边境工人、季节工人、项目工人、自雇工人、海员等。这些工人虽属移徙劳工，但公约将其归入特殊一类，其权利受到某些限制而只适用于公约第 58～63 条之规定。同时公约第 3 条明确排除某些人员的适用以及第 4 条对“家庭成员”进行界定，并明确给予家庭成员以相应保护。最后公约区别对待具有正常地位的移徙劳工与不具有正常地位的移徙劳工。正常地位一般指“有证件或身份正常”。公约对两类工人加以区别对待的目的在于“阻止不具有正常地位的移徙劳工现象的发生”。②

（2）国际劳工组织关于“雇佣移民”或“移徙劳工”之界定

《雇佣移民公约》（第 97 号公约，1949）及相关建议书之定义。该公约第 11 条规定：“根据本公约之目的，雇佣移民一词，系指不是由于自己的原因，为自己谋一项职业为目的而从一个国家进入另一个国家的人员，并包括通常被看作雇佣移民的任何人。”公约排除适用于边境工人、入境短期从事一种自由职业和艺术职业的人员、海员。③ 而《关于雇佣移民的建议书》（第 86 号公约，1949）第 1 条则规定：“雇佣移民是指从一个国家到另一个国家以求被

① 资料来源：联合国人权事务网站，http：//www. un. org/chinese/hr/issue/mwc. htm，2011 年 12 月 20 日访问。

② 资料来源：联合国人权事务网，http：//www. un. org/chinese/hr/issue/mwc. htm，2011 年 12 月 20 日访问。

③ 资料来源：国际劳工组织官方网站，Migration for Employment Convention（Revised），1949（No. 97），http：//www. ilo. org/dyn/normlex/en/f? p = NORMLEXPUB：12100：0：：NO：：P12100_ INSTRUMENT_ ID：312242，2013 年 10 月 20 日访问。

雇佣，不是基于自己的原因，并包括任何被正常作为移民雇佣的人。"①

可见国际劳工组织关于雇佣移民公约和建议书的概念较为一致，即均采用"雇佣移民"这一相同概念。《移徙劳工公约（补充条款）》（第143号公约，1975）则在第11条规定："根据本公约本部分之目的，移徙劳工意指移民或从一个国家迁徙到另一个国家以求被雇佣，并包括通常被看作移徙劳工的任何人。"② 公约排除适用于边境工人、海员、短期入境从事一种自由职业和艺术职业的人员或者从事特定工作的雇员。这里采用的是"移徙劳工"概念。《关于移徙劳工（欠发达国家）保护建议书》（第100号建议书，1955）第2条规定："移徙劳工是指在依靠零星和不稳定工农业发展中心赚取工资并伴随着重要的工人移民活动这种经济生存形式向更先进的经济形式转化的国家参与移民活动的人，或从此类国家通过，进入移民目的地国。无论他是否曾经被雇佣，也不考虑他是否接受了雇佣邀请或缔结雇佣合同，只需他移动的目的是为了被雇佣或即将被安排雇佣。当该概念适用时，他指在雇佣期间或雇佣结束时临时或最终返回的工人。"③《移徙劳工建议书》（第151号公约，1975）也同样采用这一概念。④

可见，即使是同一国际组织，其在不同规范性文件中用语、概念及其外延和内涵并不完全一致。International Labour Organization（ILO）在早期中采用"雇佣移民"用语，稍晚时候则偏向于用"移徙劳工"用语，从语法上分析前者重心有落在"移民"之嫌，而后者则重在"工人"，"移民"作为限定用语，意指从一国移动至另一国的劳工。如此变更可能是照顾海外劳工

---

① 资料来源：国际劳工组织官方网站，Migration for Employment Recommendation (Revised), 1949 (No. 86), http://www.ilo.org/dyn/normlex/en/f? p = 1000: 12100: 0:: NO:: P12100_ INSTRUMENT_ ID: 312424，2013年12月23日访问。

② 资料来源：国际劳工组织官方网站，Migrant Workers (Supplementary Provisions) Convention, 1975 (No. 143) http://www.ilo.org/dyn/normlex/en/f? p = NORMLEXPUB: 12100: 0:: NO: 12100: P12100_ INSTRUMENT_ ID: 312288: NO，013年12月23日访问。

③ 资料来源：国际劳工组织官方网站，Protection of Migrant Workers (Underdeveloped Countries) Recommendation, 1955 //www.ilo.org/dyn/normlex/en/f? p = NORMLEX PUB: 12100: 0:: NO:: P12100INSTRUME NT_ ID: 312438，2013年12月23日访问。

④ 资料来源：国际劳工组织官方网站，Migrant Workers Recommendation, 1975 (No. 151), http://www.ilo. org/dyn/normlex/en/f? p = NORMLEXPUB: 12100: 0:: NO:: P12100_ INSTRUMENT_ ID: 312489，2013年12月24日访问。

移入国的感受，毕竟移民已逐渐成为一个世界性的难题和敏感问题，用“工人”取代“移民”毕竟更容易被移徙劳工目的国政府、社会所接受。

第100号建议书中移徙劳工的外延比较广泛，远超出1949年的公约、建议书，其界定也比较全面、复杂。主要是随着移徙劳工形式的多样化发展，有必要说明劳工国际移动的背景和目的，再就是建议书性质不强制要求各国加入或立即实施，所以就相对不受现实国际政治束缚，可以尽可能广泛地涵盖更多形式的海外劳工，待未来各国条件成熟时让更多国家加入并实施，这样更有利于移徙劳工权利保护。在这一点上建议书比较有灵活性，所以有广覆盖、高标准保护的优势，不像条约需要强制缔约国承担实施的义务，只能“实际能做到多少就在条约上规定多少”。后来的实践证明100号建议书如此规定具有前瞻性，也是完全可行的。1990年United Nations（UN）《保护所有迁徙工人及其家庭成员权利的国际公约》基本全盘接受100号建议书所定义的范围，还特意附加前缀“所有”一词，也继承和发展了建议书的保护移徙劳工权利的精神，并进一步明确宣示保护扩及劳工家庭成员。

UN移民公约因为形成在后，又是在联合国层面发布，需要具备国际性、规范性文件的普遍性、权威性和广泛适用性，故其采用了一个更综合性的概念，而且对移徙劳工的界定更详细、具体。如公约强调在东道国失去工作并不当然导致移徙劳工地位丧失的原则，一切曾经、将要和正在被雇佣的移徙劳工都无差别地一并纳入公约保护。判断一个劳工是否构成移徙劳工只以国籍为标准；同时条约为追求体面劳动的目标，对于移徙劳工从事这种活动的目的在所不问，也不去追问其出于自愿还是被迫；最后公约在确定移徙劳工身份上采取平等原则。

2. 相关概念的澄清

当代移民潮的复杂性加大了移徙劳工、海外劳工等相关概念区分的困难，现实中移徙劳工、实习研修生、旅游者、难民以及企业内派遣人员之间身份交叉、重叠情形并不鲜见，其间区别也渐趋模糊。至今仍无被各界统一接受的界定规则来整合全部类型的移徙劳工，或形成区分各类移徙劳工的分类标准。虽然争论依然存在，但为维护国际性、规范性文件的广泛适用性及各国法律的一致性和相互衔接性，建议采取统一的移徙劳工概念，这样更有利于对所有移徙劳工权利的保护，也符合国际条约、建议书之立法原意和国际社会的重点关切。

（1）移民与移徙劳工

在政治、边界或一个国家建立之前，人类的移民行为最早被称为人类迁徙，因此某些国际文件也将移徙劳工称为迁徙工人，一些国际条约、国家宪法还规定公民的迁徙自由与迁徙权。一般来说，国家间差距的加大，缺少有吸引力的就业机会和体面的工作条件、生活保障和个人自由等，可以解释现代很多移民现象。当然源于国家间政治、经济、社会、文化、环境的差异或基于政治迫害、战争冲突、经济困难、环境恶化等原因，导致移民成为一个世界现象。

联合国人权委员会特别报告将移民定义为：位于其国籍国或居民所属国领土之外，不受该国法律保护而位于其他国家领土上的人；在东道国不享有难民、永久居民或归化者及类似地位者；不享有由于外交协议、签证或其他协议赋予其基本权利保护者。可见联合国从广泛的人权保护目的出发，坚持用涵括最广的语词来定义移民的指称范围，当然排除了难民、永久居民或归化者和外交人员、官方人士。而在人们一般的印象中，移民（除难民外）恰恰是指为获得外国国籍（归化者）或永久居民权而移动到其国籍国或居民所属国领土之外而位于其他国家领土上的人，如此定义可能将为着就业工作目的而移徙的劳工包括在内。但有人为了将移徙劳工与一般移民相区分，将为了雇佣的自愿移民称之为经济移民，如国际自由工联亚太区分会（ICFTU—APRO）社会宪章将移徙劳工称为经济移徙劳工，即“为了在海外获得雇佣而移民的人”。而劳务输入国当地工会方面则倾向于将移徙劳工定位为“在工作领域的移徙劳工”，但其间区别已日益模糊，再细加区分似乎无多大意义。

总之，为了尽可能扩大对移民群体的保护，在联合国文件定义中，移民不一定是移徙劳工，但移徙劳工一定是移民，这样移徙劳工就可置于诸多移民保护条约之下被加以保护。

（2）特殊类型的移徙劳工

联合国移徙劳工公约第 2 条在界定移徙劳工概念后，对几类特殊类型的移徙劳工（从边境工人到自营职业工人）也作出界定以示区分。①

① 几类特殊移徙劳工分别是：边境工人（frontier worker）、季节性工人（seasonal worker）、海员（seafarer）、近海装置上的工人（worker on offshore installation）、行旅工人（itinerate worker）、项目工人（project- tied worker）、特定聘用工人（specified-employment worker）、自营职业工人（self-employed worker）。参见《保护所有移徙工人及其家庭成员权利国际公约》，载白桂梅、刘骁编：人权法教学参考资料选编，北京大学出版社 2012 年版，第 158 页。

上述8类特殊类型工人虽属于移徙劳工，但国际条约、国内法对其另有规定，如中国《对外劳务合作管理条例》规定对外承包工程项下外派劳工管理，则依照《对外承包工程管理条例》及国务院商务、建设主管部门的相关部门规章或规定执行。外派海员（不含渔业船员）的管理，则根据《中华人民共和国船员条例》及其规定另行执行。① 《对外劳务合作管理条例》第51条还规定，赴特定国家或者地区工作的劳工必须经过相关批准程序。② 世界各国将海员排除在一般制度之外，规定使用船舶登记地国家法律或公司登记地国家法律。各国均对特殊类型移徙劳工不约而同地适用特殊法律规定。

（3）技术移徙劳工与无技术移徙劳工

劳工政策和移民政策影响到不同经济部门对移民劳动力的吸收，也引起移徙劳工群体内部的分化与转型，如农业工人在美国比西欧更重要，西欧则更为青睐技术化工人。③ 移徙劳工群体内部存在不同的细分阶层或同一阶层出现不同向度的转型，如出现技术性劳工与非技术性劳工两大虽不对立但分野巨大的阵营。因此有学者干脆使用“高水平人力资源”与“低水平人力资源”来划分并称呼两类不同劳工，但这种称谓似有表征“劳动有尊卑”之嫌，故不建议使用，推荐使用“有技术劳工”和“无技术劳工”，④ 这样的称谓和划分方体现一定的价值中性。

两大劳工群体在国际劳动力市场的实际影响、实享待遇均不可相提并论，技术劳工群体一般是专业人员和管理人员，处在就业金字塔中上层，往往与国际贸易扩大和海外直接投资扩张过程相联系，大部分人属于跨国集团公司的内部流动人员，他们技能高、待遇高、地位高，话语权强大，往往是各国普通劳动法“除外适用”的对象，因为他们的权利不大可能受到侵害，无需劳动法的特别保护。而现代移民潮的主流仍是来自发展中国家、最不发达国家的劳工，他们前去填补劳动力市场中的非技能岗位空缺，而这些岗位恰恰是本国工人不愿从事或另行寻找更好的岗位才空缺出来的。但随着发达

① 参见《对外劳务合作管理条例》第49条。

② 参见《对外劳务合作管理条例》第51条。

③ 《在全球经济中为移徙劳工谋求公平待遇》，国际劳工大会2004年第92届会议，报告六，国际劳工组织，日内瓦，2004年第1版，第6页。

④ 亦有文献将有技术劳工称为“熟练劳工”，无技术劳工称谓“半熟练或不熟练劳工”。

国家劳动力发展日益技术化，无技术劳工遭到越来越多的限制，东道国所能提供的职位也愈来愈少，竞争也日趋激烈，这进一步削弱其谈判能力、加剧其弱势地位，因而该类劳工最需要法律保护。

（4）有永久居民权的移徙劳工与临时移徙劳工

有永久居留地位的移徙劳工指在东道国获得永久居留地位的移民，其有自由进入东道国劳动力市场的权利，主要适用于高技术移民、家庭团聚和难民安置。临时移徙劳工指在东道国获得一定期限的居留许可和工作准证后方可就业的移徙劳工，通常包括以就业为目的，旨在填补就业空缺或季节性工作岗位的客居劳动者或临时移民。

临时移徙劳工居留期限通常在3年以下，工作期限届满后必须返回其母国或是在工作准证失效、失业时可能会随时被要求离境甚至被直接驱逐，这就一定程度上决定了其弱势地位。而有永久居留地位的移徙劳工其法律地位远高于其他移徙劳工，尤其在就业权、社会保障权上均优于临时性移徙劳工，虽然会偶遭本国人歧视，但其总体待遇已相当接近或等同于当地人，故其不必成为保护的重点和研究的对象。临时移徙劳工人数远多于享有永久居留权的移徙劳工，且相对更为弱势、权利常受侵害，也最需要法律保护其权利。

（5）非正常移民

非正常移民又称非法的、秘密的、无证件、不合规则或未经许可的移民，一般指未经依法批准而进入他国或在他国工作的人员。① 根据ILO统计，从各国实施的合法化计划和其他来源获得的信息表明，10%～15%的移民属于非正常移民。②

非正常移民的规模表明，正常移民的供应未能满足需求，移民成为政治需要和经济现实之间的缓冲器。与此相关，偷运移民活动是国际社会很难管制的一种国际犯罪活动。依照联合国打击跨国有组织犯罪公约关于打击陆海

① 国际上对非正常移民称谓一般有 illegal migration（非法移民）、irregular migration（不合规则的移民）、undocumented migration（无正式文件的移民）、unauthorized migration（未经许可的移民）。

② 资料来源：Piyasiri Wickramasekara：*Rights of Migrant Workers in Asia*：*Any Light at the End of the Tunnel*?，http：//www.ilo.org/migrant/publications/working-papers/WCMS_201441/lang-en/index.htm，20 January 2006，2013年5月16日访问。

空偷运移民的补充议定书，偷运移民是一项犯罪行为，但被贩运移民本身也是受害者，不应该受到刑事检控，ILO 也持此种观点。①

“非正常移民”不同于“非法移民”。使用“非法移民”这一概念有失公正，因为它是一个否定性术语，不适合用来定义“人”，既缺乏对人之基本尊重，也忽视那些入境手续、就业许可有瑕疵的移徙劳工为东道国作出的贡献，更放弃了对那些移徙劳工背后违法犯罪者的责难，毕竟移徙劳工绝大部分情形下是被迫陷入一种非正常地位的受害者。“非正常移民”比“非法移民”或“无证移民”更容易被接受，也与所有移民保护宗旨保持一致。②

各劳务输出国海外劳工的主体是经由合法渠道出国并享有国际法、国内法保护的工人，但在境外非法务工的非正常移徙劳工也为数不少，这部分人虽不是本书研究之重点，但海外劳工享有之权利也应一体适用于他们。

（6）结论

在不同的国际层面上，海外劳工可能被称为移徙劳工、雇佣移民、移民劳工、外国工人和经济移民等，不一而足。但这些概念常常交替使用，应不作严格区分，因为实际指称对象基本一致。需要强调的是，为与国际条约保持高度一致，将权利保护尽可能覆盖更多的海外劳工，只要海外劳工曾经、将要、正在国外受雇，都列入保护对象范围，也不论该海外劳工处在派遣、择业、工作、失业或回国哪一阶段，均统一纳入保护范围。

相对于高技术移徙劳工，无技术移徙劳工职位较低、可供选择的职位很少、工资水平很低、福利保障不全、话语权缺失、选择权虚无、社会地位低下，故无技术移徙劳工权利保护更为严峻，也更加迫切。

海外劳工绝大部分是以临时性移徙劳工的身份出现，各劳务输入国大量使用也偏好使用临时性移徙劳工，以解决本国劳动力短缺问题同时又不增加其移民负担。但是侵权、违法事件中首当其冲的受害者往往是临时性移徙劳工，因其居留有期限、地位不稳定、权利受限制。因此临时性移徙劳工之权利是法律保护的重点。

如无特别说明，临时移徙劳工、无技术移徙劳工也是本书重点论及的

① 《在全球经济中为移徙劳工谋求公平待遇》，国际劳工大会 2004 年第 92 届会议，报告六，国际劳工组织，日内瓦，2004 年第 1 版，第 11 页。

② 资料来源：国际劳工组织官方网站，Asian labour migration：Issues and challenges in an Era of Globalization，http：//www. ilo. org/global/topics/labour-migration/publications/WCMS_ 201784/lang--en/index. htm，2013 年 12 月 24 日访问。

对象。

（二）劳工权的意蕴

海外劳工权利比较广泛，既包括一般国际公约所赋予的公民基本权利和生命健康权，免受酷刑、残忍和不人道待遇权等基本人权，又包括国家劳动基准法规定的诸如工资、劳动时间、休息休假、劳动条件、劳动关系、劳动保障、福利待遇以及解雇保护等劳动权，当然也包括劳动权受到侵害时得到救济与补偿的权利。

1. 劳工权的含义

从海外工人劳工权的法律渊源来说，主要来自两大方面的法律规定，一是国内法包括海外劳工母国和东道国劳动法规定的劳动权，二是国际法包括国际条约、区域性条约和双边条约赋予海外劳工的合法权利。国内法、国际法在立法动因、运行形式、法律实效方面各有侧重，因此对劳工权利定义或有差异，但其核心条款和原则精神应是高度一致，即是一切为了有利于保护海外劳工的合法权利。

在人类发展史上，劳动权并非天然就是一种得到普遍承认的权利。劳动上升为权利是人类社会发展和进步的果实。劳动权的内容相当丰富与广泛，对业已缔结劳动关系的海外劳工来说，主要包括劳动过程、维权过程中产生的各项权利，如获取报酬权、休息休假权、在职培训权、罢工权、参与民主管理权等。① 在劳动权的权利义务关系构造中，权利人是海外劳工（不论劳动关系是否存续），而义务人则是国家（不论劳工母国、东道国）。国家有义务干预劳动力市场，创造并提供劳动机会；对未获得劳动机会的劳动者国家有义务拨付基本生存资金。②法律中有关确保平等就业、免费就业服务、最低工资管制、最长工作时间限定、劳动保护等强制性规定，体现作为社会法的劳动法内含一定的公法性质，也体现劳动权中内嵌的国家公权与国家强制。虽然国家通过立法手段将国家负有的公法义务部分移转，督促雇主企业落实与兑现，但“国家对雇主设定公法上义务的权力恰恰是源自于其自身

① 肖蓓：《企业并购中劳动者劳动权保护法律问题研究》，华中师范大学博士论文，2010年。

② Takashi Araki, *The Impact of Fundametal Social Rights on Japanese Law*, edited by Bob Hepple. Social and Labour Rights in a Global Context: International and ComParative Perspectives, Cambridge University Press, 2002. P. 217.

对公民劳动权所承担的义务”,[1] 而“劳动者的自主择业权与政府的促进就业义务、劳动者的社会保险权与政府的社会保障责任、劳动者的劳动安全卫生保护权利与政府的劳动保障监察职责”之间的一一对应关系也体现了国家自身承担、不可推卸、不可再行转嫁的义务。[2]

总之，劳工权作为一种基本权利，是海外劳工所享有的特定角色利益，它对应着国家、雇主的相应义务，是一组资格、能力、利益和自由的总和，是由一系列平等权、请求权、救济权构成的权利体系。海外工人的劳工权作为一项应有权利是最基本最神圣的，也是具体的和现实的。

2. 劳工权的形态与构成

从理论上，权利可分为应有权利、法定权利、实有权利三种层次或形态。劳工权亦存在此三种权利形态。应有权利即依凭人性、人道、人权，作为“人”应该享有的权利，一般为旨在实现人类平等的基本权利。法定权利指根据宪法或法律规定，权利主体拥有的法律上的权利，一般为主权国家予以确认、保障的合法性权利。实有权利则是权利主体在现实中拥有的具体、真实的权利，能得到实实在在实施、落实和保护的权利。应有权利居于体系顶端，其范围最广、内容最多，能引导和帮助法定权利完善和发展。法定权利居于中层，它将应有权利法律化，但其权利外延、权利内涵均小于应有权利。法定权利是由国际法或国内法将人之应有权利用法律形式予以固定，许以法律保护和保证实现，从而赋之权威性、强制性和规范性。实有权利居于最底层，因现实中法律得不到有效实施或违法犯罪行为的侵害，其权利数量及内容衰减至最少（见图4）。但有聊胜于无，实有权利是实实在在、真实存在的权利，仍值得珍视。

具体来说，海外工人之劳工权主要构成如下：

（1）工作权。主要表现为工作获得权、自由择业权和就业平等权。对海外劳工而言，积极的工作获得权为其要求母国或东道国提供工作机会的权利，而消极权利则为对抗无理解雇之权。[3] 而自由择业权是其可以自主择

---

① 徐钢、方立新：《论劳动权在我国宪法上的定位》，载《浙江大学学报（人文社会科学版）》2007年第4期。

② 许建宇：《劳动权的位阶与权利（力）冲突》，载叶静漪、周长征主编：《社会正义的十年探索：中国与国外劳动法制改革比较研究》，北京大学出版社2007年版，第75页。

③ 蒋慧、张忠民：《中国农民工劳动权利实现与政府责任》，载《河北法学》2006年第2期。

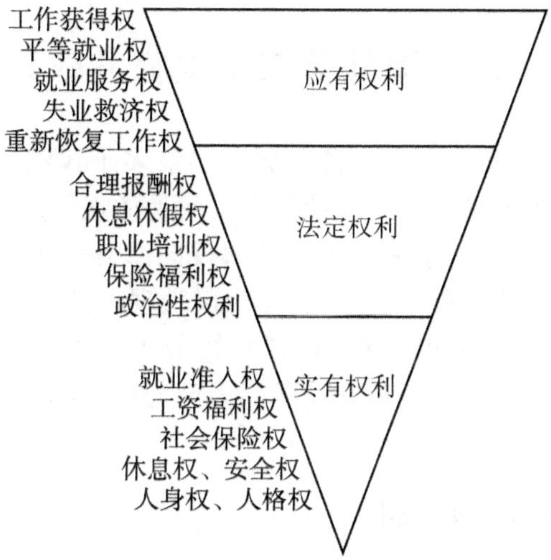

图 4 劳工权权利层次图

业，自主入职、自选职业类别以及工作单位等。就业平等旨在反对就业歧视和就业机会方面对待本土、外籍劳工的内外差别。

（2）报酬权。主要表现为报酬协商权、请求权和支配权。报酬的发放形式和给付水平应由劳资双方通过缔结劳动合同的方式协商确定，同时在报酬方面还应遵行东道国最低工资标准或集体合同设定的工作标准。海外劳工在付出劳动后，有权要求雇主按时、足额支付工资并有权自由支配。

（3）休息权。休息权指劳工有获得休息和休假时间的权利。休息权使得海外劳工得以享受闲暇、自由，体现劳动的人道性和伦理性。规定休息权保证劳工得以恢复劳力，从而实现个人的全面发展。

（4）职业安全权。指享有人身安全和健康保障，免遭职业伤害的权利。职业安全权对应雇主配置安全生产、卫生保护的设施设备，创造良好的工作条件、劳动环境的义务及国家对应的监督、检查责任。

（5）社会保障权。是指享受福利设施和福利待遇，在年老、患病、工伤、失业、生育和丧失劳动的情况下获得物质帮助的权利。

总之，从劳工权的逻辑结构中，工作权是前提和基础，报酬权和福利权是核心，其他权利是保障。①

① 蒋慧、张忠民：《中国农民工劳动权利实现与政府责任》，载《河北法学》2006 年第 2 期。

二、海外劳工受侵害的权利

“劳动权是一项母体权利，能够派生出诸多子权利及孙权利。劳动权在法律层面上反映的不是某一个法律条文，而是体现一系列的法律规定，是一个复杂的规范体系。”① 本书将重点笔墨投向海外劳工最为脆弱也最易受侵害的劳动权利，当然不能一一穷尽劳动权表现形式的所有方面。为叙述方便，这里指称的“未就业”状态包括外籍劳工进入东道国后尚未实现首次就业、未与雇主建立劳动关系和就业后因已与雇主解除劳动关系等原因导致的失业状态。

（一）实有权利的减损

1. 普遍存在的就业准入歧视

从人类学的理论来说，人类祖先出于生存繁衍和满足温饱等自然需要，不得不经常成群结队逐水草而迁徙，这一点是无可非议的。移民或迁徙早在原始社会就以一种自然现象而存在。但自从国家产生之后，它才成为一种社会现象并受法律的制约。② 海外劳工奔走在全球范围内四处寻求就业机会是当前世界的普遍现象，然而今日之世界已不再有宽松的迁徙自由和就业自由。对海外劳工而言迁徙自由已被入境签证、居留许可取代，就业自由已被用工指标、工作许可代替。劳务目的国从保护本国就业市场和本国工人利益考虑，对外来劳工入境就业设置诸多限制，行业准入歧视俯拾皆是。劳动力市场测试、经济需求测试本是国际服务贸易中的无形市场壁垒，现在却全面引入到国际劳务市场，成为外籍劳工进入东道国劳务市场的新障碍。与当地劳工相比，外籍劳工往往要接受更高要求的行业准入条件。如在资格认证方面，发达的东道国要么设置较高的资格标准，要么不承认许多发展中国家的教育学历和职业资格，导致大批海外劳工得不到市场准入机会。即便得到工作许可，往往也只能选择高能低就、高职低薪，即在同等条件下，海外劳工只能获得低等职位，或是在同样职位上只能获得较低薪酬。

此外语言方面的准入门槛较高，如英国要求来自中国的护工英语水平须

① 郭捷主编：《劳动法与社会保障法》，法律出版社 2008 年版，第 65 页。

② 翁里著：《国际移民法学》，浙江大学出版社 2010 年版，第 1 页。

达到雅思 6.5 分以上。国别歧视更是比比皆是，如美国外籍海员签证期限为 3 年，并可多次往返，但对来自中国、古巴、朝鲜等社会主义国家的海员只给 1 年期限、一次一签。西班牙对拉美、非洲外籍劳工签证政策比较宽松，对中国劳工则从严控制。① 正因为高门槛、广歧视的存在，将广大外籍劳工推向最苦最累、最受排斥、最得不到保护的工作岗位。

2. 工资福利待遇的克减

“劳动本身就创造价值，创造的价值除了工资外，还应该有剩余价值。剩余价值的一部分工人也应该分享，工人也应分享自己创造的价值。”② 劳工在东道国为雇主创造价值，理应得到合理的工资和分享一部分剩余价值，但显然剩余价值全部转化为企业的利润为雇主完全占有。外籍工人得到的却是完全不合理的工资，与本国劳工相比同工不同酬，或是多工少酬，低于集体合同工资标准，甚至低于法定最低工资。外籍劳工报酬协商权名存实亡，报酬标准由处于绝对优势地位的雇主单方决定，劳工报酬请求权同时屡受侵害。究其原因，大多数外籍劳工得到的都是短期居留许可，一般最长不超过 3 年。对外籍劳工来说，头等大事是以最快的速度、最小的成本尽快找到工作挣钱，对于那些已前期支付高额出国中介费的劳工来说，更需要尽快挣回成本，所以他们不会太多考虑工资水平和福利待遇问题。东道国雇主正是利用外籍劳工就业压力大的弱点，拼命压低工资，降低劳工应有待遇。至于随意克扣工资、拖欠工资、拒付工资则更是司空见惯。

3. 不实的社会保障

许多海外劳工通过劳务派遣方式实现境外就业，劳工与国内派遣公司签订劳动合同建立劳动关系。这就使得东道国雇主认为自己并非劳工的直接雇主，因此没有义务为劳工缴纳各类保险，从而逃避自己作为真实雇主的责任。世界上仍有一些劳务输入国未将外籍劳工一并吸纳进入本国现行的社会保障体系，东道国政府也无动力专门为外籍劳工的福利保障问题制定强制性的法律或政策。在参保问题上对本国劳工、外籍劳工奉行公开的“双重标准”，导致外籍劳工社会保险权、福利权缺失严重，社会保障无法到位。东

---

① 范姣艳、殷仁胜著：《中国海外劳工权利保护法律制度研究》，中国经济出版社 2013 年版，第 7~8 页。

② 翁天真：《发展劳动价值论，推进分配制度改革》，载曹天予主编：《劳动产权与中国模式——当代马克思主义在挑战中发展》，社会科学文献出版社 2006 年版，第 58 页。

道国雇主往往通过以下方式来逃避责任，牺牲外籍劳工的应有权利：一是完全不为外籍劳工购买保险，或是只给少部分劳工投保应付检查，或是避重就轻只买一种保险装点门面，至于少缴欠缴拖缴更是层出不穷；二是拒不签订劳动合同或是长期拖延订立合同，即使订立合同也极不规范，竭力逃避自身法定责任；更有甚者，东道国某些危险行业的雇主要求外籍劳工签订“事故责任自负”的“生死合同”，给受害的劳工日后维权以及社会保障的实现造成重大困难。

4. 休息权、安全权的剥夺

尽管东道国劳动法均对劳动时间有明确的规定，但在实践中雇主常以外籍劳工自愿为由延长工作时间、粗暴侵犯外籍劳工之休息权。对外籍劳工而言，休息权形同虚设，无薪加班或低薪加班是家常便饭。国际劳工组织一项调查报告指出，移徙劳工平均日工作时间、周工作时间均比东道国就业人员长。剥夺劳工休息权严重损害其身心健康，海外劳工无限制加班导致“过劳死”之类新闻经常见诸报端。

东道国企业、雇主为降低成本，往往不按国际通行标准或国家法定标准为外籍劳工提供劳动安全卫生条件。实践中大多数海外劳工真实的工作环境较本国工人更为恶劣，必要的劳动保护从来得不到切实保障，致使海外劳工阶层成为东道国各种工伤和职业病的高危群体。在建筑、采矿、制造等高风险行业，海外劳工的职业安全权更加令人忧虑。

5. 频发的虐待或剥削

妇女已经成为海外劳工群体中的重要成分，且有日益增长的趋势。但现实中多数妇女受教育程度较低，到海外一般从事家政服务业和简单手工劳动，其工作环境往往较为封闭和相对孤立，很难得到外来力量支持和社会关系网络的援助，更是劳动执法当局日常监督管控的盲区，这就导致女性劳工更容易受到雇主的剥削、歧视甚至侮辱，其人身权利保障、人格尊严保护更是堪忧！

此外那些无证件、无身份或无技能的海外劳工同样构成弱势劳工。他们因为自身技能低下或法律手续不全随时担心失业或被驱逐，只能选择高风险、低收入的职业，被迫接受肮脏危险且被当地人拒绝的工作。因为要在东道国生存与生活必须保住“努力争取的工作机会”，这些弱势劳工只能忍受歧视和侮辱、剥削和虐待，甚至甘心面对高风险的职业危害和不确定的犯罪侵害。

（二）法定权利的缺失

1. 合理劳动报酬权

海外劳工以取得工作酬劳为目的而出卖劳动力，合理的、足额的工资收入起码能满足外籍劳工本人及依靠其供养的人基本生存所需，并足以保障劳工本人及其家人能过上一种有基本尊严的生活，进一步来讲还要保证劳动力的“生产与再生产”。

外籍劳工经常遭遇东道国雇主单方面降低原先协商确定的工资、削减本已偏低的薪金、长年低薪拒不加薪，或雇主通过高职低就、更改工作内容等方式变相降低外籍劳工的劳动报酬。而一名海外劳工成为东道国生产线上的胜任生产者和价值创造者则需要外籍劳工本人乃至家庭在母国投入大量的人力、物力成本或教育培训、实习实践时间，所有这些投入都最终凝结在外籍劳工的“活劳动”上，只有合理的、足量的劳动报酬才能体现前期投入的价值和实际劳动的价值。东道国雇主往往会通过隐性的方式单方面降低职位、削减工资，贬其价值，这往往会迫使外籍劳工愤而辞职。这种被迫辞职不能被简单视为主动辞职，因为外籍工人的合理报酬权被雇主侵害在先，劳工迫于无奈才选择辞职应认定为“推定解雇”，雇主必须承担经济补偿责任。国外学者早已发现这一问题并提请关注这一动向。“推定解雇指雇主单方面改变雇员工作条件或福利待遇的行为，实质上达到了迫使雇员辞职的效果，其在后果上等同于变相解雇，从法律性质上可认定为非法解雇。因此雇主应承担相应的民事责任，对遭受推定解雇的员工应赔偿合理的工资损失。”① 此外东道国雇主开出远低于合理水平的劳动报酬，使得外籍劳工的“劳动力折旧”完全无法体现在劳动回报中，而这部分“劳动力折旧”实质上被雇主直接作为利润占有、无偿攫取或投入到扩大再生产过程中，这相当于剥夺本属于劳工之价值酬劳。东道国雇主在榨取完外籍劳工的劳动价值后将劳工遣散回国，而毫不承担外籍劳工往后在母国的生老病死，这是一种极不人道的“劳动力是商品，用尽即弃”的错误思想和做法。

2. 休息休假权

“休息权是指劳动者在法律规定的工作时间劳动以后，进行休息、休养

---

① ［加］A. E. 奥斯特、L. 夏莱特著：《雇用合同》，王南译，中国对外翻译出版公司 1995 年版，第 109 页。

的权利。"① 劳动生产过程是持续的劳力再生产过程。劳逸结合、适度休息方可维持劳力，方可再次生成劳力。

劳动过程是对脑力、体力持续消耗的过程，身体的能量、物质耗费需要补偿，人体机能的正常循环需要恢复休养。如果一味劳动超过了大脑、肌体的承受极限，打破了人生而有之的休养生息规律，扰乱生理机能之固有平衡，劳动者脑力和体力得不到涵养与恢复，则会严重危及劳动者之身心健康，最终导致劳动者丧失唯一的出卖劳动力的资格。因此，各国宪法规定劳动者的休息权，劳动法律都相应规定合理的工作时间限制、定期的带薪休假制度。马克思本人也非常重视劳动者自由时间的享有和休息休闲权的可得，并将其置于"人的全面自由发展"的高度加以看待。马克思主义理论体系的核心价值是人的全面自由发展，它立足于双重现实社会生活基础之上，即劳动生活和休闲生活。自由时间思想是马克思休闲思想的主要特征，人的全面自由发展思想是马克思休闲思想的关键所在。② 马克思指出："时间实际上是人的积极存在，它不仅是人的生命的尺度，而且是人的发展的空间。"③ 马克思进一步指出："整个人类的发展，就其超出对人的自然存在直接需要的发展来说，无非是对这种自由时间的运用，并且整个人类发展的前提就是把这种自由时间的运用作为必要的基础。"④

实践中，东道国雇主企业甚至会故意提高工作的难度，调高生产定额，外籍劳工只能被迫放弃休息休假权。雇主无视法定最长工作时间的限制，强迫外籍劳工长时间的工作、无休止的加班，要求外籍劳工从事繁重的体力劳动或强令完成不可能的任务，以及通过种种恶行直接或间接迫使不堪重负的外籍劳工自动辞职，而雇主一方则可合法逃避解雇赔偿金。

3. 职业培训权

职业培训权主要为已与东道国雇主企业建立劳动关系的外籍劳工量身定制的权利。职业培训根本目的在于提升人力资本价值。"人力资本是投资的产物，收益的资源，其价值取决于投资强度。"⑤ 职业培训又可称为在职进

---

① 董保华著：《劳动法论》，上海世界图书出版公司 1999 年版，第 231 页。

② 王晓杰：《马克思休闲思想及中国休闲经济发展研究》，东北师范大学博士论文，2008 年。

③ 《马克思恩格斯全集》第 47 卷，人民出版社 1979 年版，第 532 页。

④ 《马克思恩格斯全集》第 47 卷，人民出版社 1979 年版，第 216 页。

⑤ 杨洁著：《企业并购整合研究》，经济管理出版社 2005 年版，第 217 页。

修，其目的不但在于持续提升能够胜任本职工作所必需劳动技能，更在于使得劳动者特别是再就业能力不强的外籍劳工能够将来适应转行、换岗需要。科学技术的创新和革命以及资源、环境的硬约束促进或迫使各国产业结构持续转型升级，夕阳工业必然转向朝阳产业，劳动密集型产业必将逐步让位于资本、技术密集型产业，因而各国都限制半熟练、不熟练外籍劳工入境就业，而大力鼓励、吸引高技术外籍劳工入境就业，甚至给予其永久居留权。因此转行换岗培训应成为外籍劳工职业培训之重点，使在岗外籍劳工得以提升已有工作技能和技巧，通过能力跃升进而成为能在未来就业竞争中立于不败之地的优质劳动力。

现实中，相当一部分海外劳工因一时无法适应东道国的工作环境，或因无力承担技术要求高、操作难度大的任务，或因技能老化而低效工作，雇主企业往往视其为累赘，简单一裁了之而完全不去考虑为其提供在职培训，因为雇主认为外籍劳工相对于拥有语言优势的本地劳工而言，其培训难度大、时间长，加上政府没有为外籍劳工提供培训补贴因而企业方支付的培训成本很高，最重要的原因就是外籍劳工都必须限期回国不可能长期在东道国居留、就业，因而为其培训极有可能得不偿失。此时东道国政府也放任雇主无视外籍劳工之职业培训权，基本上无所作为，既不出台政府责令雇主培训外籍劳工，也不拨付外籍劳工专项培训基金。

4. 社会保险和福利权

外籍劳工在东道国处于一种相对陌生的环境，可能遭遇失业、意外伤残或死亡，每个人也不可避免地面临年老、疾病和死亡。当外籍劳工在遭遇工伤、失业、年老、疾病、残疾或死亡风险时应当享受全面的保障权利。为保障外籍劳工自身及其供养的家庭成员的基本生活生存，东道国社会保险制度应一体覆盖外籍劳工，使得社会保险基金能够及时、充分、有效地提供保险给付，抵偿外籍劳工之损失并增强外劳之抵御社会风险之能力。国家建立社会保险制度，让国家、雇主、劳工三方各自分担一部分责任，以抵御将来在劳动者身上出现的各种社会风险。东道国应通过社会保险手段分散个人风险，化解潜在矛盾冲突。

福利是能增进劳动者利益的工资外有价补助。福利形式名目繁多，有交通补贴、住房津贴、儿童补贴、假日津贴、医疗保健、实物分发等。“若工资只能维持底限生存，再无多余储蓄，便无法应对未来的社会灾变。”① 赋

① 林闽钢主编：《社会保障国际比较》，科学出版社 2007 年版，第 43 页。

予外籍劳工保险和福利权，不但保障其基本生活，更能增加其归属感，激发其工作潜能与热情，增强劳动产出与创造。

现实中雇主常常会长期欠缴外籍劳工社保费，或通过瞒报虚报手段少缴社会保险费，使得外籍劳工在失业、疾病、工伤、离境、退休时无法得到或足额得到社会保障金。在住房保障或其他家庭福利方面，雇主通常也是能少则少，能简则简。最后外籍劳工一旦离开东道国，会因缴费年限不足而完全领不到社会保障金或养老金，或是因为东道国不愿将国内社会保障系统与母国系统接续，导致符合领取条件的外籍劳工回国后无法领取社会保障金，这无疑又是对外籍劳工社会保障权的无端侵害。外籍劳工群体或其中某个特定阶层受各种条件制约，会在一定时期内为东道国发展转型做牺牲，"但海外劳工牺牲与维护东道国发展之间显然有一道底线，即必须保证他们及其家属拥有生存与发展的基本福利"①。总之，外籍劳工应获得一种底线的社会保障。

5. 政治性权利

如果将报酬权、培训权、福利保障权定义为劳工的经济性权利，则可将集体谈判权、集体争议权、参与民主管理权定义为劳工政治性权利。一般说来，劳工的经济性权利是着眼于基本的生存需要，是基础性权利，而政治性权利则是满足更高层次的心理需求和价值尊严，是一种更高形态的发展权利，在一定意义上讲两者相辅相成，存在一种良性互动的辩证统一关系：只有首先满足劳工之基本经济权利，才能为进一步发展政治性权利创造基础与可能；反过来，政治性权利得到实现，才能进一步保障甚至扩大经济性权利。

集体谈判权。劳工组织起来就劳动条件、福利保障等问题同雇主协商谈判，双方妥协后达成合意并签订集体协议是为集体谈判权。美国《国家劳资关系法》在开篇第 7 条即规定集体谈判权。② 美欧等国工会力量强大，劳工团结权获得很好的保障与有力的发展，"团结就是力量"，只有将分散的劳工个体力量团结起来，形成集合化的单一性主体，就能有效扭转劳资双方谈判实力不对称的不利局面，形成足以影响或平衡强势雇主一方的社会力

① 李航著：《我国转型期弱势群体社会风险管理探析》，西南财经大学出版社 2007 年版，第 13~14 页。

② ［美］罗伯特 · A. 高尔曼著：《劳动法基本教程——劳工联合与集体谈判》，马静等译，中国政法大学出版社 2003 年版，第 691 页。

量。因此，“在市场经济条件下，劳动关系的协调机制必然向集体协商的方式转换”①。外籍劳工只有通过加入当地工会才能在谈判协商时拥有与雇主平等的地位，个人的声音通过集体力量的表达才能增强话语权，组织起来的工会拥有平等博弈的平台，有利于劳工表达自身的利益诉求，从而使得劳动条件的改善、劳动待遇的提高、劳动者权利保护和劳工分享劳动利益成为可能，才能有效避免单个劳动合同在劳工保护上流于形式和嵌入不平等条款。

外籍劳工集体谈判权在东道国受到雇主无情的侵害，因为雇主千方百计阻止外劳加入本地工会组织，总是试图将有意组织起来的外籍劳工加以分化或孤立，让处于劣势地位的外劳无法团结起来形成合力，从而利于分而治之和易于控制。这样外籍劳工的利益诉求和真实呼声就无法传达出来或是传达出来却又产生不了足够的影响。

集体争议权。“学理上称为劳动斗争权，指劳工为改善劳动条件，以工会为主体进行集体交涉，为使这种交涉发生一定的压力，以有计划有组织的集体暂时不工作，并破坏生产秩序，以最终达成团体协约之行为。”② 实践中并不能将所有劳资冲突、纷争甚至斗殴都被视作劳动争议行为，劳工行使集体争议权的终极目的在于通过签订或修订集体合同来改善劳动条件。“集体合同是劳动关系双方通过平等协商，相互了解、相互理解、相互谅解，利益共享、风险共担，灵活有效调节劳动关系的法律制度。”③

现行法律一般规定集体合同产生的不同争议有不同的处理方式。一类争议事项属于债务不履行的问题，如集体合同雇主一方单方违约，扣发工资、不支付经济赔偿金或加班费等侵害劳工一方权利，此类争议一般提交法院判断。一类争议涉及集体合同的变更问题，即劳方代表或工会认为由于情势变更，如果原封不动地履行原定合同显然已从根本上丧失公平的基础以及合理的依据，这就必然要求劳资双方应就工资报酬、生产条件、福利待遇等劳动合同的核心内容重启谈判和重新核定，法律上认为此类属于缔约自由问题，无须法院主动干预，至于是否维持现状或适时变更，则完全交由双方当事人自行交涉、自主解决。实质上在多数东道国中，外籍劳工的集体争议权也难

① 郭东杰著：《公司治理与劳动关系研究》，浙江大学出版社 2006 年版，第 239 页。

② 黄越钦著：《劳动法新论》，中国政法大学出版社 2003 年版，第 307 页。

③ 郭军：《劳动合同立法与工会作用》，载常凯主编：《劳动合同立法理论难点解析》，中国劳动社会保障出版社 2008 年版，第 178 页。

以实现，因为外籍劳工一方面很难组织起来，即使组织起来也无法正常行使罢工权、怠工权，因为在许多劳务输入国法律明令禁止劳工罢工，如新加坡。

参与民主管理权。工会十分发达的欧洲国家劳动法赋予了有组织的劳工充分参与企业民主管理的权利，包括参与经营管理、参与特定决策甚至享有对企业财产管理的参与权。如德国在保障职工民主管理权方面起到良好的示范作用。其劳动法直接赋予雇员参与分享企业的决策权，有权作出“共同决定”，特别是在关涉雇员利益的人事措施（如招聘或解聘）行使时，《企业委员会法》明确规定了由雇员组成的企业委员会有不容排除的参与权。①

“企业投资人和劳动者都是投资人。所以，涉及劳动者切身利益的问题，不能由用人单位单方决定。”② 劳动者以劳动力投入形式投资于企业，应参照资本投资者或股东享受之权利，有权参与企业管理，特别是事关劳工切身利益的事项更应参与决策。现实中外籍劳工总是被东道国雇主要求严格遵守由其单方制定的各项繁杂规则，而这些规章制度的绝大部分内容只是一味强调劳工义务、责任以及对外籍劳工的管理和控制。然而这些规则的制定却完全不去征求外劳意见，也根本不允许外籍劳工参与制定，导致所谓的规则中充斥着“无视劳工人身安全、危害劳工身心健康以及工伤与职业病自负自理、极限式要求、非人性化管理”等落后甚至违法的条文。其实雇主企业的规章制度应是劳工和雇主共同遵守的基本行为准则，但现实中只维护雇主一方利益，公然放弃雇主义务侵害劳工人权，规则只适用于劳工一方，这无异于让劳工成为单纯的“守法者”、让雇主成为“执法者”和“裁判者”，这样的规则就是赤裸裸的“法律工具主义”，实质上是以法律的形式来掩盖剥夺、奴役劳工的事实。

而面对这些不公平、不合理甚至不合法的规则，对完全丧失话语权、更无民主管理权的外籍劳工而言，其“所拥有的行为策略十分简单和有限，只有接受，或者离开。对劳动者来说，接受意味着生存，而生存才最为重要”③。不能异议，唯有噤声，在基本生存问题面前一切讨价还价都无济于

---

① ［德］W．杜茨著：《劳动法》，张国文译，法律出版社 2005 年版，第 277 页。

② 郭军：《劳动合同立法与工会作用》，载常凯主编：《劳动合同立法理论难点解析》，中国劳动社会保障出版社 2008 年版，第 189 页。

③ 叶静漪：《劳动合同期限制度》，载常凯主编：《劳动合同立法理论难点解析》，中国劳动社会保障出版社 2008 年版，第 120 页。

事，所谓的劳资均衡博弈无从谈起，外籍劳工唯有无条件地全盘接受雇主提供的工作或愤而不接受，除此之外别无选择。

（三）应有权利的虚无

1. 工作获得权

劳动者达到法定劳动年龄、具备法律上认可的劳动权利能力和行为能力，就有权通过从事某种社会劳动来获取报酬。劳动权实现的前提条件是劳动者有权获得就业机会。就业机会的提供来自两个方面：一是国家通过政策措施或资源投入来创造就业机会促进劳动者就业，增加就业岗位帮助劳动者就业；二是限制雇主任意行使解除劳动合同权，对违法解除劳动合同者应科以严格的法律责任，惩戒其滥用解雇权。

在国家促进就业义务方面，考察各国《就业促进法》，其主旨基本集中于国家采取一切可行措施促进本国工人就业，而对于外籍劳工能否实现就业则在所不问。相反，国家是千方百计保护本地工人就业，限制外籍工人就业。至于如何将外籍工人就业纳入工作计划，则完全是“理性经济人”企业所考虑的事情了。

在限制雇主滥用解雇权方面，德国经验可资借鉴。德国专门出台了《解约保护法》管控任意解雇行为，规定企业解雇向劳动局提前报告义务、事前征求企业委员会意见义务、支付赔偿金义务以及设置解雇保护期义务。《解约保护法》还定义了几种导致解约或解雇相对无效的情形，甚至将不具备正当理由的雇员解约定性为反社会性。①

实践中，东道国政府未将外籍劳工的就业纳入国家规划，根本不去思虑本国的就业市场容量，也更无动力去创造、增加工作岗位提供给外籍劳工，这种只顾及本国工人就业而毫不考虑业已停留在本国境内的外籍劳工，相当于国家没有履行为一切劳工同等提供就业机会的应有义务。与此同时，在东道国雇主任意裁员现象层出不穷，且往往是短期内迅速采取裁员行动，未事先通告外劳即剥夺其就业机会，让外籍劳工猝不及防，心理上无法承受、行动上无法应对。

2. 平等就业权

平等就业权即指劳动者在就业方面一律享受平等的权利，对处在东道国的外籍劳工而言，不因自己的国籍、种族、民族、宗教信仰不同而遭遇东道

---

① ［德］W．杜茨著：《劳动法》，张国文译，法律出版社2005年版，第121页。

国企业或雇主的歧视。世界各国均在国家根本大法——宪法中规定公民“在法律面前一律平等”，宪法确认与保障的平等权在劳动就业的领域拓展和落实即是劳动者基本的平等就业权利。宪法上的平等精神为外籍劳工择业就业时不遭受国籍歧视提供“最高准据法”。“同样情况同等对待”，不允许任何企业在雇佣和解雇方面实行差别对待或歧视待遇。东道国应将保障外籍劳工的平等就业权视为自身的责任与义务，确保外籍劳工就业既有“形式平等”，更有“实质平等”，既要“起点公平”，又要“结果公平”。因此东道国应做到：一方面确保就业“形式平等”，消除起点不平等和机会不平等，另一方面力促“实质平等”，对弱势的海外劳工施以倾斜保护。东道国应强化保护海外劳工平等就业权，坚决抵制各种形式的歧视性做法，严禁雇主在解雇时歧视外劳，以及对本土劳工、外籍劳工实行差别对待。

海外劳工因自身维权能力弱小、工作替代性强且多为女性，因此往往沦为最先被解雇的群体，被粗暴地剥夺平等就业机会。外籍劳工再就业能力低下、在东道国生存发展较母国更为困难，这会大大压缩其未来生存空间和发展余地，在资源分配格局上势必处于劣势地位。

劳工保护水平较高的欧美各国比较注重就业择业方面的实质平等，其劳动法典或劳动单行立法均有消除歧视、弱者倾斜保护的原则性规定和具体操作要求。德国《解约保护法》第 1 条规定雇主在决定被解雇的劳工人选时必须充分考虑“社会观点”或“社会性”，在具体操作上“应根据年龄、工龄及家庭负担等综合考量因素来确定‘社会性’最强的雇员”①。即德国要求在同等条件下不能解雇就业能力较弱的劳工，应对其加以解雇保护。法国《劳动法典》也有类似规定：“应根据其家庭负担、抚养义务、职业资历、本人再就业的难易程度，来全面评估受薪雇员的社会性特点后，再行确定其去留。”② 显然法国法律根据雇员的家庭负担、工龄、雇员自身条件和再就业能力来综合考虑裁员标准，而不会仅仅根据企业单方意愿与方便而行事。美国是一个尚诉国度，在劳工遇有差别对待或歧视时可选择诉讼手段维权。其劳动法例规定“遭差别待遇者，依法可提诉或控诉，或由雇用机会均等委员会代为发起集体诉讼”③。但这些保护并未明确规定一体适用于外籍劳工。

---

① ［德］W. 杜茨著：《劳动法》，张国文译，法律出版社 2005 年版，第 134 页。

② 《法国劳动法典》，罗结珍译，国际文化出版公司 1996 年版，第 216 页。

③ 黄越钦著：《劳动法新论》，中国政法大学出版社 2003 年版，第 161 页。

3. 就业服务权

初次进入东道国劳动力市场暂未与雇主建立劳动关系的新进外籍劳工、已被企业解雇处于失业状态的外籍劳工应有权得到东道国提供的就业服务，此种服务同时应是免费的。如《法国劳动法典》就“禁止免费职业介绍所在就业服务时收取报酬”。① 从国民待遇原则出发，外籍劳工也应享受免费的就业服务权。而在实践中，当外籍劳工在求职时或被解雇后，东道国少有政府机构和社会组织对外籍劳工提供免费的求职咨询和再就业指导，国家也鲜有配套政策使得外籍劳工可免费享受技能培训，更不用侈谈求职补助、再就业补贴等国家财政性就业援助。

东道国政府应及时出台扶持政策和加强资源投入，保证外籍劳工群体在求职时、失业后能享有免费的就业服务权。对于初次入境求职的外籍劳工可提供初级培训，对于失业的海外劳工可按其年龄、技术基础、就业能力和意愿提供形式多样的再就业培训。东道国政府应出台政策，设立劳动就业专项资金，加大财政援助力度和补贴力度，或对中介服务机构实行“减免补”优惠，或通过政府购买社会就业服务，向海外劳工提供供求信息、就业咨询和入职推荐；政府出资扶持学校或社会培训机构提供免费培训；公共基金为失业的外籍劳工设置公益性岗位；国家向外籍劳工发放求职补助、培训交通补贴。

4. 失业救济权

具有劳动能力又有就业意愿的劳工非因自愿而失业而无法获得正常劳动收入时，国家为其提供一定的资金以保障基本营生。法国劳动法亦明确规定非自愿失业的劳工有权获得替代性收入。② 法国法中的“替代性收入”一般指失业救济金。救济金数额一般较为固定，各国一般将其与劳动者失业前的实际工资收入、当地社会平均工资水平、法定最低工资标准三大指标挂钩，因人而异各不相同。为防止失业救济异化为变相的福利和沉重的公共负担，各国政府均不约而同地严格限制了领取救济金的条件。首先规定领取期限，杜绝无限制领取也反对长期领取。具体期限长短取决于失业保险缴费年限、失业前的就业年限、劳动者的年龄、保险覆盖能力、社会经济发展水平等各种情况；其次设定领取前提条件，如领取失业救济金的前提条件是必须愿意接受新的、适当岗位而不是一味地“等、要、靠”，否则多次拒绝再就

① 《法国劳动法典》，罗结珍译，国际文化出版公司1996年版，第212页。

② 《法国劳动法典》，罗结珍译，国际文化出版公司1996年版，第265~266页。

业者将被直接扣发甚至停发救济金，这样可有效防止失业者依赖心理和怠于求职、懒于再就业；最后确定救济金的根本目的，其在于保障失业者本人及依靠其供养的人之基本生活，以及从时间和物质上保障失业者得以接受技能培训和重新择业。

东道国中的外籍劳工往往因雇主无视法律规定拒绝为外籍劳工办理参保手续或长期拖欠法定的社会保险而让本企业雇佣的外籍劳工无法正常享有失业救济金，另有部分雇主企业尽管为外籍劳工缴纳了失业保险，但因缴费水平过低或不足额缴纳，使得外籍劳工失业后领取的失业救济金数额过少，难解基本生存之急和满足培训、重新求职和再就业之需。因此，东道国应一视同仁担当起救济失业外籍劳工之责任，将其视作国家促进就业的重要举措，积极采取有效措施，让外籍失业者及其供养的人生活安定，让外籍劳工安心接受培训提高再就业能力或是从容求职而无后顾之忧。

5. 重新恢复工作的权利

重新恢复工作的权利亦称为重新雇佣请求权或继续雇佣请求权。如属非法解雇，则须立即重新恢复；如属合法解雇，同等条件下则须被优先录用，此系雇主的余后或曰延伸照顾义务。① 外籍劳工的恢复工作权利动辄遭到侵害，雇主一切以成本—收益为第一考虑要素，对本可予以保留的岗位，单纯从节约成本的角度考虑往往会撤并；对尚能适岗的老弱劳工，则用青壮劳工简单替代以片面提高生产效率，而完全罔顾外籍劳工的再就业能力、家庭负担等社会性因素。相反在发达国家本国劳工的重新恢复就业的权利得到法律的明确保障。如北欧国家瑞典《就业保护法》第 25 条规定原被解职的雇员在不同情形下均享有优先受雇权。② 瑞典劳动法不仅在一般情形下普遍赋予劳工再次受雇的优先权，还进一步确保在企业或业务转让、原雇主破产等特殊情形下的优先受雇权。德国劳动法也规定“重新雇用时应根据社会观点作挑选决策”，并进一步肯定了那些业已合法终止劳动关系的劳工仍保有重新“雇佣请求权”，并明确“这一请求权就是针对新雇主的”。③ 法国劳动法典也有类似规定，要求“雇主制定并实施社会性计划，以保障失业劳工

---

① 肖蓓：《企业并购中劳动者劳动权保护法律问题研究》，华中师范大学博士论文，2010 年。

② 叶静漪、[瑞典] Ronnie Eklund 主编：《瑞典劳动法导读》，北京大学出版社 2008 年版，第 145 页。

③ [德] W. 杜茨著：《劳动法》，张国文译，法律出版社 2005 年版，第 133 页。

能重新就业”，并要求细化计划方案和具体措施。①

三、海外劳工权利被侵害的主要原因

（一）政策理念偏差

外籍劳工母国即劳工输出国不遗余力地对外输出劳动力，以缓解国内人口压力和就业压力，同时也为海外劳工创造的大量外汇。东道国即输入国引进外籍劳工则是为了弥补劳动力缺口，解决老龄化问题，从而为本国创造经济利益。在母国、东道国政策思维中似乎经济利益是海外劳工问题的核心或全部，再也不用顾及其余，这其实是一种非常不道德的“劳动力就是商品”的理念。某些国家将外派劳务完全视作一种普通形式的国际商务行为，如此认识是极端片面的。尽管《服务贸易总协定》（GATS）认为劳动力以人力资本的形式跨国流动，提供服务，获取报酬的行为，是国际服务贸易的一种交易方式，但不得不承认 GATS 作为 GATT 的重要组成部分，其完全立足于强势资本的立场上来解释和重构国际经济系和国际利益格局。《服务贸易总协定》坚持“资本至上”，却选择性忽略《世界人权宣言》以及 ILO《国际劳工公约》及《建议书》的原则和精神：任何形式的贸易必须以劳工保护作为前提和原则。诚然国际劳务输出是一种特殊的国际贸易形式，其特殊之处就在于劳动力作为“人”的流动，决不能简单等同于传统“物”的流动，因此更不能将劳动力当成单纯的“物”、当成单纯的“商品”，否则将会堕落为“人头生意”。②国家将外籍劳工视为“商品”而不顾及“人”的权利与尊严，在母国劳务输出政策理念中，将海外劳工视为创造外汇的“赚钱机器”，对国内中介机构盘剥劳工不加制止，对国外雇主侵害劳工又借口鞭长莫及，缺乏外交保护的动力；在东道国输入劳务政策理念中，只将外籍劳工视作用完即弃的“劳动力商品”，对国内国外劳工权利保护实行双重标准，选择性地忽视本国雇主侵害外籍劳工。

（二）政府责任缺位

无论是东道国政府还是母国政府，均有不可推卸的责任在各自管辖范围

① 《法国劳动法典》，罗结珍译，国际文化出版公司 1996 年版，第 220 页。

② 常凯：《外派劳动者权利亟待立法保护》，载《法制日报》，2011 年 7 月 19 日。

通过法律规定和政策措施来保护外籍劳工的合法权利。但现实状况是各国政府各有顾忌、罔顾责任，对外籍劳工的保护力度远远不够。如东道国政府不敢严格执法，不去依法处罚无理解雇外劳的本国雇主，甚至纵容为之。因为东道国慑于本国政治压力，必须将保护本国劳工就业永远置于第一位。而母国政府在国内则惮于严厉惩罚违法的劳务中介机构，因为忧于打消其开展出国劳务服务工作的积极性，在国外合法使用外交保护权时则畏葸不前，一则自身外交力量有限，另则担心损害友邦关系。

"劳动就业者有权要求国家在劳动就业方面有所为，国家也应该有所为，否则就构成国家责任。"① 事实上，国家责任是建立在国家行动能力的基础上。如果国家宪法和劳动法对内外劳工权利保护作出了切实充分的保障，但限于执法力量或行动能力，则"纸面上的权利"难能转化为"实在权利"。如韩国作为劳工输入大国，其法律全面保障外籍劳工权利，但苦于执行机构劳动部雇佣安定中心人手不够，只能兼办事务，导致韩国企业侵害外籍劳工的事件、人身安全事故比比皆是。菲律宾作为最大的劳工输出国，其《海外菲律宾人法》对海外菲裔劳工保护周到细致，但菲律宾是小国弱国，"弱国无外交"，事实上菲律宾当局在域外行使外交保护颇多踌躇，仅限于呼吁声援，基本指望东道国的执法意愿。

（三）社会支持缺乏

国内工会缺乏海外维权能力，国外工会缺乏维权意愿。对海外劳工而言，工会组织在维权中实是一个尴尬的角色。海外劳工身在异乡，自然失去国内工会的庇护，海外维权鞭长莫及。对东道国工会而言，外籍劳工"身在异乡为异客"，本地工会一般不愿意接纳外籍劳工为会员。因为劳动保护主义思想在世界范围内普遍存在，外籍劳工被当地工人、社区居民视为"争夺饭碗的人"、拉低工资水平的"罪魁祸首"以及社会冲突的"麻烦制造者"甚至纯洁文化的"玷污者"，已被东道国社会广泛"污名化"的外籍劳工自然不受本土工会欢迎，② 此外东道国雇主也相当抵制外劳参加工会或自建工会，东道国法律虽然大都规定劳动者有参加工会的权利，但未明确指明该法是否一体适用于外籍劳工。不能加入工会就意味着外籍劳工团结权、

---

① 谢德成、穆随心：《试论就业权性质》，载《宁夏社会科学》2005 年第 1 期。

② 程惠建：《中国海外劳工碍着谁了》，载《国际金融报》，2009 年 12 月 23 日，第 1 版。

集体谈判权、集体争议权、参与民主管理权乃至罢工权都受到严重损害或压抑，成为不可能落地的法定权利。

即使部分或个别劳工“有幸”被当地工会接纳，但人数相对较少，不掌握话语权、仅有微弱影响力、根本没有控制权的外籍劳工群体难以发出自身独立的声音和权利诉求。在当地工人占大多数的情形下，主流群体操控下的工会是没有动力和意愿为小众外劳声张权利、奔走维权的。外籍劳工沦为“只要会费，不要发声”的工会“一小撮”，其权利呼声始终湮没不闻。

社会组织支持不力。海外劳工群体在某些国家和地区还未融入当地主流社会，是天生弱势的边缘群体。在市场上远不能形成足够的影响以获得消费者、生产链条上供应商、分销商的支持和回应，在社会上也难以发出自己的声音以得到公众或公益组织的响应，其权利表达总是无处可行，权利诉求落地无声。在一些非政府组织的志愿服务对象中可能未将海外劳工群体纳入，因为在其看来，妇女儿童、残疾人、无家可归者、失业者或是国际难民才是他们优先救助的对象，海外劳工至少保有工作，基本生存可能无虞。

（四）劳工自身弱势

海外劳工在劳动力市场中始终处于弱势地位。在劳动就业市场上，不占有生产资料的劳动无产者总量庞大且持续过剩，而独占生产资料的资方雇主因市场稀缺而地位优越。“市场有许多可供选择的劳工群体，而劳工常常面对很少的工作机会，所以，谈判权的实际不平等战胜了法律上毁约的平等性。”① 法律形式上的平等并不必然带来实质上的平等，劳工虽表面上有选择这个或那个雇主的自由，但从根本上却丧失“必须选择一个雇主”的自由，这就决定了劳动力对资本的依附性，雇主对劳工的控制性。依附之下自由何在，控制之下平等焉存？“雇主企业独占稀缺性的资本和稀缺的工作，使得其占有绝对的市场优势。”② 在国际劳务市场上劳动力特别是低端劳工长期供大于求，形成了非均衡发展的劳动力买方市场，导致东道国雇主总是处于优势地位，在确定薪酬标准、劳动关系、福利待遇方面起单方面的主导作用。限于居留期限和经济窘境，外籍劳工在东道国不可能有充足的时间和金钱来待业择业从容挑选雇主，或讨价还价反复博弈受雇条件，外籍劳工唯

---

① 郭东杰著：《公司治理与劳动关系研究》，浙江大学出版社 2006 年版，第 220 页。

② 姜颖著：《劳动合同法论》，法律出版社 2006 年版，第 93 页。

有被动地全盘接受资方的约束和控制，方可获得一份赖以生存的工作。

海外劳工维权能力受到很大制约。在海外劳工群体中，大部分属于受教育水平不高的不熟练或半熟练的低技术劳工阶层。首先，维权意识欠缺。囿于自身知识结构和个体素质，许多海外劳工不知劳动权为何物，更遑论何为人权，同时也只有更少的劳工依稀知悉法律上的劳动权，而懂得用法律手段去维权的海外劳工则更是凤毛麟角。

其次，维权后顾之忧未能消除。劳工一旦诉诸法律手段或求助于公权（向东道国劳动执法部门投诉或向母国使领馆求助），则可能被雇主视为不安定分子“重点盯防”，轻则给“穿小鞋”降职降薪，重则一裁了之。在某些东道国外籍劳工工作岗位是固定不变的，严禁更换或限制更换次数。还有一些国家将工作岗位与居留签证捆绑，失去工作即失去居留资格。降职降薪、解雇去职、限期离境，任何一项风险都是弱势劳工无法承受的。

最后，维权成本过高。虽然国内法、国际劳工法均规定通过法律的维权机制和维权途径，但是由于主权与管辖权冲突、劳动权的公法性与劳动争议的私法性矛盾以及语言障碍、取证繁琐等多方面限制，选择何国法院起诉，以何诉由请愿，如何翻译，如何取证，凡此种种均成桎梏，诉讼之路可谓困难重重。一旦选择诉讼，就必须付出时间和金钱，而这二者恰恰又是外籍劳工最为稀缺的资源，东道国诉讼费、交通费、律师费、取证费、鉴定费一般高于母国，而证据规则也异常复杂，诉讼周期漫长，整个法律体系以及司法运行体制都大异于母国。此外，败诉之风险、胜诉后的执行均不确定。所以对外籍劳工来说，诉讼不但面临高昂的成本，还意味着巨大的风险。现实中无奈的外籍劳工往往选择隐忍不发，或倾向于用温和的方式选择调解或妥协，再就是借助集体诉讼免费“搭便车”。

和其他商品不同，劳动力的价值包含着一个历史的和道德的要素。

——《资本论》①

第二章　海外劳工权利保护的理论基础

一、人权保护理论

人权，是指在一定的社会历史条件下每个人按其本质和尊严享有或应该享有的基本权利，② 人权不是抽象的，而是一种理应实现的实有权利。就人权的属性而言，“人权的普遍性呼唤最低限度的人权，即人之所以为人所必不可少的尊严、自由与生命体的价值尊重与关怀，具有底线性、绝对必要性、人类整体性三大基本特征，这是将全体人类不分先天与后天身份无一例外地连接起来一视同仁地予以对待的纽带”③。人权的本质特征和要求是自由和平等，实质内容和目标是人的生存和发展。尊重和保障人权是民主政治的基本要求，是社会政治文明的基本标志。④

（一）人权保护之价值

1. 历史进步方面价值

从人权发展史来看，各国的人权保护责任应是一以贯之、不断深化的。

---

① 引自马克思：《资本论》第一卷。《马克思恩格斯选集》第2卷，人民出版社1995年版，第173页。

② 见“尊重和保障人权”辞条，转引自奚洁人主编：《科学发展观百科辞典》，上海辞书出版社2007年版。

③ 汪习根、王琪憬：《论人权属性的多维解构与系统重构》，载《暨南学报（哲学社会科学版）》2009年第6期。

④ 奚洁人主编：《科学发展观百科辞典》，上海辞书出版社2007年版。

在近现代，人权发展大体上经历了三大进化阶段。第一阶段是资产阶级大革命时期以及资产阶级革命取得全球性成功后的一段相当长的历史时期。这一时期以美国《独立宣言》和受其影响的法国《人权与公民权宣言》为主要标志，两部伟大的宣言旨在宣示人类勠力同心历经抗争所得的权利，其内容集中在人身人格权利、政治权利与自由以及司法公正等方面。以《独立宣言》为先声，各资产阶级共和国纷纷在其具有最高法律效力的宪法文本中确认并固定人权要求，甚至《法兰西共和国宪法》直接将《人权与公民权宣言》整体纳入，作为开篇序言开宗明义，矢志人权保护。第二阶段人权伴随波澜壮阔的社会主义思潮、运动与革命而展开，其核心是反剥削、反压迫，争取和扩大经济、社会和文化权利则是社会主义运动的重要诉求与强大动力。前苏联政权公布的《被剥削劳动人民权利宣言》在宪法上昭示了这一普遍性权利要求，反映社会主义国家对人权认识的进步和人权观念的更新。在西方则以德国的《魏玛宪法》为标志，反映了资本主义国家对人权保护的进一步深化。第三阶段是“二战”后世界范围内掀起了反对殖民主义压迫的民族解放运动。伴随这一运动人权持续发展，这一时期人权由一国范围扩展到世界范围，民族自决权、发展权、和平权、环境权、自然资源权、人道主义援助权等权利概念被相继提出并要求付诸实施，这一阶段显示出国际集体人权的强大诉求和发展动能。人权行动也由过去的国内行动扩展为国际协调与国际行动，而全人类共同呼吁与不断斗争的结果是形成了体系庞大的国际人权保护条约或文书，这些国际文书从国际法上确认了内容极为丰富的人权要求，其中尤以联合国体系的人权公约最为核心和关键，而《世界人权宣言》、《公民权利和政治权利国际公约》、《经济、社会、文化权利国际公约》三大国际人权文件业已在全球范围内构筑起人权保护的基本法律框架。

可见，从人权发展史来看，人权是人类固有之天然权利或曰天赋权利，是一种应然的权利。将应然权利转变实有、实在的实然权利却需要全人类不懈地共同努力，这种努力甚至伴随着斗争或革命。人类将革命的果实、努力的成果即人权要求在宪法、法律上落实并巩固。而法律是国家行动的纲领与指针，这样就将人权要求转化为国家的现实责任，国家有法定责任去保护人权、去实现人权。寰宇之内但凡民主共和国家，概莫能外。

2. 民主法治方面价值

从人权在国家体系中的地位看，各国在法治体系中对人权制度作出专门安排。国家尊重和保障人权的道德基础源自于国家创建及存续的目的。可以说，“在国家与个人的关系上，个人是国家的基石，如何保障个人权利的最大实现就构成了国家制定一切政策的前提和出发点，一切为了人民的权利应当是国家是否具有合法性的根本标志”。①社会契约论的观点认为人民向国家让渡一部分权利，构成国家的全部权力基础，从而使得国家权力更好地保护人民的基本权利。在国家体系中，各国家机关作为受权行使国家权力的主体，保护国民的一切基本权法益是其首要任务，也是立国基石——民主政治的基本价值观，也是其执掌公权的道德基础与法理基础。人权义务在整个国家体系最先也最重要的表现与落实是全部国家机关对国民基本权法益的“国家保护义务”，即“要求国家对法律中所确定的人权的实现负责，即人权的实施和实现应得到有效的和广泛的政治、经济、文化和其他社会条件的保障”②。

国家尊重与保障人权更是一种法律义务，是一种约束、限制国家权力的规范要求。国家在取得人民授权后，高居社会之上，以至高的主权者身份出现，因而国家权力天然具有扩张性和侵略性，最先侵蚀、最易受害的往往是民权，这会从根本上背离创建国家的初衷与目的。作为国家总纲的宪法对国家“利维坦”作出了限制、约束，在宪法法典中从形式上、内容上均作出制约性安排。形式上，在宪法文本中将公民权利置于国家机关之前，昭示孰轻孰重、孰先孰后、孰本孰末，既表明人民至上、人权至高以及国家权力来源、国家服务的对象，也合乎民主政治、民主学说的理想与现实逻辑；内容上，对国家权力明确进行授权，是为抑制国家天然的扩张冲动，规定国家权力范围与边界。明确授权相当于严格划线，为国家权力活动划圈而治。法圈之内为国家执政活动的领域，领域之外则为禁区，宪法谨慎防范其越雷池半步。对人民权利则秉民主之思想，持自由放任之理念，相对于国家这一人类创造物而言，其必须得到授权，而人民的基本权利是一种自然权利，天赋而有，无须授权。除了最初从人民权利中分割让渡出去的一部分权利转化为国家权力外，人权的内容是无法界定更无从限定的，而且随着时代发展，人权的内容会与时俱进不断丰富不断扩张。如果说国家操持的集体安全权、征税权、行政管理职权是人民权利的“禁区”，那么区外无限广阔之域则是人民

① 韩大元：《国家人权保护义务与国家人权机构的功能》，载《法学论坛》2005年第11期。

② 黄涧秋：《论工作权》，载杨海坤主编：《宪法基本权利新论》，北京大学出版社2004年版，第247页。

权利的保留地与自由空间。概而言之，“对国家而言，法无授权即禁止；对人民而言，法无禁止即自由”。这一理念业已成为正确处理国家权力与人民权利相互关系的箴言与指引。宪法通过形式及内容的双重规制，对“人权保护、公权限制”原则与理念予以强化与保障，并将其置于整个宪法规范体系中的核心地位，而宪法规范本身又居于整个国家法律体系中的根本地位，因而在整个国家法治体系结构中，尊重和保障人权能得到全面保证和整体实现，也能在不同的法律层级中得到层层实现。

3. 社会包容发展方面价值

从人权在社会有机体中的作用看，人权发展有利于社会和平和谐、包容可持续。“人权是在有组织的社会中出现的、由相对弱势的个体对该组织提出的、被认定为属于该社会所有成员共同所有的对其若干基本利益显在或潜在的要求。”① 人权从来就不是孤立存在于世界的，人权矗立于政治、经济、社会、文化网络之中，人权具有很强的社会性。因此人权的保障与实现需要一定的内外环境支持与一系列制度安排支撑。人权的实现不仅涵盖权利主张，同时也要求一种有利于人权发展的环境。这种环境既包括国内社会环境，也包括国际环境。国内环境重在和谐，国际环境重在和平，整体大环境则要求总体和谐包容，能实现可持续发展。

人权的发展需要良好的环境，同时人权的发展反过来又能促进良好环境的生成与可持续。如果一国人权发展的目的是为了人民的福祉，人权发展的进程接纳人民参与，人权发展的成果由人民共享，同时全社会人权状况不断改善与进步，更加关注人的价值、权利和自由，关注人的生活质量、发展潜能和幸福指数，② 致力于实现人的全面发展，社会各领域建立完善注重社会公平，保护弱势群体的利益的权利保障制度，③ 人人得以享受基本人权，人权的实现就有了有效的保障机制。社会不同群体之间能展开建设性对话与合作，这就有利于和平环境的生成和可持续发展，社会就能实现和谐包容，永续发展。因此各国政府和国民都有责任与义务在《世界人权宣言》感召与指引下，创造有利于人权实现与发展的环境和秩序，保证人权的可持续发

① 何志鹏著：《人权全球化基本理论研究》，科学出版社 2008 年版，第 21 页。

② 田建国：《高校落实科学发展观的战略思考》，载《山东交通学院学报》2006 年第 2 期。

③ 见“尊重和保障人权”辞条，转引自奚洁人主编：《科学发展观百科辞典》，上海辞书出版社 2007 年版。

展，实现人权与环境的良性互动，让两者互为因果，互为促进。

（二）劳动者的人权保护

劳动权在整个人权谱系中居于基础地位，劳动权是核心人权之一。“劳动是人本质形成的起点和发展的基础，只有从劳动出发，才能真正揭示人的本质以及基于人的本质的人权的丰富内容和历史发展。”① 劳动权的权利主体是分布于海内外千千万万的劳工，其中海外劳工作为东道国日益壮大且已无法忽视的一个社会阶层，“如果舍去了这一社会群体，人权中的‘人’便失去了普遍的意义”②。进一步讲，“从劳动权诞生时起，劳动权的发展与法律保护就成为人权事业发展与人权法律保障的应有之义”③。因此在一国管治范围内，对劳工群体不分内外不加歧视，平等对待一视同仁，在国际国内建成和平和谐、包容发展的良好环境。

1. 劳工人权与社会正义的实现

无论雇主投入多少资本或生产资料、管理或技术，都不能掩盖劳动者才是社会财富的根本创造者。社会倡导尊重与保障财富所有权的同时，理应尊重与保障财富的创造者。善待劳动者就得坚持“以人为本”，切实保障劳动者的就业择业权、报酬获取权、劳动关系自由权、社会保障权。而在现实中很多雇主企业“以人为本为装饰，人力资源管理成工具”。④ 不同的立场决定了不同的利益追求，雇主一方的根本追求从来就是更多的利润和更少的成本，特别是最大地压缩人力成本，而劳动者一方则一直奢求更好的薪酬、更充分的社会保障。

现实生活中的利益矛盾和利益冲突大量存在无可避免，解决之道是协调各方利益达致均衡。而利益平衡过程的前提条件是首先赋予相互冲突的利益主体法律上的平等地位，给予平等的话语表达权，兼顾各方诉求，调适各方利益直至均衡，才有可能使冲突各方自愿接受一系列制度安排以及共同的标准约束。在东道国雇主与外籍劳工之间的利益冲突与矛盾丝毫不亚于劳工来

---

① 万斌、诸凤娟：《人权的四维透视》，载《浙江学刊》2009 年第 6 期。

② 常凯著：《劳权论——当代中国劳动关系的法律调整研究》，中国劳动社会保障出版社 2004 年版，第 48 页。

③ 魏新兴：《劳动权保护制度的比较研究与启示——以典型国家的劳动立法为例》，载《郑州大学学报（哲学社会科学版）》2008 年第 5 期。

④ 常凯：《劳动合同立法的社会背景和基本定位》，载常凯主编：《劳动合同法立法理论难点解析》，社会保障出版社 2008 年版，第 21 页。

源国，有可能更甚。雇主在劳动立法、劳动执法以及劳动司法中无不拥有强大的社会资源与行动能力，足以影响立法、行政、司法过程，让国家三权偏袒于雇主利益而无视外籍劳工权利，这势必让形式上公平正义之国家权力丧失实质正义。因此要保护社会财富之源就要尊重劳动者权利，树立公平正义之理念，矫正立法、行政、司法权力运行中的不公正不合理之处，努力达到一种“矫正正义”；给予劳动者应有的权利与利益，让其参与财富分配与共享，争取实现一种“分配正义”。惟其如此，才能消弭原本不可调和之冲突和矛盾，从而让国家稳定、社会和谐。

2. 劳工人权与社会的稳定发展

鉴于世界经济形势的波动、企业个体的经营困难以及外籍劳工的弱势地位，东道国雇主与外籍劳工之间的矛盾呈现尖锐化趋势，雇主滥用解雇权裁员或克扣、拖欠工资甚至强制劳动行为屡禁不止。“单个失业劳工会成为一个潜在的不稳定因子，当一群劳工失业时，就成为一种确实的社会稳定的威胁因素。”①

无论是单个劳动者权利保障，还是劳动者集体权利保障都极端重要，特别要注意防微杜渐，防范离散的不安定因子聚集成社会稳定的威胁因素。劳动权既是一种经济权又是一种社会权，既是一种个人权利又是一种集体权利，任何对此种权利的威胁很可能由个体波及社会，其脆弱性又最能由个人轻易传导至集体，因此解决不好会危及整体秩序稳定，甚至撼动社会公共利益。② 劳工保护与社会公平、社会安定休戚相关，与东道国的整体利益和长远利益紧密相连，外籍劳工劳动权保护仅仅依靠劳资双方意愿自治或单方压制远不能达到标本兼治，也无法一劳永逸地彻底解决。一时的压制只会导致日后更大的反弹。可以说，劳工问题关系到东道国的重大利益，单单依赖或指靠市场力量或社会自治根本无法消解矛盾。“政府提高效率、增进公平、促进增长三项职能的实现，都离不开对劳动权的保护。”③ 国家公权力必须强力介入保护外籍劳工的权利，协同市场规则、社会自治形成合力，综合运用立法、行政、司法手段，有效防范与惩戒雇主侵害外籍劳工的不法行为，

① 张慧平：《论社会保障权》，载杨海坤主编：《宪法基本权利新论》，北京大学出版社 2004 年版，第 279 页。

② 唐开元：《论劳动权保障中的公共利益》，载《社会科学家》2008 年第 12 期。

③ 胡芬：《我国政府职能转变与对劳动权的保护》，载《法学评论》2009 年第 3 期。

引导双方构建和谐、稳定、互助的劳动关系，从根本上、源头上保障公共秩序的健康稳定以及社会的和谐包容和永续发展。

（三）弱势群体的人权保护

“弱势劳动者群体尽管存在一定的劳动能力，但因某些主、客观因素，如历史原因、国籍、年龄、生理条件等，在目前的就业环境中不可能改变自己的弱势地位。”① 海外劳工完全可以被认定为弱势群体，因为他们在经济、社会、文化方面处于低下状态，在社会结构体系的多个层面处于边缘和底层，在社会经济与社会结构中处于最不利地位，在社会资源占有上亦处于最弱势地位，因此无法像东道国其他正常人群或阶层一样有能力去化解社会压力，往往容易陷入困境、处于社会最不利的地位，因而需要法律给予特别保护。

1. 经济社会发展要求

从经济社会发展的角度来看，应重视外籍劳工的权利保护。外籍劳工作为弱势群体的基本群体特征是：经济利益的贫困性、生活质量的低层次性、政治参与的边缘性和心理承受能力的脆弱性。② 东道国社会如果漠视在本国为数不少且不可或缺的外籍劳工群体的发展和经济情况的改善，其国家短期内可能获得快速发展，但从长远来看，则缺乏长足发展的动力，最终会停滞不前。因为外籍劳工对东道国社会的贡献和作用是不可忽视也不应忽视的。正如新加坡国父李光耀先生批评日本不重视移民引入和改善外籍劳工境遇，认为日本将很快沦为一个平庸的国家，甚至毁灭。③

2. 人道主义要求

从人道主义的角度观之，应对外籍劳工加以特殊保护。外籍劳工背井离乡进入异国他乡，离开母国的直接庇护，失去原有的社会关怀网络，进入一个陌生的环境，宛如置身于一个巨大的“无知之幕”④，经济贫苦、资源有

① 孙晓燕、陈业彤：《弱势、准弱势劳动者公平就业的实现途径》，载《山东社会科学》2006 年第 6 期。

② 白桂梅：《人权法学》，北京大学出版社 2011 年版，第 193 页。

③ 资料来源凤凰网，《李光耀：如果日本再拒绝引进移民，国家就会灭亡》，http：//news. ifeng. com/world/detail_ 2013_ 03/21/23350426_ 0. shtml，2013 年 3 月 24 日访问。

④ ［美］罗尔斯著：《正义论》，何怀宏等译，中国社会科学出版社 1988 年版，第 136 页。这里系借喻。

限、活动空间逼仄、维权能力低下。相对于东道国主流群体，自然处于一种权能相对低下的状态，与东道国雇主、国民交往、博弈时，处于绝对的不对等状态。在这种状态下，外籍劳工往往遭受不公平对待，其权利也最易遭到违法侵害，在极端情况下甚至会失去工作、失去尊严甚至失去生命。东道国政府和社会应给予外籍劳工这一弱势群体更多的、甚至超出本国普通国民（此时相对强势）的特殊保护，因为国家有责任让外籍劳工“最低限度的像人那样的生活”，国家作为主权者有责任对此加以保障。

3. 公平正义要求

法是普适的规范，法律的普遍性内在地要求其平等对待全体社会成员。但对弱势群体的特殊保护却不会损及法律的普遍性，因为法律的生命力在于总是在普遍性与特殊性之间寻求平衡，其最本质或最终极的追求是人类社会永恒的价值理念和基本的行为准则——公平正义。从法律的追求来看，保护外籍劳工本质是追求实质正义。法律保护作为弱势群体的外籍劳工的本质目的，在于实现宪法和法律明文规定的基本原则和核心价值，即公平和平等，更深层的意义是追求法律的终极目的——正义。正义分为形式正义和实质正义，实质正义是法律追求的最高目的。形式正义虽有独立的价值，但其主要是实现实质正义的手段或程序。形式正义的基本要求或话语表达为“法律面前人人平等”，法律首先要求的是形式平等，但外籍劳工在东道国因为经济上的贫苦、政治上的无权、社会上遭排斥，造成其综合性的权利能力和行为能力大受制约，同东道国雇主相比存在巨大差别。形式上的平等并不必然导致实质上的平等，正如常凯教授指出的那样：“劳动关系是形式上的财产关系和实际上的人身关系、形式上的平等关系和实际上的隶属关系，其特征是用形式的平等掩饰着实际的不平等。”① 形式上的平等被裹挟入不平等的过程，最终会导致结果上的不平等，这不是理性的人类所应追求的社会发展目的，也偏离了以法律手段实现实质正义的初始目标。

国家、社会、雇主（企业）均应责无旁贷地承担起保护外籍劳工的责任。总之，加强和改善对弱势外籍劳工群体的保护，有利于东道国经济发展、社会和谐、人权改善，对法治国家的建设也有重大的现实意义。

---

① 常凯：《劳动合同立法的社会背景和基本定位》，载常凯主编：《劳动合同立法理论难点解析》，中国劳动社会保障出版社 2008 年版，第 9 页。

二、人的全面发展理论

马克思主义认为，人的全面发展是指每个人和一切人都在客观和主观，抑或物质和精神的各个方面得到最大限度自由发展的状态，是人之本质和特性的全面发展。① 它主要体现于作为主体的人之劳动能力、社会关系、个体需要和自由个性的全面发展。在人的全面发展这一实践进程中，劳动是达到人的全面发展的来源性力量和推动性力量，人之本质与特性的全面发展无一不与劳动如影相随，贯穿于劳动全过程之中。人的发展本质上就是劳动的发展。然而，劳动的发展并非一蹴而就，对劳动者劳动权的剥夺、压制或克减，让劳工实有权利减损、法定权利缺失、应有权利虚无，这无可避免会造成马克思一贯严厉批判的“劳动异化”现象。劳动异化势必造成劳动者与其劳动产品、生产劳动活动本身、自己的类本质以及人与人之间关系的对立和分离。这些人的异己之物和对立力量构成了人全面发展的桎梏。② 劳动异化势必扭曲“自由自觉的活动”，从而从根本上背离人的本质。

马克思将自由视为人类劳动和人之发展的核心考量因素，并用自由将人之劳动和人之发展连接起来。其实，人的整个发展过程就是不断地去克服、摒弃劳动中产生的异己之物和对立力量，追求自由发展的过程。自由的全面落实方能实现人的全面发展，而唯有在人的劳动过程中实现自由才让人的全面发展成为可能。劳动中的自由需要劳动权来保障和实现。可以说，劳动权是应对或克服劳动异化而提出的一种权利观念或权利形态，也是一种在生产劳动实践中实际运行的权利行使过程。劳动权的确立、保障、运行能够实现对“异化劳动关系”的矫正、修复和扬弃，让其回归劳动的权利本质、自由本质乃至发展本质。纵观劳动权的生发、运行、拓展、深化历程，可见劳动权的内涵和外延不断扩展，其权利边界不断延展，其权利形式不断丰富，总之，劳动权发展脉络是新的或扩大的应然权利总被理论界所率先提出或被劳动者所最先要求，法定权利在国际文件或国内立法上不断被重申或新增，而实然的权利（实有权利）总被劳动者所要求、所争取，或为社会公众所同情、所呼吁。劳动权发展的大趋势是权利基础更为坚实，权利内容更为丰

① 卓泽渊著：《法的价值论》，法律出版社 1999 年版，第 523 页。

② 吴焕新：《劳动创造与实现人的全面发展——对马克思思想史的一个考察》，载《探索》2003 年第 6 期。

富，应有权利更多的向法定权利转化，而法定权利更多地被加以落实，最终让劳工的实有权利不断扩大、不断实现。在劳动权扩大和实现的伟大进程中，人的全面发展也向全面成熟的方向迈进，并最终推动历史发展。① 可以说，劳动权与人的发展有着惊人的本质契合。

（一）劳动权保障人的劳动能力的发展

马克思对劳动能力的界定是：我们把劳动力或劳动能力，理解为一个人的身体即活的人体中存在的、每当他生产某种使用价值时就使用的体力和智力的总和，劳动既不能积累，也不能储蓄。劳动就是生命，而生命如果不是每天用食物进行新陈代谢，就会衰弱并很快死亡。②

在现代商品经济关系中，资本家要进行社会化大生产就需要生产要素——市场上有大量自由劳动力。市场上拥有劳动力的自由工人无法占有生产资料，更缺乏支撑生存的根基——财产。虽然其表面上是自由的，但自由得一无所有，除了出卖自己的劳动供资本家消费来生产劳动产品。要完成劳动力的让渡与交换这一过程，必须首先从法律上界定劳动力的权属，从而使得劳动力交易变得可能和可行。社会化大生产需要的自由劳动力，劳动力的所有权以及由此衍生的劳动力的支配权或曰使用权只能归属于劳工本人，否则就会将劳工本人沦为商品，将人从主体变成客体，将自由工人变成失去人身自由的奴隶。

资本家或东道国雇主对海外劳工的劳动力是反复不断使用的，企业或资本的终极追求是经济利益最大化及随之要求的生产效率最大化。实现经济利益最大化与生产效率最大化的有效手段是劳动力的最优化，而劳动力的最优化则需通过培训、发展方可实现，从而进一步在未来创造更为扩展的经济价值。在今日之商品经济社会，社会化大生产的良性运转需要良好的劳动权利制度推动，良好的劳动权利制度即劳动力的所有权、使用权、占有权、受益权必须明确地划分、清晰地界定。在劳动权的所有、占有、使用、收益四种权能中，劳动力的所有权是最基础、最核心的权利，其他三种权利在此基础

---

① 《德意志意识形态》中马克思、恩格斯提出历史发展的四个要素，即物质资料的生产、满足新的需要的生产、人类自身的生产和再生产、社会关系的生产和再生产，与人的发展、劳动权的发展亦高度契合。参见《马克思恩格斯选集》第 1 卷，人民出版社 1995 年版，第 62~135 页。

② 《马克思恩格斯全集》第 3 卷，人民出版社 2002 年版，第 236 页。

上衍生，也让基础权利的所有者让渡部分权利或权能成为可能。劳动力所有权又可分为劳动力使用权和劳动力发展权两种权利。在东道国生产要素市场上本应自由的海外劳工是自身劳动力的权利所有者和实际承担者，既可通过让渡劳动力的使用权来获取直接收益，又可通过让渡发展权来间接受益，这样既可满足出国谋生的海外劳工基本需求，又可进一步满足技能不足的海外劳工发展劳动能力的需求。由此可见，人的劳动能力的发展既关乎人的生存，又关乎人的发展。因而劳动权具有生存权和发展权的双重权能。劳动生存权维持劳动能力的存续，劳动发展权则是超越基本生存状态的更高层次的权利，使得发展权能适应不断高涨的生存竞争，并最终实现人的劳动能力自由解放。①

市场经济鼓励劳动力市场上海外劳工与本土劳工或海外劳工之间自由竞争、东道国雇主与海外劳工自愿双向选择，价值规律充分发挥作用，真实反映东道国或国际市场上劳动力供求关系，从而实现东道国社会劳动力资源的有序与有效配置，并最终有效协调资源配置和社会需求，使得两者匹配一致。而市场经济的本质亦是法治经济，东道国宪法或法律先在地明确自由的海外劳工是自身劳动所有权的唯一合法拥有者，又从法律制度设计上将劳动所有权分割出劳动使用权等支配性或受益性权利，从而使得劳动力的让渡或曰出卖成为可能，最终使得海外劳工通过出卖自身劳动力获得自身的生存与发展成为可能。可以说，正是东道国宪法、法律奠定了海外劳工的劳动所有权基础，又规定其劳动所有权的可分解性、可让渡性与可收益性，让海外劳工像本土劳工一样法上有权且留权在手，方得使其作为权利自足、权利完整的市场主体，从而拥有与雇主一样平等的地位，同时又从法律上赋予不同来源的海外劳工具有自由劳动、全面发展的权利，从而为其劳动力的全面发展创造权利自由与权利保障的良好环境，劳动权利规定在先，劳动能力形成在后，权利的赋予促进能力的形成，能力的发展反过来又能巩固了权利、丰富了权利。可见，劳动权、劳动能力两者相辅相成，互为促进。

（二）劳动权保障社会关系的发展

社会关系本质是劳动实践活动的展开，“社会关系实际上决定着一个人

① 汪火良：《论劳动权与人的发展的内质契合——马克思主义的视角》，载《湖北师范学院学报（哲学社会科学版）》2006年第3期。

能够发展到什么程度”。① “个人的全面性不是想象的或设想的全面性，而是他的现实关系和观念关系的全面性。”② 在人类社会发展的原初时期，个人囿于血缘的家族性和地域的封闭性，从而导致以个人为基点的社会关系网络的拓展与扩散存在难以逾越的困难，因而社会关系的显著特征是简单贫乏且封闭自足。而个人社会关系的丰富化、全面化不但意味着个人成为一个或多个社群的成员，在单个或多个或平行或交叉的社会群体中具备成员资格，在群体内享有权利担负义务，而且意味着在其隶属群体的庇护下，作为个人与群体内外的他人发生相互联系；个人从此摆脱过往的个体、分工、地域、民族的狭隘局限，形成了各方面、各领域、各层次的社会联系；人们的经济关系、政治关系、法律关系、伦理关系、宗教关系、文化关系等全面生成，由贫乏变得丰富，由封闭变得开放，由片面变得全面，并且得以和谐发展。③ 社会关系的日益丰富推动了人的发展不断走向纵深。马克思指出，市场的趋势是“不断扩大的流通范围”,④ 不断冲破各民族的血缘和地域疆界的束缚，把个人带入世界市场，使狭隘的、地域性的个人为世界历史性的个人所取代，从而造成极为广泛发达的社会联系。人类的劳动地域范围扩大化，劳动关系的复杂化，劳动规则和秩序的固定化，正是社会关系全面丰富的集中体现，而海外劳工群体正是在劳动地域国际化、劳动关系复杂化(如劳务派遣、技能研修实习) 的宏大背景下崛起，虽然其面临着更为严苛的劳动规则或劳动纪律。总之，无论如何对海外劳工群体而言，正是海外劳动就业让其面临着更为全面丰富、日益扩展的社会关系。

人的社会交往的普遍性是人的社会关系的全面丰富这一命题的应有之义。交往是人类特有的存在方式和活动方式。它是人类所有活动的前提，也是社会关系形成的前提。马克思深刻论述了“交往”对人特别是劳动者自由解放的重要作用，他说“每一个单独的个人的解放的程度是与历史完全转变为世界历史的程度一致的”⑤。在市场活动中，人参与本国的市场活动并参与世界性的市场活动，单独的个人活动就扩大为世界历史性的活动。随

① 《马克思恩格斯全集》第 3 卷，人民出版社 1960 年版，第 295 页。

② 《马克思恩格斯全集》第 46 卷下，人民出版社 1980 年版，第 36 页。

③ 吴向东：《论马克思的人的全面发展理论》，载《马克思主义研究》2005 年第 1 期。

④ 《马克思恩格斯全集》第 46 卷上，人民出版社 1979 年版，第 391 页。

⑤ 《马克思恩格斯全集》第 3 卷，人民出版社 1960 年版，第 42 页。

着世界历史性活动的出现，“各个单独的个人才能摆脱各种不同的民族局限和地域局限，而同整个世界的生产（也包括精神的生产）发生实际联系，并且可能有力量来利用全球的这种全面生产（人们所创造的一切）”①。交往的普遍性意味着随着生产力、分工和交换的发展，个人作为独立的主体越来越积极参与各领域、各层次的社会交往，从而建构更为宏大的社会关系网络；人的物质交往和精神交往充分发展，同时摆脱了相互之间的分离状态，每个个体中得以有机统一，形成良性互动；交往从自发的自然共同体交往、社会共同体交往转向世界共同体交往，个人越来越成为世界历史中的个人，成为世界性的公民，同整个世界发生联系，能够利用人类生产的一切成果丰富自己、发展自己。

在今日全球化时代，经济一体化程度正日益加深，借助多样化的劳动实践，散落在人类星球各个角落的人们得以创造自身丰富多彩的社会本质，而在异彩纷呈的个性张扬中又能完整且恰如其分地展现出普遍的类本质特征；而借助广泛深入的社会交往的不断持续和不止流变，使得丰富多样的社会关系网络终可形成，而正是借助社会关系网络，资源承载、资源流动、资源利用、资源新增、资源创造才成为可能，从而最终推动人的全面发展。

劳动关系也即人类通过劳动过程中的交往而结成的社会关系，而劳动法律关系的形成是通过法律手段对劳动关系加以确认和维护的结果，而此时作为劳动法律关系核心内容、一种法律表现形式的劳动权才应运而生。随着经济全球化的推动，人类劳动范围日益跨越国家边界，自由劳工在世界范围流动，劳动权作用之场域也随之扩展到世界劳动力市场。“劳动权是一种形式的人权”在世界范围内已深入人心，从而自然而然地被纳入当代国际人权体系，并成为人权体系中的一种基本权利。国际条约特别是国际人权条约对劳动权的维护与保障在世界范围内广为宣示和权威确立。惟其如此，劳动权伴随着人类劳动交往、范围的扩大由少数人的诉愿上升为区域性人权，继而进化成为国际性人权。可见，正是劳动权保障社会关系的高度丰富、促进社会关系的发展进化，最终推动人的全面发展。

海外劳工群体背井离乡，脱离原有的社会关系网络，进入一个陌生人的社会，一定时间内无法有效建立自己的社会关系网络。而在东道国自身的政治地位低下、经济能力弱小、文化上遭受歧视或排斥，很难融入当地主流社

① 《马克思恩格斯全集》第3卷，人民出版社1960年版，第42页。

会关系网络，也难以独自建立小众的亚文化网络。一旦海外劳工失去原有关系网络和当地社会网络的支持，就无从汲取社会资源保障生存和维护发展，就会致使自身力量更加弱势、地位更为边缘化，从而深陷封闭和无助之中。而突破这一社会关系碎片化、封闭化困局的抓手就是劳动。赋予海外劳工完整而又充分的劳动权，让其实现体面劳动，享有足以维持有尊严生活的劳动报酬，以及享有充分的自由和闲暇，能够自我实现、得到社会的尊重，逐步增强自身的经济实力、提升政治地位、融入主流文化，从而逐步进入并融入当地主流社会关系网络，在新的网络中获取新的资源，在新的共同体中与其他成员充分展开物质交往和精神交往，形成良性互动，让自身超越原来类属，成为当地社会中的个人和国际性公民，同当地社会乃至整个世界发生实际联系，从而能够利用人类一切优秀成果来发展自己。

（三）劳动权保障人的需要的实现

马克思从人的实践的、社会的本质出发，以及秉持唯物主义视角，全面深入地阐释了人的需要，其认为人的需要是在劳动实践中形成和发展起来的，因而人的需要在本质上是社会历史的。人的需要总是受其社会地位、生活方式等制约，人的需要是具体的而不是抽象的。人之需要的社会历史性表现在以下三方面：第一，满足需要的途径和对象是社会历史的。人的需要是否得到满足以及满足的程度，是受其社会地位、经济条件制约的，需要存在深刻的物质条件制约性，否则需要就堕落为空想或幻化的欲望。第二，人的需要本身的性质和特点也是由社会历史决定的。不同时代、不同历史时期的人有不同的需要，同一时代处于不同经济地位的人也会有不同的需要，需要因时而异，需要因人而异，需要终不能脱离现实的物的规定性，终不能游离于社会生产生活条件之外，否则需要只能沦为无源之水、无本之木。第三，需要的尺度也是社会历史的。需要有尺度，消费有限度。每个社会都有不同的需要尺度与消费限度，即使同一社会不同地位、不同经济实力的人消费和享受也是不一样的，但社会总体或社会平均消费尺度总是渐进的、稳定的、终有限度的。

人的全面发展就是人的需要按照人类所欲的方式得到满足的过程。因为需要既有来自于人性本身，也有来自于社会的需求。无论是人的发展还是社会的发展，归根结底就是人的各种需要得到实现，又不断产生新的需要，再努力实现新需要的发展过程，这一过程呈现循环往复、螺旋上升之形态，是一个人类需要不断变迁、递进的过程，也是人类社会不断进化、上升的过程，当然这一过程势必伴随着社会个体全面发展的不断实现。心理学家马斯洛的经典研究表明：人既有生存需要，又有发展需要。① 而劳动权则具有生存权和发展权双重权能，正恰好对应人之生存和发展的二重需要。在此种情势下，劳动的权能二重性恰好有机对接人之需要二重性，两者互为推动，互为因果，最终达致互为实现。正如 1891 年恩格斯在雇佣劳动与资本导言中指出："在人人都必须劳动的条件下，生活资料、享受资料、发展和表现一切体力和智力所需的资料，都将同等地、愈益充分地交归社会全体成员支配。"② 一切资料均能满足社会群体中不同个体不同形式的需要，使之满足、使之发展，但一切物质的、精神的资料生产均离不开人的劳动过程，但凡一切人对物的需求都只能通过人类劳动才能解决。

劳动作为人的生存和发展的基本活动方式，尤其在人为物役、人为人役的时代，社会上有限的资源需要进行合理的分配从而满足人之需要，让有限资源与人类劳动有机结合并达致高效配置，就必须首先保障与维护劳动权。惟其如此，人的需要才能得到较为充分的满足，人的全面发展才能得到良善实现。海外劳工作为东道国社会日益重要的劳动者群体，用自己的劳动不同程度地满足东道国社会其他群体的生存、享受或发展需要，从而为东道国社会大众的全面发展作出"无声的贡献"。但不可否认也不容忽视的是，海外劳工作为社会主体的人同样具有自身的生存和发展需要，同样需要享有与利用一定的社会资源，无论是物质的抑或是精神的资源。海外劳工物质上需要合理的劳动报酬、足额的社会保障，精神上需要平等的待遇、基本的尊重，以及充分的休息和自由的闲暇时光，而这一切资源的分配和获取、占有与享用均需通过法律以劳动权的形式加以实现和维护。只有其自身需要得到满足、个人得以自由全面发展，海外劳工才能全心全力地投入生产与再生产过程，才能满足其他群体不断增长的扩大需要和进化升级的全新需要。

总之，母国或东道国法律乃至国际条约通过明确劳动权、稳定劳动权、保障劳动权实现，才能进而借助劳动权保证人之需要得以不断满足、充分实现。

① ［美］弗兰克·戈布尔著：《第三思潮：马斯洛心理学》，上海译文出版社 1987 年版，第 45~47 页。

② 《马克思恩格斯全集》第 22 卷，人民出版社 1965 年版，第 243 页。

(四) 劳动权保障人的自由个性的发展

个性是指个人的自我意识及由此形成的个人特有素质、品格、气质、性格、爱好、兴趣、特长、情感、道德、审美能力、创造能力的总和。人之个性的全面发展是指个性在各方面获得最大限度的发展，它是人的全面发展的整体体现，是最为完善的社会形态之最佳表征。

马克思主义中论及人的发展，其实质是指“个人的发展”。马克思观点中的“个人的发展”，是社会“每一个人”的发展，是“社会全体成员的普遍发展”。个人发展的内涵十分丰富，马克思指出人的全面发展，不仅是个人自身属性的全面发展，而且是自由支配其个人属性的发展，同时人的全面发展也是和谐地发展，即“每个人的自由发展是一切人的自由发展的条件”。① 显然个人自身属性的全面发展和自由支配属性的发展，抑或二者的协调发展，均是劳动创造过程，个人和人类均借助劳动这一基本形式来展现自我与发展自我。正是劳动创造了人本身，使人类从动物界中超拔出来，形成独立的本质和存在的根据。人的自由个性正是劳动本质的集中体现。劳动权存在的根据就在于确认和维护人有通过劳动生存发展的自由，从而让人过上不失尊严体面、优雅幸福的生活。马克思认为，在资本主义社会中，人依赖于物，个性难以形成，主体没有独立性，只有到共产主义社会，个性才能充分、自由发展，人才能成为自然界、社会和自我发展的主体。显然，人的个性发展由不自由到比较自由，再到完全自由是一个不断上升的过程。只有国家通过完善劳动基础条件和劳动法律手段来保证劳动权，才能促进人的自由个性发展。人的个性自由发展依赖劳动，劳动使得人性自由发展成为可能。

因此，无论是海外劳工母国、东道国的国内法，还是多边、区域、双边层面的国际法，均应切实保障海外劳工之劳动权，并逐步在立法过程中将应有权利更多地转化为法定权利，扩展劳动权的权利内容，在行政执法时促使更多的法定权利转化为实有权利，让海外劳工的劳动权得以整全地实现，在司法实践中确保海外劳工受损的实有权利得到修复、缺失的法定权利得到救济。海外劳工如果能与本土劳工享受平等的劳动权，以及在劳动待遇方面实现同工同酬，同时减少强加其身上的种种不合理限制，逐步扩大其择业自

---

① 转引自谭培文等主编：《马克思主义经典著作选编与导读》，人民出版社 2005 年版。

由、换工自由，充分保障其休息权，让其真正得以“体面劳动”，就可为海外劳工创造一个发展自由个性的环境，让劳动过程成为一个展现自我和发展自我的过程，一个自由支配自身属性的发展过程，一个个人素质、品格、气质、性格、爱好、兴趣、特长、情感的形成与创造过程，从而推动海外劳工个体乃至群体属性的全面发展。

总之，马克思主义认为，人的全面发展实质上就是人的劳动的发展，也是劳动权的发展。从劳动权产生和发展的历程来看，其与人的发展过程同步走向成熟，与人之发展有着高度一致的本质契合。因此，法律上规定劳动权和保障劳动权，实践中落实劳动权和实现劳动权，让劳动权成为推动人的劳动能力、社会关系、人的需要、人的自由个性的发展的强大力量，促进劳动权与劳动能力、社会关系、人的需要、人的自由个性四位一体同步发展，从而推动人的全面发展。①

三、国家管辖权理论

国家的管辖权是国家主权的重要构成要素，而国家主权则是一国自立于国家之林的基石，也是国家成为国际社会承认、尊重的国际法主体之要件。从此种意义上讲，管辖权来源并从属于国家主权。一般国家管辖权又分为属地管辖权、属人管辖权、保护管辖权和普遍管辖权。管辖权理论与属人主义和与之相对的属地主义，在思想上均与国家主权概念结合在一起。② 国家主权同时意味着国家责任，同理，国家管辖权也内含保护责任。

（一）母国属人管辖权：合理延伸与自我限制

1. 属人管辖权延伸适用

对于母国来说，海外劳工虽一定时期内不再位于其国土之上，国家对其属地管辖失去依凭，且海外劳工亦极不可能从事劫机或贩奴、种族屠杀或灭绝、发动不义战争等此种人神共愤之国际罪行，对其实行普遍管辖更是于法无据。但基于海外劳工具备本国国籍即具有国民资格与身份，无论其位于域外何处，也丝毫不减损母国对其实行属人管辖的权利。

---

① 汪火良：《论劳动权与人的发展的内质契合——马克思主义的视角》，载《湖北师范学院学报（哲学社会科学版）》2006年第3期。

② 日本国际法学会编：《国际法辞典》，世界知识出版社1985年版，第899页。

母国对其国民具有管辖权，权力的行使意味着保护责任的承担。据此进一步推演，本国国民利益亦即国家珍视之利益或曰国家利益亦即国民个体利益的整合，保护异国他乡海外劳工的利益也是国家行使保护管辖的应有之义。所以在属人管辖和保护管辖方面母国对海外劳工均有管辖权，这也是国家主权的域外效力之体现，亦是国家主权的合理拓展与延伸适用。而作为国际社会的平等主体者——国家理论上应尊重他国的属人管辖权。

管辖权是国家权力的重要方面，也是实现国家职能的必要条件。但是管辖权不是一种纯粹的统治权或管理权，否则国家将会沦为一种纯粹的暴力机器或失控的“利维坦”。正如国家的征税权不是一种单方面的财产要求权一样，否则国家会沦为一类自肥的贪婪怪物。国家作为一种法律拟制的主体，其一切行为依赖于国家的代表行事而无自身实体的依存，其权力的主体与归依也是抽象的。只有将国家抽象的权利义务转化为对现实存在的国民具体而微的权责，即管辖权与保护职责，国家才有存在的意义，这符合社会契约论的原理与论证。国家权力意味着国家必须对国民负有责任，是故国民利益与福利是国家属人管辖权行使的最初出发点和最终落脚点。

2. 属人管辖权的克制适用

就海外劳工的管理和保护而言，属人管辖权是母国主权的域外适用和合理延伸，东道国理论上应予尊重。但国家管辖权存在四种形式，其中最基础的管辖权是属地管辖。因为地域管辖是国家管辖的根基，也是国家主权最核心的方面。因此，母国属人管辖权的域外适用必会遭遇东道国属地管辖权的本土适用，母国国家主权对外扩张必会冲撞东道国国家主权对内统治。两种权力基础不同的管辖权重叠适用、两种同质的国家主权竞合生效势必发生冲突，而冲突的解决需要一种足以形成国际共识的争端解决原则。

主权者之间平等，意味着国家之间的平等，而平等者之间无管辖权，这意味着属人管辖权的域外适用有着现实的阻碍和无法施展的空间。而属地管辖权的基础地位和优先适用，迫使属人管辖权让位于属地管辖权，退而求其次。一般只在国民身份与国家利益具有最强联系时才可坚持属人法的域外适用，如对军人、公务员域外行为的属人管辖。

再者，国家主权具有对内最高性，对外独立性。母国国家主权外在表现为平等性、独立性，而东道国主权内在表现为至上性、最高性，当属人管辖权作为一种形式的国家主权试图在域外抗衡另一国家最高权力时，显然是徒劳无益和极不现实的，此时唯一可行的选择是，秉持国际礼让原则，在他国境内尊重东道国的最高主权和属地管辖权优先，对属人管辖权域外适用加以自我克制。

（二）东道国属地管辖权：优先适用与待遇保障

1. 属地管辖权优先适用

古代封建诸侯在自己领域内实施统治权、管理权，并制定、采用只在领地内适用的法，或者将自己领域内已经形成的习惯视为绝对有效的东西。在当时对领域之外的法的效力是根本不予承认的（绝对属地主义）。后来虽然承认了领域之外的法的效力，但同时产生了一种属地性主张，即所谓的属地主义，如一国刑法的效力范围及于其全部领域内。属地主义作为国家对领土拥有主权的结果，主张一国的法律效力应普遍及于其领土范围内的一切人，而不论他们是本国人还是外国人。在国际私法上，近来脱离国家主权概念的影响，属地主义日益受到重视，并影响到准据法的确定。“在城邦内发生的事情遵从城邦的法律”这种中世纪中期业已形成的属地主义原则主张对今天仍有深刻的影响。可以说，这种主张今天仍根深蒂固，成为了国家属地管辖权原则的一种理论资源。

在某种意义上说，属地管辖权直接来源国家主权。在国际法上，国家主权主要有独立权、平等权、自卫权、管辖权等权利构成形态。如果说独立权、平等权、自卫权主要表明国家权力的外向性或国际性方面，那么管辖权的主要品格在于内向型，其适用重在国内方面。同时国家的构成四要素为“确定的领土、定居的居民、国家主权、中央政府”，“确定的领土”是国家生存与发展的物质基础，因而被置于国家构成要素的第一位，进而在国家管辖权序列中，属地管辖也毫无争议地处于法律价值位阶的第一位，亦即属地管辖优于属人管辖，更优于保护管辖和普遍管辖，可以说属地管辖是第一管辖、基础管辖。其他管辖权正是从属地管辖权中衍生、延伸出来的。基于此，当发生管辖权冲突和竞合时，属地管辖权具有优先适用的效力。

2. 属地管辖权与国民待遇保障

（1）国民待遇与属地管辖的互动重构。早在古罗马时期，罗马法有市民法与万民法之分，针对不同人群适用不同法律，市民法适用于享有市民权的罗马民众，而万民法则适用于市民以外的外来人及被征服地区的民众，外来人及被征服地民众相互之间、外来人及被征服地民众与罗马市民之间的法律关系则由万民法调整，并由罗马外事裁判官审理。这种分而治之的法律策略适应当时的社会情势与阶级分化现实，一定程度上维护罗马帝国的世界统治、贵族特权以及罗马市民一定的优越权。但因人设法、人异而法异的法治势必不能持久，必将招致抵制与反抗。随着罗马版图的不断扩张，因人而异的法律越来越不适应现实发展需要而逐渐式微。公元 212 年罗马皇帝卡拉卡拉终于承认自由民中的非罗马市民一律同等享有市民权，与罗马市民一体适用市民法，至 216 年万民法遂统一于市民法，市民法、万民法实现合流归宗，从而完成罗马法的统一。罗马法的核心在于民法，而民法的精髓则在于平等，平等更是法律的精神与灵魂。可见，早在罗马法时代，外来人与本邦人就由不平等走向平等，待遇就由差别待遇走向平等待遇。这是一种历史的必然过程，符合经济社会发展逻辑和法治逻辑。罗马法之所以能复兴，这与其潜涵的平等内核、权责一致的伦理价值密不可分。

如果说古罗马时代人类的跨境活动是零星的、单向的和不固定发生的，因而法律对外国人待遇问题的关注还不迫切，那么在近现代时期，人类国际交流则是广泛的、网络化、经常化以及规模化地发生与持续演绎，外国人的待遇问题因而变得相当重要与必需。正如马克思在《共产党宣言》中指出："不断扩大产品销路的需要，驱使资产阶级奔走于全球各地。它必须到处落户，到处开发，到处建立联系。"①商品经济发展呼唤通商自由从国内扩展到国际，而经济上的要求则终将转化为政治上的权利诉求：外国人理应与本国人一体一致地享受权利。为此，资产主义国家的法律主动适应这一经济社会进程。资产阶级革命的先声与产物《人权宣言》开篇即加以宣示。随后作为巩固并扩大资产阶级革命成果的 1804 年《法国民法典》，开篇第 11 条中规定"外国人在法国享有与其本国根据条约给予法国人的同样的民事权利"，国民待遇原则由此滥觞。② 作为资本主义体系重要的源头性法律，法国《民法典》对欧洲大陆主权国家如意大利、奥地利、西班牙、葡萄牙、卢森堡、希腊、挪威、瑞典产生巨大影响，西北欧诸国民法典和因袭拉丁宗主的南美诸国宪法均有类似规定。由此可以确证国民待遇原则业已跻身于公认的国际司法准则之林。

近现代追求"国民待遇"主要源于商品经济，服务于国际贸易扩大的需要。而在今天全球经济一体化逐渐成形，知识经济蓬勃发展，除了超大规模的商品流之外，伴随服务贸易与国际投资的自然人流动更为频繁，跨境就

---

① 转引自谭培文等主编：《马克思主义经典著作选编与导读》，人民出版社 2005 年版，第 116 页。

② 卢进勇：《入世与中国对外商直接投资实行国民待遇》，载《新视野》2001 年第 4 期。

业方兴未艾，人员流动以一种前所未有的深度和广度在世界范围内展开。与国际贸易环境下呼唤国民待遇的诉求相比，跨境就业的海外劳动者对国民待遇的呼吁更为迫切与急需。国民待遇已从传统商品经济、区域化条件下的主张进化到今天知识经济、全球化条件下的全新要求。从物的同等待遇扩展到人的同等待遇，从重在经济利益延伸到经济利益与人身利益并重的新境界。各国为适应这一全新要求，纷纷为着互利共赢，相互给予外国商品、服务、资金、人员全领域、全品类的广泛国民待遇，并用双边条约、多边条约或区域协定的国际法形式固定下来，将各国相互间的利益让与或交换用法律形式转换成有约束力的国际义务，在国际条约不能直接适用的国家，则将国际条约转化为国内法确保条约义务的国内实施，这样就将原本的国内法问题转化成国际法问题，这一做法在国际社会已形成通例并普遍施行，其法律效力业已得到主权国家之普遍尊重与确信。

（2）属地管辖权的国民待遇保障责任方面。管辖权作为一种权利，其必然内含责任的一面和义务的承担。基于属地管辖权，国家当然可对在国境内的外国公民、企业和商船等行使管理权，而一个国家给予在其国境内的外国公民、企业和商船民事权利方面同等的待遇，① 应是属地管辖权应有之义。内国对外国人的统治权、管理权和外国人在内国的待遇问题是一国法律体系乃至国际法律体系长久关注的重点议题。从平等正义的价值伦理和权责一致的法治原理观之，对待外国人本来就不应人为设置法律上的差别待遇。人类的平等走向是一个必然的历史过程，法律作为历史的忠实记录者、推动者必然顺应这一进程，管辖权作为一国法治源流亦该如此。

对海外劳工来说，属地管辖权一方面意味着其必须接受东道国的政治统治或行政管理，必须遵守东道国的法律法规和公序良俗，还履行诸如缴纳税费的义务，另一方面也意味着东道国应给予其国民待遇，使其享受与本土劳工同等待遇以达致公平和消除歧视。劳工母国有责任向东道国要求给予其劳工国民待遇，东道国也有国际义务赋予外籍劳工国民待遇。国际投资有准入前国民待遇和准入后国民待遇。在跨境劳动方面也可以效仿“投资准入前国民待遇”制度，给予外籍劳工准入权，面向外籍劳工适度放开并有序扩大就业市场，并逐步在就业地域、就业行业、就业形式方面予其国民待遇。

① 孙维炎、张汉林：《论世界贸易组织国民待遇原则》，载《世界经济》1997 年第 9 期。

（三）外交保护：管辖权的衔接与协调

1. 外交保护的动因与机制

国内社会的法律主体是具有平等地位的个人、法人或组织，而国际社会的法律主体则是国家、国际组织和争取独立的民族。其中国家从国际法诞生到现在一直是国际社会最重要、最核心的主体，其权利能力和行为能力也最全面。国际组织虽数量日增、影响愈强，但相比国家而言，因其既无居民、领土，又无主权、政权，故其权利能力、行为能力不如国家全面。至于个人能否享有国际法上的主体地位则一直存有争议，目前只在国际刑法、国际人权法某些分支领域个人可以有条件地作为国际法主体。一种观点认为，个人权利处于国家权力庇护之下，个人法律主体资格在国际法上已然被无所不在、无所不能的国家所吸收，个人独立私权此时在国家统一公权的覆盖下已湮没不闻。

从理论到现实观之，当今国际社会的恒久主角是国家，国家之间至少在法律地位上平等，因而相互尊重、相互协作直至相互依存。个人若想获得与国家同样地位、得到同样对待既不现实也不大可能。海外劳工身处东道国，处于弱势地位，其权利受侵害主要依赖于东道国保护与救济。一旦求助无门或救济不能，转而依靠母国力量，则其维权行为性质会转化，效果也大不一样。母国参与保护本国海外劳工，就会将海外劳工与东道国雇主或国家之间的国内法纠纷转化与母国与东道国之间的国际法争端，就会将一具有涉外因素的国内私法问题转化为国家与国家之间的国际公法问题。因为国家间地位平等、力量对等，又需相互借重，以及国际法的硬约束与国际形象软约束，一旦实现“两个转化”，海外劳工的权利保护问题往往迎刃而解，此时海外劳工的声音也得以在国家层面彰显和放大，其权利也能得到较好保护，受损利益得到较大程度的恢复。可见，外交保护有利于实现对海外劳工更好的保护。

2. 外交保护对管辖权冲突的衔接与协调

若坚持纯粹的属人管辖权，就是坚持中世纪初期的主张：“每个人只能按其出生的种族法生活”，而坚持绝对的属地管辖权，则是坚持封建时代盛行的原则：“在城邦内发生的事情遵从城邦的法律。”这两种原则主张无疑是构成管辖权适用问题上的两个极端。在任何一种原则下，国际法都没有存在的余地，只有在一定条件下用属地管辖权克制属人管辖权，国际法才能成立、东道国国内法才可生效。因此，在发生两种管辖权冲突或竞合的情形下，应对其加以协调。

一般来说，母国对海外劳工的属人管辖权按普遍法理可延伸至境外，但与此同时东道国属地管辖权在通常情况下总是优越于母国的属人管辖权。再者，出于国际礼让的需要，母国会自我限制、主动抑谦自身的属人优越权和国民保护责任，尊重东道国属地管辖权的优先适用。从国际关系相互性方面考虑，东道国此时应尊重母国的管辖权并理解其自我限权，并最终通过积极妥善的行使属地管辖权代行母国属人管辖权，并适时将管辖权转化为保护责任。因为权利本就意味着责任，即东道国在对外籍劳工行使管辖权的同时必须承担保护外籍劳工的国际责任。而母国的外交保护制度正是建立在管辖权基础之上，同时兼顾、同等尊重母国的属人管辖权和东道国的属地管辖权。外交保护制度的“国籍条件”是行使母国属人管辖权的实体性基础，“用尽当地救济”条件一方面为东道国优先行使属地管辖权打开制度空间，另一方面为克制母国属人管辖权的域外延伸设置了限制条件和程序要求。“用尽当地救济”这一先决条件很好地容纳并制约了两种管辖权，可不至于让两者直接遭遇、发生冲突竞合，而是为其创造分段适用的空间，既将两者有效隔离又将其有机衔接。当然，如果“用尽东道国当地救济”仍不能保护母国海外劳工利益，在这种情势下母国被克制的属人管辖权将合法地去除限制，在东道国延伸适用，外交保护就正式开启母国域外护民行动模式。可见，外交保护制度兼顾了两种管辖权的法定权能，有机衔接了两种管辖权的适用空间，有效协调了两种管辖权的冲突。

四、国家责任理论

在全球化进程加速发展的今天，世界各国不是移徙劳工输出国就是输入国或过境国，甚至部分国家三者兼而有之，几乎不存在完全与移徙劳工无关的国家和地区。由于国际劳工迁徙关涉错综复杂的经济、政治、社会、民族宗教和国际关系等或重大或敏感的问题，因此海外劳工问题在许多国家和国际事务中日益占据重要地位。①因此，母国、东道国均应对海外劳工负有管理与保护的国家责任。

① Department of Economic and Social Affairs, International Migration Report 2002, International Organization for Migration, the World Migration Report 2003.

（一）国家的内部责任

根据社会契约论观点以及权利义务的对应性或对称性原理，国家从国民手中取得一系列天赋的自然权利，成为国家的权力本源，构成国家公权力的根基，国家因此也对国民承担原初社会契约上规定的义务、承担支撑自身权力存在的对应义务。日本宪法专家大沼保昭认为，国家对公民权利的保护负有尊重、保护、满足和促进的全面性义务。①

1. 母国保护本国国民的责任

保护本国海外劳工系母国国家责任。国家与其国民的联系纽带不仅仅是国籍以及延伸的身份证明、出国护照等书证。国籍、护照等书面形式背后承载的是更为真实的权利义务内容。国家对其公民有统治权、管辖权，要求国民有效忠义务、纳税义务、服兵役义务。然而“没有无权利的义务，也没有无义务的权利”。国家对国民不仅存在单方的、单向的权利，同时存在对应义务，那就是保护国民的义务。大到国家建设国防义务、小到国家整备公安的义务，实质就是国家对国民支付的权利义务对价。国家建设国防、整备公安的义务是一个国家对其国民的基本义务、必备义务或曰底线义务，随着国家职能的扩张与履行义务能力的增强，对特定国民群体或国民个体的保护成为可能，对海外劳工群体与海外劳工个体的保护应逐步拓展为国家义务的高级形态。从根本上说，国家对海外劳工的保护义务从国家建立的那一刻起就天然存在，过去只是国家受制于履行能力不足才造成履约不能或担责不足。一旦国家能力具备，则成为国家不可推卸的责任。母国有天然之责任保护其国民，而海外劳工作为母国领域外国民，其有天赋权利享受母国之保护。一国的保护责任的实现程度也在一定意义上反映一国综合国力、国际形象以及国家文化软实力，特别是对海内外国民的感召力与凝聚力。

2. 国家保护劳工权的天然责任

从劳动权自身的性质看，国家具有保护劳工的天然责任。劳动权既是一种生存权也是一种发展权，应归入基本人权一类，而人权保护是国家的天然责任，也是国家宪法明确宣示之义务，更是国家创立、存续以及统治合法性之根基。劳动权同时是一种社会、经济、文化权利，是一种建立在生存权之上又超越生存权的发展权利，个人的全面发展、社会向高级形态的发展均离

① ［日］大沼保昭著：《人权、国家与文明：从普遍主义的人权观到文明相容的人权观》，王志安译，生活·读书·新知三联书店 2003 年版，第 220 页。

不开劳动权的切实保障和顺利运行。在奴隶社会中劳动者沦为商品、客体，封建社会劳动者人身依附关系没有得到解除，劳动者得不到人身解放，劳动权既得不到尊重也得不到保障，劳动的生产力和创造力也得不到开发和释放，注定奴隶社会、封建社会是发展缓慢甚至停滞的社会，是终将被取代的社会。在资本主义社会中，劳动者人身获得解放，劳动权也得到保障，因而“资产阶级在它的不到一百年的阶级统治中所创造的生产力，比过去一切时代所创造的全部生产力还要多，还要大”。①社会主义国家更加注重保障劳动权，从而较资本主义国家更能解放生产力，发展生产力。国家作为管理社会的公共力量要保证社会的持续发展、良性运转，就必须对背后的推动力量——劳动权加以切实保护。

3. 国家职能与其承载的国家责任

从国家职能看，国家保护劳动权具有天然优势，亦本国家职能所在。国家垄断了公共权力、垄断了制度规则、垄断了司法资源，因而国家有立法、行政、司法三权，并由国家三权生发出国家及其政府之相应职能职责。就劳动权而言，需要国家首先从宪法法律上确立这一基本权利，将其认定为一种基本人权和一种社会发展权，并在立法上宣示予以尊重与保障，对一切影响劳动权运行的障碍予以破除，对一切侵害行为予以惩戒与救济。在行政职能上，第一步要打破各种就业障碍与壁垒，保障劳动者就业机会与就业公平，对外籍劳工而言就是能较为自由便利地进出本国国境，在东道国能享受劳动就业方面的国民待遇或同等机会、同等权利。第二步在行政执法上鉴于劳动者的弱势、劳动权的易受侵害性，各国政府应发挥行政执法强力高效的特点给予劳动者及时、有效、充分的救济；在司法职能上国家一切审判、仲裁、调解资源应发挥自身公开、公平、公正之固有特性，在把握事实的基础上，正确适用法律，在事实—法律框架内公正裁量，保障劳动权得到享有、恢复及救济。

（二）国家的外部责任

外部国际责任是指国际法主体对其国际不当行为或损害行为所应承担的国际法律责任。国际法律责任制度的发展变化与国际关系的发展变化密切相关，它是现代国际法上一项具有重大意义的法律制度。

---

① 转引自谭培文等主编：《马克思主义经典著作选编与导读》，人民出版社 2005 年版，第 117 页。

1. 国家外部责任的来源

国家责任来源于多方面，国家需要在不同层面承担国际责任与义务。就东道国保护海外劳工的国际责任而言，此种责任来源于三大方面，一是国际多边或区域诸边条约义务，二是双边条约义务，三是基于属地（领土）管辖权产生的保护义务。组成国际社会之国家在世界、区域、双边层面上展开谈判与协商，请求或联合他国保护本国域外之国民，这种请求或联合又发生在相互之间，具有依存性。为使这种相互依存性更加稳固、确定，达到效果可以预期、后果能够追责，就借用国际条约这种法律形式，赋予其法律含义，从而相互课以法律责任与义务，这就在形式和内容上能够约束东道国，督促其积极保护位于国土之上的外国劳工，否则将面临的不止是国际道义谴责或国际形象受损，而是更为严重的国家责任。从管辖权来看，东道国的属地管辖权在通常情况下应优越于母国的属人管辖权，但权利往往意味着责任，即东道国在对外藉劳工行使管辖权的同时必须承担保护外籍劳工的国际责任。再者，母国对海外劳工的属人管辖权和保护管辖权按一般法理可延伸至境外，但出于国际礼让的需要，劳工母国自我限制、主动抑谦了自身的属人优越权和国民保护责任。从国际关系的相互性方面考虑，东道国此时应尊重母国的自然权利并理解其自我限权，应通过积极妥当地行使属地管辖权保护外籍劳工，从而在某种意义上代行母国属人管辖权或保护管辖权。

2. 无过错责任原则与国家责任的加深

现代国际法上的无过错责任原则加剧了东道国的保护责任。国际不当行为、国际损害行为是引起国际法律责任的两种形式，亦是国家责任的引发根据，并直接影响国家责任的性质。国际不当行为可视为国际法上的违约行为，即国际法主体作出了违背其国际义务的行为，其主观心理状态可以推定为故意或过失，除非存在重大的情势变更而出现事实上的履行不能。而国际损害行为则可看成侵权行为，国际法主体虽不违反国际义务，却因从事国际法不加禁止的行为而造成损害后果。在此种情形下，国际法主体主观心理状态可在所不问，不必追究故意或过失，只要出现损害后果即得承担赔偿责任。

在近代国际法传统中，东道国的国际责任集中在损害外籍人士的人身、财产领域，责任承担与否主要考察国家的主观心理状态，故过去一直采用过错责任原则。国际法发展到今天，国际关系日益网络化、复杂化，国际责任制度规则也日益细密化、精致化，国家的国际责任范围也随之扩大。传统的过错责任稍嫌单一，已难以适应形势变化。究其原因，一是国家行为较为抽象，其故意或过失因素极难判别清晰，二是国家行为最终依赖国家代表的个人行动，但个人主观心理状态的判断又不可简单等同于国家。有鉴于此，现代国际法越来越倾向于采纳无过错责任原则。如在国际法委员会起草的《国家责任条约草案》中规定违背义务的不法行为引起国家责任，并未将过错作为承担责任的条件之一，这实质上就将无过错责任原则作扩张解释与扩大广泛。虽然该草案并未明确排除传统归责原则的有效性，但鉴于国际争议的多发性、复杂性，鉴别国家行为的主观因素困难重重和调查取证极为冗长繁复，为了诉讼经济和快速便捷地定纷止争，在国际不法行为处理、国际损害赔偿中适用无过错责任原则已成共识，逐步得到推广与接受。在处理外籍劳工损害赔偿案件时尤需适用无过错责任原则，这样才可有效降低受害劳工的举证困难、诉讼负担，从而获得及时救济。

3. 国际责任的新发展与国家责任的扩大

国际责任内容和规则的新发展要求东道国承担更大的责任。全球经济一体化为国际关系演进提供动力，现代交通、通信方式为国际关系拓展提供手段。今日国际关系发生了深刻的变化，特别是广大发展中国家在国际事务中的地位日益重要，其权利诉求日益广泛，国际影响力逐步提高。国际关系的变化势必引起国际法的同步进化。国际责任的内容和规则在新的国际关系背景下有了新的发展，责任主体、责任范围、责任根据和责任形式都有了全新发展。如国际责任主体由主权国家扩展到为数众多的政府间国际组织以及“硕果仅存”的争取独立的民族——巴勒斯坦民族解放组织。

（1）国际责任的范围、内容扩大化。近代国际法传统中，长期只将东道国的国际责任限制在外国人待遇方面。现代国际法对东道国的最低要求是给予外国人平等待遇和不歧视，进一步要求则是就业机会平等，甚至延伸到外国人准入前平等。总之，外国人待遇发展脉络是：从财产保证到福利享受、从经济权利扩充到社会权利、从人身权利扩展到政治性权利（如参加工会权利、参与管理权利、集体谈判权、罢工权、抗议权以至团结权）。这些扩大的权利内容均成为东道国新的国际责任。

（2）国际责任的根据扩大。在近代国际法权威文本中将国际法律责任表述为“国家对其国际不法行为所承担的责任”。当时国际法片面强调不当行为是国际责任的唯一根据。显然，单纯规定国际不当行为失之偏颇。首先，国际不当行为难以判定，以何标准判断何为不当，以及由谁判断、判断尺度又如何把握，如性质无法判定则责任无法承担。其次，国家正当行为引起较大的损害后果。如只追究国家失当行为而罔顾损害赔偿，则受害人无从救济，这根本违背“有损害就有救济”的法理。现今国际法律责任增加了国际损害行为，责任判断上以客观损害后果代替主观心理状态，既能实现判断的客观公正，又利于厘定损害程度进而确定赔偿幅度，因而具有很强的操作性。对海外劳工而言，东道国对其极少直接从事国际不法行为，除了“二战”时期日本强掳中国劳工，强迫劳动并强加非人待遇。在东道国劳工遭受的往往是国家以外的主体施加的人身、财产以及权利侵害，如国际责任从国家不法行为扩大覆盖到劳工损害赔偿领域，则能基本解决权利救济与赔偿问题。

（3）国际责任的形式和承担方法继续发展。国际责任从消极责任发展到积极责任，从间接责任发展到直接责任，从私人责任发展到国家责任。传统国际法要求国家积极承担责任的情形较少，只要求国家承担不去侵害或妨害外国人的消极义务。现今要求国家更多地采取积极行动去主动保护外国人，而不能“不告不理”，甚至要求国家投入资源为外国人创造有利的环境（如国家提供社会安全与福利保障）、提供便捷高效的公共服务（如就业信息服务），国家责任已经进化成积极的义务。在东道国一般是本国私人或私人团体侵害外国劳工的合法权利，本应由私人承担直接责任。如果国家事前失职、事中纵容姑息或事后不加惩罚制裁或保护救济，则应由国家承担间接责任。因为东道国在事前未以“相当注意（due diligence）”予以防范，事后又未采取积极措施予以惩处。① 国际法为更好保护外国人权利，利用东道国国家强制力更有效地制约本国私人的侵害行为，为国家设置新型义务，将传统上国家的事后救济义务前置为事前防范义务，将国家的间接责任转化为直接责任，从而更及时、充分、有效地保护东道国境内的外籍劳工。

（三）国家劳工保护机制的构建

1. 第一性机制：权利法律宣告

自从国家这种人类社会组织形式诞生后，法律权利无不起始于国家的权威宣告与确认。国家的宣告与确认程序将基本人权从应然权利转换或进化为实然权利。劳动权欲得全面实现，第一要务和基本前提就是从整体上宣告劳动权作为一项基本人权由国家予以尊重和保障，国家法律概括性地对劳动权的诸种权利表现形式加以承认或确认。

劳动权作为一项人权，首先得到世界范围内相关有约束力的宣言、条约

① 日本国际法学会编：《国际法辞典》，世界知识出版社 1985 年版，第 553 页。

及文件的确认，《世界人权宣言》第23条宣告了工作权、择业权、同工同酬权、免受歧视权、享受报酬权、社会保障权、尊严权和工会权。第24条则进一步规定休息权、带薪休假权。而作为劳动领域最重要的国际组织——国际劳工组织协调各国力量、广泛谋求共识，历年通过为多数国家接受的劳动公约，同时创造性地开展工作，前瞻性地提出劳动保护未来发展方面的推荐书。ILO迄今已经发布近200种公约与建议书，其核心内容即是定义各种劳动权利（包括各种基本权利以及随着经济社会发展演化出的新型劳动权利），在内涵及外延上作出清晰界定，并将其确立为国际社会应予尊重和保障的权利，在世界范围内加以宣告，引导世界各国在国内法上予以规定。各国无不以国际条约或文件为指引，将其奉为蓝本加以解读、移译，结合本国现实国情，根据权利之轻重缓急和在本国实现的基础及可能加以排序。但各国无论发展水平如何、落实劳动权能力如何，无一例外都将最基本的劳动权利加以宣告确认，以宪法法律或单行劳动法典、劳动法令法规等形式在国内法律体系中予以全面落实。

涉及海外劳工的有关各国，无论是劳工母国还是东道国均应对照各自加入或业已生效的国际公约所确立的劳工保护标准，参考国际组织的权威文件或示范文本，借鉴先进国家在保护外籍工人方面的成功立法，逐步解决本国规范性法律文件体系中与劳动权确认和宣告的世界大势及未来发展不相适应的方面，尽可能消除对具体权利宣告不甚明确甚至模棱两可之处，使劳动权的确认更加系统、更为详尽。

各国应努力的三大方向：一是开宗明义将劳动权的法定内涵与外延予以清晰确立，且为进一步加强其操作性，应采取严谨专业的立法技术防范空洞抽象的内容或含混不清的表述，对关乎劳动者核心权利的工作选择权、生产保护权、福利保障权不能徒有形式规定，而必须进一步将其内部构造加以体系化、实定化以及将法律保护的时空范围清晰化、明确化；二是逐步加入更多的国际劳工保护条约体系并逐步提高保护水平和扩大保护范围，让海外劳工输入国、输出国均是国际劳工条约的缔约国，尽可能让劳工输出国、输入国实施同一水平的劳工保护标准；三是有关各国及时有效的将本国缔结的国际条约转化或纳入国内法体系，进一步提高现行劳动文件的立法层次，提高其法律效力位阶以强化法律权威。

2. 第二性机制：侵权行为预防

凡属权力天然具备自我膨胀之根本特性，且难以根绝。权力享有者、行使者从来都是不遗余力地将自身影响延伸到每一个所能触及的角落。因此一切不受制约的权力易于突破预设的界限，动辄侵害脆弱的公民权利。因此，权利不能止步于宣告，须进一步建立预防机制对侵害行为予以防范。

首先，以责任来约束公共权力。现代国家权力伴随着国家相应的责任，且责任已由公权力不作为、不侵害的消极责任进化到国家公权主动作为、能动保护的积极责任。“现代的权力责任除了过去的由滥权所产生的责任及怠权所产生的责任外，还负有满足公民权利请求的责任和由管理而带来的保证责任。”① 联合国及 ILO 通过的一系列具有法律约束力的文件，从不同的方面规定了各国政府在依法行政的同时理应承担可能出现的法律责任。国际劳工组织发布的《结社自由和保护组织权利公约》规定“政府机构不得从事可能会限制劳工制定章程与规则的权利，或不得干涉此种权利的合法实施”；《就业和职业方面的反歧视公约》（第 111 号文件）规定了缔约国有义务在就业领域制定切实可行的政策以尽可能地控制和消弭歧视，创造平等的就业机会和职业待遇；而第 142 号文件则规定缔约国作为会员国有法定的责任与义务去规划和落实国家就业指导和职业培训计划，以保证劳工得以充分发挥才能；在《促进就业谈判建议书》中要求有关政府当局承认参加集体谈判的组织，并为劳资谈判提供必要支持。无论是海外劳工的母国还是东道国都加入或批准了一定数量的国际劳工条约，承诺接受条约声明之条件、公约设定之要求，保证在本国范围内积极实施条约，如有违反则自愿承担国际责任，这就从国际法的意义上昭示着政府公权力在劳工保护领域负有国家责任。

其次，强化劳动契约制度。目前世界各国处于经济格局调整期、社会转型期，劳动关系呈现多元化与复杂化的特性，但资方无一例外都在劳资博弈中始终居于强势的控制地位。欲得改变“强资本、弱劳工”的格局，防范恃强凌弱侵害弱势一方，以劳动契约形式事先明定权利义务不失为较好的选择。② 大多数劳工输入国法律较为发达，对劳工权利保护水平较高，其政府更为关注集体合同，强调集体合同的效力，确保集体合同之贯彻实施。德国 1969 年《德国集体合同法》规定了工会或企业联合会的法律地位以及参与合同谈判、制定并接受集体合同的法律资格，与此同时德国宪法也从国家最高法律层面赋予了工会相应的自由与权利，此种自由与权利严格限制国家直

① 张文显著：《法理学》，高等教育出版社 1999 年版，第 190 页。

② 汪习根、王丽莎：《论劳动权法律保障机制的完善——全球化视野下的思考》，载《湘潭大学学报》（哲学社会科学版）2009 年第 5 期。

接干预，要求不得通过仲裁制度横加干预或滥用公权强行调解，否则以违宪论处。法律明确集体协议具备规范效力、债法效力。此种双重效力的核心要旨在于：任意一方均需严格遵循集体协议，承担保持和平的义务，任何有意的违反或不从则构成违约，须比照民法上合同之债的规定承担恢复原状、补救、赔偿或惩罚之责任，这就有效迫使双方严格遵守约定事宜，在执行集体合同期内不得采取单方面的法外行为引起或激化劳资冲突。①

在工会力量比较薄弱的国家，集体合同的效力得不到保障，其能量得不到释放，就须加强个人劳动合同的力量，法律应不吝运用大量篇幅规范个人劳动合同。法律应强制规定东道国雇主与外籍劳工签订劳动合同为强行性义务，并从程序与形式上进一步规范，严格设定签订合同的期限，防范拒签、不签或无限拖延，对超过期限未签或拒签的雇主，各国执法机关应责令强制履行、合理补救，以及施加必要的惩罚。

3. 第三性机制：权利救济

英国法谚云：无救济即无权利。法律救济是权利保障的最后一道可靠防线，因而权利救济机制在权利保障体系中地位相当重要。法律权利的种类及其范围可由权利宣告机制来明确，而对权利的前置性保护则需要权利侵害预防机制来保障。而实践中单方面的警告、劝戒不足以防范或抵制实际的侵害行为，因而社会需要一套严密健全、震慑有力的救济机制去抑制和防范一切形式的侵权行为。实践中对劳动争议的处理实质就是救济受损的劳动权利。发达国家逐渐发展出一套与普通民事争议解决机制大异其趣的劳动争议处理机制，鼓励多元化的纠纷解决机制的发展，注重劳动权救济机制的操作性与实效性。

在日本各级行政区域内，劳动委员会可以主动依职权审处劳动争议案件或被动地依当事人一方或双方的申请处理案件，并根据案件性质实行分级分类管理，不同级别、类型的案件采用不同的解决方法，分别有斡旋、调停和仲裁方式；内阁总理大臣决定执行的紧急调整则只限于事关重大公共利益，可能危及国民生活的争议事件。而德国则在普通法院体系中单独设置自成体系的劳动法院来审理劳动争议，专司劳动权的救济。

劳动权救济机制的多元化和实效性在世界范围内欲得到落实，需要有关各国在以下方面努力：一是解决劳动争议处理周期长、成本高的问题，使得关系海外劳工的非法用工、超过申诉时效的各种“非正规”案件得到有效

① 苏颖霞、李星光：《试论德国劳动法律制度》，载《理论导刊》2001 年第 3 期。

地处理，如开辟外籍劳工申诉绿色通道、建设外籍劳工诉讼简易程序、减低外籍劳工诉讼费用等；二是增强劳动仲裁委员会的独立性和公正性，不少国家仲裁委员会一般附设在行政体系内，本因而有与生俱来的局限性，其中立性不如司法系统，仲裁裁决易受政治影响和东道国当局的政策左右，这会减损仲裁应有的专业性和公正性，此外还应加强仲裁裁决的权威性、可执行性，法律应确保调解书或仲裁书具有与法院判决同等的效力；三是扩大受案范围，尽可能覆盖更多的海外劳工，简化或取消某些强制性程序或“必经”程序，根据海外劳工的自由意志，视其方便选择或诉讼或仲裁的解决途径；四是新增重大劳动争议的紧急处置程序，对事关公共安全、公共利益的重大劳动案件，法律应规定紧急程序或有司的主动作为积极应对；四是在条件成熟的情形下，可效仿德国等发达国家在法院体系内专设劳动法庭，采取判决或决议的形式妥善解决关涉海外劳工的劳动争议。

4. 第四性机制：国家帮助

罗素指出权力“正是建立在担心无政府主义抬头和只有政府是强有力的，安全才能得到保障这个事实基础上的”①。“个人权利实现遇到障碍，国家应有帮助义务；社会成员丧失劳动能力，所在国有义务保障其最基本的生活。”②国家帮助机制的核心是社会保障制度。社会保障内容涵盖生老病死、伤残贫弱。当然国情各异的寰宇诸国对社会保障内容的选择各有侧重。

外籍劳工在东道国劳动，为东道国产出了商品和服务，增加了东道国经济总量，同时也刺激和提振了东道国社会消费，同时向东道国缴纳劳工税、社会保障税、所得税，为东道国经济社会发展做出了无可替代的贡献，这种贡献可在法律上认定为一种牺牲、一种义务。这种牺牲和义务的对价应是国家的帮助权。因此无论是海外劳工的母国还是东道国，都不能将海外劳工遗落社会保障的覆盖范围，更不能将海外劳工视作边缘人，将其打入另册只让承担义务却不赋予权利。在社会保障方面，外籍劳工与本土工人一样应同等获得国家帮助之权。因此当外籍劳工失业时，应享有失业保险或补助；年老退休时有权获得养老保险或高龄补助；在遭遇病患时有权获得国家医疗救助；依靠劳工抚养的未成年子女无论是与劳工在东道国共同生活还是在母国

① ［英］罗素著：《权力论》，东方出版社 1998 年版，第 15 页。

② 汪习根、王丽莎：《论劳动权法律保障机制的完善——全球化视野下的思考》，载《湘潭大学学报》（哲学社会科学版）2009 年第 5 期。

生活均应得到儿童补贴，且标准不应低于本地家庭。①

五、劳动创造财富理论

（一）劳动创造财富理论的价值内涵

“劳动是财富之父，土地是财富之母”，英国古典经济学家威廉·配第百年传世名言直至今日仍意义不减。劳动是人类社会得以长期维系并永续发展的根本推动力，恩格斯认为：“人类社会脱离动物野蛮阶段以后的一切发展，都是从家庭劳动创造出的产品除了维持自身生活的需要尚有剩余的时候开始的，都是从一部分劳动可以不再用于单纯消费资料的生产，而是用于生产资料的生产的时候开始的。”② 劳动对全人类而言，古往今来都有着不可取代、无可磨灭之决定性意义，因为劳动不仅是普罗大众个体生存与发展的基础，更是整个人类社会存续发展的根基。

劳动是一个价值创造过程，既创造使用价值也创造交换价值。“在生产过程中，人们创造价值的劳动包括体力劳动、技能劳动和智能劳动。”③ 马克思主义者进一步指出：“任何一种不是天然存在的物质财富要素，总是必须通过某种专门的、使特殊的自然物质适合于特殊的人类需要的、有目的的生产活动创造出来。因此，劳动作为使用价值的创造者，作为有用劳动，是不以一切社会形式为转移的人类生存条件，是人和自然之间的物质变换即人类生活得以实现的永恒的自然必然性。”④ 任何雇主离开劳动者的劳动势必不能创造出价值，一切生产资料唯有在结合“活劳动”的情势下方能展开价值创造，商品或服务唯有依托人类劳动才有可能发生位置的移动、形态的变换和价值的增生。因此在这种意义上马克思才指出“商品具有价值，因为它是社会劳动的结晶”⑤。物质财富和精神财富的主要源泉是劳动，生产劳动业已成为地球上人类一种最为基本的生存方式，而唯有劳动才是物质文

---

① ［南］拉德·米洛万诺维奇：《南斯拉夫公民在国外就业的地位》，李文祥摘译，张立淦校，载《南斯拉夫概览》1983年第1期。

② 《马克思恩格斯选集》第3卷，人民出版社1972年版，第233页。

③ 杨燕绥：《评论：劳动者的新特征》，载杨燕绥主编：《劳动法新论》，中国劳动社会保障出版社2004年版，第71~72页。

④ 《马克思恩格斯全集》第44卷，人民出版社2001年版，第56页。

⑤ 《马克思恩格斯全集》第21卷，人民出版社2003年版，第180页。

明新生以及精神文明创造的不竭动力，劳动在人类经济社会文化发展中的推动作用无疑是非常巨大的，更是不可替代的。正因如此马克思曾经饱含热情地欢呼“劳动是社会围绕转动的‘太阳’”。①

一切劳动者的生存和个人发展离不开劳动，社会经济、文化事业的永续发展同样离不开劳动创造，劳动是劳工安身立命之本，亦深切关系到社会稳定与经济繁荣。劳动作为社会物质财富和精神财富的源头动力，劳动权作为维系劳动生生不息、不断开发提升的保障，两者虚实相依、互为依凭，唯有保障劳动权方可推动整个人类社会可持续发展。

（二）保护劳工与财富创造之关系

1. 保护劳工促进优质劳动力生成和生产力提高

鉴于劳工个体教育水平、身体素质、工作经验等诸多方面存在较大差异，其劳动生产率必然各有高低，所以劳工群体内部存在自然分层，按技术水平划分，一般可分为高技术劳工、熟练劳工、半熟练劳工或无技术劳工。在外籍劳工群体中，其内部也产生不同向度的分化分层，各层级劳工技能水平自有高下，因此东道国外籍劳务政策亦是分层实施，区别对待。“劳动主体的创造力或文化素质水平，决定了劳动的‘质级’差异；主体的体能耗费或劳动时间，决定了劳动的‘量值’变化。劳动的‘质’，可以转化为劳动的‘量’，但劳动的‘量’则无法转化为劳动的‘质’。”② 哲学中的量变到质变定律在优质劳动力生成领域似乎不能适用，社会的维系和存养诚然建立在一定数量的劳动力基础上，但社会的变迁或跃进则建立在劳动力质素的提高和升级上。惟其如此价值才有可能快速倍增或呈几何级数增长，社会进步、文明进化才能实现。

外籍劳工带来东道国发展所需的生产技术、工作经验、管理知识或东道国社会缺乏的实干精神和良好的工作伦理，这些优良的质素内化为外籍劳工的能力，进而转化为可资东道国利用的优质人力资源。而“人力资源是企业核心能力的重要源泉”③。外籍劳工身上所蕴含的资源财富与劳动潜能绝非一朝一夕获得，更不是在东道国才开始习得，而是在其母国经过漫长的学

---

① 《铁托选集（1974—1980）》，人民出版社1980年版，第296页。

② 杨曾宪：《论‘超质劳动’及其倍增价值创造》，载《河北学刊》2009年第4期。

③ 吴伟央、刘燕编著：《公司并购法律实务》，法律出版社2007年版，第425页。

习、培训和长期的工作实践、个人反复的体察感悟才最终涵养而成。可以说是外籍劳工本人及其母国承担了人力资源开发成本，而东道国则省去人力资源成本投入直接享受人力资源的价值产出。如果东道国雇主随意解雇外籍劳工、削减福利、不愿开展教育培训，这是非常短视和不负责任的行为。海外劳工输出国、输入国政府若须得到长期稳定的、充足的高素质劳动力供给，就必须出台有吸引力的法律和政策，首要之选就是保障劳工的核心劳动权利，这些权利的实现需要灵活的出入境政策、较少的就业壁垒、平等和谐的劳动关系、同等的社会保障覆盖。保护好劳工权利才能充分调动其积极性，使其发挥主观能动作用开拓创新。因此保护劳动权就是保护社会的财富基础。①

2. 保护劳工有助于提高社会消费能力和刺激经济发展

投资、出口、消费是拉动经济发展的“三驾马车”。当今世界陷入金融危机后遗症的泥潭不能自拔之际，投资乏力、出口受阻已是不争的事实。各国都将保增长、稳经济的希望和动力不约而同地转向刺激内需与扩大消费。提振消费、扩大内需的核心环节和最终落脚点在于稳步提高广大社会成员特别是占人口绝大多数的劳动者的购买力，即使素来各持己见的经济学和社会学专家在这一问题上也达成较为一致的共识。海外劳工作为东道国、母国劳动大军中的重要社会群体，其财富总量和财富创造能力已不可小觑。如能将其现存的劳动所得从储蓄转化为消费，提高其购买意愿及支付能力，必将会拉动东道国、来源国的经济增长。

但现实中外籍劳工却普遍陷入无力消费的困境和不敢消费的隐忧。无力消费的原因是雇主不能严格按照劳动法律法规的要求，动辄无法及时、足额支付外籍劳工工资，拖欠、克扣现象亦层出不穷，甚至不遵守《最低工资法》的规定悍然剥削外籍工人；而不敢消费则源于国家劳动保障政策落实不到位，无法解除外籍劳工后顾之忧。如果雇主能按规定为外劳缴纳社会保障税，医疗、养老、失业保险费，国家能解决公共住房难题和实行内外统一的社会保障政策，并打通社会保障金转出转入过程中的接续障碍，外籍劳工就会对将来形成稳定的预期，在当前能够合理消费，而不必担忧未来养老或失业方面的不确定性。此外，休息权如得不到保证，其实也会挤占劳工的消费可能和消费机会；东道国如能满足外籍劳工的家庭团聚权，有序开放外劳

① 肖蓓：《企业并购中劳动者劳动权保护法律问题研究》，华中师范大学博士学位论文，2010 年。

配偶、子女探亲签证，这无疑会新增一群数量可观的消费生力军。由是观之，劳工群体消费不振很大的原因源于劳工权利保障不力，即劳工的工资获取权、社会保障权、住房权、休息权、团聚权得不到保证和实现，导致提振消费、扩大内需无从谈起。因此要提振消费信心与增强消费能力从而有效防范国内市场陷入萎靡不振的境地，唯有通过合理的财富分配、共享和保有机制让财富的生产者、创造者真正成为终端市场的购买者、消费者，才能培育并繁荣国内消费市场，开拓新的需求扩大新的市场，用刺激消费的途径来刺激生产，从而让消费—生产过程达致良性循环，最终激发经济活力以确保持续发展。

这只有通过变社会理性为社会力量才能做到，而在目前条件下，除通过由国家政权施行的普遍法律外没有其他办法。①

——马克思

第三章 海外劳工权利的母国法律保护

国际劳动力流动由来已久，至今已有几百年历史。劳动力流动史成为世界经济史、国际交往史的重要组成部分。各国劳工流动给东道国、母国带来的好处显而易见，无论是劳务输出国（母国）还是劳务输入国（东道国），② 都从劳动力的流动中得到经济、社会、文化收益。（见表 1）正是认识到收益所在，母国对本国劳动力输出所坚持的政策从自由放任到积极推动，由市场无形之手调控劳动力流量、流向逐步走向政府有形之手强力引导与全面保障，同时辅之以市场之手配合协调。

表 1　**对外移民的潜在好处与弊端**

对移民本人或个人	潜在好处	潜在弊端
	就业	工作生活等中断，资历丧失
	更高收入	恶劣的工作/生活条件

① 《马克思恩格斯全集》第 21 卷，人民出版社 2003 年版，第 270 页。马克思在文中原意是“通过由国家政权施行的普遍法律，使工作的儿童和少年免受现存制度之害”。在这里转引，意指国家通过法律来保护海外劳工权利。

② 关于海外劳工两大当事国的表述在不同的规范性文件各有不同表述，如联合国移徙劳工公约采用“原籍国”（States of Origin）、“就业国”（States of Employment）；此外在一些法律文件或文献中存在多种对称，如“来源国”（Origin）与“目的国”（Destination）、“母国”（Home Country）、“东道国”（Host Country）、“派遣国”（Sending Country）与“接受国”（Receiving Country）以及“劳务输出国”（Labour Export Country）、“劳务输入国”（Labour Import Country），为叙述方便，本书将使用劳务输出国或母国、劳务输入国或东道国概念，视作同一概念，不加严格区分。

续表

对移民本人或个人	获得培训或教育	工作地位降低：丧失技能
	体验新的文化	种族主义或歧视
	结识新朋友	与家庭分离：对儿童有不利影响
对企业	回归移民带回技术	熟练劳动力流失
	有利于招聘产业的创收	劳动力短缺导致工资升高
	通信和旅游公司营业额增长	
对整个国家	减少人口压力	年轻人流失
	降低失业	需应对突然回归人员
	外汇汇款	减少可能的产出和税收收入
	归国人员带回知识和技能	人才流失和更好工人流失 降低研发能力
	构筑跨国集团	社会中断和文化外移
		增加不平等

一、海外劳工母国法律保护域外实践考察

劳务输出是一国对外经济的重要内容，对实现劳务输出国经济、社会乃至文化、政治战略目标都具有重大的现实意义。当前世界各国都鼓励、支持劳务输出，在国内法律层面对海外劳工的权利加以保护。

（一）海外劳工母国保护法律发展的基本状况

1. 海外劳工流动历史

国际劳动力流动最早可追溯到中世纪末，至今已有几百年发展史。15世纪末地理大发现后便出现一定规模的早期劳动力输出，其后16—18世纪的贩奴贸易虽然是人类历史上大规模远距离劳动力转移的发端，但是将奴隶视为商品、将人视为法律客体而非主体，剥夺黑人的自由意志与基本人权，实际上是一种反人类反人道、反文明反社会的犯罪行为，远不是现代文明意义上的正常劳动力流动。

真正具备规范意义的国际劳动力流动始于18世纪初欧洲范围内的技术

工人流动。这股工人国际流动潮流背后存在正反两股推动制约力量：一是重商主义思潮的推动，欧洲某些谋求快速发展的国家欢迎外来技工入境，带来充足的劳力与先进的技术；二是封建主义遗存与国家保护主义、民族主义等落后因素交织，制约国际劳动力流动的扩展。这一时期母国、东道国政府对国际劳动力作用认识不清或理解不足，少有积极主动之措施，因而无所作为。

第二次世界大战之后随着西方国家的重建复兴、民族国家的独立，劳动力需求的巨增推动国际劳工流动空前发展。从 20 世纪 50 年代起开始出现真正大规模的、具备现代意义的国际劳动力流动。这一时期无论输出国、输入国都出台一些零碎政策，这些政策稳定性不强、难成体系，大多出于单方意愿或为着实现单边目标，缺少国际协调。

经过 50 多年的发展，至 20 世纪 90 年代，在世界一体化和经济全球化的推动下，国际劳务市场规模不断扩大，劳动力跨境移动呈现许多新态势、新变化。一方面国际劳动力规模增长，另一方面国际劳动力介入母国、东道国的经济、社会、政治、文化的程度与引发的实际影响均在同步加深。母国、东道国均出台一系列针对性政策加以管制、规范。这一时期母国（输出国）政策与法律更加注重对海外劳工权利的全方位、高水平的保护，法律空间从国内延伸至国外，贯穿从劳工派出到劳工回归的全过程，同时更加注重国际谈判与协调，更加注重连接国内法律与国际法律，从而发挥协同效应。

2. 海外劳工保护立法概况

国际劳务输出国家和地区主要集中在亚洲，亚洲劳务输出量占世界劳务输出总量的 60%。亚洲主要劳务输出国家则集中在南亚、东南亚地区，主要南亚国家有印度、巴基斯坦、斯里兰卡、孟加拉国，而东南亚国家则是菲律宾、泰国等。上述国家劳动力国际流动时间长、规模大，其中国家对劳动力输出发挥重要的推动与保障作用，因而考察上述国家的海外劳工立法有典型意义。

一般来说，各国涉及海外劳工的法律有宪法、人权法、劳动法、就业法、社会保障法、平等法或反歧视法、移民法、反贩卖法、反人口偷渡法、刑法。劳务输出国关于劳务输出立法有三种类型。

（1）出台专门的海外就业法律法规。如菲律宾海外就业署 1985 年制定《海外就业规则与条例》、斯里兰卡国外就业局 1985 年制定国外就业第 21

号法令、尼泊尔王国1985年制定《国外就业法》。

（2）母国视劳务输出为某种形式的移民而一体适用移民法。如印度议会颁布《1983年移民法》，印度政府则于同年制定《1983年移民规则》，作为移民法的补充；巴基斯坦1979年由总统废除《1922年移民法》，并制定新的《1979年移民法》取而代之；孟加拉国则在《1922年移民法》的基础上颁布《1982年移民条例》。

（3）国内外就业统一适用相关法律法规。此类国家既没有专门为海外就业立法，也未采用移民法规制海外劳工，而是不分国外国内就业形式，统一采用劳动部门制定的劳动就业法律法规。如泰国1985年《工人招募与保护法》中并未特别区分国内外就业，而是将海外就业招募劳务人员条款单列。印度尼西亚人力部1970年《人力招募条例》也一体适用于国内就业合同和国外就业合同。

第一类国家如菲律宾、斯里兰卡因国力弱小、国内就业空间狭窄，海外就业特别是海外劳工侨汇具有很大的经济发展意义、社会稳定意义，① 所以母国制定专门的海外就业法律加以促进与规范，同时其出国劳工大多为低技术劳力，不大可能实现移民，故无必要适用移民法。第二类国家以印度、巴基斯坦为代表原系大英帝国前殖民地，其历史上一直有从殖民地到宗主国的移民传统，英国当局也在原殖民地颁布移民法，故其法律有一定的承继性和制度上的路径依赖性，同时印巴海外劳工中有相当部分为技术工人甚或高技术人员，移民可能性较大，其就业与移民关联性强，故海外就业与移民一体适用移民法具有合理性。第三类国家泰国、印尼等本国经济发展水平较南亚国家高，国内就业容量大，亦不是传统的劳工输出大国和移民大国，国家既无须大力促进海外就业，也不存在针对海外就业与移民自由的种种管制，故无必要专门立法以示区别。

3. 各国对劳务输出机构的法律规制

劳务输出国一般通过就业办公室的公共招聘、雇主直接招聘、私营中介机构招聘等方式组织出国劳工。各国对劳务输出机构的法定管理一般有为私营招聘机构颁发执照、规定海外劳工的合同和契约条件、起诉招聘中的不法

① 有学者认为侨汇是外汇的重要来源、利于平衡国际收支、稳定本国货币汇率、推动国内经济发展。参见李涛：《菲律宾侨汇的特点、作用及其发展前景》，载《经济问题探索》2012年第9期。

行为等。

（1）行业准入制度。各国虽大力鼓励与促进海外就业，但大多数国家对劳务输出机构实行严格的行业准入制度，实行审批制或许可证制度以保护海外劳工权利。泰国1985年《就业补充及劳动保护法案》要求招募泰国工人的公司必须持有劳动与社会福利部颁发的许可证，并至少有100万泰铢的基金。印度尼西亚规定劳务派遣机构为政府机构或部门，私人公司或其他机构必须取得执照或经过官方正式授权方可招募工人，从事劳动服务的公司必须取得劳工招募和派遣业务许可证，并进一步规定公司形式至少为有限责任公司，注册资本为印度尼西亚国民所有，公司所有者（股东）及经理等高管人员必须是印尼公民。此外，还规定变更批准制、许可期限制。

（2）劳工保护责任制。首先，规定信息披露制度防止欺诈劳工。法律规定劳务输出机构要提供真实有效的外国雇主招聘计划，核实其就业条件及雇主身份、资产等相关情况并报告给海外就业管理当局，待有关部门核实批准并发给招募许可证后方可招募。其次，规定提供劳工培训以快速适应工作。如泰国规定出国前派送劳工参加技能考试和接受东道国法律与文化的适应性培训，有些国家还规定国内派遣机构的智力、体力、技能和语言能力测试与培训要求。最后，劳工保护责任法定化。印尼法律规定劳务派遣机构必须为劳工提供从离境前到派遣后全过程的保护，包括与海外雇主达成相关的劳工权利保护协议，同时规定劳务公司的驻外机构负责解决劳工与外国劳务使用者之间出现的任何问题。

（3）监督管理制度化。政府除对外派劳务公司实行规范化、制度化的监督与指导外，还规定保证金制度、许可证制度对劳务公司加以威慑与惩戒，较好地遏制劳务公司超额收费、预先收费、随意剥削与欺瞒和草率安置。在警告罚款、罚没保证金、暂停公司业务、吊销许可证等行政手段外，必要时执法当局可启动刑事程序来起诉并追究劳务公司责任。

4. 各国法律对海外劳工的管理与保护

劳务输出国政府最为关心本国劳动者的问题是，海外劳工在国外能否找到适合的工作以及其权利能否得到公正、合理的保护。为帮助海外劳工实现公平就业和获得合理保障，政府在某些领域为海外劳工自身的利益计可不顾其意志而限制其自由或自治，其法律作出了符合人本主义理念的强制性规定，这可称之为“法律父爱主义”。①

（1）宏观管理与个别帮助。为有效遏制海外就业领域的非法招工现象，同时为确保那些经合法招募的海外劳工出国后获得符合最低就业标准的工作，某些劳务输出国实行十分严格的离境检查与控制制度。② 印度政府从整体上对劳务输出的人数、结构进行宏观控制，从而减少盲目出国和求职失败现象，甚至在一定程度上防止薪资恶意竞争行为以维护就业质量。

微观上为海外劳工个体提供个性化帮助与保护。如印度移民保护局被赋予强制检查海外劳工雇佣合同的法定义务，检视有关合同条款是否提供必要的海外生活与工作条件。③ 此外政府机构与劳务输出机构、雇主谈判并签署协议，落实海外劳工的工作条件、工资福利待遇等重要问题以保护劳工权利。

（2）政府提供评估与鉴定。为减少盲目出境务工以实现有效就业，印度尼西亚政府明确规定纳入外派劳工计划的劳工最低年龄、最低教育程度以及一定的经验、知识与技能。同时根据技术熟练程度对输出劳工进行分类，并为每类劳工制定了合格条件及标准，为各类劳工给出国外工资参考标准。为配合劳工分类工作科学有序展开，印度尼西亚设有专业机构专司评估和鉴定劳工的学历及工作资历。通过多措并举，海外劳工就能对自身实际能力水平有大概的认识，也能对国外就业方向与薪资水平有合理的规划与预期，从而实现快速有效地就业和精准就业，减少择业时间与就业成本。

（3）官方咨询与协助。海外劳工就业面临信息搜寻成本高昂、劳资双方信息不对称以及维权成本高等问题。为此各国政府运用国家公器和公共资金，发挥公共职能，为海外劳工提供公共服务。泰国劳工与社会福利部收集有关泰国移民数据、发布海外工作信息，位于曼谷的劳动管理办公室与每一个离境合同工都建立联系，一旦劳工与国外雇主产生纠纷，随时可以咨询该办公室。劳工与社会福利部及外交部建立联席工作机制，协同行动为泰国海外劳工提供及时帮助。

---

① 孙笑侠、郭春镇：《法律父爱主义在中国的适用》，载《中国社会科学》2006年第1期。

② 俞会新、张志勇、李宁：《亚洲各国对外劳务输出政策的对比研究及启示》，载《广西广播电视大学学报》2005年第6期。

③ 戴三军：《菲律宾海外劳工权利保护制度及对我国的启示》，湖南师范大学硕士学位论文，2014年6月。

表 2　　　　海外就业政策体系表①

主要目标	政策手段和措施
促进就业	**开发海外市场** □建立外交关系 □加强公共和私营就业服务 □宣传促进和市场开发 □市场信息和研究 □双边协议 **劳动力供给管理** □劳动力登记 □公司出口服务 □“人才外流”的限制/政策
海外劳工福利的保护与促进	**标准制定和强制执行** □就业合同最低标准 □出境控制措施 □包括社会保障规定在内的双边协议 □限制特定类别劳动者，特别是未成年人和年轻女性出境 **对私营招聘机构的监督** □实行招聘机构许可证制度 □经营行为担保和处罚 □招聘收费限制 □打击非法招聘和秘密移民 **支持服务** □离境前的信息和咨询服务 □劳工专员的现场服务 □社会保险 □境外人员的社区设施和中心 □对海外劳工国内家庭的支助服务 □回归人员的培训和就业援助 □紧急撤离和遣返

① M. Abella, Sending workers abroad: A manual for low-and middle-income countries (Geneva, ILO, 1997).

续表

主要目标	政策手段和措施
发挥海外劳工促进发展的最大效应	**汇款问题** □外汇市场政策 □汇款政策和服务 **海外劳工储蓄和投资** □特殊融资手段 □面向小额投资人的信息和支助服务 □海外劳工住房计划 **人才和技能人员的回归** □特殊安置服务和激励措施 □双边培训协议 □调动跨国劳工群体的积极性

（二）海外劳工母国法律保护的基本经验

1. 劳工保护立法先行

法律先行首先起一种宣示作用，即宣示国家和政府将海外就业问题视为该国特殊重要议题、重要的国家利益之所在，将海外劳工权利保护视为国家义不容辞的道德义务及不可推卸的法律义务，也是政府公共治理水平良好的标志，更是国家统治合法性的重要支撑。在国际层面，珍视并保护本国海外劳工权利其实质是尊重和保障人权，既合乎国际潮流又符合国际法之要求，这有利于在国际社会树立良好的国家形象。毕竟，“人权是一个国家最大的脸面”。在国内层面，国家和政府向其国民宣示了保护海外劳工的重要性以及国家保护劳工的决心和责任，利于凝聚人心，利于国家治理。

宣示同时更是一种警示。警示用法言法语解读、转译则是法律的威慑效应与预防作用。国家宣示保护海外劳工为国家之天然责任，国家将不惜动用一切国家资源与力量维护本国海外子民之利益。在国际上对外国雇主、劳务输入国政府是一种警示。对外国雇主来说，弱势的外国劳工背后有其母国国家后盾力量的支持，自会减少违法犯罪以及不公正、不合理行为；对劳务输入国政府来说，保护外国劳工不仅是国家责任之所在，更是国际道义和国际义务之所在，关乎本国人权状况，关乎自身国际形象，更直接影响国际关系。这会促使东道国投入更多资源实施较高标准的劳动保护，督促本国雇主善待国外劳工、遵循内外一致的劳动法律法规而不搞双重标准，废止“二元用工”，努力提高海外劳工保护水平。在国内层面对劳务输出机构也能起到良好的威慑与预防作用。本国官方将劳工保护视为自身重要义务与责任，劳工就有获取国家公权力支持与保护的权利。此时强势的劳务输出机构面对的不仅是一个个势单力薄的海外劳工，而是一个随时可能从幕后走到台前的强权国家。届时力量对比、法律地位也行将逆转。劳务输出机构的虚假宣传、肆意剥削、抛弃责任等违法违规行为有可能招致政府罚款停业、吊销证照等行政处罚，甚至最为严厉的刑事处罚。每一个机构都是法律上的“理性人”，在权衡违法犯罪成本—收益后应会作出理性选择：尽可能减少违法犯罪行为从而减少处罚成本，而不去幻想可能得而尽失的些微收益。①

立法先行即是发挥法律的指引作用，让各法律主体在守法、执法、司法过程中有法可依。立法先行为公民、法人或组织提供劳动领域的行动指南，为劳动监察、外交保护、商务等政府部门提供执法依据与指引，为公检法司部门准确适用法律设定原则，减少自由裁量。立法先行填补法律空白与立法真空，避免守法、执法与司法者无所适从。

立法先行在菲律宾表现尤为突出。《菲律宾 1974 年劳动法令》明确将对外输出劳工确立为国家战略。随后相继通过 8042 号法案《出口劳工法》、《海外就业与职业条例》，这些法案与劳务输出直接相关。此外印度《新移民法》更是以“保护技术移民和非技术移民”为主旨。这些法律很好地宣示了国家劳务输出与保护本国海外劳工的政策意图，为涉及海外就业的相关国内外公私部门、业者提供很好地警示与指引，在国际国内社会起到良好的规范与示范作用，也为这些国家赢得国内外声誉。

2. 专门机构协调落实

法律先行只是第一步，然徒法不自行。法律的生命在于实施，落实法律、将纸面上的法律转化为现实中的行动至为重要。国家的保护权能与责任需要具体配置到政府机构方能实现立法目的，让法律的威慑预防、教育指引、适用裁决作用在现实中发挥。海外劳工问题涉及劳动保障、教育培训、外交外事、商务、公安、金融外汇等一系列领域与相关政府部门，成立专门机构有利于整合原先分散的部门管理与服务职能，避免政府职能缺位、越位，也有助于综合协调，让政府主管部门更能集中精力做好全局性、前瞻性的工作，又能提供全流程、全方位的管理与服务，最后也有利于出现突发事

① 钱弘道：《法律经济学的理论基础》，载《法学研究》2002 年第 4 期。

件时的快速反应与应急处置。

国家成立专门机构是许多国家立法的后续程序，其专门机构正是法律授权的结果。其职权、职责、组织方式与保障方式亦来自于法律的直接规定。专门机构的一般职能职责有：制定有关本国公民海外就业政策，与外国雇主签定协议，为自然人或法人从事招聘工作而给予授权或发放许可证，招聘本国公民去境外就业，为就业合同规定最低标准，批准那些其条款符合有关标准和法规的就业合同，起诉招聘条例的违反者，仲裁移徙劳工与外国雇主或代理机构间的争议，与贩运和偷渡行为作斗争，为海外劳工提供有关权利、生活和工作条件方面的行前信息，收集有关东道国违反劳工权利和其他不法行为的信息，向在东道国和返乡的海外劳工提供援助。①

如菲律宾曾根据《劳工法令》大刀阔斧地进行机构合并与机构改革，将原来分散设立、各管一块的三大机构合并为单一机构——菲律宾海外就业署（POEA），将海外就业发展职能与服务职能合理整合，后又将国家海员局整合并入，此举一为归并两者重合职能，二是将某类服务对象单列已无必要。毕竟，行为监管逐渐取代主体（按身份）监管已成世界监管趋势。②

泰国劳务厅下附设“劳务输出管理办事处”，统一归口管理泰国劳务输出事宜，并将业务进一步细分，在办事处下又设业务科、注册科、募工科、海外就业安置科、综合服务科、海外劳务市场开发和海外劳务救济科。③ 可见泰国将市场开发与劳工救济等量齐观，将管理与服务有机结合。

鉴于劳务输出与海外就业牵涉面广、协调难度大，各国还成立地位较高或横跨部门的议事机构或协调机构。韩国、菲律宾成立了由各部部长组成、政府首脑或国家元首领衔的国家海外就业开发委员会。泰国则成立由位阶较高的内政部长主持的“劳务输出促进委员会”以及内阁事务部长领导的“促进海外承包业务协调委员会”。由于这些机构享有权威、利益超脱，在劳务输出和劳工保护方面能很好地发挥综合协调和统一部署作用。

值得一提的是，除政府依法成立的官方海外就业促进与服务机构外，中央法律或地方法规也鼓励或授权地方建立民间机构，开展海外劳工招募与劳

---

① 引自《2003年国际劳工移民调查答复概要》，国际劳工大会第92届会议文件（报告六附件一），2004年。

② 李长春：《论中国慈善组织的监管》，载《暨南学报》2013年第6期。

③ 俞会新、张志勇、李宁：《亚洲各国对外劳务输出政策的对比研究及启示》，载《广西广播电视大学学报》2005年第6期。

务输出。法律的许可和推动激发民间的积极性，各劳务输出大国在这一时期涌现出大量民办机构。据20世纪80年代中期统计数字显示，全国性或地方性劳务输出民间机构或私人公司菲律宾有740个，泰国有300个，韩国有21个，印度则有1119个、孟加拉有254个、巴基斯坦有155个。① 国家资源有限，民间活力无穷，国家高居庙堂，民间深入基层，公办机制失灵，民办机制灵活。在无所不能的无形市场之手驱动下，民间机构实现广覆盖、深渗透，布局合理，机制灵活。海外劳动力需求市场总量及要求、国内劳动力供应市场结构及用工条件均能为民间机构迅速有效侦知，并会快速做出反应，将国内国外两个市场有效对接，将需求与供应精准匹配，最终很好满足国内劳动者与海外雇主双方的愿望与要求。市场在资源配置中起决定性作用是永恒的真理，对民间机构的规范管理，妥为利用，让市场机制在海外劳务输出进程中发挥基础性乃至决定性作用。

3. 教育培训制度化

海外劳工个体受害事件层出不穷，群体受害事件屡见不鲜，表面原因或许是出国后求职无门、屡遭文化冲突和法律冲突、汇款存款纠纷、护照签证问题、福利保障问题。究其原因源头源自国内，若未雨绸缪，将出国后面临的问题隐患消除在国内，纠纷或问题将大大减少，各国解决这一问题行之有效的办法是借助教育培训，并将其制度化、规范化、长效化。

印度、巴基斯坦、韩国在中央或地方建立专门针对海外务工人员的培训中心，进行针对性的技能培训，以提高劳工素质和就业竞争力。泰国则由政府部门联合私人部门协作培训，韩国负责海外劳工培训的则是劳务输出公司。此外许多劳务输出大国还设立官方或半官方专门机构或专项培训基金。斯里兰卡为扩大劳务出口，培训工作则更为细致，如有专为适龄妇女提供的女佣工作培训。同时各专所长，在部门之间实行专业化分工，住房部发起“建筑和工业培训计划”、“全国学徒培训计划”，劳动部出台“工程工艺培训计划”，② 而国立技术学校在接获大笔国家资金的情况下也积极开办技术培训项目。印度尼西亚强制规定海外工作与生活的适应性培训。

---

① Rupa Chanda, *Movement of Natural Persons: A Case Study of Soutu Asian Countries*, CUTS Centre forInternational Trade, Economics & Environment, Reaearch Report, 2004, pp. 30-32.

② 俞会新、张志勇、李宁：《亚洲各国对外劳务输出政策的对比研究及启示》，载《广西广播电视大学学报》2005年第6期。

4. 母国保护海外延伸

海外劳工权利受损的高发易发环节在海外求职、就职过程中，就业歧视、待遇不公、剥削或虐待、克扣或拖欠工资、人身侮辱伤害甚至非法扣押拘禁不绝于就业劳工过程。劳动不同于一般的经济活动，因其具有一定的人身依附性。海外劳工因依附于国外雇主，处于弱势地位，其人身自由与权利以及与人身紧密联系的经济利益均在一定程度上受制于雇主。① 此时海外劳工远离家国，失去母国公共权力的现实庇护和本国社会关系网络的支持，客居国政府又保护不力，自身维权能力欠缺且存在许多后顾之忧，一般情况下会选择忍气吞声或隐忍不发，这客观上助长了不友好雇主的犯罪动机，放大了其违法犯罪的预期。

母国基于国家护民责任和保护管辖权都应维护本国海外劳工人身利益、财产利益，确保其在国外得到公平机会、公正待遇和权利救济。国际法上虽有四种管辖权，但属地管辖权最为优越，具有优先地位。故一国不可能在外国领土之上径直行使立法、行政、司法权力，否则会与国家主权独立、主权平等等根本原则相悖。为解决这一棘手问题，各国基于国际礼让与国际合作原则，建构外交制度与外交渠道。借助外交渠道与手段，母国在一定程度上既能实现自身之国家责任，又能很好地尊重东道国属地管辖优越权，维护并保全其主权完整性和独立性。

外交权是一国国家职能的对外延伸，亦是国家责任和义务的国际延伸。② 目前对海外劳工权利保护最普遍、最有效也最为东道国接受的方式就是通过行使国家外交职权，调度外交资源，借助外交渠道和外交途径，运用外交手段。毕竟外交以政治功能为主，以维护和增进国际关系为志业，依仗外交部门独立完成全部护民职责既不现实也难实现，特别是涉及劳动法这一公私交织的社会法部门。目前世界的总体情况是，在海外劳工问题上，外交以护民为第一要务，劳动部门则依托外交资源与渠道承担更为专业的护民细务。

菲律宾作为外劳输出大国，其将相当的外交资源投放在保护侨民、为外劳服务工作上。一是外交铺路、把关：积极推动国际劳工保护条约在世界范围内签订，积极与接收菲律宾劳工的国家签订劳工保护双边协定。菲律宾

---

① 冯彦君：《劳动权的多重意蕴》，载《当代法学》2004 年第 2 期。

② 陈广猛：《中国外交思想库：定义、分类和发展演变》，载《外交评论（外交学院学报）》2009 年第 1 期。

8042号法案明确规定只向承认和保护菲律宾劳工的国家派遣劳工，同时要求这些特定国家必须是多边或双边劳工保护的签约国或已制定国内法保护外国劳工。此外，鉴于历史上菲律宾女工海外受虐或遭骚扰的教训，还规定出国女工最低年龄为18周岁，且有足够能力应付国外复杂环境。同时规定去往特定国家的妇女只允许在公职人员或外交官家庭工作，这样产生经济纠纷、人身伤害事件的概率较小，也易于通过外交部门维权救济。二是提供国外服务。菲律宾法律规定凡在拥有2万以上菲劳的国家均应建立海外劳工服务中心，为海外菲律宾人提供全方位服务，包括人力资源服务、咨询服务和法律服务。国内司法部门还在这些中心建立法律援助网络，为处于困境中的海外工人提供法律援助。

泰国国防部下属的国家安全委员会和军队下属的皇家警察部门、劳工和社会福利部均在外交系统建立联系网络，根据自身业务范围通过外交部劳工管理办公室为泰国海外劳工提供各种形式的服务与帮助：为愿意回国或困难劳工提供经济资助、帮助解决泰国劳工与外国雇主之间的纠纷、协助安置离散家庭、出面与东道国执法当局谈判协调以予泰籍劳工宽待与优遇。

5. 归国安置解除后顾之忧

海外劳工内部有不同向度的分化，一部分拥有高技术、高技能的劳工符合东道国移民归化条件或能实现永久定居或移民，而大多数劳工特别是低技术劳工必然迟早回归母国。回归只是时间问题，如果非法滞留则会转化为法律问题。对海外劳工来说，出国之前已为海外之行付出了大量的培训、择业费用，其间沉没成本和机会成本较高。绝大部分海外工人预期通过国外就业来抵偿高额成本，所以尽可能延长海外就业时间，这也是权衡成本—收益后最合乎理性的方法。尽最大努力在国外工作会给国外雇主可乘之机，无良雇主往往会利用海外工人这一弱点盘剥工人，因为忍受剥削保住海外工作是比回国了无着落更为理性的选择。如能解决海外工人后顾之忧，让其有底气、无顾虑地奋起抗争，一方面增长海外工人自身的维权能力，另一方面也能在劳资博弈过程中反制雇主，这就会大大减少违法、侵权事件。

各国都积极制定归国工人重新就业安置计划。在海外工人合同期满后，在国家、社会层面消除歧视、减少苛求，出台一系列优惠政策鼓励其回国就业，促进一批有技术历练和资金积累的海外劳工创业，将其技术与资金用于国内经济社会发展。越南政府也出台政策为归国劳工保留原有农地让其安心在外又能随时归来。国家为出国务工农民稳定土地归属，保证其归国后有地可耕不会生活无着，从而能维持基本生存，过上有底线尊严的生活。巴基斯坦对海外劳工回归问题尤为重视，政府成立回国移民恢复正常生活部际委员会，为归国劳工提供投资顾问服务、经商指导以及再就业规划或创业扶持。菲律宾政府亦成立职能类似的专门机构，为意欲创业的归国工人提供一切指导帮助与优惠便利。

菲律宾劳动部设立了海外劳工再就业中心，为回国劳工提供帮助与服务，上到中央下到地方都建立了组织与协调机构，形成较为完整的体系。其严管理重服务，从出国准备——国外工作——归国安置全程管理与全程服务，一管到底，充当海外劳工的开路引导者、后勤保障者、利益保护者和执法监督者，这也是菲律宾海外劳务输出市场可持续健康有序发展且不失活力的重要原因。①

6. 国家援助扶持海外就业

海外劳工是较为弱势的社会群体，信息弱势表现在难以搜寻或获取以及有效甄别就业信息，经济弱势则表现在收入水平低以及与此相关的生活水平低、住房条件差等一系列不利情势，最后还表现在劳工群体所属家庭的整体弱势，因为贫困劳工背后往往是同样贫困的家庭。信息贫困、经济贫困、家庭贫困三大贫困叠加，构成海外劳工群体的整体弱势地位与苦难处境，也是困扰海外劳工改善自身处境的重大障碍。国家作为社会公正、公平的最后守护者，作为国民税捐的最大接受者，自身有改变海外劳工境遇之天然责任。

在改善信息弱势方面，亚洲各劳务输出大国纷纷建立专门的研究机构或海外劳务市场情报信息机构。通过驻外机构调查收集当地劳务市场信息并随时招揽生意，撮合用工、促进就业；同时发挥侨民作用，利用侨民网络，委任有一定资质的侨民为母国人力资源代表。泰国法律明文规定政府为劳务输出机构提供必要信息的法定责任，分析国际劳务市场供求趋势，必要时通过外交机构获取和传递信息。此外，倡导在东道国设立合资企业，独辟蹊径以此获取传统渠道无法获取的用工信息。

在改善经济贫困方面，巴基斯坦政府为改善海外巴基斯坦劳工居住条件提供资金、提供免费电话服务和法律咨询，减少其费用支出。菲律宾则为海外工人提供紧急遣返基金、贷款担保基金、法律援助基金、国会奖学金等四大海外工人基金；建立海外劳工专门医院，在体检和治疗方面提供大幅优惠，此外还有免交个人所得税、开通圣诞节免费国际长途电话以及机场免费市内交通服务。韩国政府为海外工人降低所得税、提供住房优惠、由总统代

① 刘昌明：《菲律宾海外劳务经营模式研究》，载《亚太经济》2008年第4期。

表国家赠送节庆礼物。

在改善家庭弱势方面，菲律宾海外劳工福利署（OWWA）为外劳家庭提供从财政到法律一系列服务，为伤残、患病工人子女提供政府奖学金以及家庭服务。巴基斯坦也为海外劳工子女提供奖学金等福利待遇。各国均努力从家庭层面整体扶贫，防止海外劳工因家庭贫困陷入长期贫困，不能自立更生。

（三）海外劳工母国保护的典范：印度经验考察

选取印度作为海外劳工母国保护样本考察的原因如下：

第一，印度、中国两国国情颇多相似，表现为历史悠久且近代有共同经历（均遭受西方世界殖民或半殖民），文化悠长至今不衰（均具有文化独特性），在同一时期建国（二十世纪四五十年代），起步基础相若（建国时综合国力、人均收入处在同一水平），人口众多劳动力富余（世界人口冠亚二国），经济增长快速（超出国际平均水平和西方经济增长率），均为有世界影响的发展中国家、发展潜力向好，均为令世界瞩目的金砖国家（BRICS）。相同之处颇多、基础条件及资源禀赋近似，必有许多可学、能学之处，不至于两者歧异过多而无从借鉴。

第二，中印两国系亚洲近邻，边界问题、民族问题等历史问题至今未解，现实竞争与相互暗战犹存，又逢中印在现代选择不同发展道路和社会制度。资本主义制度与社会主义制度、印度的西式民主与中国式民主成为各国学术界在两国物质条件之外讨论最多的话题，并将之作为印中两国今日发展差异的重要解释因素，甚至作为预测两国最终发展结局的重要考量指标。中国官方提出道路自信、理论自信、制度自信、文化自信，考察中印“龙象之争”有助于比较借鉴，取长补短，从而构建和增强中国的四个自信，进而坚持中国特色社会主义道路实现科学发展、坚持中国特色社会主义理论体系作为行动指南以及坚持中国特色社会主义制度为根本保障。

第三，印度近现代移民历史活跃，政府将之视为国家战略强力推动，积累许多可行经验，在国际社会受到列国尊重，在民间社会得到国民、侨民认可，国家整体受益，劳工人人支持，取得较好效果，其有益经验在中国国情条件下、在中国现代化语境中有诸多可复制、可移植之处或加以中国化改造、适应性调整，值得中国研究学习、考察借鉴、探索推行。

1. 印度劳工输出概况

印度作为世界人口大国，有着庞大的海外移民群体及其后裔，目前海外印度人已超过 2 000 万，分布在世界 100 多个国家和地区。自 20 世纪 90 年代以来，海外印度人对母国印度和居留国的政治经济社会影响日益增强。

19 世纪以来印度海外移民经历三次浪潮：第一次是 19 世纪 30 年代至 20 世纪初期英国殖民时期的移民，移民主体是契约工人、商人、专业人士及宗主国政府雇员，流入地是亚非拉地区和加勒比地区英属、法属、荷属殖民地；第二次是战后特别是 80 年代中期向西方工业化国家移民,① 移民主体为专业人员特别是软件工程师居多，流入国家主要是英国、荷兰、美国、加拿大以及澳大利亚；第三次浪潮是二十世纪七八十年代起向西亚国家的劳工移民，印度在西亚海湾地区的移民同第二次移民潮的西方移民不同之处在于：非受过良好教育的专业人士而是非熟练或半熟练工人，绝大多数为回迁性的临时移民而非永久移居海外。西亚印度劳工一半以上从事建筑业和交通业，劳工主要分布在海湾地区几大石油富国，按人员多寡依次为沙特阿拉伯、阿联酋、安曼、科威特、巴林、卡塔尔等国。这些国家石油经济繁荣导致基础设施建设前所未有的大发展，但其本身劳动力短缺急需引入外来劳工。同时，海湾国家印度工人总量涨落受世界石油景气影响较大。

法律认可的海外劳务输出方式：一是中介代理招工，代理机构须获得劳动部颁发的许可证，这类劳工输出方式居多；二是经中央政府许可后，由海外雇主直接招募；三是海外工程项目招工，项目承包商须获商业部或储备银行批准，并须缴纳一定数额保证金。

近来发展趋势。一是海外劳工群体产生不同向度的分化：一类是专业技术人员，高学历高技能，无须中介自行谋生；另一类为无技能或半技能劳工，需要中介代理服务，纳入劳工部管理范围。② 二是全球信息化浪潮推动以及印度培训教育政策的成功，印度劳务输出结构日益改善，表现为无技能或半熟练劳工比例日益减少，熟练劳工、技术人员和专业人士不断增多。

2. 海外劳工立法概况

印度对外移民历史较长、规模较大。历史上其劳动力输出过程往往是劳动力在流入地定居并最终实现移民的过程，在印度第一次、第二次移民潮中大抵就是这样的过程。劳动力的回迁只在第三次浪潮中才成规模地表现出

---

① 张秀明：《海外印度移民及印度政府的侨务政策》，载《华侨华人历史研究》2005 年第 3 期。

② 王艳红：《劳务输出 利国利民——菲律宾、印度促进劳务输出的措施及对我国的启示》，载《经营与管理》2005 年第 2 期。

来。所以印度没有专门的劳务输出法律，而是在移民法中纳入海外劳务输出管理以及海外劳工保护的内容。

印度有新老两部移民法。1922 年移民法由当时英印殖民政府制定，立法根本目的是让殖民地人民配合宗主国的殖民扩张目标，驱使印度老殖民地劳动力去开发新殖民地（非洲有毛里求斯、南非、坦桑尼亚，东南亚有马来西亚、新加坡、缅甸以及斐济，加勒比地区有特立尼达和多巴哥、圭亚那、苏里南和牙买加），以解决这些地区劳动力短缺问题。老移民法在英国的主导下制定，体现的是宗主国的根本利益，其将印度劳工引致并最终禁锢在新殖民地，让其固定从事一些高强度、高负荷的职业，如种植业、制糖业、铁路、造船、市政工程和煤矿业。1922 年移民法是纯粹意义上的殖民主义、帝国主义扩张产物，但从客观上该法也规定了移民管理的某些规则、制度、形式与程序，体现一定的立法技术性，如撇开价值判断，直至今天仍有一定的参考与借鉴意义，也为印度新移民法的继承与更新确立了基础。

1983 年新移民法由独立 30 年后的印度政府主持制定，立法宗旨归结为一处："保护技术移民和非技术移民"，立法背景或动力来自两方面：政府有意识推动和现实情势所逼。政府推动源于政府一直以来的积极支持本国劳工参与国际劳务市场竞争的传统，以及政府对海外劳工为印度经济发展做出巨大贡献的高度认可，保护海外劳工自然是印度政府之天然义务，更是其利益之源。现实情势则是指 20 世纪 70 年代后期，印度掀起向海湾国家劳务输出的第三次浪潮，一时间劳工供过于求。海外劳工受到非法劳务中介机构、海湾雇主的双重剥削、侵害和欺诈，海外劳工利益受损却投诉无门。印度一批进步知识分子为民请命、奔走呼吁，迫使政府正视问题，加快立法进程。1983 年移民法旨在管理依约赴海外就业的印度工人，确保其利益与福利不受国内外各方侵害。该法提供了海外劳工管理政策的基本法律框架，成为管理移徙劳工的最重要法律文件和行动依据。

3. 管理机构

印度为宣示对海外移民、海外劳工的重视，重新命名"海外印度人事务部"、"海外印度人高级委员会"。该委员会研讨印裔印侨对母国的作用①和母国海外保护方案，以及海外调查，将维权事务转交有司处理。印度中央政府及主要劳务输出邦劳动部设立保护海外劳工的专门机构"移民保护

① 张秀明：《海外印度移民及印度政府的侨务政策》，载《华侨华人历史研究》2005 年第 3 期。

局”，负责监督、管理跨国劳务雇佣事项。此外在内务部设立“移民事务局”，专门管理在印度国内发生的与境外劳务有关的投诉事项。印度驻外使领馆也承担相当的移民保护责任。

4. 成功经验借鉴

（1）对劳务中介的严格管理。一是许可证管理。所有涉外劳务输出中介公司的财务、信誉、专业能力均由移民保护局全面审核，只有通过审核获得移民保护局发放的“劳务中介许可证”方可营业，政府有权对某些特殊行业的雇用代理实行特殊许可。二是实行保证金制度。法律要求所有中介公司备有 30 万—100 万卢比的银行保证金，确保万一劳工出国受欺骗可以动用银行保证金支付赔偿。三是限制最高收费。法律授予移民保护局对移民中介费进行最高限制的权力。按专业技工、半技术技工、非技术工人三种类型分别规定了最高中介费标准，从 5 000 卢比、3 000 卢比到 2 000 卢比。

（2）人本化的劳工管理服务。法律规定政府部门有权规定最低雇佣标准，全面审查核实雇佣合同，确保海外劳工在工资、医疗、住宿以及旅费、社保方面获得公正合理待遇，以此来保障海外劳工的合法权利。经审核合格才会颁给“劳务移民证书”，作为应聘劳务人员离境护照的必备附件。①

（3）全面深入的外交保护。驻外使馆有专门下设机构全天接受海外印度工人的投诉和报告，并派出“移民事务官”现场核实，若情况属实则通过外交途径要求驻在国当地有关部门对无良雇主采取必要行政执法措施，如勒令其立即停止侵害行为或课以处罚或给予海外劳工临时救济。如外国雇主侵权行为严重、性质恶劣，外交部门则会要求对方国家惩罚，并将雇主纳入黑名单禁止其再招印度劳工。如属国内劳务中介机构失职和欺瞒，外交部门亦会及时向国内传回信息，让国内审查涉案中介，必要时追究其责任。

（4）严厉、规范的听证、审理制度。海外劳工投诉如遇国内中介机构与境外雇主相互推卸责任，内务部下设的移民事务局会及时听审，如劳务机构解释不能自圆其说，将会承担责任受到严惩。如海外劳工归国后发起维权诉讼，内务部下设的移民事务局则联合劳动部下设的移民保护局展开联合审理，如情节严重，则会组织投诉方、劳务管理部门、中介机构共同参加听证会。如经过调查认定中介机构确实存在欺诈行为，则会课以高额罚款、吊销

① Chanda, R., *Migration between South and Southeast Asia: Role of Interstate Cooperation*, Institute of South Asian Studies (ISAS), Working Paper No. 141, National University of Singapore, Forthcoming 2012.

营业执照，甚至将主要责任人移送刑事处罚。

（5）开放、高效的教育培训制度。印度举国上下重视教育培训与人才培养。印度政府充分利用英国殖民留下的英语语言优势，对接具有巨大发展潜力的信息技术产业，集中优势力量，通过教育手段造就国际专业人才，在国际劳务输出中具备独特竞争力。如前所述，专业技术人才自身素质高、维权能力强，薪酬水平高，不易受国外雇主压榨、侵害，因而无须中介也无须母国特别照拂。印度欣欣向荣的软件外包产业源于信息技术培训的成功，印度与发达国家的服务贸易中第四种模式即自然人流动尤为活跃，究其原因亦是以自雇和公司内部派遣方式到海外从事信息服务产业的印度自然人越来越多。根据 GATS 协议及各发达国家承诺，软件等信息产业服务部门开放程度、自由化水平较高，对外国自然人入境服务需求大、限制小，而印度此类人才供给充足。①

（6）惠益对等的国际谈判与协调。印度为保障本国劳工权利，除为海外劳工通过直接保护外，还防患于未然加强与劳工流入国开展国际谈判，督促东道国重视并保护位于本国的海外劳工权利，特别是社会保障权利。② 针对海湾国家接受大量的低技术劳工但其移民政策摇摆不定的指控，印度政府同海外诸国签署双边劳工协议，要求当事国履行对印籍劳工的监控和保护义务。

针对西方发达国家社会保障制度的歧视性政策以及不公正不合理条款，印度加强了同发达国家谈判，并以印度巨大的国内市场为谈判筹码，迫使西方国家同意接受印度政府提出的对等待遇、同等待遇要求。自此印度劳工在西方世界享有社会保障税豁免待遇或在国内外提取、接续社会保障金的待遇，而其他国家劳工则少有享受此种优遇。

（7）广聚支持的亲民惠侨政策。印侨、印裔、印劳在印度本土及外部世界发挥越来越大的影响，为进一步加强海外印度人的凝聚力和对母国的认同感，借其力量与资源为国所用，印度政府出台一系列亲民惠侨政策。如新移民政策推出复兴印度公债计划鼓励侨民、外劳回国投资兴业；将每年 1 月

① Chanda, R. , *Migration between South and Southeast Asia: overview of Trends and Issues*, Institute of South Asian Studies (ISAS) Working Paper No. 140, National University of Singapore, 2012.

② 吴伟东：《印度社会保障国际合作的实践及其启示》，载《中国行政管理》2012 年第 7 期。

9日定为“海外印度人日”、向新老移民颁发“印裔卡”以加强与海外印度人感情联系；有条件授予海外印度人双重国籍以有效利用其资金、技术与经验，从而促进母国经济发展。而海外印度人事务部及海外印度人高级委员会则是推行这一政策的具体实施部门和机构。

综上所述，印度动员国内外资源，联合多方机构，综合运用法律手段，严格管理中介机构，全面保护海外劳工。其移民法实体规定细致、程序规定清晰，听证制度颇具特色，为执法部门提供良好的法律指引，对维护海外劳工合法权利起到很好的作用。

二、我国海外劳工保护的法律演进与制度缺陷

中国是世界第一人口大国，约占世界总人口20%，劳动力资源总数超8亿，截至2013年底，我国对外劳务合作派出各类劳务人员累计692万人，①广泛分布在全球184个国家和地区，涵盖建筑工程、制造业、服装和机械加工等领域。海外劳工在国内外产生十分显著的经济效益与社会效益。通过汇回或带回外汇收入每年约20亿美元，500多万劳工带动几百万家庭脱贫致富，海外就业人数占全国城镇就业人数比重逐年上升，一定程度上缓解国内就业压力，为社会稳定与和谐作出了贡献。1990—2014年中国对外承包工程和对外劳务合作概况详见表3。

表3　**中国对外承包工程和对外劳务合作概况（亿美元、万人）②**

年份	对外承包工程			对外劳务合作			年末在外人数总数（两项合计）
	合同金额	完成营业额	年末在外人数	合同金额	完成营业额	年末在外人数	
1990	21.25	16.44	2.18	4.78	2.23	3.61	5.79
1991	25.24	19.7	2.15	10.58	3.93	6.83	8.98
1992	52.5	24.03	2.54	13.35	6.46	10.56	13.10

① 参见商务部《2014年中国对外投资合作发展报告》。

② 资料来源：《中国对外经济统计年鉴》，来源于商务部统计年报和商务部网站（http：//www.mofcom.gov.cn），商务部从2011年起不再公布对外劳务合作合同金额及完成营业额。

续表

年份	对外承包工程			对外劳务合作			年末在外人数总数（两项合计）
	合同金额	完成营业额	年末在外人数	合同金额	完成营业额	年末在外人数	
1993	51.89	36.68	3.42	16.11	8.70	13.09	16.51
1994	60.27	48.83	3.83	19.60	10.95	18.43	22.26
1995	74.84	51.08	3.84	20.07	13.47	22.59	26.43
1996	77.28	58.21	3.88	22.80	17.12	24.66	28.54
1997	85.16	60.36	4.78	25.50	21.65	28.55	33.33
1998	92.43	77.69	6.11	23.90	22.76	29.08	35.19
1999	101.99	8.22	5.53	26.32	26.23	32.65	38.18
2000	117.18	83.79	5.56	29.90	28.13	36.93	42.49
2001	130.39	88.99	6.00	33.28	31.77	41.47	47.47
2002	150.55	111.94	7.85	27.52	30.71	41.04	48.89
2003	176.67	138.37	9.40	30.83	33.09	43.97	52.37
2004	238.44	174.68	11.47	35.03	37.53	41.94	53.41
2005	296.14	271.63	14.48	42.45	47.86	41.87	56.35
2006	660.05	299.93	19386	52.33	53.73	47.52	67.38
2007	776	406	37.1	67	67.7	37.2	74.3
2008	1046	566	31.3	75.6	80.6	42.7	74
2009	1262.1	777.06	38.3	74.73	89.11	39.5	77.8
2010	1334	922	43.6	87.2	89.11	41.1	84.7
2011	1423.3	1034.2	24.3			20.9	81.2
2012	1565.3	1166	23.3			27.8	85
2013	1716.3	1371.4	27.1			25.6	85.3
2014	1917.6	1424.1	26.9			56.2	100.6

但中国海外劳工在国际上政治影响远不如印度，品牌影响远不如菲律宾、泰国等小国。工商界、学术界谈及技术劳工输出言必称印度，普通劳工输入动辄称赞菲律宾。反观中国人口基数大、经济规模大，国家也将“走出去”上升为国家战略，但“走出去”也是强调经济、产业“走出去”，似乎没有大张旗鼓强调人的“走出去”，这固然有意识形态、民族主义因素存在，中国考虑别国接受程度而没有大肆宣扬劳工输出或海外移民。不可否认，在促进海外劳务输出、保护本国海外劳工合法利益方面政府乏善可陈，法律同样乏善可陈。中国劳工勤劳能干本应广受世界尊重和国际劳务市场欢迎，但吊诡的是中国劳工并未为像菲律宾劳工一样成为国际劳务输出品牌，中国国力强盛，但同样让人大惑不解的是，中国劳工在国外动辄成为最为脆弱的一群!① 梳理中国劳工保护法律发展简史，理清其脉络源流，认识其功能，分析其不足，提出完善之建议大有裨益。

（一）我国海外劳工法律制度的历史变迁

我国对外移民历史绵长，历朝历代政府对移民认识略有不同，因而宽严不一，也会因某一偶然性事件而突然改变政策。总体来说，历史上中国对移民的总体政策是严加管理，限制而不鼓励。这一政策的认识基础是：中国是天朝上国，能自给自足，无须与蛮夷番邦往来，各朝重农抑商，以农耕为本以商贾为末，限制移民即是限制人民舍本逐末；防范国内不法之徒与国外势力内外勾结侵扰本土，明朝辽患、倭乱即是明证；防止流民、饥民、灾民无序出境，沦为难民有损于国家威仪，沦为非法移民祸害友邦关系。

1. 古代管理与立法

唐宋元三朝移民政策稍为宽松，各朝均在沿海口岸设置市舶司或市舶船务，专门负责边防检查和海关事务。市舶司职责有核验出国经商者身份、颁发并查验出入国境许可文书、征收各项税赋。明朝移民政策时紧时松，宽严失度。明政府规定凡去国外经商者必须申领“文引”作为身份证明和出国通关文牒。明朝刑法重典《大明律》、清《大清律例》均规定有“私越冒度

① 资料来源：《选择遗忘生命的中国海外劳工》，21世纪网站焦点透视专栏，http：//news. 21 cn. com/zhuant i/domestic/hwlg/，2012年5月14日访问。

关津”罪①以及“私出外境及违禁下海”罪：“未领文引、私自出境与外国通商者，轻者杖一百或发边疆充军，重者斩立决，出国船只若只携带其他人员，船主亦处死罪”。② 因统治者最重国家安全与政权长治久安，最忌内外勾结为患，故将其定为重罪，严加惩罚、加重刑责，这就是明朝法制最显著的特点“重其所重，轻其所轻”。清朝上半页出入境检查更为严厉，一改前朝设置市舶司兼查兼税的做法，而是由军队负责口岸检查，《大清律》继承了《大明律》的相关规定，在“海禁”最严酷的时期皇帝诏令“寸板不得下海，片帆不得入口”。③ 鸦片战争前清政府实行闭关锁国政策，只有广州“一口通商”，限制民众出入国境。

2. 清政府时期管理与立法

19 世纪中叶西方通过两次鸦片战争，打开中国闭关锁国的国门，迫使清政府签订大量不平等条约，这些条约大量冠以“友好通商条约”、“和好通商条约”，实质是为资本主义经济和西方文化侵入中国大开方便之门，中国也自此沦为半殖民地半封建社会。在列强压力和世界文明大势的驱动下，封建保守的清廷不得不改变历朝奉行的一系列限制移民政策，如“不准国人移居海外、不准华侨回国、只准商人出国贸易并严格限制出国人数和前往地区”。中西通商条约的第一步要求是西方商品自由输入，随着殖民主义的扩张和从自由资本主义发展到垄断帝国主义，对东方廉价劳动力商品的攫取则是第二步要求。为迎合西方帝国主义的需要，清政府只得允许大批“契约劳工”前往世界各地从事修筑铁路、采矿种植等苦力劳动。这一时期劳务输出成为当时中国人出入国门的主要形式，“华工”也是这一群体的代名词。清朝末年，针对当时日益频繁的移民、劳工出国活动，清政府为管理民众以及方便总理各国事务衙门与各国交涉，制定了相应的法律。1860 年清政府颁行《外国招工出洋章程》，在历史上第一次初步形成了专门规范管理中国劳务输出的法律框架与行动指南。1866 年与英法两国商签《续定招工章程条约》，对华工出国目的、务工年限、往返路费、工资待遇以及招工手续和办法均作出了法律上的规定与约束，

① 《大清律例》卷 20《兵律 · 关津》之“私越冒度关津”，影印文渊阁四库全书本。

② 《大清律例》卷 20《兵律 · 关津》之“私出外境及违禁下海”，影印文渊阁四库全书本。

③ 《清世祖实录》卷 102，顺治十三年六月癸巳，载《清实录》。

也标志着中国在国际法领域开拓劳动法分支的肇始。1883年为应对美国排华法案中要求中国人须持护照的规定，户部制定《假道美国章程》，就颁发护照事项出台具体规定。

3. 北洋及民国时期立法

清朝覆灭后，留学风潮更为风盛。1913年至1916年北洋政府连续制定留学管理规定，有《管理留学日本自费生暂时规定》、《管理留日学生事务规程》、《管理留欧事务规程》、《管理留美学生事务规程》以及《选派留学外国学生规程》。留学潮后复起出国务工潮，1918年北洋政府又颁行《侨工出洋条例》、《侨工合同纲要》和《募工承揽人取缔规则》等法律加以规范，单从法律名称上看，就可以得出如下结论：当局已有意识规范出国手续及程序、指导并监控检查海外劳工雇佣合同条款、加强对劳务中介机构的管理。

承袭北洋政权的国民政府继承了北洋时期的系列涉外法律，并在此基础上又进一步发展，特别是在逐步废除外国领事裁判权、不平等条约后，民国政府渐积以独立、平等的国际法主体身份参与国际政治与国际外交，并仿造西方文明各国开始为探索构建现代国家治理体系、开启国家治理现代化努力。1931年国民政府公布《护照条例》，对护照申领条件与程序、颁发原则和颁发机构作出明确规定，遵循现代外交规则，初具文明国家风范。随着新老“唐人”、“华工”及华裔在异国他乡落地生根，在国内外影响日益增强，要求母国按照国际通行规则办理事务并尽护民保民之责呼声日隆，1935年，国民政府顺应形势颁布《华侨登记规则》《侨民出入国登记暂行规则》，对华侨出入境、驻外使领馆的登记程序以及外交保护均作规定。

4. 新中国成立后的立法

新中国成立后我国全面废除国民党统治时期旧法统、旧法律，开始翻天覆地另起炉灶进行社会主义法制建设。这一重大举措在当时社会历史背景下有相当的政治合理性，但客观上中断中国法律自然演进过程，对法律文化传统和法律精神及技术脉络的继承与延续影响颇大。而“文革”时期奉行的砸烂公检法、法律虚无主义更是伤及法律的根本精神。如从价值无涉视角观之，涉及华侨、华工的出国回归手续及程序之类法律法规其立法技术性高过政治性，一概废止不尽科学。我国台湾地区大体沿袭国民政府时期六法体系，至今仍通行不辍，值得学人比较分析，研究其合理成分与普适之技术性。

新中国成立初期法律建设深受前苏联影响，立法理念、立法模式、法律内容以及立法技术莫不如是。一段时期内重管理轻服务、重管治轻保护，条块分割按部门立法，主体划分按身份立法，虽历经改造更新，前苏联“阶级意志”与“专政工具”的立法思想以及与之相对应的立法技术之影响，至今仍难以彻底消除，仍以各种形式存在于法律部门的各个角落。① 改革开放前，我国把海外劳工问题高度政治化，对中国劳工外出就业严加限制与管控，自八十年代改革开放后才逐步放松管制，出国务工一定程度上成为公民的个人自由选择之事，② 这也是中国人权事业的一个可贵的进步，但考察我国涉及海外劳工之法律法规，目前国家尚未将海外劳工问题提升到全球化时代的高度去认识，更没有从国家发展战略层面上去思考。

我国实行单一立法体制，没有仿效美国联邦、各州立法司法双轨制。按法律位阶效力高下，依次构建宪法、法律、行政法规、规章（部门规章、地方政府规章）等法律体系。现依序分述。

（1）宪法。“宪法就是一张写着人民权利的纸”，③“法典就是人民自由的圣经”。④ 宪法是国家的政治宣言书，更是人民权利的保障书。我国宪法宣示了国家保护公民权利的责任，展示了人民权利内容。我国宪法 2004 年修正案旗帜鲜明的宣示：国家尊重和保障人权，作为海外劳工的劳动权当然落入人权保护范围。这里还有一个值得讨论的问题是，除劳动权归入人权范畴内以外，迁徙权是不是一项宪法上的人权呢？迁徙权包括国内迁徙权和国外迁徙权，对海外劳工来说，海外迁徙权更为重要。而新中国四部宪法唯有 1954 年宪法规定迁徙权，后因种种原因未再作规定。今天党和国家决心破除城乡二元结构、打破户籍限制，并实行改革开放国策和“走出去”战略，这都会促进人口的大规模流动，在此背景下宪法修正案至今未恢复国民迁徙权，不能不说存有遗憾。而在劳动权部分，只是笼统规定劳动者的权利，没有直接规定海外劳工的权利，这与当时海外劳工规模极小有关。在劳动权之外，宪法还规定国家保护华侨、归侨、侨眷合法利益，如果扩大解释华侨、归侨、侨眷的字面涵义将其延伸到海外劳工，或是充分理解立法原意也可得

① 蔡定剑：《关于前苏联法对中国法制建设的影响——建国以来法学界重大事件研究》，载《法学》1999 年第 3 期。

② 丘立本：《国际移民的历史、现状与我国对策研究》，载《华侨华人历史研究》2005 年第 1 期。

③ 《列宁全集》第 12 卷，人民出版社 1987 年版，第 50 页。

④ 《马克思恩格斯全集》第 1 卷，人民出版社 1995 年版，第 176 页。

出将海外劳工一并保护的意旨，将两者有机连接则可得出国家同样尊重和保障海外劳工群体合法权利的结论。

（2）法律。宪法是根本大法，法律权威最高、修改程序最为严格。法律是位于宪法之下的第二级立法，构成中国法律体系的主体。法律由全国人大及其常务委员会制定，效力仅次于宪法，权威性较高，立法程序虽不如宪法严格，但有专门立法机关负责，因而较为易行，同时能超脱部门利益，整合部门力量消弭立法偏差。其法律稳定性好，有利于形成守法、执法、司法过程中的良好预期，有助于达成理想的法律实施效果。

我国并无海外劳工的专门单行立法，涉及海外劳工的法律有《劳动法》、《劳动合同法》、《涉外民事关系法律适用法》。如《劳动法》未有条文直接规定，但如无涉及管辖权冲突，原则上绝大部分条款可直接适用。①《劳动合同法》第二节“劳务派遣”第 58～65 条规定劳务派遣单位的合同订立义务及合同形式（第 58 条），合同必备内容（第 59 条），劳动者知情权与报酬获取权（第 60 条），劳动报酬、劳动条件之标准（第 61 条），用工单位义务（第 62 条），同工同酬权（第 63 条），参加和组织工会权（第 64 条），解约权（第 65 条），② 劳务派遣章节可延伸至海外劳务派遣，参照适用。以及《涉外民事关系法律适用法》第一章“一般规定”从第 1～10 条为涉及海外劳工的部分适用该法创造可能与解释空间，第二章至第七章分别规定“民事主体、婚姻家庭、继承、物权、债权、知识产权”，理论上和实践上均可适用于海外劳工事务上。③ 而第 41 条、第 43 条等条款尽可直接适用。

（3）行政法规。宪法、法律均由立法部门、权力机关制定，行政法规则由行政部门、权力机关的执行机关制定。在我国行政法规由国务院制定，政府行政首脑（国务院总理）签署颁行。行政法规制定一类是源自全国人大授权立法，另一类是国务院自主立法。无论是三权分立国家还是议行合一的国家，作为最高行政机关自身都有法律赋予一定的立法权能，中外实行不同政治体制的国家均是如此。行政法规相对于法律，位阶虽低但较为灵活，可有效减少冗长的征求民意、专家论证、三审三读、投票表决等程序，能实现临事用急立法，并在先行先试积累充足的立法经验，可以实现科学立法目

---

① 参见《中华人民共和国劳动法》。

② 参见《中华人民共和国劳动合同法》。

③ 参见《中华人民共和国涉外民事关系法律适用法》。

的和稳定社会关系的同时，又可转化为全国人大立法。对行政法规下位法部门规章与地方政府规章来说，其权威性高、整合性强，能打破部门藩篱、条块分割，实现部门衔接、功能一致，形成逻辑自足的法律体系，又能运用自身权限与地位，实现全国一体遵行。行政法规的不足之处是需要调动各方面资源，组织、领导、协调国务院各部门，其程序较接近全国人大的立法程序，程序繁琐、费时较长、立法成本居高不下。

我国海外劳工已有20多年历史，其间纠纷频发、矛盾层出不穷，但现实中法律缺位，解决纷争无法可依，追究责任于法无据。直至2012年5月16日国务院第203次常务会议通过《对外劳务合作管理条例》，并由时任国务院总理签署公布，自2012年8月1日起施行。这部行政法规虽千呼万唤始出来，但第一次较为全面具体地规范了对外劳务合作问题，构成了我国海外劳工权利保护的基本法律框架。该条例六章53条，分别由总则、从事对外劳务合作的企业和劳务人员、与对外劳务合作有关的合同、政府的服务与管理、法律责任、附则六大部分组成。该法充分总结本国长期的对外劳务合作经验与教训，借鉴世界各主要劳务输出国家的成功实践，是目前为止一部规范劳务输出，保护海外劳工权利的“基本法”。现择其要点分述如下：

第一，总则凸显立法宗旨和立法目的，其中第1条、第3条规定“规范、促进、鼓励与支持对外劳务合作，保障、维护劳务人员的合法权利”，开宗明义指出两方面的立法目的，核心落在海外劳工的权利保护上。

第二，《对外劳务合作管理条例》第二章“从事对外劳务合作的企业和劳务人员”部分规定对外劳务合作经营资格证书制度、对外劳务合作风险处置备用金制度、知识培训制度、报告备案制度、突发事件处置制度，通过加强对劳务中介机构的行业准入监管、经营监管来保护海外劳工权利。

第三，《对外劳务合作管理条例》第三章“与对外劳务合作有关的合同”分别规定了劳务合作合同（劳务中介机构与国外雇主签订）、服务合同（劳务中介机构与海外劳工订立）、劳动合同（对外劳务合作企业组织与其建立劳动关系的海外劳工签订）三种合同形式，并强制规定根据不同情形签订合同为法定要件，同时强制规定合同的必备内容。合同保护至关重要，在执法层面有利于行政机关监督、核查合同，在司法层面为劳资双方、劳工与中介机构之间的纠纷解决提供定纷止争的依据。

第四，《对外劳务合作管理条例》第四章“政府的服务与管理”规定了政府建立对外劳务合作信息收集、通报制度等无偿信息服务制度、风险监测和评估机制、统计制度、培训支持制度、不良信用记录和公告制度以及建设对外劳务合作服务平台、维护中国企业和劳工在国外的正当权利、协助处置突发事件、受理举报投诉。政府建立的上述制度体现政府保护本国劳工的法定职责与义务，且体现以人为本、人即目的的人本执政理念，服务在前、重在服务，管理的终极目的即是服务。

第五，《对外劳务合作管理条例》的“法律责任”部分虽在第四十七条规定行政部门的责任追究问题，但主要针对对外劳务合作企业的违法犯罪行为而设，因为这是违法行为的高发环节和根源部分，法律严把入口关、加强监控，明确责任科以处罚，提高违法成本能很好地消弭违法犯罪。处罚形式为单罚制与双罚制（同时处罚违法企业与主要负责人）结合，承担责任的形式有罚款、吊销许可证，甚至追究刑事责任。

（4）部门规章。部门规章由国务院组成部门或直属机构制定的，是法律、行政法规的下位法或具体执行细则，在法律、行政法规等上位法尚未出台时，也可先行出台，待条件成熟再上升为法律法规。行政规章制定程序最为简易、成本不高，在部门职责范围内一事一议，一事一立，动议、起草、论证、送审、定案及颁布过程较为快速，符合行政效率要求，因而也最受行政部门欢迎，既保护自身权力并以此显示部门职能以及作为，同时整个流程均有本部门控制易于操作和控制成本。但不足之处的是缺少外部监督特别是立法机关监督，部门权力容易沦为部门利益，部门立法异化为设租、寻租工具。此外，部门规章法律位阶低，权威性不高有损法律实效。再次行政规章朝令夕改，行政部门往往根据情势需要便宜从事对规章废除、修改，法律稳定性不强，影响执法效果。我国与海外劳工有关的行政部门有商务、外交、公安、劳动保障、交通运输、建设、渔业、工商行政管理部门，各行政部门单独或联合制定下列规范性法律文件，各类较为规范的行政规章有冠以“实施细则”、“办法”、“规定”或偏离规范性文件形式要求的各类“通知”。

商务部门是对外劳务的主要监督管理机关（原由政府机构改革前的对外贸易经济合作部负责，后该部与国内商业部合并为商务部），制定行政规章总量最大、范围最广，各类规定有：1996 年对外贸易经济合作部联合发布《关于外派劳务培训收费标准的规定的通知》、1996 年对外贸易经济合作部联合发布《关于印发〈劳务输出合同主要条款内容〉的通知》、2002 年对外贸易经济合作部《对外劳务合作项目审查有关问题的规定》、商务部办公厅《关于进一步加强外派劳务培训管理工作有关问题的通知》、2004 年商务部《外派劳务培训管理办法》。

外交部主管外派劳工的签订以及境外保护等事项，其规定有2002年外交部领事司发出的《外派劳务人员申办签证实施细则（试行）》。

公安部主要主管外派劳务的出入境事宜，此类规定有：2002年公安部发出的《关于执行〈办理外派劳务人员出国手续办法〉有关问题的通知》、2002年公安部发出的《关于执行〈办理外派劳务人员出国手续办法〉有关问题的补充通知》。

涉及多部门职能交叉的领域则在国务院的统一协调下，由主管部门牵头、多部门联合制定相关行政规章，如2002年原外经贸部、外交部、公安部联合颁布的《办理外派劳务人员出国手续办法》。海外就业的相关法律和政策文件详见表4。

表4　**海外就业相关法律和政策文件**

序号	制定机关	文件名称	发布时间
1	全国人大常委会	《中华人民共和国劳动法》	1994年7月
2	全国人大常委会	《中华人民共和国劳动合同法》	2007年6月
3	全国人大常委会	《中华人民共和国涉外民事关系法律适用法》	2010年10月
4	全国人大常委会	《中华人民共和国公民出境入境管理法》	2012年6月
5	全国人大常委会	《中华人民共和国对外贸易法》	2004年4月
6	全国人大常委会	《中华人民共和国就业促进法》	2007年11月
7	国务院	《对外劳务合作管理条例》	2012年5月
8	国务院	《对外承包工程管理条例》	2008年7月
9	劳动和社会保障部等	《境外就业中介管理规定》	2002年5月
10	劳动和社会保障部	《就业服务与就业管理规定》	2007年11月
11	外经贸部、国家体改委	《对外劳务合作管理暂行办法》	1993年11月
12	外经贸部、工商总局等	《关于加强对外劳务合作归口管理有关问题的通知》	1996年6月
13	外经贸部等	《关于外派劳务培训收费标准的规定的通知》	1996年3月

续表

序号	制定机关	文件名称	发布时间
14	外经贸部等	《关于印发〈劳务输出合同主要条款内容〉的通知》	1996 年 2 月
15	外经贸部	《对外劳务合作项目审查有关问题的规定》	2002 年 3 月
16	商务部	《外派劳务培训管理办法》	2004 年 2 月
17	商务部、工商总局	《对外劳务合作经营资格管理办法》	2004 年 7 月
18	外经贸部、劳动部	《关于切实保护外派劳务人员合法权利的通知》	1994 年 10 月
19	商务部	《关于加强境外劳务人员安全保障工作的通知》	2004 年 9 月
20	商务部、外交部	《防范和处置境外劳务事件的规定》	2009 年 6 月
21	商务部、外交部	《关于建立境外劳务群体性事件预警机制的通知》	2009 年 8 月
22	外经贸部、外交部、公安部	《办理外派劳务人员出国手续办法》	2002 年 3 月
23	外交部	《外派劳务人员申办签证实施细则（试行）》	2002 年 3 月
24	公安部	《关于执行〈办理外派劳务人员出国手续办法〉有关问题的通知》及补充通知	2002 年 3 月
25	中国对外承包工程商会	《中国对外承包工程和劳务合作行业规范（试行）》	2000 年 1 月

（二）我国海外劳工保护法律制度的缺陷

我国劳务输出存在三大现实矛盾：一是中国巨量的劳动力资源与中国弱势的国际劳工市场地位不相称；二是我国劳务供给与国际劳务需求之间存在

结构性矛盾；三是劳务输出规模的扩大伴随着同质竞争和竞相压价。① 三大矛盾都现实地影响我国劳工权益，影响我国广大劳工将实现劳动权益的空间拓展到海外、将潜在的劳动权利转化为现实的经济社会利益以及将被压抑的劳动价格提升到一个较为公正合理的价值水平。究其原因，我们的法律出了问题。

1. 立法不完善难成体系

我国海外劳工立法总体上处于落后水平，既落后于处于同一阵营的发展中国家，也落后于国内法的其他部门。主要表现在立法理念与思想以及立法技术方面。

（1）上位立法缺乏权威。在立法思想方面国家未将促进劳务海外输出、保护海外劳工权利放在国家战略高度，因而目前尚无一部关于海外劳工的全国性的基础性法律，由国务院制定的行政法规迟至2012年才发布。2012年《对外劳务合作管理条例》构筑一个较为粗糙的法律框架，但其法律位阶不高、权威不足，其内容有待商榷、其效果尚待检验，在原则性强的《对外劳务合作管理条例》出台后，各部门、各地方政府还未将实施细则的制定工作提上议事日程或部门立法、地方立法规划，因此法律的空白地带、模糊空间仍会大量出现。

（2）部门立法各自为政。各涉外劳务主管部门各管一段或各管一块，立法有画地为牢固化部门利益之嫌，如海外劳工培训由隶属于商务部门的外派劳务中心独占，而将教育部门排除在外。部门立法局限于部门层次，缺少整体思维，部门规章之间缺乏必要的协调与衔接，存在重合与矛盾之处。劳工出国、工作、维权、回国难以形成衔接顺畅的流程体系。法律越位、缺位交叉出现，有利之处则犹“九龙治水”，如对中介机构设定名目繁多的罚款，为罚款而罚款；难办之事互相卸责，如受理劳工维权能推则推。再者部门规章位阶低导致法律效力低，法律“立改废”比较随意，稳定性较差让相关主体无所适从，且规章主要在部门或系统内封闭运作，不能广为公布晓谕广大国民，普及率不高，这都会减损法律实效。

（3）立法弹性不足、精细化程度不高。我国立法论证不充分、科学性不强，追求简单易行、倾向于“一刀切”，却往往陷入僵化缺少弹性，带来

① 资料来源于商务部政策研究室：《当前我国扩大对外劳务合作的机遇、问题》，http：//zys. mofcom. gov. cn/ar ticle/d/200601/20060101328363. shtml，2014年10月3日访问。

操作性不强的问题，法律实施效果甚或南辕北辙。① 如统一规定劳务中介机构风险处置备用金，不分中介组织规模大小统一为300万元，这对于中小机构显然不利且更不公平，甚会产生市场挤出效果。而印度法律要求则是规定所有中介公司备有30万~100万卢比的银行保证金。两相比较，高下自分。又如中介机构向海外劳工收取费用，中国目前尚无规定，因而难以对乱收费、高收费现象加以防范与处理。而印度法律则将海外劳工划分为三类，为三类劳工分三档规定了缴纳中介费的最高标准，其立法精细程度如此，自然压缩中介机构予取予夺的操作空间，更为政府部门提供执法准绳与尺度。

2. 监管不力市场发展无序

（1）准入审批引发逆向选择。由于我国早期行政审批限制严格，按身份管理按身份授权，只有国字号、中字头“官办”企业才得获批。这些大型公司高居庙堂之远，难以有效接触并顺利招收分布在基层的广大劳工，而分散于全国的适格劳工也难有顺畅渠道与有资格有需求的公司建立联系。市场需求和供给不能有效对接，一批私营公司、个人掮客应运而生，从官办公司获得指标层层转包赚取中介费，却独独放弃对劳工的培训、管理、安置、服务等核心责任；而得不到指标的非法中介甚至组织打黑工，整个市场从无序中起步、在混乱中前行。

（2）多头管理导致监管缺位与低效。海外劳务输出工作曾出现多头管理、层层审批，混乱与低效并存，混乱让合法从业者无所适从，低效无形中拉高被管理者的经营成本。监管混乱与低效引发监管缺位，导致灰色中介和非法中介在社会上一直活跃。

（3）权责不明、难于操作。我国暂无专门部门统一管理海外劳务，现行多头管理部门在权责划分上存留计划经济色彩和部门利益痼疾，协调不足，统分失度，该统不统，导致协调难度大以及不可避免出现监管真空，如劳工权利保护问题仅仅依靠商务部门，显然无法适应对外劳务合作复杂的社会关系与纷繁的法律争议、国内外法律冲突。另外在海外劳工培训上，将培训职能划分给不属于教育系统的各地各级培训中心，显然不是划分培训责任而是分割培训利益。培训内容如何设定？培训效果如何考察？其专业性、科学性甚至真实性（冒领培训经费）让人生疑，这显然不利于人才培养和提

① 李晓辉：《立法论证：走向民主立法的新阶段》，载《学习与探索》2010年第3期。

高海外劳工的就业竞争力。

（4）自我监管、角色不分。监管部门角色尚待转变。监管部门不能既当裁判员又当运动员，应逐步退出对外劳务输出的商业运作，彻底与下属事业性机构或营利性公司脱钩，从而消除腐败隐患转而真正负起公平执法、专业服务的职权职责。① 在无专门部门建制、无更高一级议事协调机构组建前，作为牵头主管部门——商务行政部门应加强与外交、司法、公安部门合作，加强协调，研究提高法律的可操作性，重点清理、整顿非正常劳务行为，严打非法中介，从而规范市场秩序。

3. 政府服务、支持功能不足

我国海外劳工至少面临信息弱势、经济弱势、家庭弱势、回归弱势这四大弱势。

（1）信息服务不足。在改善劳工信息弱势方面，条例虽然规定政府建立信息收集、通报制度等无偿信息服务制度以及配套的风险监测和评估机制、统计制度，但是信息渠道高度集中在官方似嫌单一。反观各国研究机构、情报机构、驻外机构、侨民、海外合作企业是多管齐下、公私合作形成从中央到地方的信息网络，信息来源广泛，信息甄别、整理过程专业科学，传播高效、匹配精准。

（2）经济支持不力。在改善经济弱势方面，我国扶持制度尚未见诸官方政策，也未建立官方基金为海外劳工提供法律援助、贷款担保或贴息，目前只有高度依赖风险处置备用金，也只是用于退还服务费、补发劳务报酬、赔偿劳工损失、劳工回国或者接受紧急救助所需费用，而这些费用本来归于劳工或应补偿劳工，劳工并未得到任何额外收益。其他国家为海外劳工提供住房补贴、低价医疗服务、税收优惠，却是实实在在的额外收益与超额待遇。

（3）家庭扶助不实。在改善家庭弱势方面，我国同样没有付诸实质性行动，法律也没有把劳工家庭整体作为一个法律主体加以关注，没有针对贫困海外劳工家庭的救助扶持政策，没有必要的抵免扣除与减免税收优惠，更没有针对海外劳工子女的奖学金、助学金。其实家庭贫困与劳工个体贫困是互为前提、互为强化的，我国法律还未有此种观察视角。

（4）回国安置虚无。在改善回归弱势方面，我国法律仍是空白，海外

① 杨启先：《解决政企关系问题的紧迫性与重点难点》，载《中国行政管理》2005年第1期。

劳工回国往往面临再就业难题，政府在再就业安置方面重点关注国内失业待岗工人，回国劳工再就业并未纳入工作任务以及政绩考核范围。另一突出问题是海外劳工的社会保障问题，海外劳工因国外雇主没有代缴保险或缴费年限不够领取保险金条件，同时又未纳入国内社会保障体系，这样国内国外失去双重保障，因此海外劳工群体的社会保障最为脆弱。如果海外劳工是失地农民则境遇更差，“进不了的城，回不了的乡，出海无助，归国无着”人间悲剧将接踵上演。

（5）教育培训失实。在培训方面，我国法律只是笼统提出政府建立培训支持制度，未详细规定各级政府支出责任的具体规模，财政性培训资金的具体分配、流向以及使用审计、绩效监督等，现实情况是国家培训补助资金短少且资金层层流入主管部门和官办机构，劳工实际受益很少，假培训、浅培训、无用培训、无效培训乱象层出不穷。

4. 对劳工的综合保护不实不足

对海外劳工的保护应是从国内延伸到国外，综合运用外交、行政、司法等多种手段。

（1）国内保护不足。在国内层面，我国并没有具体规定外派劳工最低年龄、最低教育程度以及一定的经验、知识与技能以减少盲目出境务工和实现有效就业，更未规定评估和鉴定制度，让海外劳工对自身能力水平有合理的认识，形成海外就业方向的大致规划以及合理的薪资预期，从而实现快速就业和精准就业，减少择业时间与就业成本。国内法律并未设定海外就业最低雇佣标准，也无专门机构检查雇佣合同以确保劳工出国后必要的生活与工作条件，更无政府机构从旁协助，与中介机构、海外雇主谈判、签署协议，落实工作条件、工资福利待遇以保护劳工核心权利。

（2）域外保护不实。在国外层面，虽然我国在海外建立庞大的外交、领事网络，但远未形成专业的海外劳工保护外交网络，外交官员体系中有武官、商务参赞、教育参赞、文化参赞等国内部门在外交渠道设置的事务官员，但没有仿效印度专设移民事务官专司海外劳工权利保护。我国外交保护过于依赖外交手段，手段单一效果差强人意，① 对权利受侵害的海外劳工保护比较被动、流于消极，劳工受害事件发生后外交部门只是出面解救或是帮

① 黄涧秋：《论海外公民权益的外交保护》，载《南昌大学学报（人文社会科学版）》2008 年第 3 期。

助送回国内，而没有更积极采用调解手段，或是支持劳工采用司法诉讼手段起诉海外雇主，如金融危机后，我驻外部门基本放任迪拜方面拖欠中国公司工程款，导致“中国劳工成为最脆弱的一环”。① 法律援助基金、受困劳工资助基金没有建立，也就不能为海外劳工积极维权提供坚强后盾与有力保障。在外交手段也稍显弱势，没有要求东道国当局处罚无良雇主，也没有建立海外雇主黑名单制度形成震慑。

（3）司法保护不力。国内仍未建立统一的海外劳务投诉中心，受理投诉的部门根据各自职责范围分散在公安、商务、劳动、司法系统，各系统只管职能分内之事，只管本部门一亩三分地，海外劳务纠纷大多是关系复合化、涉及部门职能重叠交叉，劳工往往投诉无门或遭推诿卸责。国内也没有建立独立的劳动法庭，专业审理劳动纠纷案件，也没有在行政体系内建立解决海外劳务纠纷的听证制度和准司法性质的审理制度，在刑法典或其他法律文件里没有规定劳务欺诈、劳务侵权、劳务伤害或劳务非法经营等罪名，而只是以其他普通罪名追究刑事责任以定罪处罚。在现实中很少有中介机构或有关组织及其责任人员因劳务违法受到刑事责任处罚。在侵害劳工权利高发的海外劳务领域，如果缺少最为严厉的刑事法律的威慑与实际适用、执行，则较难防范、减少侵权现象。

5. 市场开放不足，规则限制不公

海外劳务输出市场开放不足表现在两大方面，一是市场准入过于严格，二是市场垄断严重。在规范市场方面有法律的存在，法律也在发挥作用，但是作用发生“异化”，预设功能偏离法律精神、偏离公平正义。

（1）市场准入的功能异化。在市场准入方面，法律规定市场准入制度有利于规范市场，有其合理性，因此我国规定审批制度、对外劳务合作经营资格证书制度，但是法律并未规定审批条件或获得经营资格的明确标准，没有实行达标获准制，审批与否由主管部门自由裁量，自由裁量权的存在为权利寻租与腐败运作预设活动空间。现实中，顺利获得审批得到经营资格证书的相当部分是政府部门及其下属公司，民间的私营公司、机构较少获批，即使申请的私营公司或民间机构实力较强，市场上国字号公司一家独大，缺少民间组织的参与与补充，资源不能有效利用，信息得不到管道释放，供求双

① 杨晓：《华人感受迪拜楼市冷暖 中心区房价跌至一半》，载《北京青年报》2009年11月30日。

方无法对接，劳动力与工作岗位不能获得充分匹配，这显然不符合对外劳务事业发展的现实需求和未来拓展，导致了一系列弊端：官办企业渠道单一、业务范围狭窄，导致我国海外劳工片面集中在与中国官方渠道联系紧密的日本、韩国、新加坡等亚洲国家，但是广大的全球市场如北美、西欧、海湾地区的劳务市场得不到有效开拓。目前全球每年流动劳力有 2 500 万~3 000万人，而我国劳务出口最多也只有 35 万人，仅占 1%左右。① 此外，国际劳务市场的最新发展是市场需求呈小规模、多层次、多批次、短周期、快调整的趋势，显然决策低效、反应迟滞、体制僵化的官办企业很难适应最新发展，而这正是“船小好调头”的民营公司与机构最能发挥专业性、灵活性的领域。广阔的未开发市场官办机构无心也无力开发，有动力也有能力开发的民间机构却苦于没有合法的资格，这只会变相刺激非法劳务机构抬头。相比之下，海外劳务输出大国的劳务输出渠道呈现多元化或私营化趋势，政府机构、民营机构和个人三大渠道多管齐下、多措并举，政府引导为主，旨在前期带动与示范，引导民间机构积极参与。在民间机构逐步实现盈利并发现这一产业有利可图后，积极性与能动性被充分调动，由原来的政府补充角色逐渐发展壮大为市场主角，如泰国、菲律宾、巴基斯坦、孟加拉国四国的官方劳务输出渠道所占比重为 0. 9%、4. 6%、7. 4%和 3. 3%。政府机构可适时退出，专心从事市场监管与市场失灵或市场不能覆盖的海外劳工“服务与援助”工作。我国政府机构与民争利情况今天仍大量存在，还未根除计划经济和部门利益流毒，树立“市场的归市场，政府的归政府”的行政理念，未能真正复归市场监管、维护市场秩序和提供公共产品和公共服务的本质功能。②

（2）有形无形限制制造不公。我国法律既有有形限制更有无形限制，这给有志参与海外劳务市场的民营机构或是中小企业设置“玻璃门”或“弹簧门”。如实缴注册资本不低于 600 万元人民币、对外劳务合作风险处置备用金不低于 300 万元人民币，这相当于将绝大部分企业拒之门外或是将已经从业但不符合最新条件的企业淘汰出局，虽然规定门槛和条件有利于有实力有能力的企业入局，但是对实力弱小的企业显失公平，而且对从事海外

① 许丹松：《从认识误区开始——探索我国对外劳务合作管理的新路》，载《国际贸易》1999 年第 11 期。

② 吴志华：《美国的重塑政府运动述评》，载《中国行政管理》，1998 年第 12 期。

劳务的企业不分地域、规模、业务范围，统一规定为一个标准，既不合理又难操作。国外法律规定按企业规模大小来缴纳注册资本或准备金，如此规定既能为民营企业和中小企业创造公平的竞争环境，又能达到规范市场、活跃市场的目的。

此外还有笼统规定中介机构连带责任的问题也存有较大争议，如中介机构事前不存在虚假宣传和欺诈、履行相当的注意义务和认真审核国外项目的真实性和雇主的适格性，事后又能积极协助主管部门调查处理和重新安置劳工，若不能追索应负全责的海外雇主，一概让中介机构承担连带责任，则不符合民法上责任分担的立法原意，也会给中介机构套上无形枷锁，将其置于一种不可控制、无可预知的经营风险之中。

（3）市场封闭与市场垄断互为推动。主管部门、官办公司、外派劳务培训中心分别独占对外劳务输出的管理权、经营权和培训权，管理权垄断是宪法与国家机构组织法的内容，这里不作讨论。但对经营权、培训权的独占则明显构成行政垄断。我国虽有反垄断法，反垄断法也明确反对商业、行政垄断，但反垄断执法力度不强，对商业垄断是选择执法，对国有企业垄断网开一面，更未将反行政垄断提上执法日程。垄断部门不但垄断市场，还垄断国家优惠政策和国家补助资金。垄断之害，遗毒深远，海外劳务输出产业的高度垄断既扼杀市场竞争与发展后劲，也为非法经营变相创造生存空间，为依附于垄断者之下的非法中介提供灰色地带，从根本上损害海外劳工权益。

对培训权的垄断更是广受诟病，我国海外劳工竞争力低、地位脆弱最直接的原因就是劳工语言能力低下，而外派培训中心外语培训能力有限，而高等院校、语言培训机构等专业的教育机构无论公私性质均难以进入这铁板一块的市场，国家专项教育培训补助资金也难以流入“体制外”的公私机构。一方面优质教育资源未能充分利用，另一方面宝贵的国家资金在无效的投入中浪费。

不管他应惩罚人，还是应关护人，他必定把人当人看待。

——歌德

三、完善我国海外劳工法律保护的初步构想

中国海外劳工同海外移民一样，可“缓解国内就业，发挥比较优势，

增加收入，吸收国外技术，提高人才素质，拓展华人网络，促进中外交流”,① 海外劳工国际流动并不仅仅是劳工个人的私事，也是关系国家发展的大事，因此加强我国海外劳工法律保护意义重大。

（一）完善海外劳工保护专门立法

我国海外劳工保护立法总体情况可用“少、杂、乱”三字概括。因此要改变“少、杂、乱”，就必须填补立法空白并明确模糊之处，协调法律内部冲突并理顺法律间的衔接关系，从而构建科学、完善、稳定的法律体系。

1. 提高法律位阶、彰显法律权威

建议从宪法入手规定海外劳工权利保护。建议宪法在公民权利部分增补一条：“国家保障海外劳工的合法权利”，不但表明国家将海外劳工视为一般劳动者加以保护，而且在某些情形下还将其视为社会弱势群体加以特别保护。宪法规定重在宣示立法目的引起海内外相关各方之注意，也能展示国家保护海外劳工的义务与担当。借助宪法的形式权威与最高效力以及宪法所独具的普遍通晓性，可在全国上上下下以及域内域外起到很好的宣传、教育乃至预防作用。虽然我国宪法目前还不能直接援引适用，但今后条件成熟时宪法司法化或可实现。② 也可在现今司法体制内由法官发挥司法为民的主观能动性，能动司法直接引用宪法条款。如“齐玉苓受教育权案”、“深圳白领劳动权案”主审法官在没有相关法律明确规定的情形下，直接援引宪法保护公民受教育权、劳动权条款断案，最高人民法院亦以解释或批复形式加以确认与支持。③ 鉴于“齐玉苓受教育权案”、“深圳白领劳动权案”是在缺乏下位法的情况下直接引用上位法——宪法作为确认权利义务的依据，在我国已有《劳动法》、《劳动合同法》等相关下位法律的情形下，宪法直接适用于现实司法过程的空间有限，故现阶段宪法发挥功能的重点仍在宣传、教育、预防上。

2. 制定海外劳工基本法

我国目前仍缺乏一部海外劳工保护的基本法，建议由全国人大制定一部

① 丘立本：《国际移民的历史、现状与我国对策研究》，载《华侨华人历史研究》2005 年第 1 期。

② 季卫东：《合宪性审查与司法权的强化》，载《中国社会科学》2002 年第 2 期。

③ 强世功：《宪法司法化的悖论——兼论法学家在推动宪政中的困境》，载《中国社会科学》2003 年第 2 期。

专门性法律：《中华人民共和国海外劳工保护法》。建议法律内容及立法结构为：总则、海外劳工的权利义务、对外劳务合作企业的义务与权利、对外劳务合作的相关合同、政府的服务与管理、法律责任以及附则。作为一部海外劳工保护基本法，该法应宜粗不宜细以保持适用弹性和稳定性，但法律的核心内容如劳工权利则尽可能详明细致，从而减少法益模糊之处和任意解释的空间。

3. 细化下位规范

作为具体执行法律的国务院行政条例，则应宜细不宜粗。因为海外劳工保护、对劳务输出企业与中介机构的监管主要依靠行政部门实施，而行政部门最主要的执法依据与行动指南就是国务院行政条例。因此从某种意义上说，行政条例立法的水平直接关系到行政执法水平。条例的立法内容完备、立法技术科学，就能最大限度地减少行政缺位、越位、错位，减少不合理的任意裁量，减少设租寻租与执法腐败。

清理行政规章与地方规章。行政规章与地方政府规章本应是上位法律法规的实施细则，或是根据部门职能、地方实际的具体化，但经过部门、地方的不合理调整后，容易演变成为部门利益立法或为地方利益立法，或称之为立法部门化、立法地方化。如果法律、行政条例等上位法足够清晰完备，则尽可能减少各自为政、条块分割的部门立法、地方立法。立法机关应对杂乱无章、多头管理的规章加以清理，减少重合、矛盾之处，加强规章与条例、法律之间的上下一致以及规章之间的协调与衔接，构建科学完备、协调统一的法律体系。最后还要压缩、规范形形色色的各类“通知”。“通知”出台随意、形式不规范且朝令夕改，影响法律的权威性、稳定性和实效性。今后应限制地方政府、行业部门不经论证或未经法定程序、为了便宜从事而出台各类通知。

（二）成立专门机构统一执法

现行多头管理的弊端有各管一段、难以衔接，各管一块、颇多重合，有利处争相管理，无益处推诿卸责，政府缺位、越位、错位比比皆是。海外劳工问题发生在国内国外、中央地方两大场域，需要综合发挥管理、服务、支持三大功能，贯穿信息、招募、培训、出境、就业、归国、安置等一系列环节，涉及多部法律多个部门，单靠一家牵头部门难以动员中央到地方的资源、无力协调一众平级部门的执法力量，在海外劳工保护上反应迟缓、力度有限等现象屡见不鲜。

1. 机构设立的理由

建议学习借鉴菲律宾、泰国、印度等国家成立专门机构，统一管理海外劳务输出工作，集中行使对海外劳工的保护职权。建议专门机构名为“国家海外就业服务与管理局”，该局为人力资源与社会保障部管理的独立国家局。参照国家海洋局的管理模式，将分散在劳动、教育、公安、商务、外交等部门、涉及海外劳工的部分职能合并到国家海外就业服务与管理局。① 将目前的主管部门由商务部改为人力资源与社会保障部主要基于以下理由：其一，原由商务部主管是因为商务部具有对外经济合作主管职能，而对外劳务合作原来附属于对外经济合作，商务部政策基点或管理视角重在国家整体经济权益而非劳动者个人权利，往往偏重物质性、经济性权益而较少关注精神性、人身性权利。但理论与实践都认同并坚持人身权保护更优先于财产权、经济权保护。如果将海外劳工保护工作由重在商业与经济利益保护的商务行政部门主管，并且作为其附属事业，则显然与以人为本、执法为民的理念背道而驰，也不符合全球化世界强化劳工权益与人权保护的潮流与大势。② 其二，人力资源与社会保障部门职能涵盖教育培训、劳动保障、劳动福利等核心内容。从正确培育、合理使用人力资源角度开展教育培训、安排就业，从劳动监督、劳动执法、劳动司法方面保护劳动者权利，从社会福利方面增强劳动者权能，从社会保障方面解除劳动者后顾之忧，该部门均有先天优势，也无须法律另行赋权，只需将国内保护向海外延伸。其三，人力资源与社会保障部门主管海外劳务输出与劳工保护，有利于发挥其专业优势。在行政执法方面对国内劳务公司、劳务中介的监管可顺理成章地向国际领域辐射、迁移，由国内劳动监察、劳动调解、劳动仲裁职能扩大适用到涉外劳务纠纷亦是得心应手，因为两者共性多过歧异。惟其如此，人力资源与社会保障部门下设的“国家海外就业服务与管理局”能统筹国内国外两个市场，调动中央地方两种资源，发挥各协同部门的积极性，搞好出国准备、国外就业、归国安置等“一条龙”服务，从而做好管理、服务、支持工作。

2. 机构职能的设定

“国家海外就业服务与管理局”应致力于以下工作：一是简化对外劳务

---

① 丘立本：《国际移民的历史、现状与我国对策研究》，载《华侨华人历史研究》2005 年第 1 期。

② 孙立文、黄志雄：《全球化、WTO、劳工权益与国际法——2002 年“全球化与国际法律问题国际学术研讨会”暨“中国北欧‘国际劳工标准与工人权利’和‘商业与人权’学术会议”综述》，载《法学评论》2003 年第 1 期。

输出手续，提高办事效率；二是开展调查研究，广泛收集就业信息，开发海外就业市场；三是负责海外劳工出国前技能培训，提高劳工素质；四是采取有力政策措施保护本国劳工在海外的合法权利；五是实施海外劳工社会保障计划和福利援助计划；六是负责归国劳工的重新安置。同时建议地方根据本地海外劳工输出规模按需建立地方本级海外就业服务与管理局，负责具体实施本地区海外就业与劳工服务工作。

参照各国做法建议在更高层面成立议事协调机构。机构可命名为“国家海外就业开发与协调委员会”，国务院总理或分管人力资源与社会保障事务的副总理担任主席，各有关部委首长担任委员，委员会负责顶层设计、综合协调与统一部署海外就业事务、① 海外承包业务以及最重要的海外劳工保护工作。

（三）引导支持私人部门有序参与

我国海外就业规模小分布不合理、劳工素质低竞争性不强、就业质量差权利易受害、对外劳务产业转型升级困难重重。究其原因是，我国劳务输出市场垄断严重，有形或无形限制大量存在，私人部门被拒之门外。垄断对外劳务输出经营，导致市场狭小开发强度不够、供求信息不畅供求关系失衡，同时滋生非法劳务或滋养层层转包外派劳务指标的灰色产业。官办企业垄断外派劳工培训，限制私人部门参与利益分享，导致培训效果不尽如人意。政府部门或官办企业垄断经营权、培训权还会产生腐败，这与依法行政、建设法治政府的目标相去甚远。

政府的职能是市场监管而不是直接经营，否则会出现“政府失灵”；政府应提供公共产品与公共服务，着力解决“市场失灵”。② “市场在资源配置中起决定性作用”，作为政府应相信市场的力量，相信私人部门的能力与创造。不应迷信“一管就死，一放就乱”，管理的宽严程度的确影响市场主体的表现，如果出现或“死”或“乱”，则根源在于法律的不健全、不科学，一句话即是法律宽严失度，与管理尺度无关。反垄断、反封锁、放开限制、放松监管是世界趋势，政府应敢于以壮士断腕的气魄从自身改革，牺牲

① 俞会新：《亚洲各国对外劳务输出政策的对比研究及启示》，载《广西广播电视大学学报》2005年第6期。

② ［美］约瑟夫·E. 斯蒂格利茨、吴先明：《政府失灵与市场失灵：经济发展战略的两难选择》，载《社会科学战线》1998年第2期。

部门既得利益，引入私人部门参与竞争，激发市场活力去除僵化，并在市场成熟能实现充分竞争时果断选择退出，专心于市场监管，专责维护良好市场秩序。

1. 政府监管保持适度

在政府保持一定的监管压力和一定的法律威慑条件下，可逐步降低市场准入门槛，减少最低注册资本、减少最低风险备用金。① 按照经营规模或经营范围大小进行分类管理，按其实际业务规模大小来规定不同的注册资本和风险备用金。同时设定明确的准入条件，改审批许可制为自动授权制，让市场上达到条件的私人参与者均能获得经营资格，行政部门集中精力对虚假宣传和欺诈行为进行打击，规定服务费收取上限，让劳工有更多的自主权、选择权。

2. 降低市场准入门槛

政府不应强求劳务公司或中介机构一次性缴清款项，可以实行分期缴付制，派出一批上缴一批，完成一批则退回一批，如此循环积累，或用风险处置共同基金代替备用金，由各劳务公司根据其资本实力按比例分年度缴纳，逐年积累，让市场主体共担风险，不至于因为出现突发事件承担天价赔偿使其陷入破产境地。同时也可将市场共同基金制度改为保险制度，由商业保险公司建立海外劳工事故责任险，将赔偿责任通过保险手段转嫁、摊销。

3. 让私人部门有利可图

让更多私人部门参与海外劳务输出，降低门槛、解除其后顾之忧之外还要让其有利可图。政府应将扩大本国劳务输出上升为国家战略，既为国家战略就不应计较部门利益，果断向私人部门让利，开放利润丰厚的培训市场和劳务中介市场。同时将一些国家资助项目通过公开招标、政府购买社会服务的形式公平配置给私人部门，或是直接给予财政补助甚或税费减免优惠，并在土地使用、用水用电用气方面提供便利与优惠，辅以配套支持。政府应真正做到对私人部门“引导示范、一视同仁、培植扶持、赋权让利、持续监管”。②

---

① 郑志：《谨慎适度监管：外国的启示与中国的选择》，载《国家行政学院学报》2006年第3期。

② 申霞：《私人部门参与公共服务的制度建构》，载《中国行政管理》2007年第4期。

（四）强化政府管理、服务与支持、保障责任

我国政府长期以来形成“重管理轻服务”、“强监管弱保障”的行政惯性，在涉外劳务输出产业方面必须加以改变，力图有所突破。

1. 应树立正确的管理理念

国家决不是为管理而管理，管理只是手段而不是终极目的。我国将来对海外劳工保护专门立法、成立专门机构专司此职，行使法律赋予之管理职责，其立法原意（出发点）和最终目标（落脚点）是海外劳工权利保护。对中介机构的管理是为劳工提供优质服务，让其实现有效就业、得到合理待遇，对劳工个体的管理也是出于法律父爱主义态度，防止劳工盲目择业或就业失败。政府的管理职责必须法定化，在不过分增强行政相对方的负担下，应加强管理力度，丰富管理内容。譬如加强对中介机构的合规经营监管、风险控制监管以及劳工保护监管。对劳工则是加强出入境手续管理、最低就业年龄限制、最低语言及技能水平限制以及特定地区出国就业人口总量控制。

2. 拓展服务内容，丰富服务形式

一是寓管理于服务，做到既是管理又是服务。如在出国证件办理阶段开展公安、商务、劳动、外交手续一站式办理，既体现各部门的管理职能职责，又为劳工解决实际问题的同时减少办事成本。此外政府部门成立专门情报收集、信息研究机构，收集海外市场用工信息并加以甄别、选择，利用公共信息平台或海外就业专业服务平台发布用工信息，建立海外劳工人力资源库、储备劳工信息库，采取得力措施使信息流畅通达，有效对接国内国外供求双方。在配套服务方面，主要是政府提供各种咨询服务。

3. 加大扶持力度

我国海外劳工在海外处于政治、经济、社会弱势地位，势单力薄容易陷入孤立无援的境地。在政治上可参照韩国、菲律宾等国做法，增强海外劳工的荣誉感和归属感，如由国家元首向杰出海外劳工颁奖授勋、为海外劳工举办专场慰问演出或由总统向劳工赠送新年或节庆礼物。在经济上，国家应建立海外工人福利基金，基金来源由财政拨款、社会捐助、劳工自愿缴费等几部分组成，基金主要用于海外劳工子女奖学金、家庭服务、医疗补助、住房补贴、国际旅费、再就业补助，同时在收入方面给予海外劳工个人所得税减免优惠和归国创业资金补助或税收优惠。在社会上，宣传海外劳工的贡献，形成人人理解、人人尊重的社会氛围，鼓励社会组织、志愿者、义工帮助困难劳工家庭及其子女，对劳工或其子女进行有益的心理辅导与干预，促使其

子女在父母出国后能融入社会、劳工归国后能正常回归社会。

4. 守住社会保障底线

适度的社会保障水平可以让海外劳工“放心出国、安心工作、大胆维权、舒心归国”。我国应将海外劳工纳入城乡养老保险体系，逐步实现海外劳工全覆盖，保费缴纳建议“国家补助、劳工自愿”，国家补助大额，劳工负担小头。同时加强与外国政府谈判，让海外劳工在境外缴纳的保险能转回国内或取出，做到境内境外养老保险合理接续，连续保障不断线。在医疗保障方面，建议探索建立强制保险制度，至少实现“全覆盖、保基本”的医保体系，同时可效仿菲律宾专门建立海外工人专属医院，国家给予支持，减低诊费、药费让利于民。最后鉴于我国城市就业岗位紧缺、农村失地仍频，我国应为归国劳工提供再就业服务和失业保险，将回乡劳工纳入进城农民就业安置计划或农村最低生活保障计划，同时强化耕地保护和稳定地权归属，加强宅基地用途管制，切实保证农村劳工归国后有地可耕、有房可住。①

（五）改革教育培训制度

我国海外劳工自身脆弱性、易受侵害性的重要原因是教育培训开展不力、效果不足。语言教育不到位，则海外工作、生活适应困难；技术培训不到位，则就业质量低、薪资低；法律培训不到位，则不知自身权利何在、更不晓如何维权，何处寻求救济。由是观之，教育培训问题是一切海外劳工问题的前提性问题和核心问题。我国现行海外劳务输出方面的教育培训存在诸多问题：一是市场垄断与市场封闭并行，二是由此产生的教育质量低下、培训效果达不到预期目标。因此改革势在必行。

1. 打破官方管理权、经营权、教育权三位一体的垄断结构

政府主管部门、官办劳务输出公司、官办教育培训机构结成利益共同体，与公共监管理念与现代运营模式不符，监管者与经营者有实质勾连或利益输送关系也为法治社会所不容，“任何人不能做自己的法官”，不能既当裁判员又当运动员。管办分离早在20世纪80年代我国就开始推行，但今天在海外劳务输出领域仍是形式脱离、实质不分。如河南新县劳务就业管理局局长兼任劳务公司董事长，又兼培训学校校长，三者之间没有独立而且清晰的财务制度，以商养政、以政扶商，政商一体、利益一致，国家权力、商业

① 刘玉侠：《农地保障还是社会保障——返乡农民工保障缺失问题探析》，载《经济问题探索》2009年第5期。

利益在自成自洽的封闭体系内流转、循环。内部腐败丛生，外部限制市场竞争，对良好的治理环境和市场生态造成双重破坏。独家垄断经营权、培训权形式上剥夺海外劳工的选择权，实质上也侵害劳工的财产权。

2. 千方百计导入公平竞争机制

垄断造成国际用工信息不能及时通达全国各地、国内人力资源储备无法有效对外释放，出国培训质次价高、效果不济。可以说“民苦垄断久矣”。为改变这种不合法、不合理状况，应大力引进市场竞争者，并营造公平竞争环境。高校拥有中国最优质的教育资源，也负有社会服务的重大职能，应首先授权高校开展出国劳务培训资格，利用高校现有师资、场地、教育信息网络，根据其办学专长，由“国家海外就业服务与管理局”在相关高校建立定点培训机构，采取现场培训或远程网络培训等形式，开展语言培训、技术培训、国外法律、文化知识培训。在公办高校定点培训试点成功后，可进一步放开民办高校、职业技术学院参与，采取项目申报制，民办高校、公办高校同台竞争，让术业有专攻的职业技术学院拾遗补缺，覆盖普通高校无法提供的教育培训。同时在配套制度上引入民间机构进入培训市场，如将国家项目“阳光计划”“雨露计划”由指定分派制改为招标制，让最适合的机构提供性价比最好的教育培训服务。

3. 改革教育培训内容

现今官办培训最大弊病在于师资力量薄弱且专业不对口、培训内容落后且与实际需求脱节。政府应出台政策，鼓励扶持高校设置外向型专业，加强人才培养，引导高校、企业学产结合以求学以致用，造就一支理论实践结合紧密、兼具素质教育与技能教育能力的复合型师资队伍，采用“特岗教师计划”让其充实到出国教育培训岗位。教育内容改革就是要广泛、深入了解国外需求和技术发展的未来趋势，面向市场有针对性地设计教学计划，设置实践导向的课程，同时研究出国劳务人员的知识基础、知识结构以及接受能力，因材施教，让其初步具备外语能力、业务能力、生活能力，提高其素质和就业竞争力，在国际市场上树立“中国劳工”品牌。

总之，教育是一项为经济、社会、文明发展服务的事业，但不是一项纯粹的经济事业，不应让官办出国劳务培训异化为一项“甜蜜的盈利事业”，国家和政府应下大决心，进行大刀阔斧的实质性改革。

（六）善用外交保护与司法保护

司法是社会正义的最后一道防线，或是实现底线正义的最后手段，是保护海外劳工权利最有利也最有力的手段，也是为海外劳工提供公力救济的最后一道屏障。中国海外劳工受无讼、息讼及“和为贵”传统观念影响，加之弱势群体长期形成的逆来顺受、忍让认命的心理，在权利受到侵害时往往无诉诸法律解决的意识，也缺少如何运用法律手段的知识与认识，从而会放任权利受损、放任侵害持续。在这种情形下，被动司法或“不告不理”之传统观念与运作制度可稍稍改进，适当吸收能动司法的若干合理因素，贯彻落实“司法为民”、“人本司法”理念，① 切实维护劳工权利，强化对海外劳工的司法保护。同时，发挥外交保护的功能，更好地利用国家力量和外交手段，保护中国海外劳工权利，实现“保民护民”、“外交为民”的宗旨。

1. 国外层面的外交保护

（1）善用外交保护与当地救济。我国应合理调动外交资源、恰当用足用尽当地司法救济。海外劳工在工作过程中如与海外雇主产生劳资纠纷或是人身权利直接遭侵，可及时求助于中国外交领事部门。外交领事部门应派出通晓东道国法律的领事保护官员，通过外交努力督促司法机构发出人身保护令或临时禁止令保护劳工。虽然司法是一国主权，主权至上不可侵犯，外国领事裁判权已不复存在，但是母国外交部门可以支持国民积极利用东道国司法力量解决纠纷、救济权利。领事官员可以给予海外劳工法律指导、参与庭审旁听或是协助其聘请当地律师、申请法律援助。在一国立法、行政、司法三权中，司法权最为独立公正，以不偏不倚为追求，政治色彩最弱、受公共政策影响也最小，也越容易做到对本国人、外国人一视同仁，一般不会采取内外有别的双重标准，因故海外劳工要相信法律、信赖东道国的司法公器，而不可一味寄希望于直接寻求母国之外交保护，如前所述外交保护受到东道国主权的克制，一国行使外交保护之权的前提条件是“用尽当地救济”，当地救济包括行政救济、准司法救济和司法救济。所以我国外交部门应劝导中国劳工不可在海外使用“中国式讨薪”的极端做法，② 而应支持、帮助本国海外劳工利用东道国司法公器、在东道国主权框架内参与司法过程互动、

① 姚莉：《当代中国语境下的“能动司法”界说》，载《法商研究》2011 年第 1 期。

② 参见中国广播网 2012 年 12 月 10 日报道：《“中国式讨薪”屡被罚 海外劳工维权需把好合同关》。

以东道国司法官接受的方式合理适度地发挥母国影响。①

（2）选择适用倾斜保护劳工的国家法。在涉及法律冲突或法律适用的国际私法领域，如果东道国在此无“直接适用的法”，可借助外交手段或政府利益分析法灵活运用最密切联系原则、当事人意思自治原则、弱者保护原则，尽可能选择适用对海外劳工权利保护最有利的法律，无论母国法、东道国法或任何第三国法。此外，若是海外劳工有违东道国法律，外交领事官员应深入研究东道国法律，穷尽利用法律宽缓之处和合法规避程序，收集一切有利于劳工的无罪责或罪责轻的证据，争取为其减轻法律责任与处罚。

2. 国内层面的司法保护

（1）简化司法程序。如属海外劳工与劳务输出中介机构之间的纠纷，对于案情简单标的金额不大、事实争议不大、法律适用清晰的劳动案件，为减少司法程序的时间冗长性、过程复杂性，可简化证据调查、质证程序，由国家海外就业服务与管理局下属部门召开听证会，集中听审、当场审结或快速结案，及时定纷止争，不徒费各当事方的时间成本、司法成本，结束双方法律关系不确定状态，做到案结事了，胜败皆服。同时为节省司法资源，可以将附带违反行政法规的当事方随案处罚，提高执法效率。此外对于属于同一批次或同一类型的劳资纠纷，在可能的情形下可合并听审或集中审理。

（2）成立劳动法庭。劳动法庭专门受理国内外劳动案件。劳动法庭更要求法官的专业性以及对劳工的倾斜保护。为及时保护劳工权利可酌情适用简易程序，以保护无力承受司法成本的弱势劳工，进一步加强程序改革，适用特别程序审案，简化辅助环节，适度变通当事人主义的审判模式，合理吸收职权主义的精髓，法官能动司法运用职权调查取证以襄助劳工，同时针对劳工十足弱势的现实，适度改变“谁主张，谁举证”的证据规则，将雇主或中介机构一方作为强势一方，让其承担最主要的举证责任，量能分配举证责任，在劳工主张权利时可实行举证责任倒置，真正做到举证责任以准确、公正、和谐与效率为主要价值基础。②

（3）开展法律援助。法律援助可使司法保护落到实处。我国法律援助

① 黄涧秋：《论外交保护中的用尽当地救济规则——兼评2006年联合国〈外交保护条款草案〉》，载《江南大学学报（人文社会科学版）》2008年第5期。

② 张保生：《证据规则第价值基础和理论体系》，载《法学研究》2008年第2期。

应让海外劳工“知道司法救济渠道、负担得起法律费用、善用司法力量”。司法行政主管部门应建立专项法律援助基金，在主要的劳务输出地加强对海外劳工的定向法律援助，培养、储备一批熟悉劳动法、外国法的法律人才，为海外劳工提供可得可及可负担、保障有力、救济有效的专业法律服务。

移徙劳工是劳务输入国的财富。让我们给他们应有的尊重。他们值得像所有工人一样受到尊重和尊敬。

——国际劳工组织总裁 Somavia

第四章　海外劳工权利的东道国法律保护

一、东道国外籍劳工法律保护的政策意义

大凡存在外籍劳工的国家均存在外籍劳工保护之法律，不管是东道国有意识地主动吸引外籍劳工入境就业，还是外籍劳工自动地被东道国劳动市场所吸引而主动流入。对外籍劳工的法律保护至少有以下四个方面的政策意义。

（一）政治意义

对于外籍劳工大量进入东道国的问题，不同阶层处在不同的立场，会有不同看法与观点，一般认为外籍劳工会有危及东道国政治安全、国家安全、经济安全、文化安全之嫌疑与隐忧。外来移民与当地社会之间的角色互换成为后殖民时代移民问题的本质所在，也让移民问题成为世界关注之焦点。①不可否认外籍劳工在政治、经济、社会甚至文化方面对东道国原有固化且闭锁的社会体系存在一定冲击，因而引起东道国国内受影响阶层的反弹，如产业工人与工会、当地社区与本土居民等，而本国的阶层都有选举权、投票权或曰一定的政治性权利，所以单纯的外籍劳工问题往往会上升为或演变为较为敏感的政治问题，而作为外国人的外籍劳工只有民事权利、经济社会权利却独独缺乏政治权利，政治上的无权地位就很容易导致政治上的弱势。在东道国选举年或竞选时期到来时，外籍劳工问题很容易成为政治话题或是施政

① 王建娥：《后殖民时代移民问题的本质与政治共同体的重建》，载《世界民族》2004 年第 1 期。

纲领的重要卖点，也成为争取一部分选民的筹码或是一部分选民的投注风向标，政治上弱势的外籍劳工此时很容易成为政治牺牲品，不但经济权利受到进一步压榨，其他社会权利更加会被人为减损，甚至进入权、就业权等在东道国的前提性、基础性权利都有丧失之虞。

1. 外籍劳工的负面政治影响可控、可承受

表面上看外籍劳工对东道国政治稳定和国家机器平顺运作带来一定的负面影响，实质不然。毕竟受到外籍劳工冲击根本利益受损的阶层只是整个社会阶层的一小部分而绝非全体，这也决定了政治上的影响也只是一部分而已。从整体上看以及从长远上观察，外籍劳工的大量流入进程是社会整体受益、长期持续收益的过程，这就决定了有相当大的一部分政治力量去对冲、消解一小部分反对的政治力量。所以从根本上说，外籍劳工对东道国的政治冲击客观存在，但因为有更多来源的支持力量，且这种冲击可控且可承受，对外籍劳工的褒贬之争只在选举时期成为一时热点而在平常时期会很快销声匿迹，其影响有限可见一斑。

3. 外籍劳工“政治代言人”利于调和东道国政治分化

外籍劳工在东道国有自己的政治利益“代言人”。纵观各国外籍劳工在母国无容置疑具有政治权利，但在东道国一般不会拥有得到法律确认的政治权利。外籍劳工在东道国的劳动能产出经济利益，一部分成为劳工自身的利益，一部分利益则会转移或扩散，直接转移为雇主利益或间接扩散为社会利益。如果说雇主是直接受益者，则东道国社会成员人人是间接得益人，包括一部分利益受损者也不可避免同时是受益者。经济基础决定上层建筑，经济上的受益自然转化为政治上的要求。外籍劳工虽然不能直接行使政治权利，但雇主或东道国社会受益人士会自觉或不自觉地成为劳工政治权利代言人，尤其是雇主。在“一人一票”逐渐转向“一元一票”的政治环境中①，雇主作为社会精英、财富精英往往在政治议题设置或政治抉择中有更大的话语权与影响力，其作为最大受益者更有动力也更有能力为外籍劳工代言、为其声张权利。虽然雇主、劳工之间存在内部结构性冲突，但在外部上却是利益高度一致的紧密共同体，在内部关系上雇主控制劳工，在外部结构上则是劳工无意间无形中“控制利用”雇主，成为自己的政治代理人，去抵御甚至消解来自东道国社会对外籍劳工的负面评价和政治压制。可以说，外籍劳工在东道国自身没有直接的政治权利与政治力量，但通过利益传导机制增强了东

① 郑永年：《21世纪的政治秩序危机》，载《联合早报》，2014年2月11日。

道国社会中他者的政治力量，即通过雇主、当地受益社群为自己在政治上代言。

3. 外籍劳工带来的综合利益利于东道国政治发展

外籍劳工给东道国带来的诸多经济利益、社会利益、甚至文化利益，这些利益表现为经济增长技术进步、国家竞争力提升、产销两旺各适其岗、安居乐业人民富裕、文化多元、国际形象良好，这些利益具有直接或间接、有形或无形的辐射力、扩散力、渗透力及影响力，这些较为正面的利益和影响通过政治或法律途径最终转化为政治安定、政治发展的力量，从而根本上有利于东道国的政治稳定、政治民主与政治开明。

（二）经济意义

1. 外籍劳工为东道国提供劳动力资源

劳动力资源是经济发展的必需要素之一。输入劳工的东道国经过长期发展或存在巨大的劳动力缺口，或存在劳动力结构性短缺。前者如日本进入发达社会，少子化、老龄化叠加出现导致适龄劳动力长期短缺；西欧、北美诸国亦深受进入后工业化——老龄化社会之困，而澳大利亚、加拿大则是传统的移民国家，地广人稀，其移民进程今天仍在持续不辍；后者如韩国随着国家经济发展产业升级，平均工资与生活水平相继提高，本国居民宁愿失业也不愿意到“脏、累、险”的制造业或低端服务业就业，从而形成制造业及生活服务业劳工缺口；而在海湾诸国如沙特阿拉伯、阿拉伯联合酋长国则因为石油大发现、大开发，带动本土居民一夜暴富以及基础设施的大规模建设。富裕的本土居民宁愿“享受失业”，无意从事 3D 工作，海湾国家从前缺乏技术劳工资源，因而引起巨大的劳工结构性失衡，导致印度、巴基斯坦等毗邻的南亚国家劳工大量流入。新加坡的情形则更为特殊，相对于澳洲地广人稀而言是地狭人稠，国家也未进入深度老龄化阶段，也不存在本地居民结构性失业，其引进外籍劳工的最主要原因是繁荣的经济产业吸纳劳工能量超出本地最大供给能力。总之，外籍劳工的流入为东道国提供急需的、宝贵的劳动力资源。此外，移民的影响并不局限于劳动力市场，它还可以刺激资本积累。①

① ［英］H．勃鲁克、G. 爱波斯坦：《管理欧洲福利国家中的移民》，载［英］T. 鲍埃里、G. 汉森主编：《移民输入政策和福利国家》，牛津大学出版社 2002 年版，第 120 页。

2. 外籍劳工的内部分层有利于东道国产业转型升级、提升经济国际竞争力

外籍劳工可分为高技术工人和低技术工人，低技术工人又可进一步细分为制造业工人和生活服务业工人。人才分层有利于有效充分就业、提高就业质量，劳工分工有利于解放生产力、增殖生产力。一方面高技术劳工给东道国带来先进技术与管理经验，有利于东道国技术改造、产业升级与生产转型，这也是各国吸引高技术人才的不竭动力，更是以优惠条件吸引技术移民著称的美国一直占据科技、经济制高点的重要原因。另一方面低技术劳工同样在东道国起到不可替代的作用。在传统制造业就业的劳工低工资高产出，对雇主降低生产成本提高生产率大有裨益，也能在国际市场形成竞争力。研究表明，非技能劳动力的流入，会引起劳动密集型产品生产的扩大和出口的扩大，从而带动就业整体水平的提高。① 对东道国而言，相较于本国产业向境外转移，将外劳引入国内，从而将产业留在国内，就是将出口创汇留在国内、将税收留在国内，这对国家更为有利。从事生活服务业如护理、餐饮业的外籍劳工为高端业者和本地居民以至为整个经济大环境提供生活服务保障，解决其后顾之忧，降低生活成本，提升生活福利，也为经济发展造就一种“环境竞争力”。

3. 外籍劳工本身也是不可忽视的消费人群

马克思指出，劳动者既是生产者，同时又是消费者。生产直接是消费，消费直接是生产，两者具有“直接的同一性”。② 出口、投资、消费是促进经济增长的“三驾马车”。较为发达的东道国现今莫不陷入出口竞争力下降、政府投资与民间投资乏力的窘境，目前主要依靠国内消费保增长反停滞。外籍劳工作为生产者，要维系其自身劳力再生产、保障家庭生活以及下一代劳动力成长，必然要将工资收入的相当部分用于消费，从世界各国巨大的侨汇总量就可间接推测出外籍劳工在东道国的消费情况，更可以从东道国外劳集中地物价上涨、房租上涨推知，在东道国社会总有当地人从中受益。总之，外籍劳工的消费正转化为再生产，会让多方受益，成为东道国经济增长不可忽视的新生推动力量。

① ［英］A. 维纳布尔斯：《贸易自由化和要素流动：概论》，载［英］J. 德梅罗、R. 法尼、K. 齐莫曼主编：《移民：争论和事实》，英国剑桥大学出版社 1999 年版。

② 《马克思恩格斯全集》第 46 卷上，人民出版社 1979 年版，第 27 页。

（三）社会意义

1. 移民有利于形成包容发展、整体和谐的社会文化

移民社会一般是开放包容、和谐共生的社会。移民分属于不同种族、民族，来自于不同地域，各有其独特的文化传统和迥异的宗教信仰，其世界观、人生观、价值观在东道国社会发生碰撞交流、相互接纳吸收，最终实现和谐包容，并能进化出一种新的文化形态，这种新文化形态的合理性在不同族群间能够逐步形成共识，继而在共识的基础上形成共同维护的意愿与行动，在共同维护的行动下能不断发展进化。移民社会之文化不但具备生命力，更具创造力。美国的移民造就今日美国文化、美国梦滥觞，即是美国社会包容性增长、包容性创新的明证。这种文化有利于内部族群整合，形成共同理想信念与价值观，有助于和谐社会的建设；在外部则对其他国家和地区国民形成吸引力、感召力和强大的文化输出、文化扩散能力，从而能让东道国社会成为世界文化磁场中心、国际文化输出中心。

2. 移民有利于东道国人民各安其所、各尽所能

高技术移民在高层次上引领发展，提升生产力、发展生产力。低技术移徙劳工则在基础水平上“解放生产力”，让东道国人士从耗时费力、较低报酬、较低产出的基础制造业、生活服务业中解放出来，让一部分来自低收入国家的外籍劳工补充到这些行业，而让自身从事高度专业、高产出的高端服务业，让一部分专业人士和外籍劳工各自充分就业，各安其位有效劳动，各取所需实现双赢。以勤劳能干著称的菲律宾妇女主要在东道国金融业者、企业高管家庭服务，外籍护士成为维持欧美医疗系统的一支重要力量，可以看出在东道国本国劳动力结构失衡的情况下，外籍劳工的引入可以有效平衡供求，增进劳动力市场的效率与效用，让人尽所能，最大限度地释放制约生产力的因素，充分挖掘人力资源潜力，激发社会创造活力。

3. 移民有利于东道国社会制度的完善

人类社会孕育社会制度，社会制度形塑人类社会，本土社会制度不断吸收外来制度资源，丰富或重塑本地社会的制度样式。在自立自强等品性方面移民工人往往优于本地劳工，移民劳工对福利的依赖远低于欧盟公民。① 就家庭制度而言，移民族群的家庭文化、家庭制度有利于东道国社会家庭观

---

① 布吕克：《移民接受福利金的模式》，转引自澳大利亚移民和多文化事务部文件，2000 年，第 74 页。

念、家庭价值的回归。移徙劳工多数来自传统东方社会或发展中国家、甚至欠发达地区，血缘纽带联系紧密、家庭观念牢固，恪守传统的家庭道德和家庭价值，其夫妻关系、父母子女关系紧密和谐，使得家庭成为成为维系社会稳定的基本结构。人类社会由三大社会构建，由家庭构成的社会实体成为第一社会，由商业等价值活动构成的实体为第二社会，由道德大爱构成的实体成为第三社会。从家庭关系中生发出的家庭价值、家庭道德能够影响第二社会的价值观念，甚至渗透到第三社会的道德体系中，故中国古即有之“老吾老以及人之老，幼吾幼以及人之幼”的无疆大爱，血缘之亲延至社会，家庭之爱惠及众生。人类社会一以贯之的发展脉络即是：第一社会为主，第二社会辅之，推动整个人类社会向第三社会进发。东道国社会一般处于发达阶段，社会呈现原子化状态，传统家庭功能与家庭价值进一步衰落，进而影响第二社会、第三社会层面的道德观、价值观的退化与异化。移徙劳工家庭观念的潜移默化影响，能促进西方世界家庭观念的回归、家庭价值的复兴，从而最终有利于尊崇道德价值的社会制度的完善。

（四）国际意义

1. 有利于树立良好国家形象

人权保护水平的高低是衡量一个国家文明程度的重要标志。“人权是一个国家最大的面子”,① 人权保护状态是国家形象、国家文化软实力的核心组成部分。从国际范围内可以观察并验证到一个普遍现象是，人权保护水平低下的国家，往往是社会发展水平低下的国家，更是国际形象低下的国家。外籍劳工作为弱势群体，天生具备脆弱性，权利最易受损，也最易受到剥削压榨、伤害虐待，人身权利、财产权利随时处于不安定状态，同时也易受东道国社会排斥排挤，不但得不到应有的平等，还会受到额外的歧视和差评。最后，外籍劳工最容易受到国家政策、法律变动的负面影响。在国家政治紧张、经济衰退时，外籍劳工往往沦为各方共同推定的“替罪羊”，在政治冲突、经济危机中往往成为受害最早、受伤最深的“牺牲品”，从某种意义上说，外籍劳工是东道国社会最为弱势的一群。如果东道国能对社会最底层的外籍劳工给予充足保护和有效救济，就更有动力去保护相对强势的其他群体，也更有理由更好地对待和保护在其境内旅游、经商、留学的外国人，更

---

① 《关注刑诉法大修：什么是国家最大的面子》，载凤凰网，http：//news. ifeng. com/opinion/special/xingsufa/。

遑论对其本国人民更高水平、更大力度的保护。一定意义上可以断言，一个国家真实的人权状况，应从社会最底层考察。总之，对外籍劳工的保护可以树立东道国良好的国际形象。

2. 有利于维护良好的国际关系

外籍劳工具备本国人、外国人双重身份，连接母国与东道国两大国家阵营。外籍劳工给东道国带来政治、经济、社会利益的同时，也对其母国产生连带效益，如缓解国内就业压力、平衡国际收支、引发国内技术扩散、带动国内创业创新等。菲律宾、孟加拉一类国家将劳工输出视为国家战略，举国受益、举国推动，故其十分重视改善与劳工输入国的双边关系，意为本国劳工境外就业创造良好环境。中国虽未将劳工输出上升为国家战略，但是中国将“走出去”确立为国家战略，这必然带动货物、服务、投资“走出去”，货物、服务、投资“走出去”必然会推动人员走出去。根据《服务贸易总协定》（GATS）的规定，服务贸易的第四种模式“自然人流动”项下就要求各国逐步开放人员自由流动。大凡劳动力大国、贸易大国、投资大国均根据自身外向发展需求，强烈要求外国开放自然人流动市场、劳动力市场，① 继而要求人员流入国保护外国人、外籍劳工之人身、财产权利，让其本国人“进得去、留得下”。母国积极维护与增进国际关系，近因是保护本国人民，远因则是维护国家利益。国际关系是一种双向互动关系、相互依存关系。母国的国家行动必然影响到东道国的政策选择，其外籍劳工政策的出台往往会虑及劳工输出国的态度和国家间关系。从历史与现实上看，两国国际关系的好坏极大影响劳工政策与劳工保护。一国制定外籍劳工保护政策往往有助于良好国际关系的生成。

3. 有利于国家利益的巩固

国际贸易之所以蓬勃发展、生生不息，主要是国家之间各自存在比较优势，从而使得国家各专所能分工合作，扬长避短发挥贸易创造效应，最终从整体上提升国家利益。其实，国家间的比较优势不仅发生在贸易领域，也存在于在生产要素的诸多领域，移民网络亦可生发贸易创造效应。② 菲律宾、孟加拉有劳动力优势，印度既有劳动力优势又有软件服务业优势，而美欧日韩则有服务贸易优势和对外投资优势。在民族国家人为分割本应一体的世界

① 李琴：《浅析我国国际劳务输出与 GATS 下的自然人流动的关系》，载《世界贸易组织动态与研究》2007 年第 3 期。

② 赵永亮：《移民网络与贸易创造效应》，载《世界经济研究》2012 年第 5 期。

市场体系时，国家对外利益的实现有赖于打破民族国家设置的市场藩篱，让资金、技术、劳力等各种生产要素自由流动，从而实现在国际市场框架内优化配置。劳工输出国的劳工能最大限度的进入东道国劳动力市场，实现有效就业、安全就业，人身、财产有东道国的强力保障，劳动所得能方便的汇回国内，母国的对外国家利益就得到最大限度的实现。而东道国的外在国家利益实现往往体现在外国更大程度的开放商品市场、技术服务市场，放开更多的投资禁地，让市场更加开放、自由和便利。国家谈判中的相互妥协的过程其实是国家间的让利过程和利益交换过程。如欧洲诸国特许印度籍劳工诸多豁免、优惠与便利，换来的是印度开放国内市场的坚定承诺。事实证明，海外劳工获益的过程不但是劳工母国利益的增值过程，更是劳工流入国国家利益同步巩固、同步增长的过程。接受移民的潜在好处与弊端详见表 5。

表 5　　**接受移民的潜在好处与弊端**

	潜在好处	潜在弊端
对东道国居民	有利于解放妇女，使其进入劳动力队伍	工作竞争加剧，低技能人员边缘化
	更便宜的商品和服务	降低本地工资
		入校学生拥挤
	丰富文化生活	带来陌生的语言和习惯
	了解其他国家	
对东道国企业	更廉价、更灵活的劳动力	工作队伍不稳定
	劳动力多样化	导致某些工作依赖外籍劳动力
	扩大市场和经济规模	
对东道国整个国家	有利于人口年轻化	社会摩擦
	扩大劳动力队伍降低通货膨胀	延缓技术升级
	更高的 GDP 移民投资者带来资本	增加收入不平等
	获得人才	社会融合计划的成本
	人口多样化和更有活力	增加社会阶层的划分及移民贫民区
	来自年轻工人的税收增加	增加社会服务和福利津贴成本

二、东道国外籍劳工保护法律制度基本状况

一国法律制度涵括其国家结构体系内所有法律原则和规则，从宏观上是指一国的立法制度、执法制度与司法制度的总称。东道国的法律制度在确立外籍工人的法律地位，保护外籍工人的合法权利，实现对外籍工人权利救济以及纠纷解决等方面发挥不可替代之重要作用。

第一，东道国法律保护的重要意义。东道国法律对劳工权利保护至为重要。根据外籍工人在不同时间阶段和处在的不同空间位置，可将外籍劳工的活动划分为派遣、工作、出国三大阶段，每一阶段又可细分为更为复杂的活动，如派遣阶段为第一时段，主要活动领域集中于国内，主要活动可分解为招募、培训、出国准备、离境、第三国过境。而第二阶段工作则是最核心最重要的阶段，全部活动基本集中在东道国领域内，受到东道国法律制度的全面保护与规制。这一阶段活动有入境、居留、入职就业、生产劳动、社会生活直至再培训、社会融入等方方面面，这些活动无一不处在东道国法律体系管辖之下。相对于保护劳工的国际条约公约、母国法律、行业协会或非政府组织的行业规范及行为守则等软法规范，东道国法律具有决定性意义。因为此时劳工与东道国具有“真实且实质性”联系，从国际私法角度观之，亦即外籍劳工与东道国产生最密切联系，根据法律选择规则，凡是关涉外籍劳工权利纠纷的案件应适用东道国法律，这既符合国际冲突规范，又有极大的合理性与可行性。从某种意义上讲，东道国法律在很大程度上决定了外籍劳工的权利范围、权利内容以及实现的程度。

第二，各国外籍劳工政策的目标。各国基于不同的国情或不同时期的不同情势，对外国劳动力需求不同，其外籍劳工政策目标也不尽相同，如美国、加拿大、英国、德国、澳大利亚、新西兰本国技能人才长期或临时短缺促进了高技能劳工的流入，有些国家还采取积分制度引入外劳；① 日本为了振兴社会、加强国际化，最近转变了外劳政策，在某些技术和专业领域引入外籍劳工；某些发展中国家和转型国家（如中国、韩国、泰国、波兰、捷克、斐济、毛里求斯）也促进了对高技能劳工的输入；法国、荷兰、比利时、奥地利、挪威、瑞典、马来西亚等国政策重点是保证本国居民和正规移

① Weinstein Eric, “Migration for the benefit of all” International Labour Review, 4(3) 225-252, 2002.

民能够充分就业，外籍劳工被严格限制在特定范围；对一些既是移民接收国又是移民输出国的国家（例如英国、德国、荷兰、葡萄牙、瑞士、印度尼西亚、泰国）来说，与非法移民、贩卖人口和偷渡等行为做斗争则是它们的一项共同目标；奥地利、葡萄牙、瑞士等国关注的重心是使外籍劳工如何融入当地社会。① 各国劳务政策目标取向不同，决定了全球主要劳工输入国的外籍劳工法律也存在较大不同。

第三，东道国法律体系的划分。日本法学家大木雅夫以茨威格和克茨所提出的五个样式构成要素为标准，② 探讨了现代的各种法律体系，综览其整体，大木教授提出将世界法律体系大致分为西方法系、普通法系、发展中国家法系、混合法系等四大法系。③

应该说大木教授的分类在当时的历史条件下有相当的合理性，但因为此观点成形较早，世界亦发生重大变化：一是苏联、东欧剧变，共产主义、社会主义法系影响式微，二是西方法系、英美法系两大代表性法系日渐趋同，同时也让某些国家兼采两大法系之长、糅合两大法系之精而自成一派。为行文方便亦更符合集中着墨之需，根据学界接受的通说，将世界法律体系按不同样式构成要素，分为大陆法系(主要是西方法圈)、英美法系(即普通法圈)、混合法系(主要是日本、韩国等远东各国法，也包括转型中的俄罗斯等国)。

（一）大陆法系国家外籍劳工保护法律制度

1. 德国外籍劳工政策与法律制度

（1）法律体系构成、特点及发展趋势

德国是一个非移民国家，其不同时期对外籍劳工需求不同，因此不同时

① 资料来源：《2003 年国际劳工移民调查大幅概要》，http：//www. ilo. org/public/chinese/standards/rel m/ilc/ilc92pdf/rep-vi，2013 年 7 月 23 日访问。

② 五个样式构成要素：（1）法律秩序在历史上的来源与发展；（2）在法律秩序中占统治地位的特殊法学思想方法；（3）特别具有特征性的法律制度；（4）法源的性质及其解释；（5）意识形态的各种因素。转引自［日］大木雅夫著：《比较法》，范愉译，法律出版社 2006 年版，第 110 页。

③ 四大法系为：（1）西方法圈：罗马法系、德意志法系、北欧法系以及继受西方法的日本法等；（2）普通法圈：英国法系、美国法；（3）脱离社会主义的发展中国家法圈：苏维埃法、东欧各国法、（亚洲共产主义法系）；（4）宗教性或哲学性的混合法：伊斯兰法、印度法、远东各国法。参见［日］大木雅夫著：《比较法》，范愉译，法律出版社 2006 年版，第 146～147 页。

期出台的劳务政策也未必前后一致。其外籍劳工政策经历三个阶段：战后劳动力匮乏，大量引进外籍劳工参与重建；两德统一后失业率上升，从严控制外劳输入；晚近全球性经济危机、金融危机爆发，经济严重衰退、企业大量裁员，国家进一步收紧外劳输入政策。

德国是典型的大陆法系国家，成文法传统浓烈。其规范与管理外籍劳工的法律法规比较健全。四部法律《外国人法》、《居留法》、《就业促进法》、《新移民法案》以及四部条例《就业条例》、《外籍劳工工作许可发放条例》、《停止招募外籍劳工条例》及《停止招募外籍劳工的例外安排条例》构成外籍劳工管理的基本法律体系，其中1990年《外国人法》是关于外籍劳工雇佣的首要规则。此外，涉及外籍劳工的法律制度分散于国内法典或行业管理条例，如1997年德国《社会法典》第三卷确立了雇佣非居民的条件，《建筑业管理条例》则设置标准成为限制外籍劳工流入的规则性壁垒。其余的单行规则主要集中在外劳准入、居留、工作准证方面，主要有1990年《带薪雇佣的居留规则》、1998年《外国工人工作准证规则》、1998年《授予外国工人新工作许可的例外规定》以及2000年《关于外国高技术专家（信息和通信领域）的工作准入规则》。最后，关于海外劳工的国际条约也在不同层面起作用。德国因事立法、事事立法，基本上实现法制健全、有法可依。

德国对外籍劳工就业规制的法律制度与政策归纳起来，有以下趋势与特点：

第一，外籍劳工入德就业总体控制，部分放开。总体控制主要源于经济承载力有限以及移民会引发社会问题，德国不再可能恢复战后初期那样大规模、不设限地引入外劳。控制外劳入境的原则是坚持依法允许原则和“优先审查权”原则。① 依法允许体现法治原则，而优先审查体现德国秉持分类管理、逐级限制。部分放开是指德国为保持国际竞争力，大力吸引拥有丰富专业知识的科学家、高职称教师、专家、拥有特殊经验的高级职员，对这部分高级人才给予优待，基本无须许可即可就业，限制能少则少，政策较为宽松。②

① “优先审查权原则”指德国人、欧盟成员国国民、EWR欧洲经济协作区成员国国民以及来自欧盟以外第三国的在德无任何就业限制者均属优先考虑的就业对象。

② Christian, Bryan Paul, *Facilitating Highly Skilled Migration to Advanced Industrial Countries: Comparative Policies*, Institute for the Study of International Migration, Georgetown University, Washington, D. C, 2000.

第二，欧盟成员国国民在德就业新老有别。欧盟成员国加入欧盟时间有先后之分，根据入盟协议以及有关国家的开放承诺，新成员国不能完全享受老成员国之优越权利与优惠待遇。新成员国国民在德国暂不能享受完全的就业自由。相对于老成员国而言，其就业另需劳工部门审批，但享有迁徙自由，入境无须签证，也不用申请居留许可。可以说，其待遇介于老盟员与第三国之间。根据入盟协定，经过为期七年的过渡期后新老欧盟成员国可享受同等自由，过渡期内对新成员国国民的就业限制依照相关国内法和双边协定处理。

第三，严格限制第三国国民在德国就业。第三国国民在德国就业受到《居留法》、《就业条例》和《就业审批条例》的三重管控，主要义务有申办签证、取得居留许可、获得劳工部门审批同意等，同时为来自于欧盟以外的第三国国民设定了诸多限制，如居留许可有期限、获得长期居留权有严格条件、就业须审批、从业类别须明确。此外，程序也较为严格，严格的程序条件人为抬高外籍劳工就业成本，实质上也是一种无形的程序壁垒。如要求市场测试和劳动力需求测试，根据劳动法进行合规审查以及必经的优先权审查确保国内无人应聘。德国出台的一系列标准与程序对来自第三国的非熟练工人尤为不利，进入德国就业存在重重困难。

综上，德国通过严格且细密的法律一定程度上限制了外籍劳工的就业自由、迁徙自由以及择业自由，为就业准入设置重重限制，欧盟老成员国、新成员国、第三国国民在德国就业权利和自由依次克减，人为制造差别待遇，来源不同的外籍劳工在德国远未享受同等待遇。

（2）外籍劳工的法律权利形态与构成

①居留权和雇佣权。在德国，外籍劳工的居留权一般需要得到有关当局许可，且居留许可与工作许可紧密联系，取得工作许可是获得居留许可之前置条件，居留期限与工作期限也基本保持一致，工作许可经常被限制在 1 年时间以内，在无法满足劳动力市场测试时就不能展期。若想获得安全居留身份或获得独立于雇佣的永久居留资格，从而能够自由地、永久地进入德国劳动力市场，必须满足较为苛刻的条件，如较长期限的合法居留史、必要的语言能力、稳定的收入、适当的住处以及缴纳社会保险。但是相当多的外籍工人由于持有不可续展的居留许可，因而会永远地被排除在无限制居留权之外。

此外，外籍劳工更换工作的权利也有限制。大多数外籍劳工工作被限制在特定领域和特定雇主，在没有重新得到工作许可和通过市场测试之前基本不可能更换工作，进入劳动力市场的权利和自由受到法律限制。

②住房、卫生和社会保障权利。德国在住房、卫生方面给予本国公民较好的保障，如为低收入人群提供住房补贴与社会性住房以及法定健康保险或社会援助。外籍工人一般也享有与德国公民同等的待遇，但是根据1990年《外国人法》，接受社会援助或社会救济会构成驱逐的正当事由，虽然在现实中并非必然发生，但确实存在此种风险，这就从法律上自动降低了外籍工人申请住房、卫生保障的动机，实质上限制了外籍工人应有的国民待遇与平等权利。

虽然所有在德国工作的劳工都平等享有社会保障权利，但不缴或短缴养老金在福利受益方面会有限制，因为外籍工人的工作许可、居留许可均有期间限制且短期化趋向严重，不缴、少缴或缴费年限不够现象司空见惯，许多外籍劳工因此得不到社会保障覆盖。儿童福利、儿童补贴同样覆盖不到那些短期工作劳工和小孩无定居许可的劳工家庭。家庭健康保险信贷只提供给身在德国的家庭成员，如果受益人居住在国外，养老金会减至七成。

③家庭权利。在德国符合一定条件的外籍移徙劳工可以携带配偶或关系业已确定的伴侣以及未满16周岁的未婚子女。外籍工人享有一定的家庭团聚权利，体现对外籍工人人权的尊重，但是这种权利是有限的，即外籍工人必须持有合法的居留许可或定居许可，同时要求有适当的住处和必要的生活手段。

④职业培训、语言和教育权利。德国法律规定移徙劳工有权获得职业培训，但一般由移徙劳工自己承担培训费用，法律并无规定雇主支持工人参加职业培训的义务，如果因培训误工则需事先征得雇主同意。国家在一定限度内通过就业保险基金、失业救济基金援助、支持移徙劳工参加职业培训，分担部分费用。在德国每年都会有一定比例移徙劳工从国家扶助计划中受益。

语言和融合教育方面。德国现行法律尚无语言和融合教育课程的规定。政府一般会承担德国后裔侨民的语言课程费用。对于外籍工人及其家庭成员融入所需的语言课程，在移民自愿的基础上以及财政可行的情形下，德国政府会提供帮助和经费支持。

⑤失业和驱逐。外籍工人如正常缴纳失业保险可在失业期间接受失业津贴。失业津贴发放的依据有雇用时间、缴费时长、失业者年龄等，在待遇享受方面与德国工人相同。失业津贴支付时限从6个月到31个月不等，若津贴到期仍未实现再就业且有生存之虞时，外籍工人仍有申请失业救济的权利，但这种权利对只获短期居留权的外籍工人而言是一把双刃剑，享受救济

权利的同时可能面临许可提前终结的危险。因为居留许可往往与就业状态挂钩，失业始，许可止，续签难。根据外国人法，接受失业救济、社会扶助是导致被东道国驱逐的法定事由。根据德国社会法庭的审理实践和定案判例，外籍工人在工作许可到期后，如不符合领取失业津贴或失业救助的条件，一年之内又不能重新就业，就会被认定为不再适合劳动力市场，则多半会面临驱逐命运。

⑥工会权利。法律虽然规定外籍工人加入工会或组织工会的权利，但在实践中并未真正产生应有的影响。只有土耳其移民劳工组织在当地最具影响力，能够一定程度影响民意。同时法律也规定工人的协商权利，并在各级政权机构设置了各类咨商委员会，初步形成了一些非正式的磋商机制，但其意见并不总是被采纳。

2. 法国外籍劳工政策与法律制度

（1）外籍劳工法律

法国规范与管理外籍劳工的专门法律法规有 1945 年《关于外国人准入和居住条件的命令》和 1984 年《关于个人居留和工作权利的法令》。法国《劳动法典》中多处存有与移徙劳工相关的规则条款。此外，还有许多相关的二级立法和通报，包括政府部长发给地方当局的指导性文件，当然也包括一些国际条约、区域（欧盟）协定以及与欧盟外第三国的双边协定。

（2）外籍劳工的权利

①居留权和雇佣权。在法国，外籍劳工带薪雇佣的临时居留许可期限较短，有效期为 1 年，如外籍工人获得连续雇佣则可续签。拥有临时居留许可证的外籍劳工因家庭关系，有权自由进入法国劳动力市场，但禁止非欧盟居民就业的公共服务行业除外。

外籍劳工更换工作的权利也有限制。拥有临时工作许可的外籍工人，明确地限于某一特定雇主，不允许随意变换。根据欧共体—土耳其联合协议，对有临时居留许可证的土耳其劳工，其变换工作、雇主或企业的自由，取决于实际发放的许可证，但这些许可证常常明确限定工作的行业及地域。①

②住房、健康和社会保障权利。法国对住房权较为重视。法国《宪法》将住房权确立为一项重要的社会权利，宪法委员会也将确保每个人获得适当

---

① Commission of the European Communities, *Green Paper on an EU Approach to Managing Economic Migration*, COM（2004）811 Final, Brussels, 11. 1. 2005.

的住处确立为宪法的一个重要价值目标。负责外籍工人住房问题的有国家住房局和人口与移民部两大中央机关，同时规定地方当局对移徙劳工住所也负有相当责任。但法国外籍劳工住房保障对象主要限于那些单身来到法国并最终要回到来源国的男性工人。鉴于外籍工人恶劣的住房条件，法国专门出台一部具有强制规范性质的法令，成立外国人住房跨部门委员会，该委员会可以提出建议，采取跨部门联合行动，以有利的方式解决外籍工人及其家庭成员的住房问题。

合法居留的外籍工人与国民平等享有国家健康保障。法国批准了国际劳工组织在卫生权及医疗保障方面的两个国际公约，即 1949 年关于移民雇佣的第 97 号公约和 1962 年关于国民与非国民在社会保障上平等待遇的第 118 号公约，这两个公约正式在国内实施并生效。因此，对外籍劳工的健康保障来说，基于国籍的歧视被法律明令禁止。①

社会保障方面外籍劳工亦享受平等待遇。但是福利转移、接续方面不尽如人意。一是对短期居留或短期工作的外籍工人不利，只有那些获得长期居留许可，无任何居留权、工作权限制的人，才可享有更全面健康保险覆盖；二是对来自于与法国无双边协议国家的工人不利，法国虽批准了 1925 年 ILO 关于工人事故补偿方面国民与外国工人平等待遇的第 19 号公约，但是如果外籍劳工来源国未与法国签订双边协议并同为第 19 号公约的缔约国，则工厂事故或职业疾病福利金、退休金则无法转移到国外；三是在法国退休的外籍工人返回原籍国时不能获得退休福利金，除非其在法国工作时已支付雇员健康保险、从其职业年金中支付社会保障金或足额缴纳保障税。

③家庭权利。在法国持有长期或临时居留许可的外籍工人，其配偶及未成年子女可享受团聚权利，但家庭团聚要服从至少 1 年的等待期。同时还要求外籍工人须拥有稳定充足的生活来源以及在法国有一个最基本的家庭住所。

④职业培训、语言及融入课程权利。法国《劳动法典》第 L900—3 条规定了职业培训的平等待遇原则。在雇主组织的职业培训和劳工自由选择的培训方面，外籍劳工享有与法国国民平等的权利与待遇。法律规定从年工资总量中提取一定比例的资金建立职业培训基金，基金有义务为包括外籍工人在内的全体雇员支付培训费用。法国规定了为新移民包括外籍工人组织开设

① OECD. Main trends in International Migration, OECD, Paris, 2003.

关于法国概况及语言和社会融入的课程。

⑤失业和驱逐保障。在接受失业福利方面，外籍工人享有与国民同等的保护，但须满足一定的条件，即失业前 18 个月内必须累计工作 600 小时，福利支付亦有期限限制。如果失业期延长，其居留许可和工作准证都难获延期，外籍劳工可能被当局要求限期离境。

⑥工会权利。外籍工人在法国有权加入工会，享有与东道国国民相同的权利，表现在平等地参加竞选、有权进入工会机关并有权组建自己的工会。外籍工人为获得同政府和雇主对应的强大谈判权，一般都加入拥有更多代表的本地大工会。来自第三国的外籍工人在选举雇佣委员会成员时享有投票权，但在国家政治选举和市政决定中没有投票权，这点不同于欧盟成员国工人在欧洲议会及地方选举中享有投票权。

3. 大陆法系其他国家外籍劳工法律——以荷兰、奥地利为例

（1）外籍劳工的相关法律制度

荷兰涉及外籍劳工的相关法律制度由四大部分组成：第一部分是适用于荷兰的欧洲公约，包括欧洲理事会协定和欧共体协议；第二部分是外国人在荷兰工作的规则及法令，包括 1994 年生效、2000 年修订的《外国人雇佣法令》及其附属立法——《外国人雇佣法令》实施细则、劳务管理局制定的政策性规则、2000 年《移民法令》、司法部实施该法令的皇家命令以及移民法律公报，上述法令及其实施规则系统规定了外籍劳务政策、入境要求、就业申请要求、工作许可和居住许可、技术移民等事项；第三部分是荷兰《劳动法》，不分内外统一适用于境内不同来源的劳工，主要规范劳动合同、法律选择与法律适用、集体劳动合同、工资、休假及福利、重组安置、职工委员会（工会）、反工作歧视等；第四部分是荷兰与欧盟成员国、第三国有关各方签订的双边或多边协议，如荷兰议会曾认可私人招聘代理机构在波兰招聘护理人员、荷兰政府与中国在荷兰的饭店业代表签订招募中国厨师的协议。

奥地利涉及外籍劳工的相关法律有几经修订的《外国人法令》（2003 年新法令生效）、1975 年《外国劳动法令》以及《居留法令》。此外，作为欧盟成员国，《欧洲人权宪章》和欧共体与第三国的协议关于外籍工人的待遇规定对奥地利法律体系与司法实践也有重要影响。作为 WTO 缔约方，GATS 协议关于自然人流动模式下的外国服务提供者的法律规制在荷兰也有约束力，但荷兰附加的保留条款确保所有外国人的入境、居留和工作都受到监督，从而一定程度上消解自然人流动自由化等开放承诺带来的不利影响。① 此外，奥地利还就边境工人、季节工人同匈牙利、捷克等国签订劳工问题的双边协议。

（2）外籍劳工权利

第一，在雇佣和居住权方面。荷兰、奥地利法律均规定了居留、工作许可制度，并设置了经济测试和市场测试要求及相关条件和程序，同时规定居留与工作许可的挂钩制度，若想取得独立于雇佣的居留许可（安全居住资格及长期居留权）须满足比较苛刻的条件和期限要求。此外更换工作、雇主及工作内容的权利根据工作准证的不同类型而有不同限制。②

第二，在住房、卫生及社会保障方面。虽然荷兰、奥地利法律规定外籍工人的住房权，但一般是外籍工人自己负责解决住房问题。荷兰规定获得居留许可的外籍工人有权获得公共住房资格，但是等待期非常漫长。奥地利无全国统一之规定，各地方政府自行决定公共住房政策。如萨尔茨堡实行外籍工人住房配额制，保障不够充分。维也纳甚至将第三国工人排除在公共住房政策之外，公共住房、住房补贴一般只针对欧盟国民和难民，连获得“紧急住房”的机会也只分配给合法居住 8 年以上的拥有永久居留证的移民。荷兰的全民医疗制度一般会全部覆盖到中低收入劳工身上，奥地利的外籍劳工也享有同本国人和欧盟国民同等待遇，无任何例外规定。荷兰规定外籍工人只要合法居住且其就业符合《外国人就业法》，就会被纳入社会保障体系，有权获得失业救济、儿童福利，享受国家养老计划和国家医疗保险。第三国工人在奥地利的社会福利保障待遇低于本国人和欧盟成员国国民。家庭福利方面，完成 5 年居留期限是享有平等待遇的首要条件，儿童福利也受制于一定的雇佣期限或居住期限。

第三，在家庭团聚方面。荷兰政策较为宽松，不设居住时长、适当的住所等前置条件，家庭团聚的唯一条件是外籍工人必须拥有充足的资源用于照料赖其供养的亲人。奥地利则根据外籍工人在奥居留、工作时间，亲属的年龄大小，酌情授予父母和子女团聚权，同时每年团聚配额也相当紧缩，此外

① Winters Alan, *The Economic Implications of Liberalizing Mode 4 Trade*, paper presented at the Joint WTO-World Bank Symposium on the Movement of Natural Persons Mode IV under the GATS, Geneva, 11-12 April 2002.

② Ruhs Martin, *The Potential of Temporary Migration Programmes in Future International Migration Policy*, Paper prepared for GCIM, Sep. 2005.

还要求足够的经济能力、合适的住处以及无犯罪记录。

第四，职业培训、语言及融入课程方面。荷奥两国并未规定外籍工人的参加职业培训的强制性义务，完全让劳工自由选择、自愿参加，法律也未强制要求国家和雇主企业提供培训机会和培训资助。在语言和融入课程方面，荷兰《移民融入法》统一要求移徙劳工参加语言及融入课程，唯一能免修融入课程的只有神职人员。当局负有组织、主办此类课程的义务。奥地利新法律中规定“融入协议”，规定首次来奥或居奥不满5年的移民有义务接受奥地利语言和融入课程，同时要求学习者必须在合理期限内通过课程，如未通过课程者将会面临法律上的区别对待，甚至被剥夺居留资格。

第五，对失业和驱逐的保护。荷兰规定合法居住、合法就业的外籍劳工有权获得失业保险在内的社会保障，权利大小及受领金额取决于先前工作时间的长短。原则上失业本身不构成遣返的理由，但在实践中失业往往导致居留许可期限不再延长。奥地利外籍工人只有在工作满12个月后才有权享受与国民同等的失业救济。但在紧急救助福利方面实行差别待遇，第三国工人最长只能获得6个月的救济，同时根据奥地利《外国人法令》领取救济构成驱逐理由。

第六，工会权方面。荷兰宪法保护移徙劳工的组建工会权，关于结社自由的法律并未区分公民与非公民，因此外籍工人加入工会不存在任何法律障碍。一些代表外籍工人利益的组织努力影响并改变外籍劳工法律与政策，正深刻影响荷兰的移民法令，促使其在家庭团聚规定等方面作出积极改变。奥地利根据《欧洲人权宪章》第11条的规定，移徙劳工有权参加工会并可组织自己的工会，但目前象征意义大于实际价值。但在真正拥有社会权利、谈判权利的工会组织中，第三国移民劳工没有投票权，也没有担任职务的权利，这些权利只保留给奥地利人和欧盟国民。奥地利这种例外规定的合法性正面临挑战，目前也正在接受欧洲法院的合宪审查。

（二）英美法系国家外籍劳工保护法律制度

1. 英国外籍劳工政策与法律制度

首先保证本国居民充分就业，其次鼓励欧盟内部人员流动择业，最后是限制欧盟以外劳工输入，因此英国基本劳务政策体系内存在严格的差序格局，其满足国内劳务需求的招聘顺序依次为国内劳工、欧盟劳工、第三国劳工。同时从国家综合竞争力考虑，英国政府对高水平人才流入予以重点倾斜，为其提供各种便利。英国外劳输入政策的特点可概括为：限制低技能劳工不遗余力，吸引高技能人才（含国内短缺人士）千方百计。

（1）英国外籍劳工法律体系

英国是普通法系国家鼻祖，不成文法传统历史悠长。宪政、民商事、刑事领域成文法典鲜见，而是散见于判例、单行规则、行政命令之中。英国在外籍劳工管理方面并无专门外国人法或外国人就业法，涉及外籍劳工流入的法律归属于移民法统辖。英国移民法先后有《1962年英联邦移民法案》，旨在控制英联邦成员国（除爱尔兰）的劳务流入。而《1971年移民法案》则旨在限制来自欧共体以外的非熟练或半熟练工人流入。英国法律对外来劳工实行工作许可制度，从20世纪20年代即开始实施，已近百年历史，现今发展十分成熟也较为复杂。该制度由四大部分组成：

①主体方案（Main Scheme）。1971年《移民法案》确定了主体方案的基础，历经三次复审、屡次改革以提升效率，并引入两级复审制度（Two—Tier System）和核心劳工（Key workers）概念，使得目前的劳务制度更加简便、透明、高效，实现劳工加速流动以更好地满足雇主需求。主体方案仍是以许可制度为核心特征。

②高技术移民项目（Highly Skilled Migrant Program，HSMP）。此项目意在鼓励人才输入，旨在吸引国外高技术人才、有经验的专业人士到英国就业创业。与主体方案不同的是，该项目无须工作岗位空缺要求、无须与雇主提供的工作挂钩，申请工作许可采取积分制度，① 许可证直接发给申请者本人。HSMP项目展现出英国意在大力吸引高技术人才、积极参与全球竞争。

③季节性农业工人方案（Seasonal Agricultural Workers Scheme）。该方案旨在从欧洲大陆招募18~25岁的年轻人于农忙季节时为英国农场主工作。该方案根据年度雇工需求预测实行配额制度，数量控制在1万~2.5万不等。

④部门方案（Sectors Based Scheme）。该方案的动因是低技术劳工在某些低端劳务部门仍有较为强劲的需求。用工部门主要限于劳动力密集的食品加工业、旅游住宿及餐饮服务业，雇佣外劳数量有配额限制，一般定向招募欧盟东扩国家劳工，如乌克兰、波兰、捷克以及斯洛伐克。部门方案由于招募的是低技能劳工，故政府设置很多限制条件：国家职业资格（NVQ）3级

---

① 积分制度指申请人需要在“教育资质、工作经验、以往收入、所选领域之成就、HSMP优先申请项目”五个领域获取65分以上的评分方有可能成功取得HSMP工作许可。

以下、国内劳务短缺的职位；另设年龄限制、在英最长工作时间限制，并规定此类外劳不能携带家小，签证到期必须按时离境。

总之，英国关于外籍工人的主要法律规范是以移民规则为基础的，而英国移民管理规则常会随国家政策调整而变化。移民规则由英国内政部征得国会同意后发布，而进一步的实施则依赖于移民和国籍局的详细指示与实施细则。① 此外，英国政府白皮书《关于边界安全与港口安全：与英国的多样性相融合》也能解读出英国移民以及劳工政策现实情况与未来走向。

（2）外籍劳工的权利

①雇佣权。在英国获得合法雇佣的前提是通过经济需求测试或劳动力市场测试得到工作准证，工作准证实行分类管理，分为工作经验准入证和培训准入证，通常获得培训准证需要的平均时间较长。同时外籍工人变换工作、雇主和就业部门也有一定的限制，因为在商业和贸易领域，准入证只发给特定的雇主和工作部门而不是直接发给劳工本人。因此改变雇佣关系需要重新通过劳动力测试。

一般说来，外籍劳工在不同部门间更换工作会受到东道国严格限制，英国移民规则同样禁止从一种移民身份转换为另一种移民身份。事实上，英国内政部关于培训和工作经验准入规则也作出了类似的严格限制。因为工作准证一般与移民身份直接联系，改变准证意味着改变身份类型。

②住房权。除非雇主承担合同义务，外籍工人通常需要自己解决住宿问题。虽然欧盟协议明确规定了工作条件的无歧视性条款，但英国当局在住房权上却没有贯彻落实平等无歧视原则。英国公共住房政策并不适用于外籍劳工，除非他们已经获得永久居民资格。

③健康权。英国实行举世闻名的全民免费医疗制度，其移民规则并未禁止外籍劳工在英国国民医疗保健制度下享有医疗保健权，但是根据英国健康局发布的指南，对于那些留在英国没有超过6个月时间的人可能被当做普通医师的私人病人或是“游客”，需要向其收取医疗费用。这就可能将短期工作或居留未满半年的外籍劳工排除在英国免费医疗保健制度之外。

④社会保障权。英国移民规则禁止外籍劳工加入不用职工缴款的养老金计划和低保体系，也即外籍劳工在英国基本上难以领取失业最低生活保障金、收入补贴、住房津贴、家庭信贷、儿童福利和残疾补贴、议会税福利。

① Newcombe E. , *Temporary Migration to the UK as An au Pair: Cultural Exchange or Reproductive Labour?*, Sussex Migration Working Paper, No. 21, University of Sussex, 2004.

英国社会保障规则一般会排除外籍劳工申请各种社会福利，对于依靠公共基金养活的外籍人士则很可能丧失居留权。

⑤家庭团聚权。英国规定的家庭团聚权范围较大，有配偶、未婚伴侣、18岁以下的未成年子女。移民规则基于扩展的道德观念，扩大了家庭团聚人员的范围，对那些因公司派遣在外而形成跨国家庭的人，如果他的家庭成员靠其供养，则其父母和成年子女也可以享受团聚权。虽然家庭团聚没有等待期限制，但要求具备足够的住宿条件和一定金额的家庭存款。

⑥培训权。职业培训问题在移民规则中未加具体说明，但参加培训可能获得培训和工作经验准证，甚至可借此改变身份类型。语言和融入课程方面英国对外籍劳工也未作特别规定，只要求那些被授予永久居民权的人、难民、寻求庇护者或意欲加入英国国籍的人（包括其配偶或子女）参加国家免费提供的英语和融入课程，当然在英国居住超过3年的外籍劳工也有权接受相关免费课程，但非强制性义务。

⑦失业和驱逐保护。工作期间按规定缴纳保险费的外籍工人如果失业，则有权根据国家保险制度申请失业补贴，吊诡的是英国规定失业补贴申请人必须“具有工作能力”，而“具有工作能力”的内涵及其界定均十分模糊。对于那些已经失业并四处寻找工作的外籍劳工，必须通过未来的雇主申请不确定的工作准证，“有无工作能力”仍属未知。而失业的外籍劳工很容易被根据英国补贴规则定义为无工作能力的人，其居留许可也面临着提前终止的危险。

外籍劳工失业时间如未超过3个月一般不会被强制驱逐，但一旦陷入失业状态，就会引起官方注意，从而可能被要求提前离开，除非成功转换另一种移民身份或因获得同情而重获居留。此外，离职的外籍工人也很难被英国当局重新接纳。

⑧工会权。英国法律允许外籍劳工参加工会组织，也允许其组建自己的工会团体。但现实中这类专为保护外籍劳工权利的工会组织仍未能成功组建。同时外籍工人与雇主、政府机构的协商谈判权并未被当做必须加以保障的一项法定义务，现实情况是外籍劳工可以采用非正式方式与非政府组织进行协商。①

① 英国在外籍劳工事务上发挥积极作用的非政府组织主要有：移民法律工作者协会、移民福利委员会、雇主组织协会、商业和工业联盟。

2. 美国的外籍劳工政策及法律制度

美国是移民建立的国家，从建国伊始至今其移民进程仍在持续，只不过其间政策与法律制度因时而变。譬如美利坚联邦创立初期及美国内战结束后实行西部大开发时期，美国政府出台“徕民政策”，不但低门槛、不设限地接受新移民入籍，还无偿或低价分给有私人所有权的土地。新移民享受土地分配的优越待遇虽早已结束，但入籍制度今天仍得以保留，即移民子女只要出生在美国领土上即可自动获得美国国籍，而不问其父母国籍所属。因此，在国籍取得制度方面，美国是世界上少数几个实行出生地主义而不实行血缘主义的国家，这一政策当然对美国移民进程产生重大影响，让美国成为全球最大的也是最为活跃的移民国家。据美国无党派自由研究机构“财政政策研究所”在一份研究报告中指出，在美国最大的城市纽约，出生在国外的移徙劳工几乎遍布纽约全城的各行各业。外籍工人虽在医生、工程师、经理人等专业职位也有分布，但主要集中在私人及家庭服务、保安保洁、楼宇管理、餐饮业、医疗助理、建筑行业等服务性行业中就业。移民工来源国依数量排序依次为多米尼加共和国、墨西哥、印度、中国大陆。来自中国大陆的劳工根据其受教育程度和工作经验不同在美国就业呈现两极分化态势，既有医师、律师、工程师、经理人等享有高薪待遇的专业职位，又有餐饮服务员、办公室助理、收银员、机器操作员等低收入岗位。①

（1）美国劳务移民法

美国如英国一样，并无专门的外国人就业法，而是通过移民法来规范外籍劳工，外籍劳工进入劳动力市场后则视同为国内劳工，不加特别规范与保护。美国移民法的指导思想与原则是总体上控制移徙劳工，同时基本满足本国雇主外聘劳工之需求。美国控制移民的主要行政手段是根据“优先类别”确定签证配额，实行总量管制。外国人入境工作必须持有某种类别优先系列的劳工证书，劳工证书旨在证明外籍劳工在美国受雇不会对美国劳工工资和工作环境产生不利影响，同时政府也不必为满足此类移民的需求而额外提供工作岗位。此外，外籍劳工必须获得来自美国公司的录用书和担保。在高科技人才、国际人才、宗教人士三类职业引入劳工时，还需证明美国国内劳动力储备中没有足够的、符合要求的劳工，才可申请“短缺劳工证书”。对于美国分公司间的人员调动也有专门的规范条款，规定公司内部人员调动，入

① Martin P. Abella & M. Kuptsch, *Managing Labor Migration in the Twenty-first Century*, Yale University Press, New Haven, 2005.

境从事技术性工作或非技术性工作，以美国国内劳工储备中没有适合的雇工为前提。①

美国本地工会力量强大，业已形成强大的利益集团，因而外籍劳工引进政策受到行业工会较大的影响。② 工会在外籍劳工雇佣方面参与程度较高，雇主、政府劳工部门均有义务向工会通报情况并接受其投诉、评议，必要时还须展开调查和听证程序。在聘请、雇佣外籍劳工前皆须征求同业组织或工会意见，同时承诺外籍劳工工资及工作环境须与美国劳工一致，或不低于该行业平均薪资。如此规定的根本目的是保障美国本地劳工权益，不致因外籍劳工的进入而拉低国内正常的薪资水平。

可见，在雇佣外籍劳工方面，美国制度设计的特点在于雇主与本地劳工双方利益相互制衡，借工会等利益相关方力量对雇主聘雇外籍劳工的权利加以适当制衡。美国法律规定只要证明该行业存在缺工事实，雇主便可从国外雇佣劳工，然而为维护本土劳工利益，雇主须有提前告知工会或员工和社会公众的义务，而劳工部门应在一段时期内接受个人及团体的投诉并加以回应。

（2）美国劳务派遣法

美国劳务派遣始于 1970 年，从前盛行于石化建工等特种行业，但目前已经渗透到整个经济的各个领域，接受派遣用工的单位从中小企业已经扩展到大型企业。许多外籍劳工通过美国各类派遣公司的招募、安排，实现在美国就业。因此美国劳务派遣法也适用于在美国受雇的外籍工人。

美国是典型的联邦制国家，实行联邦、州立法双轨制，联邦各州也制定专门的劳务派遣法。劳务派遣法规定劳务派遣公司的设立和资本要求、派遣协议的内容、雇员工伤保险和失业保险费用的分担以及派遣机构和接收单位之间的义务与责任分担。同时，美国保险法和社会保障法律体系中也涉及劳务派遣关系中派遣公司、用工单位、劳工三方的权利与义务。在工伤保险和失业保险之外的保险关系中，尤其是在用工单位（客户公司）提供的保险中，州法会认定客户公司与派遣劳工之间存在雇佣关系，将派遣劳工视为客户公司之雇员，从而让客户公司承担相应义务。

---

① 张晓敏：《外国人非法就业治理的国外经验借鉴》，载《政法学刊》2013 年第 5 期。

② 刘建林、周聿峨：《从美国“排华法案”看集团利益在国家利益构建中的作用》，载《暨南学报》2008 年第 1 期。

在劳务派遣领域，除成文法外，“法官造法”妥善地解决了具体法律适用难题，尤其是清晰地明确了在不同情形下派遣公司与客户公司之间的责任划分问题。一系列的法院判决形成了规范的、有约束力的先例，这些先例规定，在符合某些条件时用工企业将和派遣公司构成共同雇主，必须承担法定的雇主责任。

美国的州法大都认为劳务派遣公司和派遣劳工存在直接雇佣关系，从而承担支付工资、保费的义务，一般不要求客户公司承担支付工资、保费的连带责任。但一旦客户公司被法院认定为构成共同雇主，则有义务与派遣公司连带承担雇主责任与义务。由派遣公司承担支付工资和基本保险费用的义务，既保障了劳工的基本权利，又能发挥派遣公司的规模优势与专业优势，更能减少客户公司风险和不影响其使用劳务派遣的积极性。而让客户公司在工作场所承担连带责任，既符合派遣公司不直接使用雇员而转由客户公司控制的实情，又能让客户公司尽到保护雇员之责。可见，美国立法、司法系统对解决劳务派遣中的权责分担问题采用了一种较为务实理性的态度，合理兼顾了派遣公司、客户公司、派遣劳工三方的利益，特别是全程保护了劳工权利，让派遣劳工在任何情形下都能得到妥善的照顾，确保劳工在权利受损时有明确的权利请求对象或具体的责任承担者。

（3）美国反歧视法

美国宪法禁止一切形式的歧视，禁止基于国籍、种族、民族、性别原因在就业领域发生的一切歧视行为。外籍劳工均一体享有美国宪法规定的不受歧视之权。为确保外籍工人不受歧视的宪法权利在实践中得到落实，美国采取以下措施予以保障：

第一，加强反歧视条款教育。国家拨款并责成司法部移民局、平等就业机会委员会和中小企业署在法案生效后发起公众教育运动，向民众宣讲雇员权利，以避免有合法工作权的外籍劳工遭雇主歧视。

第二，删除原雇主责任条款。《1986 年移民改革与控制法》中的雇主责任条款旨在惩罚雇佣非法移民的雇主，但雇主为规避该罚则，普遍歧视外籍应聘者，这让外籍劳工受害颇深。新法删除雇主责任条款，这才为外籍劳工创造公平受雇的条件。

第三，反报复保护条款。法律规定雇主不得因雇员向有关当局提出歧视投诉，或表露出投诉意愿，或曾参与当局主导的歧视调查，或协助司法部门调查、作证，而恐吓、报复雇员或对之施加压力，此类报复行为也将被视为一种新的歧视。

第四，针对雇主的限制。法律规定雇主不得要求员工出示雇主责任条款中未作要求的证件，或拒绝接受外籍劳工出示的外观真实的证件，否则将被视为任用不公。

美国法中的反歧视条款旨在保证来自于不同国家的劳工能实现平等就业，禁止基于国籍或公民身份产生的就业歧视，规定美国雇主不能基于国籍理由拒绝录用外籍劳工。国会为此成立特别委员会，专门负责受理个人的就业歧视诉讼。总之，美国法中反歧视条款规则十分完整，从歧视申诉程序到惩罚措施环环相扣，实施反歧视条款也取得了预期效果，一般就业歧视案件均得到执法部门的妥当处理。

3. 加拿大、澳大利亚外籍劳工法律制度

加拿大、澳大利亚原属英联邦国家，受到其宗主国英国的法律观念、制度影响较深。地广人稀、开拓建国历史不长，是世界上重要的接受移民国家，也是中国主要的移民目的国。2002 年加拿大新移民法生效，旨在吸收更高质量的移民，以满足劳动力市场需要。虽然加拿大以吸收技术移民为主，但为缓解本国劳动力短缺，同时也雇佣外籍劳工到加拿大从事短期工作。外籍劳工的主管部门为加拿大移民局（CIC）和人力资源发展部（HRDC），两大机构在确保为本国居民创造足够就业机会的前提下，根据需要招收一部分急需的技术劳工以维持加拿大经济的稳步发展。

加拿大《移民与难民保护法》规定，外籍人士在持有工作许可的情况下可以在一定的时间内从事一项特定的工作，但基本前提是加国工作职位空缺尽可能先由加籍人士补充。外籍人士赴加工作需要经过比较复杂的审批程序。外籍劳工到任后，雇主有责任安排好医疗保险事宜。外籍劳工在加拿大被平等视为本国劳工，除移民法适用外，加拿大国内劳动法、社会保险法也一体适用。此外加拿大注重国际劳工公约在国内的适用以及鼓励企业、雇主自愿适用国际劳动软法来维护劳工权益。

澳大利亚已经步入老龄化社会且人口增长速度缓慢，每年均需引进外籍劳工以弥补劳动力不足，但其基本外劳政策是：在保证国内充分就业的前提下，方得引进专业技术人才和管理人才。① 澳大利亚招收外籍劳工的行业集中在肉类加工、信息技术产业、医疗护理、饭店服务、建筑业、卡车运输和旅游业。澳移民部要求任何行业的外籍劳工都必须持有工作签证。

首先，澳大利亚对外籍劳工要求较高，必须是技术人员，需要参加职

① 曹自强：《澳大利亚劳务市场概况》，载《国际商报》，2003 年 7 月 21 日。

业能力测试和语言测试；其次，澳大利亚工会势力强大，行业保护严重，进入其市场障碍重重；最后，澳大利亚劳工权利保护严格，劳动力价格昂贵，国家规定了外籍劳工的最低工资标准。移民部对雇工企业实行跟踪监管和现场检查，违规者将被取消担保资格（针对雇主）和签证（针对劳工）。

澳大利亚用人单位担保制度值得一提。澳大利亚法律规定，用人单位担保前必须获得担保资格，必须经过澳大利亚移民部批准为商务担保人才能招聘外籍劳工，外籍劳工必须有用人公司担保才可获得签证、工作许可。担保人的法定义务有：执行《澳大利亚工业关系法》，保证薪金和工作条件；妥善安排医疗保险；确保外籍劳工有合法的工作准证；① 提供外籍劳工回国费用；遵守移民规定；配合移民部监督和审计；及时向移民部上报有关变动事项。

（三）混合法系国家外籍劳工保护法律制度

大陆法系、英美法系是当今世界公认的两大法系，各有其独特的、足以自成体系且能区别他者的本质特征，两大法系也各有其共同的历史源头、核心国家和影响范围。混合法系则是法律体系分类理论的研究派生物，传统法系研究更多的是总结现有的法律发展格局，混合法系研究则重在展望、描绘与预测未来的法律发展趋向。② 在法律多元主义者看来，广义的混合法系概念更能刻画当今法系的多重图景，而西方学者则站在西方中心主义的立场，往往坚持使用狭义的混合法系概念，而排斥使用广义概念。

西方学者研究混合法系均局限于几个特定法域，例如美国路易斯安那州、苏格兰、加拿大魁北克省以及南非、波多黎各，直至近来才将视野扩大到东亚国家、海湾国家以及以色列、菲律宾等法域。③

传统西方学者首先将混合法系限定在“大陆法系和英美法系的交叉地带”，但许多新兴的国家法并不是这两大主流法律传统的简单融合，如伊斯兰法与英美法或大陆法的融合，东方儒教法与大陆法或英美法的融合；其

---

① 曹自强：《澳大利亚外籍劳务签证规定》，载《国际商报》，2003 年 6 月 16 日。

② 夏新华：《中国法的“混合”性与未来世界三大混合法系》，全国外国法制史研究会第 20 届年会论文，第 182 页。

③ ［德］K．茨威格特、H．克茨著：《比较法总论》，潘汉典等译，法律出版社 2003 年版，第 104 页。

次，在混合样式上，倾向于公、私二元分法来说明问题。英国 Reid 教授认为，“在混合法律体系内，公法特别是宪法和行政法，主要源于英美法，而私法主要源于大陆法”①，美国 Palmer 教授也认为“混合法律体系的特征之一就是在公法和私法领域内，英美法和大陆法分别占据主导地位”②。这是典型的西方中心主义立场，视野不及其余，完全无视社会主义因素、宗教文化、道德伦理因素渗透进现代法律体系的现实。

其实，宗教、语言、历史、文化等因素与混合法系的发展交织纠缠、密不可分。随着全球化、一体化趋势的加强，文化协调与交融也不可避免。现今基督教文化圈、伊斯兰教文化圈和儒家文化圈构成全球三大国际性文化圈，基督教文化势力范围大致分布于欧洲、美洲、澳洲，形成殊途同归、渗透融合的大陆法系与英美法系；伊斯兰文化影响波及西亚、南亚和北非，形成宗教色彩浓烈的伊斯兰法系；儒家社会则主要在东亚诸国影响深远，历经流变，儒家文化中心国家已形成“中国式的混合法”。③ 亨廷顿认为：“在将来的世界，文明的冲突将取代意识形态的和其他形式的冲突，成为未来左右全球政治的最主要的冲突。”④ 亨氏立论虽有一定依据，但有以偏概全之嫌，观点有失偏颇。全球化、一体化可在经济领域实现，但在文化领域实现单一化则未必可能，因为三大文明三足鼎立、共存共长已有相当长时间，基督教文明长期占据主流地位，伊斯兰文明生命力强、誓保独立，而儒教文明则生生不息、历久弥新。三大文明屡屡冲突与碰撞，但相互协调与融合不绝不息，不同地域范围内的主体文化都在积极的选择或吸收异质文化，而法律文化作为文化子系统，必将在文明冲突中实现调和，在文化碰撞中走向融合。各大主体文化、各国法律传统兼备特质稳定性和历史承继性，同质或同类法律有望实现融合相济，最终突破制度、空间限制形成较为风格统一、内容同质的法律文化圈。从宏大的世界趋势观之，基督教、伊斯兰两大文化强者恒强，会继续发挥世界性影响。而儒家文化以中华文明为源头和内核，伴

---

① Kenneth G . C. Reid, *The Idea of Mixed Legal Systems*, 78 Tulane Law Review, 2003-2004, pp. 21-22.

② William Tetley, *Nationalism in a Mixed Jurisdiction and the Importance of Language*, 78 Tulane Law Review, 2003-2004, pp. 175-218.

③ 武树臣：《走出“法系”——论世界主要法律样式》，载《中外法学》1995 年第 2 期。

④ 王逸舟：《国际政治的又一种透视——亨廷顿《文明的冲突》一文述评》，载《美国研究》1994 年第 3 期。

随中国复兴与亚洲崛起，将会与两大文化三足而立，各拥其位。未来将生成三大混合法系：新欧洲法系、新伊斯兰法系和新中华法系。① 新欧洲法系仍以前文论及的大陆法系、英美法系为演化发展主体，限于篇幅在此不重新加以论证，主要分述混合法系中新伊斯兰法系国家，包括海湾诸国如沙特阿拉伯、阿拉伯联合酋长国、卡塔尔等，以及受两大主流法系交替影响又受儒教文化浸染的新中华法系国家如东亚国家日本、韩国、新加坡等。

1. 海湾国家的外籍劳工政策及法律制度

海湾地区石油资源丰富、劳动力人口短缺，外籍劳工成为海湾诸国劳动力结构中的重要组成部分，可以预见在相当长时期内海湾国家将不可能摆脱对外籍劳工的大量需求。因为海湾地区人口稀少、人口年轻且在校生居多、妇女被禁锢在家中不能外出就业，导致从 20 世纪 80 年代起外籍劳工数量呈直线上升趋势，占总劳动力人口比例急剧提高。据海湾阿拉伯国家合作委员会秘书处 2004 年发布的研究报告称，外籍劳工占海湾总人口的 37.5%，并预测到 2017 年外籍劳工数量将超过 1 800 万人，同时海湾国家也是中国籍外劳的重要目的地。外籍劳工为当地建设与繁荣做出重要贡献，但受制于海湾地区历史文化环境和东道国摇摆不定的政策，外籍劳工在海外地区的权利保障状况堪忧。

海湾国家从 20 世纪 80 年代起也开始改变以前一直采取的对外籍劳工的宽松政策，采取新的应对措施。

（1）将工作本地化。限定只对本地劳动力开放的行业，限令私营部门雇用本地劳工的比例以维持平衡。如沙特企业向劳工部申请工作签证指标，需要呈报“沙特化”比例实施完成统计结果，只有完成规定的比例劳工大臣才会批准工作签证指标。这对外籍劳工的进入无形中设置了一道门槛。

（2）整顿外籍劳务市场。虽然整顿过程以驱逐非法劳工为主，也不可避免波及合法就业的外籍劳工。在海湾国家国民眼里，外籍劳工被认为是抢自己饭碗的竞争者、暴力事件制造者、纯洁伊斯兰文化的破坏者、正统民族主义的大敌。国民的排外情绪导致海湾国家官方劳工政策在矛盾中摇摆与反复，让外籍劳工权利随时处于不稳定状态之中。历次治理整顿的过程，就是外籍劳工被迫返回故土或权利克减的过程。

---

① 夏新华：《中国法的“混合”性与未来世界三大混合法系》，全国外国法制史研究会第 20 届年会论文，第 185 页。

(3) 提高用工成本。政府征收外籍劳工税、提高签证费和许可证、居留证费用标准。沙特每个签证指标的费用为 2 500 里亚尔（约合 4 136 元人民币），而每个签证指标的手续费为 1 800 里亚尔（约合 2 978 元人民币）。各项费用不仅要价高昂且有重复收取之嫌，雇主也会向外籍劳工转嫁费用，造成新的剥削。

(4) 严格签证制度。海湾国家现从总量控制外劳签证发放，限制低技能劳工入境，同时，限制家属入境团聚，加大力度打击倒卖工作签证。由于海外国家工作签证申请程序涉及部门多、手续杂，且其政府部门工作效率偏低，完成全部申办流程耗时过长，成为外劳正常流入的无形障碍。

鉴于外籍劳工在促进海外地区经济发展、快速增长方面的不可取代的作用，海外诸国也出台法律对外籍劳工加以保护。沙特规定外籍劳工与沙特本地员工一样受到《劳动法》保护，对劳动合同、劳资关系、劳工权利、劳资双方权利与义务、劳资纠纷处理等作出详尽规定。阿联酋也一直重视保护外籍劳工权利，对侵害外劳合法权利的企业或雇主处以罚款、入狱等惩戒措施。

2. 东亚诸国的外籍劳工政策及法律制度

东亚诸国之间劳务合作历史悠久，鉴于劳务交流能带来自然人流动、外汇流入以及拉动投资与消费从而创造就业岗位，促进经济增长。因此东亚各国根据本国实情将发展劳务交流作为改善劳工输入国人口下降、缓解劳工输出国人口与就业压力的重要政策举措。在东亚范围内根据发展程度高下可分为发达国家与发展中国家，发达国家日本、韩国、新加坡是东亚劳务移民的主要输入国，人口富余的发展中国家菲律宾、中国、朝鲜、老挝则是几个大的劳务输出国。由于山水相连有地缘之利，外籍劳工更能获得安全感与便利条件，中国到东亚国家的劳工一直占我国海外劳工七成以上。因此，对东亚劳务输入国外籍劳工法律制度的了解与把握，并据此保护我国在东亚海外劳工的权利至关重要。现选取中国海外劳工主要目的国日本、韩国以及新加坡，分述如下。

(1) 日本外籍劳工法律制度

日本是亚洲首屈一指的发达国家，是仅次于美国、中国之后的世界第三大经济体，近年日本叠加进入少子化、老龄化社会，劳动人口短缺，劳动力需求本应十分庞大，但日本当局为保护本国就业环境、虑及社会治安和社会成本增加等因素，尚未对外开放国内劳务市场。为解决日本劳动力缺口问题，日本通过三种方式引进外国劳动力：第一是引进专业技术领域的高端人才。对于专业领域内有一定特长的外国人日本政府最为乐意引进，大多数中国人通过该渠道在日本入境就职。第二种是单纯劳动力引进，旨在缓解劳动力供需矛盾。除对日裔巴西人大幅开放劳务市场外，主要通过“外国人研修技能实习制度”，从中国、越南、菲律宾等几大劳务输出国大量引进普通外籍劳工，在农林渔业、食品加工、电子组装、纺织服装等技术含量不高的行业工作。第三种是通过双边协定，引进医疗机构和疗养机构的护士、看护师和护理师等，目前日本同印度尼西亚、菲律宾签订了此类双边协定。

日本因长期不愿开放劳务市场，故未出台专门的外籍劳工法律，但为解决劳工短缺这一实际问题，采取变通手法，1999 年由法务省入国管理局根据 1951 年《出入国管理及难民认定法》制定了《研修生及技能实习生入国管理相关指南》。指南虽无法律之名却代行法律之实，指南就研修生的引进、管理方面具体规定了接受企业的权利义务，2007 年修订版指南进一步规定了研修生维权事宜，但日本一直未赋予研修生、技能实习生这种实质意义上的外籍劳工以合法的劳动者地位，直至 2010 年日本实施新的研修技能实习制度，才正式从法律上确立技能实习生的劳动者地位，外籍劳工的权利才受到劳动法的正式保护。

日本技能实习生制度是在研修生制度的基础上发展起来的，两者的法律地位殊为不同，研修生不享有劳动者地位，不受日本劳动法保护，也不享有法定的基本工资，接受其研修的公司只负责支付实际生活费用，当然也不能强制其加班。然而技能实习生被视为与公司缔结雇佣合同的普通劳动者，以雇佣关系为基础，公司须负担工资、福利保险，实习生具备劳动者地位，受劳动法管辖。日本接受技能研修生主要通过两种方式：企业单独型与团体监理型，团体监理型是研修生派遣的主要渠道，其中由日本法务省、外务省、经产省、厚生省、国土交通省共同设立的财团法人“日本国际研修协力机构（JITCO）”全面负责指导外国研修生接收与管理工作。

日本外国人研修实习制度涉及的主要法律有《宪法》、《入国管理法》、《劳动法》及《合同法》。日本劳动法主要包括劳动基准法、安全卫生法、最低薪金法、职业稳定法、工伤补偿法、健康保险与年金及税金法。最新最直接管制在日研修实习的外国人规定为法务省入管局制定的《关于技能实习生入境及在留管理的指南》以及 JICTO 发布的《面向技能实习生的技能实习指南》。日本法律渊源众多，其法律效力各不相同，指南属于行政指南性质，从法律效力上通常可视为一种指导和影响私人活动的非正式法律文件，不具备正式的法律拘束力，但在实际操作中该行政指南却必须予以遵守。日本研修实习制度涉及四方主体，法律关系较为复杂。四方主体分别为监理团体、实习实施机构、派遣机构和技能实习生，各方主体各有权能各负其责。其中技能实习生享有如下权利：①明示技能实习条件；②雇佣合同的公正订立；③劳动时间的明确规定；④工资的正确支付；⑤劳动法令的全面保护；⑥获得安全卫生保障与社会保险；⑦与工会协商的权利。

日本法务省入国管理局、JICTO 协同负责对外籍劳工的监管，依据"入管法"和两大指南对合法持有"工作签证"的外籍劳工进行管理，对其出入境、在留资格及手续、资格外活动及非法滞留的惩处、事故防范、住民税交纳等方面做出具体规范。

（2）韩国外籍劳工制度

韩国近年来劳动力短缺现象严重，许多制造企业开工不足或停产歇业，加之韩国国民收入不断提高，本国人不愿从事 3D 工作。据不完全统计，韩国中小企业缺员已超 35 万，客观上为外籍劳工流入创造了需求市场。为缓解韩国劳工短缺问题，韩国对引进外籍劳工采取鼓励政策。

韩国历史上长期遭受日本殖民，"二战"后因日美、韩美联盟关系，韩国在保持自身民族文化特性的同时也注意向日本学习。韩国效仿日本外劳模式，从 1992 年始施行外国研修生制度，此项工作具体由韩国中小企业中央会负责。2003 年通过新的雇佣许可法，决定以雇佣许可制取代研修生制，其中 2003 年至 2006 年两制并行，为研修生制度设置三年过渡期，雇佣许可制为劳动部负责。同时为境外朝鲜族赴韩务工专门设置访问就业制，并由法务部专责实施。

雇佣许可制在产业研修制废止后成为韩国引入外籍劳工最主要的方式，该制度规定了有关外籍劳工的选拔、派遣和接收，最低工资标准，劳动保险和后续管理等事项，一方面大大缓解中小企业劳动力不足的困境，另一方面将外籍劳工纳入劳动关系法的保护范围，使得其基本权利得以保障。

（3）新加坡外籍劳工法律体系

新加坡法律制度比较健全，对外籍劳工权利保护比较全面。新加坡专门制定《移民法案》、《就业法案》、《外国工人雇佣法案》和《职场安全与健康法案》，分别就工作准证、劳动关系、外籍劳工管理及职业安全与健康问题作出了专门规范，此外还专门出台《外籍劳工管制条例》。

正义可以提升一个民族。

——《圣经》

三、东道国外籍劳工保护法律制度评析

（一）大陆法系国家外籍劳工保护法律制度评析

1. 立法中心主义利弊兼存

大陆法系国家普遍重视立法，注重发挥立法的先导作用以及立法在整个法律运行体制中的中心作用。在有限度地发挥地方立法积极性的同时，更多地采用中央层级立法，以增强法律效力的权威和法律适用的统一。典型大陆法系国家如德法两国劳工法律体系结构严整，从宪法到法律直至条例、实施细则无所不有，国内法严谨细密，国际法在其国内或直接纳入或间接转化，国际条约、区域协定、双边协议在东道国内均能得到充分的尊重与有效实施。立法内容全面，各种层级、形式，不同来源、内容的法律法规构建基本协调一致的法律网络体系，基本能达到有法可依的目的，对紧随其后的执法、守法乃至司法活动的有效运转提供必要的前提条件。更难能可贵的是立法技术也达到相当水平，如德国法律用语严谨精当，条理清晰。

但弊端也现实存在。首先立法不能面面俱到，覆盖面终究有限，囿于立法技术和当时情势，法律冲突、法律漏洞在所难免。其次，立法在先，意图事先明确并固定法律关系，但现实发展日新月异，特别是外籍劳工保护涉及国内国际、牵动政治经济，法律有时必会落后于现实而显得不合时宜，从而丧失先在价值和指导意义。最后，大陆法系实行立法中心主义，要求执法者特别是司法者奉法为师，严格解释与适用法律，限制其合理解释和自由裁量，限制法官造法，实质上就是限制法官正确修补法律漏洞的积极性和可能性，也牺牲了原本可以通过法官合理释法而得到的个案正义。① 立法中心主义有时不可避免导致法律适用的僵化，随着时过境迁越有可能让法律演变为“面目狰狞”的怪物！

大陆法系国家应加强立法评估，将劳动法律体系中某些不合时宜的内容

① 喻中：《从立法中心主义转向司法中心主义？——关于几种“中心主义”研究范式的反思、延伸与比较》，载《法商研究》2008 年第 1 期。

尽快修改或废弃，同时尽可能加入移徙劳工保护的国际条约，将其转化或纳入国内法体系。如不能全盘接受条约内容，可以在国内法中吸收国际劳工保护的新理念或新条款，特别应加强对女性移徙劳工、临时移徙劳工的保护以及在家庭、农业、建筑等特定部门工作移徙劳工之保护；加强立法调查，及时回应外籍工人之权利诉求，真正落实平等待遇和国民待遇，逐步扩大其权利范围，力争延伸至家庭权利，跃迁至政治性权利；适度放松立法中心主义，允许法官在审判规则的制约下，秉持正义与良心展开自由裁量，及时、充分、有效地救济弱势的海外劳工群体。同时发展具有大陆法系特色的案例指导制度，为法官合理造法提供引导与规制。

2. 重视国家责任和政府作用

大陆法系素有国家集权主义传统，在注重中央立法权威和国家法律作用的同时，自然也承担起广泛的保民护民责任，这种责任的承担反过来有利于维护和增进中央权威，也有利于增强国家统治的道义基础与法理根基。东道国宪法和法律规定了国家对外籍劳工的保障责任，以最为强大的国家权力保护最为弱势的外籍劳工权利，一方面体现东道国的道义责任担当和法律义务的承担，另一方面也为外籍劳工应然权利向实然权利转化创造了充分的法律依据。将保护外籍劳工的合法权利明确为国家责任，促使国家投入更多物质资源来改善外籍劳工的住房、卫生条件和社会保障待遇，出台更为良善的制度来防范有关政府部门（各种官方许可审批者）克减外籍劳工之居留、受雇及家庭团聚权利，最后投入更充足的执法资源对东道国雇主起到有效的威慑作用，让其不敢、不能剥削外籍劳工、克扣工资以及限制剥夺其参加工会、谈判协商的政治权利或侵犯劳工人权。

忽视市场、社会、劳工三方的力量与作用。重视国家责任和政府作为固然有其合理性，但片面强调全能国家或国家的全部责任则容易失之偏颇，导致效果欠佳。其实东道国对外籍劳工的保护除“无所不能、无所不在”的国家之外，还可依靠市场主体、社会主体甚至劳工自身的力量。市场规则、社会惯例压力和有组织劳工的集体力量均能对侵害外籍劳工权利者形成有效震慑与制裁，市场、社会、劳工的维权力量与执行手段在一定范围内同样能达到国家法律的强制力、执行力的效果，形成某种“准法律”、“类法律”的力量。因此，单方面强调国家公权和政府责任，忽视市场规则的引入、社会组织的建设、劳工的自我增权，一方面会抑制市场规则的生长、社会组织的发育、劳工的自我发展，阻碍生机勃勃、多元治理的环境形成，对有利于经济社会发展的私权因素形成了挤出效应；另一方面国家力量失去市场、社会、劳工三方力量的支持、支撑与接续，势必出现顾此失彼、独力难撑、跛足不前的局面。① 可以说，国家、社会、市场、人构成法律良性运行之四大维度，厚此薄彼或重此抑彼则“四维不张”，“四维不张，则徒法不足以自行”。

大陆法系国家应充分认识到“国家虽能，仍力有不逮”，应有所为有所不为。同时应深刻认识到市场、社会以及劳工群体的无形力量、自发力量和专业力量，对其加以妥善运用，通过四方协同形成合力以实现劳工保护目的。国家应主动退出市场、社会本可发挥作用的领域，在退出后为市场或社会规则的建立、运行提供官方认可或支持。国家亦可通过政府购买社会服务的方式，为非政府组织、法律服务组织、劳工组织维护外籍劳工权利的活动提供资金。“尺有所短，寸有所长”，即使是“万能国家”也不必面面俱到，应充分放权赋权给市场和社会，方可取得理想的法律实效。

3. 广领域的权利覆盖、高水平的权利保护

大陆法系德、法、荷、奥等国作为外籍劳工的东道国，其法律赋予劳工种类繁多的权利，基本的人身权利、财产权利与“生理需要”毋庸置疑应首先得到优先保障，其次是住房权、卫生权、社会保障权等更进一层的权利，这种权利虽然主要是满足生存之基本需求和“安全需要”，同时又较接近“享受”层次之需求。相较于某些劳工输入国对外籍工人的住房、卫生、社保权利避而不谈，着实是大陆法系国家人权保护事业的重大进步。进而保障的是外籍劳工的家庭团聚权利。尊重外劳的家庭团聚权利，满足人的亲情之爱、人伦之需，心理之慰，实是对人的尊重，能满足“归属与爱的需要”。而职业培训与语言培训权利、社会融入权利则是直接关注人的发展权利以及人生而有之“尊重和被尊重的需要”、为社会接纳的价值层面的权利需求。最高层次的则是保障外籍工人的参加工会、组建工会的团结权、参与协商谈判之权甚至罢工权，这是一种高级形态的“准政治权利”，能满足“自我实现的需要”。海外劳工在大陆法系国家的权利实现基本遵循了“马斯洛需求”的发展路径，逐层推进，层层实现。②（参见图 5）在大陆法系的德法等国，来自于欧盟成员国的外籍劳工甚至业已获得政治投票权。

高水平的权利保护体现在外籍劳工在东道国享受国民待遇的基本实现。

① 吴理财：《政府间的分权与治理》，载《马克思主义与现实》2003 年第 3 期。

② ［美］弗兰克·戈布尔著：《第三思潮：马斯洛心理学》，上海译文出版社 1987 年版。

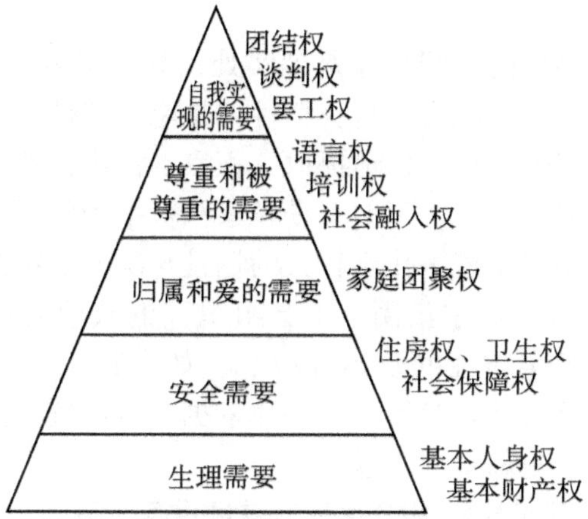

图 5　马斯洛需求层次图（海外劳工权利）

一是东道国人权本身已发展到很高的水平，人权保护事业业已形成良好的基础，让外籍工人在高起点一体享受国民待遇无须冲破观念或体制上的束缚；二是权利种类广泛，基本权利、经济社会文化权利、政治权利无所不包，权利分解精细化，力求应保尽保。仅就社会保障而言，除一般失业津贴、救济之外，德国、奥地利还设有紧急救济或紧急住房项目；三是权利实现程度较高，东道国通过国内立法、国际条约与双边协定，基本解决外籍劳工归国、退休后保险福利的转出、接续、领取难题，这在很多国家远未实现。

高水平意味着高要求，高要求意味着东道国的高投入、高负担，最后可能沦为“口惠而实不至”。任何一个东道国都无一例外存在资源约束，物质资源不足、制度资源难产、执法资源不强，高水平的权利保护总受低资源条件的约束，广领域的法定权利覆盖动辄导致实有权利的悬空。如出于维护本国利益的需要，东道国并不愿积极主动地与劳工输出国签订双边协议，以彻底解决外籍劳工的双重征税、社会保障不相接续的老大难问题。目前德法等国只与印度等屈指可数的几个劳务输出大国签订双边协议，去真诚地解决困扰外籍劳工权利实现的传统难题。即便德法等国与印度成功达成妥协协议，更多地是因为具有强大议价能力的印度持续施加压力，以及东道国意欲以有限度的本国利益牺牲去换取广阔的印度市场。再就组建工会等政治权利而言，法律条文的象征意义更多于实际价值，因为实践中少有外籍劳工既有动力又有能力实现自建工会，团结一致采取集体行动与政府、雇主谈判，在政治权利领域东道国当局更多的是将法定权利停留于纸面，行动上则是无所作为。

东道国欲使广领域的权利覆盖落到实处，高水平的权利保护落地生根，一得自我牺牲，二得冲破阻力。自我牺牲即是愿与移徙劳工母国签订双边协议，允许社会保障资金不设条件地提取、积累、汇出，这等同于减少本国的财政收入或是扩大财政支出，不但牵动国家预算平衡问题，还面临国内政治审议难题，这无疑需要东道国作出较大的牺牲与决断。冲破阻力即是东道国排除国内各利益集团（雇主集团、工会组织）的政治游说或干扰非难，决然给予外籍劳工更多实质性的政治性权利，如自建工会权、团结权、谈判权、罢工权，这样就可让外籍劳工有法律依据、有底气有力量捍卫自身应有权利，并在此基础上争取更大利益。

4. 各国对外籍劳工权利保护各有侧重且重其所重

大陆法系核心国家发展水平相近，人权保护理念趋同，劳工权利范围及保护水平比较接近，特别是德、法、荷、奥同属欧盟成员国，在劳工权利保护方面讲求步调一致，标准统一。但鉴于各国国情不同、历史文化传统、经济社会发展、治理观念和法律制度有异，各国外籍劳工保护法律内容的外在表现基本相同，但各自资源投入不同，因而呈现出各有侧重、重其所重的形态。德国、法国两国劳工权利外观基本趋同，但在某些具体权利规定方面存在显著差别。同就住房权而言，法国对外籍劳工的住房权保障和实现尤为重视，不但宪法序言、宪法委员会将其确立为重要价值目标，并规定了国家的住房保障责任，还专门出台法令成立专门机构，专司负责移徙劳工的住房安置，以期改善外籍劳工的住房条件。与此形成鲜明对比的是德国法律规定外籍工人自行负责安排住房，如无力自己获得住房转而接受政府住房补贴，则可构成驱逐的法定事由。究其根源，法国人权发展历史更为悠久，人权保障理念更为深入，巴黎大骚乱事件更是推动了社会保障政策改善和国家资源投入，因为骚乱的诱因之一是外来移民恶劣的生活环境，特别是低下的住房条件。① 德国作为欧洲经济火车头，为保持其国家整体竞争力，其社会保障政策更为务实，更加强调个人自负其责。德国社会保障政策兼具正向选择功能，通过将接受社会救济与驱逐事由挂钩，借此淘汰那些竞争力不强、不能为德国发展做出实质贡献的外籍劳工。

又如语言和融入课程方面，同为欧洲小国的荷兰与奥地利要求也不尽相

① 宋斌：《法国移民问题与骚乱之火》，载《光明日报》，2005 年 11 月 11 日。

同。荷兰虽专门出台《移民融入法》要求移徙劳工参加语言及融入课程，但是执行并不严格，如若违反也不会带来任何不利后果，在一些小型公司实施甚至流于形式。而在奥地利新《外国人法令》中“融入协议”将接受语言和融入课程规定为强制性义务，并进一步明确了通过要求，否则会被差别对待甚至驱逐。原因是荷兰一直较为开放多元，自由主义色彩浓厚，故对移民融入不作强制要求。奥地利封闭保守传统浓烈，强调自身独特的民族性格和文化特色，近年来其国内深受移民文化冲突问题困扰，故其法律强烈要求新移民、外籍劳工强制性的“融入义务”。

各国重其所重固然事出有因，应加以尊重和理解，外籍劳工应予以遵从，但这可能限制了外籍劳工在各国间的自由流动，因为各国法制不统一，实行多重标准会抬高外籍劳工的择业、就业和适应成本。同理，这也会给各国法律衔接协调带来障碍，不利于在区域范围内建构开放有序、协调统一的劳动力市场。

正如马克思指出经济基础决定上层建筑，一国劳工法律或多或少反映该国生产资料所有制以及经济发展状况与水平，深刻反映的是占统治地位阶级的利益，故其给予外籍劳工权利各有侧重。但法律作为上层建筑的一种反过来作用于经济基础。大陆法系国家完全可以利用法律的能动作用，坚持人本主义立法，突破国内意识形态的羁绊或超越政治上的纷争，逐步改变劳工保护标准的分割性和离散性，努力让外籍劳工在不同国家间得以享受一致的权利，承担同等的义务，从而减低其海外就业和社会适应成本，最终实现流动自由、就业自由。

5. 各国劳工政策与法律易受政治、民意影响

法律追求的价值目标有公平正义、自由与秩序。秩序价值目标要求法律必须具备一定稳定性即法的安定性，从而让公民能够合理规划安排个人事务并可预见行为的法律后果。依成法而规划、结果可预测是任何一个社会理应追求的目标，也符合重视制定法、崇尚立法中心主义的大陆法系国家传统。① 但外籍劳工政策法律在东道国却缺乏稳固的基础，容易受到民意、政治的不当影响而陷入一种不稳定、不确定的状态。东道国国民政治上有投票表决权、议题创制权、决策复议权，更兼经济上占主导地位、人数上有压倒性优势，且心理上优越感更甚。从某种意义上说，东道国法律本质上由其国

① ［德］阿图尔·考夫曼著：《法律哲学》，刘幸义等译，法律出版社 2004 年版，第 274 页。

民创制、法律上的权利为国民所享有，并主要为国民服务。而东道国基于人人平等、国民待遇原则，给予外国人各项权利与利益似乎是“法外施恩”或“利益外溢”，在必要的时候也似可克减或收回。当一国国内总体资源固定时，本国人、境内外国人的资源占有态势总是此消彼长，在公共资源紧张时，最先牺牲的往往是政治经济上最为弱势的外籍劳工，如收紧移民政策、严控居留许可或工作许可、缩减住房补贴、停止失业救济甚至将外籍劳工无理由驱逐。在全球经济危机时期或国内不景气时期，通过出台临时行政命令或应急修改法律，减损外籍劳工权利，而东道国此时完全罔顾法律的权威性和稳定性，也全然不顾人权的普遍价值以及平等权在任何情势下的无差别性。东道国国民自私的民意形成强大的政治压力，政治压力足以变动政策、修改法律，而变动的政策和法律会粗暴地粉碎外籍劳工的良好预期，肆无忌惮地克减甚至剥夺其应得权利，东道国的全民狂欢此时沦为一场掠夺少数群体的“多数暴政”或“民粹盛宴”。

东道国劳工政策无序失序虽收部分的短期利益，但长期的整体利益将损无疑。劳工政策法律朝令夕改，易受政治影响，既有损于国际形象，有害于国际声誉，又从长期上影响东道国对外籍劳工的吸引力，最终从根本上影响国家整体竞争力。

东道国应保持政策定力，坚持法的安定性，不能因事废法、因势易法。法律一旦制定并公布，天然具备既定力和拘束力，就须保持稳定以固权威，因此法不可“因人废事”。劳工保护法律实是对劳工的承诺，承诺就是债务，承诺即受拘束，决不能因本国人的一时利益而违背承诺。立法不能完全简单地受制于民意，行政直接依赖于现行立法，司法更是超脱、中立于民意，因此在排外的民意汹涌之时，东道国立法、行政、司法机构应奉法为师、维护法律的尊严、坚持法治原则和正义理想，不为民意所俘获，更不为民粹所左右，方可赢得国际社会的支持和长久的赞誉。

6. 不公正不合理之处依然存在

公平正义是法律的核心价值，合法合理是良法善治之目标。东道国外籍劳工政策法律体系中不合理、不公正之处大量存在，一时难以排除与摒弃。第一，法律对自由的限制。如德国为实现方便管理或严格管制目的，将外籍劳工的就业门类、就业地域严格限定，未经审批不允许随意变换，这既有悖于迁徙自由又违反了择业自由。第二，差别待遇广泛存在，同为从事相同工作的外籍劳工，来源于欧盟成员国的劳工待遇明显优于第三国劳工，甚至新老欧盟成员国劳工之间待遇也存有较大差别。各国赋予欧盟劳工优惠虽有欧盟条约依据，但不效仿最惠国待遇将优惠扩展至第三国也不尽合理。此外短期劳工的工作许可不能独立于居留许可，其待遇也不合理地远低于拥有永久居留权和独立居留权的劳工。第三，隐性歧视难以消除。基于国籍的歧视被国际条约明确反对，但隐性歧视仍然存在。与东道国签订有双边协议国家的劳工在避免双重缴费、获取社会保险方面享有更多的优惠，而那些来自于无双边协议国家的劳工仍然在东道国、母国两头重复缴费，且在东道国只能“打折”领取社保。而两国未签约的原因不在于外籍劳工，也不在于劳工母国，而在于东道国不愿放弃自身利益与劳工母国达成协议。所以在这种意义上说，根据有无协议区别对待，对外籍劳工构成了隐性歧视。

大陆法系典型国家均为发达国家，也是世界上主要的外籍劳工输入国。其经济发展水平高，人权保护程度高，各国都致力于将自身树立为国际人权标杆，或是将自身打造为国际人权卫士，不竭余力地向全世界输出人权普世价值。为让本国国际人权形象更为有利，人权价值输出以及捍卫人权行动的基础更为牢固，大陆法系各国应采取切实行动，消除本国劳务政策法律中的不合理不公正之处，消弭差别待遇，在一国范围内普遍施行平等，最后应消灭一切形式的歧视。

（二）英美法系国家外籍劳工保护法律制度评价

1. 司法中心主义褒贬不一

英美法系国家更加重视司法，更加重视司法的定纷止争、保障救济作用及司法在整个法律运行机制中的中心作用。不同于大陆法系的成文法传统，英美法系国家法律体系中一直以来由立法机关制定的成文法较少，而构成法律体系主体的是渊源各异的普通法、衡平法判例。虽然英美法系日益受大陆法系影响，两大法系相互借鉴相互靠近大有趋同之势，但其各自核心优势或曰特色仍在坚持。相对于立法中心主义，英美等国更加重视司法在法律运行中的中心作用。一是英国历史上将立法权视作王权王政以至民权的一部分，无论是王权或民权都有偏私、暴虐的成分，都有可能演化为个人专制或多数的暴政，故对其不予完全信任，甚至要约束其适用，这一点不同于大陆法系国家立法至上的传统，虽然英国也有巴列门至上主义，但两者仍有诸多不同；二是在英美法系国家司法系统更具中立性、独立性，因而更加客观公正。法官历来不屈从于王权，也不受制于政治或民意，只服从法律和先例，独立于任何法外因素，中立于争讼各方，秉持客观立场和逻辑方法，故能很好地实现公平正义。虽奉行司法中心主义，英美国家并不排斥制定法的作用，在外籍劳工领域美国制定了移民法、劳务派遣法、反歧视法，英国也制定了大体与欧盟一致的成文法。

英美奉行司法中心主义，与其重视司法的定纷止争、保障救济功能密不可分。英美国家注重司法在纠纷解决中的核心作用，赋予诉讼中原告被告两造平等，给予其同等的诉权和相同的程序性权利。在法官眼中诉讼各方无强弱之分，意欲通过无偏的法律平衡各方。此外重视法官的自由裁量权能，希冀法官能修补法律漏洞和实现个案正义。法官在诉讼中虽然只是消极的裁判者，但在法律解释与适用中却是积极的行动者。法官通过专业精微的法律解释技术，正确修补立法漏洞或合理突破先例约束，甚至会发展出新的法律原则或规则，成为新的、对后世有约束力的判例，从而实现“法官造法”。通过区分规则，指出同类案件之间的重要区别和构成要素差异，不拘泥于先例的僵化约束，具体情形具体剖析，从而能实现“个案正义”。① 对于外籍劳工权利保护而言，其权利内容丰富且有不断拓展、新生之势，法官造法能很好适应这一趋势，有利于全面保护其权利，以确保劳工权利不遗不缺保护周全，也有利于法官通过释法造法技术发现、确认外籍劳工之新型权利。此外，法官发挥解释适应法律的能动性，在纷繁复杂、法律关系纵横交织的情形下能实现个案正义，如美国劳务派遣领域，法官解释并发展出许多劳务派遣法律适用新规则。如在特定情形中，将用人公司视为共同雇主，对劳工承担单独责任或连带责任，十分有利于保护外籍劳工，实现“个案正义”。

但司法中心主义弊端显而易见。立法未将外籍劳工权利清单提前予以明确列示并宣告保护，不利于外籍劳工明白自身权利之所在所有，无法形成完整的权利预期，在权利受损害时，也无法组织合法合理的维权行动，从而不利于权利救济。此外，高度依赖司法过程解决纠纷对外籍劳工而言困难重重。司法程序繁琐冗长，证据规则庞杂、高度依赖专业律师，且耗费巨大、耗时长久，又往往久拖不决。外籍劳工不熟悉东道国的英美法规则与程序，难以收集、保有证据以及有效举证质证，且其收入有限无法支付律师费用和诉讼成本，加之停留时间受居留期限限制，所以司法程序难以解决外籍劳工急迫的维权需求。

鉴于英美法系司法中心主义的弊端，建议一方面实行司法改革，海外劳工侵权事件一般涉及赔付数额小、侵害行为具有即时性，对此应开启小额诉讼程序和简易诉讼程序，以便于迅速、有效展开劳工救济。同时可针对海外

① 何家弘：《论法官造法》，载《法学家》2003 年第 5 期。

劳工群体简化证据规则、降低司法费用、加强法律援助。在另一方面，通过授权立法的方式赋予行政系统更多的执法权、准司法权，让行动快速高效的警察机关、劳动部门可应急救济、即时保护受害的海外劳工，或可让其充任仲裁者或裁决人，便捷处理雇主与海外劳工之间的劳动纠纷，做到案结事了，胜败皆服。

2. 强调个人责任，弱化国家责任

英美法系国家素不迷信全能国家，也少有国家集权主义传统，其法律父爱主义色彩也远不如大陆法系国家强烈，而是重视个人责任，更加强调自负其责。英美法系国家传统上崇尚个人自由、个人奋斗，主张限制国家和政府公权以保障个人自由，坚信有限政府才能为社会、为个人创造自由发展的空间，所以国家最好成为“守夜人”一类的角色。个人更多自由意味更多的权利，而权利与义务如影相随，更多的个人权利意味着更多的个人责任。

英美国家相对于欧陆国家而言，在保护劳工权利方面趋向于消极保护而非积极保护，因而其制定法只停留在或满足于保护劳工的基本权利与自由，而非更高层次的权利。所以在其成文法中很少出现关于外籍劳工住房权、医疗权、家庭团聚权、选举权、谈判权、罢工权等高级形态的“享受型”、“情感需要型”权利或政治性权利。在英美国家看来，只要保护外籍劳工之基本的人身权利与择业自由以及保障工资权等基本财产权利就履行了国家责任，至于进一步改善住房条件、享受更全面的医疗待遇，则取决于劳工个人的财务能力以及支付对价的意愿。况且英美国家私人住房市场、商业性保险市场发展相当成熟，任何一个有合理工资收入的自由劳工均能在发达的市场取得与其需求匹配的商品房或保险产品。至于外籍劳工之配偶、子女是否享受团聚权，这并非国家对非其国民所应负的法定义务，转而交由移民签证官员根据个别情形自由裁量，也不会招致减损人权之批评。而谈判权、参加工会或组建工会权等政治性权利，不同于民事权利或诉讼权利根据国民待遇原则可由外籍人士一体享有，此种政治性权力理论上应专属本国人所有。同时在英美国家看来其本土工会势力强大，劳工参加工会比例很高，团结权、谈判权容易获得，无须国家法律越俎代庖，况且自英国前首相撒切尔夫人、美国前里根总统改革后，英美国家对工会权利是一贯抑制的。①

鉴于有限政府之有限能力与有限责任，英美法系国家更倾向于发挥市

① 王捷：《撒切尔主义的工会战略》，载《西欧研究》1990年第3期。

场力量与社会力量的作用。英美国家及其政府在劳工保护方面资源投入有限，制度供给也不如大陆法系国家充足，其立法保护、行政保护皆不如大陆法系国家充分有效，更多地借助于劳工个体或工会组织通过司法途径维权，恢复或修补劳工受损的权利。司法资源毕竟有限且成本不菲，英美法系国家引入市场力量、社会力量来维护劳工之权利。在引入市场力量方面，在市场上推广各种企业社会责任标准和国际通行的劳工保护标准，鼓励用人企业采用上述标准以迎合采购商、消费者乃至社会大众的保护劳工诉求，并且政府鼓励不同的标准之间合理竞争，让最适合的标准生存下来并逐渐成为通行标准；在社会力量引入方面，政府注重培养非政府组织、社工机构，让非政府组织、城市社区更多地开拓开放公共空间，承担更多的社会公共事业服务职能，特别是在劳工保护方面发挥更多作用，如为劳工提供物质帮助、法律援助，代表劳工同雇主协商，督促雇主改善工人待遇和生产条件、生活环境。

但过分弱化国家责任的弊端也显而易见。万能国家虽至今没有出现，但西方学者所推崇的“守夜人”国家在今天则过于理性，“大社会，小政府”是西方自由主义学派的理想模式，但国家权力不断扩张、政府职能不断膨胀却是不争的事实。无论是社会主义国家，还是资本主义国家，其国家和政府仍是各种物质资源的最大所有者或调度者、制度资源的核心供给者，其集中最大的合法性权威并保有最强的执行力与强制力，在现今世界国家及其政府仍然是最有权威保护劳工权利的主体、最有能力保护外籍劳工的强大行动者。国家及政府在立法、行政、司法上可实现全过程、全方位地保护劳工权利，预防和威慑侵害劳工权利的行为，救济、修补受损的劳工权利，制裁、惩罚一切欺诈、剥削以及虐待行为。国家拥有全治理领域内唯一的、统一集中的合法性权威以及与之配套的国家机构与国家公务员等一整套行动力量，又兼法庭、监狱乃至军队等暴力机器作为强制执行的后盾力量。最强之国家如不去保护最弱之外籍劳工，非因国家力有不逮，而会有失义卸责之嫌。

纵使寄希望于市场、社会以至劳工个人之力量去维护外籍劳工利益，也需由国家用正式的法律形式给市场、社会赋权，为劳工个体增权，让国家承认保护劳工权利的市场标准、社会行动和个体维权行为的合法性，并适时予以国家公权力的支持和从旁协助。正如国家承认和执行仲裁裁决一样，国家司法与社会仲裁并行不悖，同为纠纷解决的两种方式，国家尊重合法合规合乎程序的仲裁过程，并在必要时通过国家司法执行的资源与强制力量去保证仲裁裁决的有效执行，当然国家在从旁协助的同时需要一定程度的监督。① 对于市场力量、社会力量去维护劳工权利、解决劳工权利纠纷，国家应予以尊重之外，也应予以适度支持以保证其有效有力、义利兼收。英美法系国家在合理协调国家、社会、市场、劳工个人四方力量方面仍需进一步改进。

3. 善抓关键环节，努力制造平等与公正

大陆法系国家通过直接赋权的形式来维护和保障劳工权利，通过法律列举权利清单，让外籍劳工明白自身享有种种法定之权，同时为用人单位施加作为与不作为义务维护外籍劳工权利，并辅之政府监督、保障乃至扶助责任。而英美法系国家未在其法律体系中清楚而详明地罗列外籍劳工诸种权利，而是制定完善的反歧视法，通过反歧视法努力制造平等与公正，规定国家、雇主、社会对本土劳工、外籍劳工应一视同仁、平等对待，同时针对现实中外籍劳工弱势地位易受侵害的实情，通过反歧视法予以化解，确保平等待遇的享有与实得，并通过一系列有约束力的司法判例予以巩固与指引，如关于反对流动权条款限制的 Meade-Hill and National Union of Civil and Public v. Servants British Council 案（1995）、关于反对语言资格限制的 Perera v. Civil Service Commission 案（1983）。② 这就等于抓住了外籍劳工易受损害的核心原因和关键所在，即因外籍身份而招致不平等、不公正和歧视，从而成为侵权行为、虐待行径的牺牲品。

英美法系国家特别是美国针对歧视的广泛存在和潜在危害，出台了一系列反歧视法，并最终形成了三个层次组成的结构严整的反歧视法律体系：一是反歧视基本法即美国《民权法》（第七章），确定反歧视的宏观总基调、总依据；二是反就业歧视的特别法，如《雇用年龄歧视法》、《平等工资法》等；三是在民法典、刑法典、劳动法等普通法律中涉及就业歧视的条款。美国的反就业歧视法律捍卫了外籍劳工的尊严和人格权，让每个劳工个体受到尊重，不被鄙视侮辱和不公对待。③ 究其实质反就业歧视之终极目的即是维护社会公平正义。法律在劳动领域为外籍劳工提供平等参与、平等进入、平等对待的机会，有助于社会公平和正义在机会平等的基础上实现，从而有效

① 江伟、李浩：《论人民法院与仲裁机构的新型关系——为〈仲裁法〉的颁行而作》，载《法学评论》1995 年第 4 期。

② 《最新不列颠法律袖珍读本——劳动法》，甘勇译，武汉大学出版社 2003 年版，第 77、79 页。

③ 蔡定剑：《我们为什么要反就业歧视》，载《法制日报》，2007 年 5 月 29 日。

防止社会资源、工作机会分配和享有的过程将外籍劳工排斥在外。

最后，美国现行法律体系中关于反就业歧视的规定不仅仅止步于权利性的宣告，还进一步规定了程序上的保障和实施机制。为确保现有反歧视法律能有效预防、强力威慑一切歧视行为，避免有法不依的情况出现，现行反就业歧视法律规定了有效的救济机制，外籍劳工可以通过向平等就业委员会投诉、向普通法院提诉，可以说在美国“平等权在法律上是一项完全可诉的权利”。①

4. 立法、司法奉行实用主义哲学

实用主义哲学被视为“美国精神”的象征，虽在美国土生土长，却在世界上影响深远。实用主义作为一种影响美国的主流哲学流派，已经渗透到美国社会的各个领域，包括司法过程。② 著名法官霍姆斯、卡多佐、波斯纳把实用主义的一些原则运用到法律理论和法律实践中，冲破盛极一时的法律形式主义之束缚，美国司法的实用主义基础从此铸就。“法律的生命不在于逻辑，而在于经验。”霍姆斯大法官的反形式主义至理名言直至今日仍震聋发聩。首先，美国法律实用主义坚持的气质是反本质主义、反基础主义、反形式主义，注重行动及其效果。波斯纳指出实用主义是一种处理问题的进路，具备实践理性和工具价值，高度关注效用和连续性，着眼于处理目前和未来的问题。③ 他进而指出实用主义基于事实和后果作出政策判断，而不是基于概念主义和通则。④ 实用主义非常重视对社会产生的影响及法律的社会后果，致力于法学接近社会科学，司法游戏接近科学游戏。⑤ 英美法系国家法律并未规定外籍劳工的家庭团聚权、社会融入权利，也是基于实用主义法律观。一方面事先规定外籍劳工的家庭团聚权势必给当地政府、社会带

① 资料来源于中国政法大学宪政研究所：《关于《中华人民共和国反就业歧视法（专家建议稿）》的说明》，参见人大与议会网：http：//www. e-cpcs. org/newsinfo. asp? Newsid = 16945，2013 年 11 月 22 日访问。

② 张芝梅：《实用主义司法理念的价值及限度——以波斯纳为例》，载《学习与探索》2008 年第 3 期。

③ ［美］波斯纳著：《超越法律》，苏力译，中国政法大学出版社 2001 年版，第 4 页。

④ ［美］波斯纳著：《道德和法律理论的疑问》，苏力译，中国政法大学出版社 2001 年版，第 263～264 页。

⑤ ［美］波斯纳著：《超越法律》，苏力译，中国政法大学出版社 2001 年版，第 453 页。

来压力和冲击，因为接受数量众多外籍劳工本身就给政府管理、社区接纳带来一定的困难甚至冲突，如果开放数量更不确定的外劳家庭成员，对政府的管治能力、社会接受能力更是巨大的且不确定的挑战。另一方面，从明确规定家庭团聚权的大陆法系国家的实际执行效果看也不尽如人意，排队申请、排队等候家庭团聚的外籍劳工家庭子女、配偶数不胜数，有些国家甚至要等上两年之久。美国法律正是深刻洞察到本国执行的现实困难以及外国法律的形式主义问题，故未作规定，而是将家庭团聚之权交由领事签证官员斟酌实情、按需审批，控制节奏自由裁量，保证外籍移民入境可控可接受。社会融入权方面亦是如此，一方面英美法系国家并无充足的财政预算支出来免费支持外籍劳工的语言课程、融入课程，另行增加、扩张预算也难以通过民主程序得到当地纳税人的同意；另一方面英美法系国家本无让外籍劳工及其家庭转变为永久居民的意愿和政策动机。

其次，实用主义是对美国司法精神的最好的描述，也是司法过程的最好指南——因此实用主义既是对司法的最好的规范性理论，同时也是最好的实证性理论。① 实用主义坚持强调成文法及司法先例是用来解决问题的，而决不能将成文法或先例视为一成不变的教条，更不能无原则地不折不扣地去遵循，应从实用主义立场出发并一切根据案件实情作出合乎实际的选择。联邦或地方各级普通法院、衡平法院应将先例视为一种解决问题的指导而决非一种僵化的训令，这就意味着法官可以酌情作出自由裁量、自主选择是否援引先例或受先例拘束，甚至在必要时能动司法，用“法官造法”来创制先例。② 所以在英美法系国家法官坚持实用主义立场、灵活运用自由裁量权，可以在众多先例中选择最类似的先例加以比较区分，从中提炼出同类案件通用之法理和规则，而在无适合先例能借以比照参详时，法官则可以发挥司法能动作用，根据普遍之法理，衡平之精神，公平正义之指引，径行法官造法，创造出新鲜判例，这是法律实用主义的最好注脚。如美国在涉及外籍劳工派遣时对共同雇主的认定、就业歧视的构成要件分析方面恰当运用法官造法，不拘泥于成法或先例，创造了新的司法原则。

总之，英美法律实用主义的特点在于把实证主义功利化，强调法律能够付诸的实际“行动”和实际运行能达到的“效果”。其法律哲学即是“一切

---

① Posner, *Law Pragmatism and Democracy*, Harvard University Press, 2003.

② 张芝梅：《实用主义司法理念的价值及限度——以波斯纳为例》，载《学习与探索》2008 年第 3 期。

从功利主义出发、坚持效果至上原则”，一切法律概念、法律原则、法律理论决非判解现实世界的唯一正确答案，而判断一切法律制度的意义和价值，完全不依赖于其是否映照客观实在，而在于实际感觉或应用效果，这实在存有法律工具主义之嫌。但英美法系许多法律制度均奉实用主义为圭臬，相比之下大陆法系国家法律则有明显的法律理想主义或法律浪漫主义，在某些情形下其法律“明知不可而为之，明知不能而规之”。

但“一切都行，效果为王”的法律实用主义可能遮蔽最为弱势的海外劳工群体之正当诉求和利益，如果法律实用主义只注重效果或结果，忽视其中的过程，则会从根本上背离劳工为本的原则。因为人的解放、劳工的解放不仅表现为一种确定的结果，而且也表现为一种确定的过程。

5. 权利保护不周全

英美法系国家立法上坚持简约主义和实用主义风格，固然与其国家长久的历史文化传统与法治环境相适应相协调，有其生命力与合理性，但外籍劳工大都来自于大陆法系国家或受大陆法系影响深厚的国家，这些劳工的母国大都是实行立法中心主义，立法先行，法律体系具有鲜明的父爱主义风格，法律条文具体而微，事先规定了劳工人身、财产、社会、政治权利，让外籍劳工在择业就业全程均能依据现成法律作出合理预期，明白自身权利义务之所在，从而科学规划自身行动。同时法律给国家课以各种保护劳工的责任与义务，让外籍劳工在权利受损时可求助于国家公权力，通过国家直接有力、便捷高效的行政执法权力予以及时、充分、有效救济。

反观英美法系国家的司法解决中心主义、国家公权承担有限责任的现实，会加剧外籍劳工的弱势地位，立法上的“无法可依”让劳工无所适从、不知自身权利为何物、有何依据，按照大陆法系“权利法定”的惯性思维则大有可能认为自身无权无利，从而怯于维权，失去第一步基础性权利依凭，则难以进行下一步的行政行为和进一步的司法作为。

英美法系国家素有抑制行政权无限膨胀的传统，乐于限制国家权力，倾向于有限政府的有限责任，过分信赖客观中立、公正专业之司法体系能解决一切问题。外籍劳工权利受损情况在东道国处于多发易发，需要大面积救济，侵权形式纷繁复杂且日益隐蔽、侵权状态持续不长连带证据迅速湮灭，侵权行为急需公权力快速反应、快速制止、快速恢复原状、快速惩处、快速救济，如果国家与政府行政资源有限，执法权力又有严格的边界限制，则会陷入无权行动、无力行动的困境，这会大大延缓、搁置甚至无视外籍劳工频发的、急迫的维权救济需求。

英美法系国家司法程序重实体权利，更重程序权利，甚至有“程序先于权利”、“无令状即无权利”之说。程序繁琐复杂，调查取证困难重重，高度依赖于科技手段查明，往往会耗费巨大的人力、物力以及漫长的时间成本，① 对于签证有期限、居留有期限的外籍劳工而言经不起过长的司法程序，对于单枪匹马独闯天涯的外籍劳工而言，在异国他乡失去社会关系网络的支持而没有足够的人力投入来逐个经历冗长的审判过程，而对于经济状况贫弱的外籍劳工而言，更无能力支付高昂的律师费、诉讼费。总之为求得最终的司法公正需要外籍劳工付出高昂的代价，而这一代价在现实中外籍劳工往往无法承受，唯有放任权利受损或放任侵权状态无限持续。

鉴于英美国家行政保护不足的现象，建议立法机关给行政部门课以更明确、更详细的劳工保护责任，以履行国家宪法或其缔结的国际条约中的平等待遇承诺。在必要时可增加劳工行政部门的人员编制和执法权限。或可建立一支专门执法队伍，受理海外劳工投诉陈情、对雇佣海外劳工的企业展开现场检查或持续劳动监察、裁决涉及外劳的劳资纠纷，授予其必要的处罚权对无良雇主课以罚金、吊销证照或施以拘禁乃至移送司法，同时国家财政拨付一定的专项经费，保障其能救济处于困境中的海外劳工，以满足其窘迫的衣食住行之需。当然，在海外劳工与本地劳工真正一体享受平等待遇、不遭歧视不受排斥时，该部门已完成预期任务，则可裁撤，免其功能变异。

6. 某些法律制度在现实中的可能异化

异化本为一个哲学概念，也被翻译为疏离或疏远，马克思早期作品中论及的异化（Entfremdung），意指原本自然互属或和谐的两物彼此分离，甚至互相对立。异化一词最重要的用法是表示人与其“类本质”的异化，② 其立论基于费尔巴哈在《基督教的本质》（1841）中的理论，费尔巴哈力证“上帝”观念是人类特征的异化；斯蒂纳则进一步主张“人性”观念是个人的异化；马克思与恩格斯则在《德意志意识形态》（1845）中反驳了他的观点。而马克思关于劳动过程中的异化论则是基于他对资本主义工业生产过程的观察：工人不可避免地失去对自己工作的控制，从而失去对生活及自我的控制。③ 工人从来都不是自主、自我实现的人类存在，他只能以资产阶级欲

① ［美］米尔建·R. 达马斯卡著：《漂移的证据法》，李学军等译，中国政法大学出版社 2003 年版，第 200 页。

② 王鹏伟：《技术理性与人的单向度发展》，载《前沿》2014 年第 4 期。

③ 马克思：《1844 年经济学哲学手稿》，人民出版社 2000 年版。

其所是的模式而存在。在这里借用异化观念，法律制度异化意指一种偏离原有法律制度设计的功能价值目标的倾向，甚至阻碍原有价值目标实现的变化。①

澳大利亚法律规定外籍劳工就业必须有用人公司担保，用人公司必须在担保前获得担保资格，成为澳大利亚移民部批准的商务担保人。可以说担保制度是澳大利亚移民管理当局在借鉴欧美国家经验教训的基础上推出的一项法律举措，其制度设计的立法原意是为用人单位设定准入资格，同时课以担保、报告及配合当局的义务，从而加强对移徙劳工的监管。客观上说，这一制度设计的初衷是良好的，愿望是善良的，按照顶层设计者的设想，这一制度本能达到三赢目的：一则通过加强雇主责任减轻当局管理负担；二则为雇主创造合规经营、公平竞争的环境；三则有利于保障外籍劳工之权利，得以享受法定的薪酬和适合的工作条件。但在具体实施过程中这一制度则可能出现功能异化，一是出现转嫁担保责任，以担保为名扣留外籍劳工身份证、护照或其他证明文件，甚至个别无良雇主借机非法收取担保费敛财，演化为一种新的压榨手段和控制手段；二是担保制度实质上限制了外籍劳工的选择权和流动权。外籍劳工欲得工作只得选择有担保资格的雇主，欲换工作也只得在有担保资格的雇主中选择，如被扣留证照，则完全无从选择；三是出现矫枉过正现象，担保制度给雇主施加较多义务和较重责任让其如履薄冰，稍有不慎就会被剥夺担保资格，这一方面会减弱雇主雇佣外籍劳工的动力，影响外籍劳工充分就业；另一方面会促使雇主过分“监察”“管理”甚至“控制”外籍劳工，这无可避免损及外籍劳工的人身权、自由权、隐私权或人格权。

法律制度的异化必须加以矫正。东道国应经常展开立法调研、执法检查或司法评估，海外劳工毕竟现实身份、地位甚至自我意识均有异于本土劳工，如国内劳动法在其身上同等适用，这本出自良善的平等愿望，但有时也不可避免不公正之处。若为这一群体单独立法，无论出于何种目的，有时也会招致抵制或是变通适用，如东道国的外籍劳工正规化计划并不为所有劳工适应或接受。因此，法律调研、检查、评估应是经常的和必要的。针对海外劳工领域法律的“对付”使用、“变形”利用或负面溢出效应，立法、行政部门应及时出台新的指导规则或责任规则，对变异扭曲行为进行纠正或必要

① 参见徐梦洲、杨晖：《金融功能异化的金融法矫治》，载《法学家》2010年第5期。

的惩治，加大执法力度抑制负面效应，同时应始终坚持原有价值目标，让异化重新回归法律制度设计之初衷。就海外劳工领域法律而言，这一初衷最核心之处应是劳工保护、维护劳工权利、保障劳工自由。

（三）混合法系国家外籍劳工法律制度评析

1. 海湾国家外籍劳工法律制度评析

海湾国家的法律是比较典型的混合法，既混合了浓重的伊斯兰法传统，同时有选择地吸收了某些现代法的精神，在法律的形式外观上呈现出传统与现代、冲突与协调、矛盾与兼容的多重面孔。海湾国家承袭的伊斯兰法是一种根植于自然经济的宗教法律体系，具有渊源神启、政教合一以及注重义务等特征。① 近现代在西方的全面侵略、西法的复制移植以及现代化的强力冲击三重打压下，因循守旧的伊斯兰法被迫适应日新月异的社会现实开始改革进程。

传统伊斯兰法经过较为渐进的西方化改革后，今天其作用已经严重削弱，宗教法院的管辖范围被大大压缩，基本上被限制在与私人身份相关的婚姻、家庭、继承及宗教领域，世俗法、现代法的管辖范围则渐积扩张，西方法取代宗教法开始管治全部公法领域（宪法、行政法以及刑事法、诉讼法）和大部分私法领域（除人身关系以外的民商法）。“二战”后，海湾地区掀起民族独立运动和反殖民化运动，独立后的海湾国家结合自身历史与国情参照宗主国模式，构建传统—现代二元并立交融的法律体系，改革伊斯兰法的核心部分，对婚姻家庭法、宗教法院组织和审判程序进行现代化更新，使之基本适应现代社会发展需求。但期间历经世易时移，法律政策也有摇摆和反复，部分海湾国家法律变革一度曾因伊斯兰复兴运动而遭中断或复辟，向宗教传统回归，特别是晚近阿拉伯世界的激进化更是加剧法律的极端伊斯兰化。尽管海湾诸国法律改革进程起点不一、节奏不一，力度各异、方法各异，但都能顺应世俗化、现代化的大潮，大陆法或普通法的普适因素已渗入本土伊斯兰法中，社会主义法因素也不乏其中，现已难觅纯粹的伊斯兰法踪影。②

---

① 夏新华：《中国法的“混合”性与未来世界三大混合法系》，全国外国法制史研究会第20届年会论文，第186页。

② 夏新华：《混合法系发展的前沿——兼论中国法学家的理论贡献》，载《湘潭大学学报（哲学社会科学版）》2008年第3期。

与此同时，伊斯兰文化的强大生命力，伊斯兰法的持续生存能力和广泛而又深入的影响力不容忽视。伊斯兰文化历经 14 个世纪的发展，在强大的西方文化冲击下始终保持一定的独立性，仍能无比顽强地保持生机与活力，不但在相当长的时间内不会消亡，而且还会继续扩大势力范围。穆斯林世界认为伊斯兰文化无比优越，因为其团结意识、护教决心和勇气，① 这就不可避免地深刻影响其法律理念和法律文化、法律制度。正如伦敦大学东方和非洲学院尼古拉斯教授指出，“从法律传播、法律多元和混合的角度观察中东法律体系现代化过程，西方法与伊斯兰法混合的地区是确定无疑的混合法域”。② 一种新的混合法系有望在海湾地区形成，将有别于传统伊斯兰法，可称之为新伊斯兰法系。

海湾国家法律体系的两面性或曰混合性在海外劳工保护领域亦有典型反映，对外籍劳工保护有积极的一面，也有消极的一面。积极的一面表现在其法律的世俗化与现代化成分，在保护劳工方面与国际通行标准接轨，逐渐对外籍劳工一视同仁，给予其国民待遇，同工同酬，逐步减少对外籍劳工之人身限制、财产限制，开始展示出扩大外籍劳工政治参与权利的诚意，并付诸法律上的实际行动，对本地无良雇主进行法律制裁并加大制裁力度，赋予外籍劳工更多的发言权、参与权，国家也认识到外籍劳工对本国发展的重大意义，法律也为国家课以保护劳工权利的义务与责任。其法律愈益展现出尊重与保障人权的品性，也显示出一定的开放性。

但其消极的一面表现在海湾国家法律的伊斯兰化和若干宗教特性，如伊斯兰法在婚姻、家庭、继承以及个人生活方面有许多禁忌与限制，不但对穆斯林有严格要求，对处于伊斯兰世界的外籍劳工也同样有种种限制与要求，这很大程度上限制外籍劳工之自由权与选择权，特别是限制劳务输出国妇女前往海湾诸国，而妇女往往是各国劳务输出的主力。女性移徙劳工在海外国家极易遭致虐待与侵害，以致印度、孟加拉等国明令禁止本国妇女前往海湾国家。如伊斯兰法禁止礼拜时间的一切工作，包括在户外工作的外籍劳工都必须停下手头工作，这存在限制外籍劳工宗教信仰自由以及工作权利之嫌，

---

① 夏新华：《混合法系发展的前沿》，载《法律文化研究（第四辑）》，2008 年 9 月。

② 资料来源于尼古拉斯：《阿拉伯中东的混合体系》（The Mixed Systems of the Arab Middle East），第二届混合法域国际研讨会，2007 年，载 http：//www. law. ed. ac. uk/conferences/wsmjj/index. aspx，2012 年 10 月 12 日访问。

甚至会影响到其合法的获取报酬权、财产所得权乃至生存权，因为外籍劳工总是在基本温饱线上生存，少一分工作便少一分所得。此外，伊斯兰法有一定的封闭性、内向性，甚至某种意义上的自利性与排外性。海湾国家法律一定程度上反映本国国民政治、经济上的优越地位、排外心理与自我利益的维护，如将其国民视为“大地之子”、“虔诚的信教者”，视外籍劳工为地位低下的外来者、异教徒。在居留许可、就业准入、自由择业、自由换岗方面设置许多既不合潮流也无必要的限制。在人身财产权利享有方面实行差别待遇，在工作安排、福利待遇方面特别优待本国人，在政治权利上更是厚待国人克减外劳。仅以外籍劳工担保法律为例，在现代社会本为一项正义衡平的制度设计，在海湾国家却沦为一种本国人不义敛财的制度，一种有国家法律明确支持的合法剥削制度。因为沙特等国规定外籍劳工必须人人向担保人交费，而且数额高出合理水平，更超出外籍劳工一般承受能力。而澳大利亚法律规定担保费用由雇主承担，不得向外籍劳工转嫁。可见，海湾国家关于外籍劳工保护方面的法律需要进一步改革更新。

2. 日本外籍劳工法律制度评析

日本被认为是东方世界唯一实现现代化的国家，① 也是东方社会典型的混合法系国家。日本在古代法时期仰慕中华，师法古代中国之中华法系，继而在近代法时期经明治维新、脱亚入欧转而学习大陆法系，尤以德法为师，而在现代法时期因被强大的美国占领又转向英美法系，法律更新改造尤以美国法为宗，② 因此日本法虽以大陆法系成文法为外观，但内核又处处显示出英美法权利及诉讼之精神，而在法律场域之外或实际法律运行之中又遗存中华法系之等级差序、无讼是求之和风。③

（1）法律体系中淡化个人权利

在日本传统文化里，强调处理个人和群体的关系时以群体为重，强调个人对群体的归属。首先强调群体重要性，群体高于个体，个体必须从属于群体；④ 其次强调体系，讲求等级秩序和差序格局，在纵向上信奉并遵从权

① 赖肖尔著：《东方文化与现代法》，时事出版社1992年版，第16页。

② 张小虎：《以当代日本混合法的演进为视角》，载《南华大学学报（社会科学版）》2010年第5期。

③ 赫然：《论日本法的发展特征及趋势》，载《社会科学战线》2007年第6期。

④ 华夏：《传统法律文化与继受法的双重变奏——兼谈现代日本的传统法律意识》，载《比较法研究》1992年第5期。

威，横向上须结成友好亲密的共同体关系，① 从而达致各安其位，各守本分。此种日本传统文化表现在法律文化上即是淡化个人权利，并呈现出浓烈的团体主义色彩。个人被淹没在村落、社区、家族、公司企业、单位官署等群体之中。明治维新前日本语词中甚至没有权利一词，日本社会也较为缺乏个人权利意识。

日本此种法律文化氛围对长期浸淫其中的本国人来说似可适应，但对外籍工人而言绝非好事。日本没有效仿大陆法系国家制定专门的外国人就业法或外国人劳动法，更无保护外籍劳工的法律，也没有赋予外籍劳工明确的、合法的劳动者地位，将其排除在日本劳动法覆盖之外，将劳工权利置于一种法律保护的空白地带或模棱两可之地，实在无益于为外籍劳工提供法律指引，形成合理的法律预期，使得外籍劳工主张应有权利无凭，声索法定权利无据。因为外籍劳工作为一个外来者或客居工人，无法融入日本社会的纵横关系格局中，难以像一般日本人那样在当地主流群体中占有一定的位置，成为群体的一个有机组成部分，通过让渡自身部分权利或服从群体、服从权威的方式和途径获得群体的庇护或组织的关照。如果将外籍劳工比照本地劳工保护，外籍劳工显然处于完全的不利地位：本地工人是分子，外籍劳工则为原子，分子尚可从群体中汲取资源、获得权利，而原子则无凭无依，自身尚且无权，亦无去处索取。

（2）过于强调权威和服从导致权利压抑

对等级与秩序的特殊信赖早已根深蒂固，尊奉等级差序的习惯最初在每一个日本家庭内部养成，继而将这种习惯推展到经济、政治范畴。川岛武宜称之为“家族原理”或“家族观念”，本尼迪克特称之为各就其位的等级秩序观。② 这种习惯或曰观念在法律体系中也不可避免的产生映射。其一，强调无条件地服从权威；其二，个人往往被推崇对权威的追随，或个人不由自主地从众跟风，即使牺牲个人自由及责任也在所不惜；其三，社会规范缺乏自我反省与自主批判；其四，上下一致和排外意识，渗透到社会的每一角落。③ 长期生活在家族观念熏陶之下的日本人习惯于权威指引，等级秩序观在内心潜滋暗长、不养自成，缺乏主体性、较少考虑对劳动所得的占有和自身权利的声张，只顾埋头苦干而不问收获。

---

① 赫然：《论日本法的发展特征及趋势》，载《社会科学战线》2007 年第 6 期。

② 赫然：《日本法文化研究》，载《社会科学战线》2007 年第 6 期。

③ ［日］川岛武宜著：《现代化与法》，中国政法大学出版社 2004 年版。

不管外籍劳工来自何国何地，其母国文化是集体主义导向还是个人主义导向，一旦进入日本就被一概视同完全的大和民族子弟，必须强调服从、遵从权威，服从组织，服从管理，个人自由大大压抑，集体行动处处倡导。从身份上看，外国研修生、实习生不同于其他任何一种身份的外籍劳动者。从母国到东道国，研修生、实习生择业就业全程无一不处于日本强大的组织控制之下，一切行动都须听从权威的指令。研修生招募后由日本中介机构编班成组统一管理，个人自由赴日择业几无可能。进入日本后，培训、派遣则由日方接受机构管理，派驻后又继续受到接受企业和接受机构的双重管理，可谓层层辖制、处处监管，且此种监管自成严密体系，甚至让政府的劳工权利保护性监管无法渗入，社会第三方公正性调查更无法接近。过分的强调权威和服从，使得外籍劳工与雇主形成更为紧密的从属关系、依附关系、控制与被控制的关系，让日本雇主方便地建构铁桶式的严格管理，让外部力量无从渗透。如此一来，在企业内部，外籍劳工个人自由和权力势必会受到诸多压制、减损甚或侵害；而在外部，缺乏政府公力救济、市场干预、社会救助，外籍劳工也得不到外力支援。

（3）厌讼息讼和偏爱调停导致申诉无门

进入 20 世纪后半期，日本继受诉讼文化发达的西方国家法律已经基本定型，出现了现代型诉讼，社会上的普通民众也开始比较关注民事、商事以及行政案件的审理与判决。但从统计数据来看，各级法院审理的案件数一直徘徊在十几万件。根据日本学者伊藤正己调查指出，日本人厌讼息讼心理十分明显。① 只有不足三成侵权案件会诉至法院，可以看出社会中大多数人对提起诉讼持消极态度，要么不喜欢不愿意诉诸诉讼，要么倾向于通过调停或在法院正式协商或私下协商解决。总之，绝大多数日本人在处理国内普通的社会关系时在潜意识里更喜欢选择平和的、有人情味的方式解决问题。本尼迪克特研究指出，法院在地方上的作用微乎其微。相比之下警察则更重要。② 因此，崇尚共同体意识的日本虽然引入西方法律体系，但很难在其国民心理中植入诉讼文化，培养出争讼风气。

司法是人类正义的最后一道防线，诉讼是确保最后防线不再失守的屏

---

① ［日］日本文化会议编：《日本人的法意识——调查分析》，东京至诚堂 1973 年版。

② ［美］露丝·本尼迪克特著：《菊与刀——日本文化面面观》，上海三联书店 2007 年版。

障。日本法中息讼止讼和偏爱调停的结构特征对日本人而言较为正确与合理，但对弱势的外籍劳工而言未必有益。外籍劳工作为政治经济社会地位上全面弱势的群体，在东道国几乎唯一能指望的只有国家的司法公权，因为在日本警察一般较少介入劳动纠纷，且大多数情形下警察易受政治影响，倾向于偏袒本国雇主，完全漠视外劳保护。只有司法才存有国际主义精神和终极的公平正义追求，做到不偏不倚，克制政治影响与干预，以事实为依据、以法律为准绳，作出公正合理之判决。如日本法律规定公司不能强制要求研修实习生加班，可实际上大部分中国研修生被分派到劳动密集型企业，从事3D 工作，被强制要求加班而无薪俸。但鉴于日本厌讼文化滥觞，外籍工人控告无门，申诉不易，如稍有表露控诉意愿，则会招致雇主甚至同事奚落、冷遇、阻挠和打击。诉讼武器无从使用，调停也是东方式压抑或东方式牺牲。在现实中，诉讼渠道不畅导致中国研修生被日企当成“使用完扔掉”的廉价劳动力，无视其合法权利，甚至许多工厂主以“遣返回国”为要挟，迫使中国研修生就范于日方的严格控制。更有甚者利用外籍劳工的忍气吞声性侵中国女研修生。究其根本原因，就是研修生在日本社会不能有效地拿起法律武器，利用司法诉讼程序保护自身合法权利，借助于司法力量惩戒处于政治经济优势地位的无良雇主。

（4）义理人情观导致法律暧昧不清

日本虽然效法西方，实行“泰西主义”引进西方法系，但现实中日本人似乎对法律规范漠不关心甚至态度暧昧，不太信奉法律权威，也鲜有考虑法律适用。概而观之，日本人对待法律规范的态度至今仍深受传统文化中的义理人情规范影响与支配。① 日本传统法律文化中的义理人情观损及法律的普遍化、规范化和权威。在发生纠纷的场合，有关各方总是竭尽全力使得纷争在法院系统之外解决而不倾向于求助严格适用的国家法律。除非决心彻底断绝与对方的社会关系，否则一方当事人绝不轻易起诉另一方。显然，日本人的法律实践观与现代日本法中所规定的法律原则相去甚远，至今残存诸多传统法律观遗余。

为改善劳资关系、提高劳工积极性以促进生产发展，日本战后制定一系列劳动法律，该类法律虽不失资产阶级性质，但在保护劳动者权利方面堪称进步。② 但在是否一体保护外籍劳工问题上日本法律仍莫衷一是。日本法律

① ［日］川岛武宜著：《现代化与法》，中国政法大学出版社 2004 年版，第 13 页。

② 李放：《日本法浅析》，载《东北亚论坛》1994 年第 4 期，第 79~80 页。

的暧昧不清在劳工保护方面多有体现：一是日本没有制定专门、明确的外国人劳动法律，而日本政府于2010年最新修订的“外国人技能实习研修制度”不具法律形式，但实质上起到类似法律之作用，但这种作用却又相当有限，它只能对研修生入境、培训和派遣事项作出规范，而对后续诸多进程的规范管制却尚付阙如。如雇主违反劳动法的行为便超出研修实习制度的管辖范畴。二是出台的制度缺乏法律所应有的规范作用，容易使得双方权利义务不对称，丧失法律之衡平精神。“外国人技能实习研修制度”似法非法终究不能算是真正的法律，但其又对研修实习生身份以及行为施加方方面面的严格限制，通过法律形式及义务条款来束缚个人自由，限制劳工权利，这客观上给不法雇主侵权犯罪创造诸多可能与便利。三是法律制度在实际运用中屡屡无力应对。① 日本法律规定公司不能要求或强行指定外国研修生、实习生加班，但实践中长时间工作比比皆是。只是因为法律有禁止条款，但是没有规定责任条款，更无制裁条款。

3. 韩国外籍劳工法律制度评析

韩国作为一个先后受中华法系、大陆法系、英美法系影响的混合法系国家，各种大法系的精神、理念乃至制度都对韩国法律产生不可磨灭的影响。② 但韩国作为亚洲四小龙之首及一个基本实现现代化的国家，其法律并未呈现出海湾混合法系国家那样二元对立冲突而又熔铸一体的形态。总体来说，韩国法律也已基本实现现代化，更加尊重自由与人权等普世价值，韩国社会的民主意识和参与程度有很大的提高，③ 这对劳工权利保护大有裨益，但韩国法律不可避免遗有前代主义色彩，仍有改进与完善的空间。

（1）雇佣就业制更为人道与公正

韩国虽然近代以来师法日本，其研修生制度也引自日本，但在日本原有制度基础上更进一步，这表现在韩国制定专门性法律法规，其中有《出入境管理法》、《外国人产业研修制度方针》、《外国产业研修生管理实施要领》，特别难能可贵的是制定《外国人产业研修生保护及管理方针》，开宗

---

① ［英］中本美智代：《中国研修生在日本》，载英国《金融时报》，2010年8月26日。

② ［韩］崔钟库：《韩国法与西洋法移植与变化过程分析》，韩大元译，载《比较法研究》1995年第2期。

③ ［韩］洪广烨：《中国和韩国的法律与社会—相关问题及对未来的展望》，载《当代韩国》2002年冬季号。

明义宣示保护外国研修生及外籍劳工，并且保护为先，管理亦是为着保护目的，这体现了对人的尊重、对劳动的尊重，真正体现“劳动力不是商品”之理念。

韩国在正视研修生制度在人权保护、劳动保护方面的重大缺陷后，于2003年即通过《外国人劳动者雇佣相关法》，比日本先行一步断然废止研修生制度，实行雇佣许可制。相比之下日本实行的只是治标不治本的部分改革，至今仍延续为国际社会广为诟病的研修生制度。雇佣许可制首先强调劳务输出输入国政府间双边合作，排除非政府机构以营利为目的遴选和邀请外籍劳工，此举旨在实现外籍劳工的公平选拔；其次，雇佣许可制下外籍劳工享有与韩国工人同等的法律地位、同样的人权保障，在韩工作期间一体接受《劳动基准法》保护，与本国劳工一视同仁，平等享有《劳动安全保健法》、《最低工资法》、《男女雇佣平等法》、《工伤事故保险法》、《职业稳定法》、《工会与劳动关系调整法》规定之劳动权利；再次，就业时间较原先两年期的产业研修时间更长，三年期的雇佣许可制有利于外籍劳工享有更多的选择和更好的规划，不至于因就业时间不足而顾此失彼；最后，雇佣许可制下外籍劳工有三次变换工作的机会，而原有研修制度只从管理方便出发将外劳约束在固定岗位上，无视外劳的自由与人权，严格限制其改变工作单位。综上，雇佣许可制赋予外籍劳工更多的自由与选择权利，比韩国过去的研修制、日本继续实习的研修实习制更为人道，也更加公正。

（2）中西合璧式人权保护更为全面和丰富

韩国儒家现代化不是完全的西化或全盘美国化。① 韩国将西方的自由、权利意识、法律程序、隐私权和个人主义等价值都融合进其法律体系，同时仍然保留儒家的同情、分配正义、责任意识、公益和群体取向等东方价值。韩国外籍劳工人权、劳动权保护较日本全面，既有许多现代的法律制度和方法，而传统价值和精神在现今法律体系中又有深刻体现。② 如《劳动标准法》规定外籍劳工与韩国本国工人一样，劳动时间、工资发放并无二致，《最低工资法》保护外籍劳工应获得法定最低工资水平以上工资，《工伤事故赔偿保险法》保护外劳因公负伤或患病可获医疗补助、伤残津贴和家属

---

① 杜维明：《多元现代化：儒家东亚的启示》，转引自杨春福：《韩国法治化进程中的人权法律保护及其启示》，载《法制与社会发展》2003年第6期。

② 章莉：《韩国的法律文化初探》，载《东南大学学报（哲学社会科学版）》2000年9月第2卷增刊。

抚恤金，而《工资债券保障法》保护外籍劳工领取被拖欠的工资、退职金，休业补偿金等。

在外籍劳工权利申诉申告方面则将中华法系传统的告诉制度加以现代化改造，既体现传统制度的固有价值与现代精神，也反映国家公权力对弱势群体的保护责任以及韩国社会同情弱者、热心公益的公序良俗。《劳动标准法》规定外籍工人未能领取工资与退职金、或遭受暴力或被强迫劳动时，可向地方劳动事务所劳动监督科申诉；《产业安全保健法》规定雇主如不遵守安全保健规章时，外籍劳工可向地方劳动事务所产业安全科申诉；外籍劳工如在变更工作单位、接受职业介绍、发放就业确认书、提交居留材料时产生任何苦衷，可前往当地雇佣支持中心商谈；在商谈和苦衷处理机构外籍劳工可获得母语支持和帮助，甚至可获得国际劳动财团翻译支持中心的帮助。在拖欠工资处理方面，各地民怨室接受外籍劳工申告，并由劳动监督官责令双方接受事实调查，调查后如发现雇主违法则向其发出支付工资钱物的改正指示，如果雇主拒不执行则最终转由司法处理。

（3）执行中存有问题尚待完善

首先，雇佣许可制虽较为人道和公正，但仍有不自由之处，如严格限制外籍劳工变换工作，这完全从雇主单方面立场和利益考量，完全忽视劳工作为一方主体的独立地位、自由意志以及选择权利，殊为不公。换工三次以上即为非法劳工也毫无道理可言，只图当局管理方便，而全然未有虑及外籍劳工屡屡陷入就业不稳定的境地而无奈频频换工作之实情。

其次，雇佣许可制下只允许外籍劳工最长工作期限为 3 年，一方面该规定实施起来本身有很大难度，即无法防范与解决 3 年期满后外籍劳工继续滞留问题；另一方面此规定对韩国而言经济上是否有利可行，管理上是否属于无效措施？而对外籍劳工而言，3 年人力资本投入与积累是否无效，就业权利与自由是否被剥夺？这些问题均值得反思。

再次，韩国雇佣许可制实行决策与执行二分制，二分制有利于分权制衡，消弭腐败和独断专擅，但对于保护外籍劳工而言最需要的却是高效决策和快速响应、迅捷行动与及时保护。而雇佣安定中心主要以处理国内劳资纠纷为主，本身人少案多加上语言障碍，这一“兼职”机构显然无法快捷有效地胜任几十万外籍劳工的管理与保护工作。

最后，雇佣许可制部分借鉴西方发达国家的“劳动力市场测试”制度，规定只在招不到本国工人的前提下才可申请雇佣外籍劳工。该规定要求必须向雇佣安定中心提交雇佣本国工人声明以及得到国内劳动力不足确认书后方可外聘劳工，并同时规定 1 个月的等待期，这给雇主和外籍劳工均带来很大的不便。

4. 新加坡外籍劳工法律制度评析

（1）立法全面，执法高效

首先，出台新法案，明确法定权限。新法案将“外国工人”（foreign worker）改称为“外国雇员”（foreign employee），法案名称也由《外国工人雇佣法案》更名为《外国人力雇佣法案》。新法案将原由移民局负责的工作准证签发权和人力部负责的工作准证管理权合并，统一由人力部执行。新法案规定人力部工作准证局负责签发并管理外籍劳工事务，移民局专责外国人入境和居留事务。与此同时，法案进一步放宽对引进中国劳工的行业限制；其次，新加坡针对不法雇佣行为、不法就业行为提高处罚力度，新增违法行为种类以扩大威慑范围；最后，提高就业监察部门的法律执行能力和执法实效。

（2）多措并举，兴利除弊

①外籍劳工税。新加坡规定雇主雇用外籍劳工须缴纳外籍劳工税。税额根据行业、岗位来定，技术性强的岗位税率低，非技术性岗位税率高。新政府会根据经济走势、产业政策的需求、就业形势等因素对税率进行灵活调整。

②配额制。为限制外籍劳工总量，保证本国公民充分就业，法律规定各行业雇佣本地员工与外籍劳工的比例。该配额设置比较灵活弹性，政府会根据每一年的整体经济状况、就业状况作出不同程度的调整。

③保证金制。为保证外籍劳工工作期满后按时离境，法律规定任何雇主在雇佣外籍劳工时都须交纳人均 5 000 新元的抵押金。可用现金交纳，也可购买相应的银行或保险公司保险，由其出具保函。当外籍劳工按时离境后，保证金退还雇主，否则一概充公。

④工作期限制。外籍劳工就业时限受到严格管理。一般为 2 年，可延期一次，最长时限为 4 年。拥有技术证书的高技术劳工，可根据实际需要在新加坡长期工作，但最长不超 10 年。

⑤就业准证制度。就业准证制度明确将外籍劳工分级管理，不同层次的外籍劳工因准证不同，而有不同的义务和权利，持有工人准证（WORK PERMIT）有效期只有 2～3 年，而持有工作准证（EMPLOYMENT PASS：

EP）的人通常是高技术人员或专家，可申请永久居留。①

新加坡正是全面考量雇佣外籍劳工有正反两方面的利弊，故其外籍劳工政策宗旨是既要充分合理地使用外籍劳动力，又要消除其对本地就业等方面的负面影响，故通过上述立体化的制度措施达到兴利除弊之目的，既满足新加坡企业对外籍劳工的旺盛需求，又同时维护本地工人的利益。②

（3）福利全面，负担趋同

新加坡法律比较全面地保障了外籍劳工的基本社会权利和社会福利。新加坡劳务政策明确规定了外籍劳工在工作时间、休假、试用期、工资、花红、工伤赔偿、辞职、裁员、住宿及行业薪酬标准方面享受与本国劳工基本同等之待遇，符合国际劳动的基本标准以及国际劳工公约要求，从而保障外籍劳工权利，使其得以安心工作。同时规定雇主或外籍劳工须缴纳外籍劳工税（Foreign Workers Levy）、技能发展税（Skills Development Levy）以及个人所得税（Individual Income Tax），法律规定外籍劳工与本地人一体承担公共资源的建设成本，外籍劳工同样需要缴纳税费和公共设施费用，政府也将外劳服务基础设施建设纳入公共规划，以消弭因外籍劳工挤占公共资源而与本地人之间的摩擦、冲突和不满。

（4）成功典范，问题依存

根据新加坡统计局数据，2006 年外籍劳工为 756 300 人，约占劳动人口总数的 30%。③ 新加坡外籍劳工政策和法律值得诸多劳务输入国学习借鉴，其在保护外籍劳工权利、满足本国发展两方面堪称混合法系国家成功的典范，主要表现在新加坡外籍劳工法规体系和配套管理制度日趋完善，政府部门管理高效、执法有力以及国家整体规划、调研能力强大，外籍劳务政策能灵活应对宏观经济政策调整需要，并最终造就了新加坡日益开放的国际环境、国际劳务市场以及开放包容的社会、多元发展的文化。④ 但新加坡外籍

① 资料来源于新加坡人力资源部网站，http：//www. mom. gov. sg/ publish/ mom-portal/ en/ home. Html，2013 年 5 月 12 日访问。

② 谢青霞：《新加坡边缘劳动力法律与政策评介》，载《南洋问题研究》2008 年第 3 期。

③ 资料来源于《新加坡 2007 年人力资源报告》，http：//www. mom. gov. sg/ publish/ etc/ medialib/ mom- library/ mrsd/ glm. Par. 60860. File. tmp/ mrsd-msib2007，2012 年 8 月 22 日访问。

④ 陈小谊：《新加坡外籍劳务政策及其经验借鉴》，上海交通大学 MBA 论文，2010 年。

劳工政策和法律仍有许多缺憾之处，表现在无良雇主和劳务中介侵害外籍劳工权利、非法劳务中介及其违规行为屡禁不绝、非法用工层出不穷。针对中介公司收取高额抵押金、倒卖用人指标、非法招收自由工、虚构工程蓄意骗取代理费的行为，新加坡当局应反思其过于严苛的保证金制度、工作准证制度、配额指标制度和项目工人制度，防范制度的逆向选择效应。

努力做到使私人关系间应该遵循的那种简单的道德和正义的准则，成为各民族之间的关系中的至高无上的准则。①

——马克思

第五章　海外劳工权利的国际法保护

一、国际层面条约对海外劳工权利保护的不足和完善

（一）现行国际层面条约概况

“一战”结束后的1919年《凡尔赛和约》缔造了两个国际机构，一个是联合国的前身国际联盟，一个是国际劳工组织。ILO成立之初是作为“一战”成果——国际联盟之附属机构，“二战”后成为联合国的专门机构，迄今有183个成员国。该组织的宗旨是促进充分就业和体面劳动；促进劳资合作；扩大社会保障；主张通过劳工立法改善劳工状况，进而获得世界持久和平，建立社会正义。② ILO建立后，世界范围内的移民进程和劳工移徙活动在五大洲区域内全面展开，并持续向纵深发展（见表6）。

国际劳工保护制度是由ILO创立并逐步完善起来的，国际劳工法现已成为国际人权法的重要组成部分。国际劳工立法即制定国际劳工标准，其采用两种形式：国际劳工公约和建议书。公约需经会员国的批准才对其产生法律约束力，而建议书无须批准，仅供会员国国内立法或制定政策时参考。自成立至今，ILO已制定188项公约和199项建议书。

① 《马克思恩格斯选集》第2卷，人民出版社1972版，第336~337页。

② 白桂梅主编：《人权法学》，北京大学出版社2011年版，第64页。

表 6　　2000 年国际劳工组织按地区统计的移徙劳工估计数①

地区	移民				移徙劳工	
	包括难民		不包括难民		包括难民	
	百万	百分比	百万	百分比	百万	百分比
非洲	16.3	9	5.4	7	7.1	8
亚洲	49.9	29	22.1	27	25	29
欧洲	56.1	32	27.5	34	28.2	33
拉美和加勒比	5.9	3	2.5	3	2.5	3
北美	40.8	23	20.5	25	20.5	24
大洋洲	5.8	3	2.9	4	2.9	3
合计	174.9	100	80.9	100	86.3	100

1. 国际劳工组织有关移徙劳工的公约

《关于移徙劳工受歧视地位及提高移徙劳工平等权利与待遇公约》（第 143 号公约）。公约规定“各国促进和保障合法移徙劳工在就业、职业、社会保障、工会和文化权利方面的机会和待遇平等”。②

《移民就业公约》（第 97 号公约）。公约在内容上包括便利移徙劳工离开母国、旅行和进入东道国。要求给予移徙劳工在报酬、工作时间、带薪休假、培训、加入工会和集体谈判以及社会保障等方面的同等待遇。③

《关于移徙劳工的建议书》（第 151 号公约）。公约规定移民享受几大平等待遇：（1）职业指导服务；（2）职业培训和择业自由；（3）晋升机会；（4）就业保障与重新安置；（5）同工同酬；（6）工作条件及社会保障；

① 此表地区由联合国统计处界定；国际劳工组织在联合国移民储备估计（联合国人口司：《2002 年的国际移民》，联合国，纽约）和具有国家针对性的经济活动率（国际劳工组织统计局：《1996 年经济活动人口》、《1996 年统计工作文件》第 1、2、3、4、5 号，国际劳工组织，日内瓦）和可得到的有关从事经济活动的外国人或外国出生人员国家数据的基础上作出的临时估计。

② 洛仁：《保护和扶持弱势劳工群体的国际通行规则与惯例（上）》，载《工会博览》2004 年第 1 期。

③ 李琴：《临时劳动力流动全球性法律制度研究》，湖南师范大学博士学位论文，2011 年。

(7) 工会权利; (8) 正式社员权利; (9) 住房、享受社会服务、教育和卫生服务。

此外《雇佣与职业歧视公约》(第111号公约)、《保护移徙劳工(不发达国家)建议书》(第100号公约)以及《雇佣移民建议书》、《关于雇佣关系的建议书》、《临时性和永久性就业移徙(包括难民)示范协议》也关涉到移徙劳工保护问题。

2. 联合国有关保护劳工权的法律文书

联合国在人权发展方面的重大贡献,一是形成国际人权宪章,二是制定国际核心人权公约。国际人权宪章由《世界人权宣言》、《公民权利和政治权利国际公约》、《经济、社会和文化权利国际公约》三大部分组成,而国际核心人权公约目前有9个,除组成国际人权宪章的两大公约外,其他7个是专门性公约,其中由联合国大会1990年起草、2003年生效的《保护所有移徙工人及其家庭成员权利国际公约》是专门性国际人权条约之一。

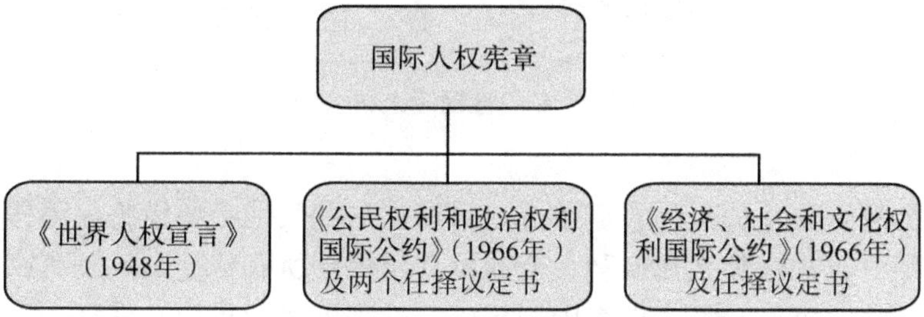

图6 国际人权宪章构成图

《世界人权宣言》(1948年/217A号决议)、《公民权利和政治权利国际公约》(1966年/第2200A(XXI)号决议)、《经济、社会和文化权利国际公约》(1966年)、《消除各种形式种族歧视公约》(1965年/第2106A号决议),从人权、政治权利、经济社会权利、反歧视方面为保护海外劳工提供国际法依据。

《保护所有移徙工人及其家庭成员权利国际公约》(1990年)根据移徙工人的特殊情况界定了经济、社会、文化权利。例如,必须像给本国国民一样地提供紧急医疗护理,以及移徙劳工的子女,不论其法律地位如何,应有权获得教育。持有适当证件的劳工、特定类别的移徙工人(季节工人、项目工人等)均有额外的权利。公约要求缔约国改善移徙劳工及其家庭成员

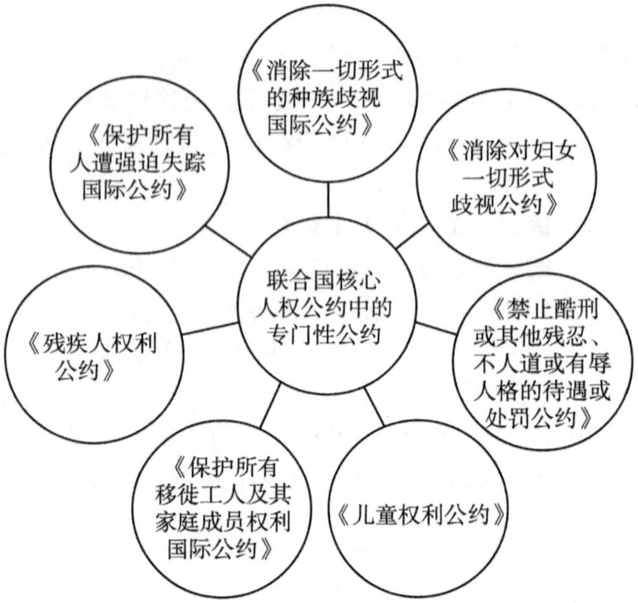

图 7　专门性国际人权公约

国际移徙的合理、公平和人道条件，采取立法和其他必要措施保障移徙工人政治、经济、社会和文化权利。公约设立了保护所有移徙工人及其家庭成员权利委员会，委员会负责审查国别报告、处理国家间指控、受理个人申诉来文。截至 2011 年 4 月，已有 44 个缔约国，但大多数有移徙劳工实际居住的工业化国家都拒绝接受条约义务。

《消除对妇女一切形式歧视公约》（1979 年/第 34/180 号决议）旨在消除对妇女的歧视、争取性别平等。该公约确立了保障妇女在政治、法律、工作、教育、医疗服务、商业活动和家庭关系等各方面的权利。该公约进一步强化了现有联合国文书中关于性别歧视的规定。该公约适用于公民和非公民。该公约对于移徙劳工也特别相关，它要求批准国采取包括立法在内的所有适当措施，以取缔一切形式的贩卖妇女和剥削妇女卖淫，这对于保护女性海外劳工尤为有利。

《残疾人权利公约》规定了残疾人享有平等的工作权和就业权、谋生自由、选择或接受工作的权利。就像国际劳工组织总的人权文书一样，所有这些文书适用于所有人员，当然包括海外劳工。

3. 世界贸易组织制定的相关文书

WTO 也制定了一系列重要的规范移徙劳工问题的国际规章，这些规章包含个人为了移居国外就业所必须满足的条件。其主要规范在服务贸易总协定（GATS）框架下提供服务的四种可能的形式之一，即自然人流动或自然人存在，也就是模式 4。虽然目前模式 4 只占世界服务贸易的 1%，① 模式 4 不包括永久移民，但该“模式”下成员国所作的承诺旨在临时接纳作为服务提供者的外国自然人如会计、医生、护士和教师等进入本国领土。

（二）现行国际层面条约作用评价

国际法规和指南是国家立法、制订政策和实践的重要基础。现有国际标准正为规范国际移徙劳工活动提供参考依据，这样有助于强化国内法的效力。一些补充性文书在人权、劳工、刑事责任和难民保护方面亦提供了相关标准，但存在以下问题。

1. 批准条约的国家不多，存在诸多障碍条款

国际劳工组织共有 185 个成员国，其已制定 188 项公约和 199 项建议书，在移徙劳工领域制定的相关条约也为数不少。因为建议书是示范、推荐、参考性质，不必经过国家批准程序，由会员国按需自愿选用。现考察一下 ILO 在移徙劳工各细分领域条约的批准情况。根据 ILO 调查，截至 2004 年 2 月 12 日，批准条约的国家数如下：

（1）结社自由和集体谈判方面：第 87 号公约、第 98 号公约，批准国家为 142 个、154 个。

（2）废除强迫劳动方面。第 29 号公约和第 105 号公约，批准国家分别为 163 个、161 个。

（3）消除童工劳动方面。第 138 号公约和第 182 号公约，批准国家分别为 131 个、147 个。

（4）机会和待遇平等方面。第 111 号公约和第 100 号公约，批准国家分别为 159 个、161 个。

（5）关于移徙劳工的特殊标准的“综合性标准”方面。第 97 号公约共有 42 个批准国，第 143 号公约只有区区 18 个国家批准。

（6）社会保障方面。1925 年平等待遇（事故赔偿）公约（第 19 号），

① 《世界贸易组织——世界银行关于在服务贸易总协定下自然人（模式 4）流动问题联合研讨会报告》，日内瓦，世界贸易组织，2002 年 4 月 11~12 日。

120 个国家批准。而 1962 年平等待遇（社会保障）公约（第 118 号）只有 38 个国家批准，1952 年社会保障（最低标准）公约（第 102 号）则只有 41 个国家批准。1982 年保持社会保障权利公约（第 157 号）则少至 3 个国家批准。

（7）其他相关标准方面。2001 年农业安全与卫生公约（第 184 号）仅有 3 个国家批准，1997 年私人就业机构公约（第 181 号）有 14 个国家批准，1988 年促进就业和防止失业公约（第 168 号）仅有 6 个国家批准。

从上可以看出，作为拥有 185 个成员国的 ILO 而言，其制定的公约批准率的确不高，效果不尽理想。批准率比较高的是其制定的一般性条约，如废除强迫劳动、消除童工劳动、机会与待遇平等方面。因为这方面规定比较笼统原则，国家实行起来相对容易不会遇到很大的抵制，也关乎国家形象，所以大多数国家批准。但涉及移徙劳工的国际标准方面，条约批准率非常低，特别是社会保障方面的条约更甚。一个可能的原因是给予外籍劳工过高的社会保障国内经济压力大也会遭致政治上、社会上的多重压力，因而各会员国采取一种鸵鸟政策。还有一个现象非常明显，即较为发达的工业化国家也即那些接受移徙劳工最多的国家大多不在批准国之列（见图 8）。作为移徙劳工保护最重要的两个公约——第 143 号公约和第 97 号公约，在调查的 90 个国家中，竟有 34 个、40 个国家明确表示以后也不会批准（见图 9）。

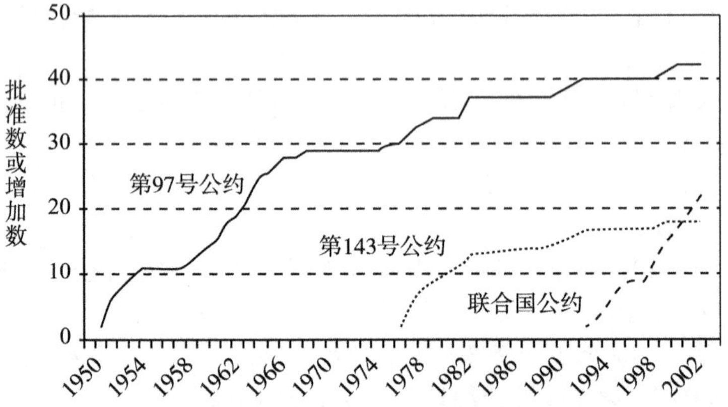

图 8　联合国和 ILO 关于移民文书的累积批准情况

只有少数国家打算批准其中的一个公约，未打算批准国家则指明阻止其批准公约的障碍，一般障碍主要有：

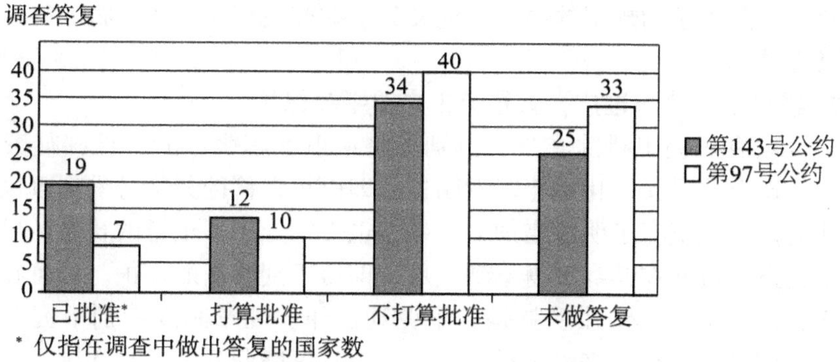

图 9　90 个国家对两个公约的批准意向

公约与当前的国家法律和实践不相吻合，这是捷克、芬兰、日本、科威特、斯洛伐克、瑞士和英国给出的理由；或在批准之后需要的后续程序及报告义务，阿拉伯联合酋长国表示存在困难；公约同成员国国内制度和程序相比不具有灵活性，例如社会保障制度方面公约赋予移民及其家庭成员享有同等国民待遇，给予非正规移民同样的权利和家庭团聚权，丹麦就表示难以接受。

而对于第 97 号公约中对批准造成障碍的条款，各国则答复如下：

第 2 条——为帮助移民就业提供免费服务（爱沙尼亚、斯里兰卡）；第 6 条——国民平等待遇（墨西哥、斯洛伐克、阿联酋）；第 7 条——成员国之间和免费公共就业服务机构之间的合作（爱沙尼亚）；第 8 条——移徙劳工因生病或受伤而结束就业合同后允许逗留本国（斯洛伐克）；公约附录Ⅰ、Ⅱ、Ⅲ存在适用困难（马达加斯加、斯洛伐克）。

而对于第 143 号公约，各国则认为存在如下障碍：

第 2 条——确定非正规移徙劳工的条件（墨西哥）；第 3 条——打击非法的移民及其组织者或非法的地下移民活动（墨西哥）；第 6 条——侦察并惩罚非法移民（墨西哥）；第 8 条——丧失工作对移民状况的影响和有关就业保障的平等待遇（毛里求斯和荷兰）；第 9 条——移徙劳工在因过去就业引起的有关权利，如报酬、社会保障和其他福利方面享有平等待遇（墨西哥）；第 10 条——机会和待遇平等（爱沙尼亚、德国、毛里求斯和墨西哥）；第 12 条——与雇主和工人组织合作，制定法律和鼓励开展教育项目（德国、墨西哥和斯洛伐克）；第 13 条——促进家庭团聚（墨西哥和斯洛伐克)；第 14 条——地区流动（比利时、德国、毛里求斯和斯洛伐克）。

总之，两大条约规定的国家实施义务条款客观存在某些实施障碍，从而影响其批准率。

2. 覆盖范围除外过广，大量劳工未得平等保护

（1）将移民佣工排除在外，特别是将从事家庭服务的女性移徙劳工排除在外。现今移民女性化趋势越发明显，即以正常移徙劳工身份从事家庭服务工作的妇女数量有了明显增加，但她们也常常处于不正常的状态，导致许多标准化条款可能在其身上得不到适用，即得不到恰当的保护。而且在世界范围内，家庭服务工作几乎就是一个劳动法律、规章制度特别不健全的领域。国际劳工标准存在许多灵活性规定，会将家庭服务业排除在国际劳工标准覆盖范围之外。

（2）未对农业部门移徙劳工加以妥当保护。在多数劳务输入国家，从事农业的大量工人是移徙劳工。保护农业部门的劳工长期以来一直为国际劳工组织所重点关注，并为之制定了多项总体适用的标准。① 其中最核心就是第 110 号公约及其 1982 年附加议定书以及第 184 号公约。首先第 110 号公约只有少数国家批准，但这些文书同时又覆盖了一系列问题，具有很高的综合性，覆盖问题广综合性强固然有益，但附带的不利后果却是为缔约国“挑选适用”创造了过多的灵活性，因为公约中不少条款允许保留，可以被排除适用，比如有关移徙劳工的雇用和招聘条款，会员国可以在批准时提出保留，方便了东道国却有害于农业部门外籍劳工。

（3）未顾及建筑业移徙劳工。高度私营化以及转承包浪潮对国际劳动力市场产生了深刻的影响，而建筑业受到的影响最为明显，这导致建筑业中劳动关系、雇佣关系的高度复杂性与纠缠态，同时建筑业是劳动事故发生率最高的部门之一。为此 ILO 通过了多个与建筑领域紧密相关的公约与建议书，其中第 167 号公约和第 175 号建议书专门处理建筑业职业安全与卫生问题，该公约规定“雇主”概念的内涵和外延，泛指在雇佣一名或多名建筑劳工的任何自然人或法人，宽泛的定义可涵盖主承包商、分包商或转包商。本来这一标准可以适用于移徙劳工，对其保护亦较为有利，因为大量移徙劳工从事该行业。虽然建筑业劳动保护最能影响到移徙劳工，但专家委员会在实施公约和建议书却未顾及到移徙劳工的实际境遇，将其

① 参见《农业部门体面工作》，关于农业部门体面工作国际工人研讨会背景文件，日内瓦，2003 年 9 月 15—18 日，附录：“有关农业的国际劳工组织公约和建议书”。

排除在保护范围之外。

（4）未对临时移徙劳工加以保护。现行的国际劳工标准并非考虑到要保护临时移徙劳工才起草的，而适用于其他合法接纳的移徙劳工的规定并不总是适合临时移徙劳工的状况。临时移徙劳工理应享有同样的权利保护，即有权从第97号公约中有关平等待遇的规定中受益。尽管第143号公约的第Ⅱ部分规定应为所有合法接纳的居民提供平等的机会和待遇，但第11条却将某些特殊类别的临时移徙劳工排除适用，如第11（2）（e）条排除了某些人员。鉴于临时移民不断增加以及展开服务贸易项下模式4的自然人流动更加自由频繁，将这类临时性移徙劳工排除在平等待遇之外显然不合时宜。第143号公约第11条还排除“短期进入该国的艺术家和从事自由职业人员”。这会导致合法持有夜总会舞女或酒吧女招待工作许可证的女性移徙劳工被排除在保护范围之外，而很可能让她们被迫沦为“性产业工人”。

最后，根据第143号公约内容，该公约平等地适用于合法接纳的临时工人或其他移徙劳工，但实际上临时移徙劳工享受待遇平等权利几无可能，因为在失业或半失业状态下其居留期限或工作许可期限会随之缩减。

3. 公约体系内协调不够，冲突频多

（1）在适用范围上各文书存在不一致。一是不同公约之间的规定不一致。如第97号公约、第86号建议书和第143号公约第Ⅱ部分仅规定对“以就业为目的而正常接纳的移徙劳工”提供保护，但第143号公约第Ⅰ部分和第151号建议书的诸多规定都明确要求保护“非正常地位的移民”。如此冲突只会让许多成员国在批准接受公约时干脆将第Ⅰ部分或者第Ⅱ部分排除在外，以免自寻麻烦。

二是同一部公约内部前后规定不一致。根据第143号公约第1条的规定，批准国应承担保护“所有移徙劳工”的基本人权。如此规定则与联合国公约规定相当接近。但是在143号公约第Ⅲ部分指出要保护“所有移徙劳工及其家庭成员”，而在第Ⅳ部分则只保护“持有证件或处于正常状态的移徙劳工及其家庭成员”。

（2）社会保障权享有者范围含糊暧昧。一是对正常移徙劳工和非正常状态移徙劳工未加区分。有关的国际劳工组织社会保障文书以及其他国际社会保障文书均回避非正常状态移徙劳工的保护问题。然而，在第143号公约又规定处于非正常状态移徙劳工应如同正常移徙劳工一样，在过去就业所获得的社会保障权利方面享有同样的权利；第143号公约的补充建议书第151号建议书第34（1）（b）款又规定“离开就业国的移徙劳工，不论其法律地位如何，都应有权享有因可能遭受的任何工伤而应获得的津贴”。总之，公约为打消各国顾虑有意回避非正常移徙劳工的社会保障问题，只顾及正常移徙劳工。但出于某种人道主义原因又试图突破某些保守规定，同等保护非正常状态的移徙劳工。

二是未对临时移徙劳工和正常移徙劳工加以区别。在实践中，临时移徙劳工的社会保障权利远远低于正常移徙劳工，如居留方面的要求可能妨害临时移徙劳工获得社会保障津贴的权利。现行标准规定了移徙劳工在离开东道国时可持续保留社会保障方面的既得利益，也可在不同国家中连续积累既得权益，但临时移徙劳工的社会保障津贴很可能不被保留或被限制提取或根本得不到累积或接续。显然如不将两种地位的移徙劳工一视同仁，则会带来很多适用上的困难与争端。

（3）服务于不同目的导致冲突。国际条约创制目的不同则导致约文规定存在不同，这自然会引起条约之间的冲突，或因同一条约具有多重目引发内部冲突。关于移徙劳工的国际条约不外乎三个目的取向：对移徙劳工的保护，对非正规移民活动的打击以及对人权的捍卫，但这三者之间的界线并不总是分明的，因此冲突似乎不可避免，协调平衡殊为不易。

非正规移民不仅应被视为一个安全和法律问题，还应被视为一个劳工问题，因为其产生往往是由于劳动力市场失衡造成的。尽管对非正规移民进行遏制的努力是合法并且必要的，但同时确保对基本人权的尊重也是必需的，促进劳工标准更好地适用于所有移徙劳工包括非正规移民显然也是必要的，所有国家都有责任保护居住在其领土内的所有人的基本人权，而不论其身份是否合法，这一点不容置疑。①

移民管理、保护劳工、捍卫人权都是必要且应适当的，但现实中三种目标往往冲突、失衡。在有关驱逐问题上，监督机构特别强调应遵守第 143 号公约的规定，但东道国在实施驱逐时，大多数移徙劳工的基本人权很难得到尊重和保障，他们往往被剥夺了反对驱逐决定的申诉权利。

4. 监督和监察不力

（1）联合国方面。联合国九个核心国际人权公约均建立了执行机构（treaty bodies），其中根据《保护所有迁徙工人及其家庭成员权利国际公约》建立了迁徙工人委员会（CMW）。该条约机构的主要任务是监督缔约国履行

① International Labour Organization：International labour migration—A rights-based approach. Geneva：International Labour Office，2010.

公约义务。虽然联合国条约机构有独立性、专业性、规范性等特点和优势，有利于人权保护，但也存在执行不力的情形。因为：

其一，条约机构的职权范围有限，只能适用于缔约国，而对第三国无管辖权。在许多国家未参加条约的情况下，无疑制约条约的影响力。

其二、条约机构是由以个人身份的人权专家组成，其不代表任何国家或组织，虽有专业性，但容易失去权威性，当事国政府也少有执行积极性、主动性。

其三，条约机构不是司法机构，其审理案件作出的决定或提出的意见，无法律拘束力。

此外，条约机构人权保护机制中的定期报告制度（state reporting system）虽然是国际人权条约执行机制中唯一具有强制性的制度，但在效力和效率等方面常常遭到批评；而国家间指控制度虽普遍实行，但一般为任择性质，到目前为止，这项制度从来未被真正使用过；个人来文制度虽已建立起来，但属任择性质，虽然属于一个比较有效的准司法程序，但是受理标准、受理程序比较严格也广遭诟病；颁布一般性意见/建议应属于一般性评论性质，实践中应用也不多。对条约强效执行作用不大。①

（2）国际劳工组织方面。ILO 监督和监察体系由几个独立部分组成，包括基于常规报告的监督机制。常规报告由实施公约和建议书专家委员会 20 名独立法律专家审查。专家委员会审查通过的报告由大会标准实施委员会在国际劳工大会上提交政府、雇主、劳工三方讨论。监督和监察体系能提供国际劳工标准实际应用信息，并监督劳工标准的实践影响。1999 年 ILO 曾开展关于移徙劳工的两个公约及其两个建议书的调查，对未被批准的公约和建议书的影响也进行监督，但这种监督缺少系统性。虽然监督在公约实施方面已经产生正面影响，但其缺乏应有的威慑力、约束力和强制执行力。国家展开保护移徙劳工的行动仍缺乏坚实的动力机制和强制性的法律基础，因此国际条约在改善移徙劳工权利方面仍需加强。

此外，联合国《关于保护所有移徙劳工及其家庭成员公约》业已生效实施。其比 ILO 第 97 号和第 143 号公约内容更新，更加符合现代发展要求，但其由 UN 自身监察程序来监察，得不到由 ILO 三方结构和监督机制提供的支持。

---

① 白桂梅主编：《人权法学》，北京大学出版社 2011 年版，第 234~241 页。

（三）现行国际层面条约的完善与利用

国际人权保护法律和机制逐步发展，形成了一个以联合国为主导和核心的、包括世界上绝大多数主权国家以及众多全球性和区域性国际组织参与的现代国际人权保护法律体系。① 但其进一步完善和利用仍有许多工作要做。

1. 形成共识，修改完善

由于ILO关于移徙劳工的两个公约出台时间较早，其中第97号公约形成于1949年，第143号公约形成于1975年。由于时间比较久远，其中许多内容已经显得不合时宜，已不符合国际条约现代化的需要。而联合国1990年公约才在一定程度上反映时代变化和未来趋势。可以说，四个ILO综合性文书基本不能充分反映当前国际政治环境中移徙劳工所面临的全部问题，此外其他ILO劳工标准、国际法规都需要修改完善。第97号公约和第143号公约被一些国家批准，对批准国家的法律和法规产生了直接影响；另有一些未直接批准的国家将两公约作为范本使用或打算作为范本使用，这会间接地产生影响。但诸多国家（批准和未批准的国家）均认为ILO目前在移徙劳工领域的文书（包括但不局限于第97号公约和第143号公约）存在诸多差距或缺陷，究其根源是联合国、ILO国际文书存在“系统缺陷”②。现行公约需要进一步修改完善已在国际社会形成广泛的共识。

联合国、ILO、各国政府应尽快达成共识，设定具体可行的目标，作为国际组织实施条约的后续行动和各国政府执行措施的重要方向和指针。这些一致性的目标包括：

（1）保护非正规移徙劳工及其家庭成员、临时移徙劳工以及家政移徙劳工；（2）加强对移徙劳工的社会保护、福利保障；（3）保障移徙劳工的家庭团聚权；（4）审查国家和地区劳务移民之两方利弊，明确移徙劳工对接收国的综合影响；（5）打击人口贩卖行为，例如通过信息分享、传播与合作的方式与贩卖行为作斗争；（6）在公约框架内制定双边协议指南，推荐各国参考、利用；（7）帮助发展中国家避免社会倾销，制定“双赢政策”阻止人才外流、促进人才回流和双向流动，以收双边利用、多边受益之效；

---

① See The United Nations, 2005 World Summit Outcome, para. I. 9, General Assembly. U. N. Doc. A/60/L. 1 of 14 Sep. 2005.

② 吴晓晖：《论联合国人权条约监督机制改革的若干理论和实践问题》，载《武大国际法评论》2011年第1期。

(8) 实施并宣传联合国、ILO 现有文书。

联合国、ILO 应在以下方面修改公约内容：(1) 让第 97 号公约和第 143 号公约内容更加具体、更具操作性，如修改第 97 号公约第 8 条款；(2) 扩大权利保护覆盖范围，如应将自营就业人员包括在第 97 号公约范围内；(3) 进一步明确有关概念以利于个案认定和后续行动，如在第 97 号公约中应对"家庭"作出明确界定；(4) 国际文书应尽可能使非正规移民合法化和打击贩卖行径，将之规定为各国的具体承诺或实际行动；(5) 鉴于临时移徙劳工已越来越多，应在第 97 号公约框架范围内为临时移徙劳工起草文件，规定其权利义务；(6) 鉴于移徙劳工缺乏社会保护，尤其在福利方面的社会保障不到位，建议社会保障立法新增、补强相关内容；(7) 急需提出发展新战略，以应对全球化带来的移民变化；(8) 统一相关标准的表述，促使其推广，包括工资保护、劳动监察、建筑业的安全和卫生以及其他标准。

2. 推动促进，提高条约批准率

(1) 应课以后续义务推动条约批准。ILO 许多公约批准率很低，特别是第 97 号公约和第 143 号公约尚未成为某些会员国批准的对象。因为无论是国际劳工局还是国际劳工组织的三方成员（政府、雇员、雇主），在促进国际劳工标准公约的批准方面，总是缺乏推动条约批准的强大动力。有关各方一旦完成向会员国提交条约文本的步骤，就没有后续的具体义务去推动定期的督促或重新审议。除非由国际组织集中开展促进活动，否则批准将被无限期搁置。因此应将"为促进条约的最终批准而应采取持续不断的行动"规定为有关各方的后续义务。

(2) 促进措施督促各国主动行动。促进国际劳工标准的签署、批准以及实施有助于当事国政府理解文约中存在的障碍，并促使其采取立法措施或政策行动来克服这些障碍，从而形成或增强批准公约的意愿；同时促进活动使得当事国政府深刻明白眼前困难与长远利益之间的平衡关系，这有助于其采取恰当的且立足于长期目标与全局利益的政策与行动；再就是促进活动可以给当事国政府造成一定的国际压力，为国际形象和国际交往大局计，有关国家多会采取主动行动。联合国体系内基本人权公约批准比例得到较大程度的提升，就是得益于联合国开展有目标的、持续的和系统的促进活动。如在联合国层面上开展批准 UN 公约的全球促进活动，ILO 与联合国共同推动联合国移徙劳工公约的全球批准，尽管几乎没有多少可供支配的资金，但却取得了较大的成功。联合国移徙劳工公约在 1999 年仅获得 9 个国家批准，但经过全球促进活动后已得到25个国家批准。

（3）援助行动促进国家批准。达成国际人权公约设定的目标既是一个重大的政策法律问题，也是事关发展的问题。联合国人权条约机制目前之所以面临“实施危机”，甚至到了“危险境地”,① 是由于在制度发展、运行和参与方等方面存在“系统缺陷”（system deficiency）和“能力亏缺”（capacity deficit）。② 现实中发展中国家既缺乏有效的治理环境，更缺少基本的物质保障去实施国际人权条约和国际人权标准。如UN条约、ILO条约让缔约国政府承担繁重、重复的报告义务，甚至报告在格式上千差万别，使得当事国政府无所适从，进一步降低能力和资源不足的缔约国政府的政治意愿和实施动力。其实众多发展中国家政府更为重视的是条约机制在解释条约、发布结论性意见并跟踪后续措施方面的实际权威及在违反人权的个案或情势出现时的反应能力。因此提高缔约国履行条约能力，就必须加强对发展中国家的技术支持和发展援助。鉴于ILO公约的全球批准、国内实施、定期报告和后继措施的高度复杂性和专业化，应建立规范的培训制度，使得有负责报告义务和实施义务的专家或公务人员掌握知识，积累经验，提高能力。甚至可以参照联合国民主基金③的成功经验，建立国际移徙劳工人权公约实施专项发展援助基金，为缔约国提供必要的物质和技术支持，从而创造一个激励UN、ILO公约实施的有利环境。具体说来，应在以下方面加大援助力度：

①帮助制定劳务移民政策；②协助审议或改革立法；③加强发展中国家的行政基础设施；④协助加强劳动监察；⑤协助工人组织和雇主组织的能力建设；⑥改善有关移民劳工问题统计；⑦促进移徙劳工的待遇平等；⑧劳务移民政策或实践中所涉及的性别问题。

---

① 资料来源于国际法协会，International Law Association，Committee on International Human Rights Law and Practice，“Report on the Treaty System：Facing the Implementation Crisis”. August 1996，http：//www. bayefsky. com/reform/ila. php/pfriendly/1，2012年6月3日访问。

② 吴晓晖：《论联合国人权条约监督机制改革的若干理论和实践问题》，载《武大国际法评论》2011年第1期。

③ 资料来源：联合国民主基金是2005年建立的一项联合国信托基金，由UN前秘书长安南倡议并领导建成，旨在推动全球的民主化进程。参见United Nations Democracy Fund（UNDEF）官方网站：http：//www. un. org/democracyfund/XUNDEFBasicInformation. htm，2013年4月25日访问。

3. 协调配合，平衡利益

国际法研究者认为国际法存在“碎片化”现象,① 作为国际法部分的国际人权法亦是如此。国际人权条约、劳工条约的“系统缺陷”也是源于国际公约的“碎片化”（fragmentation）发展流弊，不同的条约之间缺乏协调统一和相互支持。

（1）消弭条约内部的不一致，使之适于运用

条约内部不一致的现象在国际人权法领域并不鲜见，在 UN、特别是 ILO 移徙劳工条约内部均有不同程度的存在。比如移徙劳工是否涵盖非正常地位的移徙劳工，可能在同一条约内部的前后约文有不同的界定，甚至正文与附件的界定也不尽一致。究其原因一是主观上立法者疏忽，或是客观上当时立法技术低下，再可能的原因就是立法者想在一部条约之中满足不同主体的多重愿望，甚至完全相左的愿望，如东道国要求打击非正常移民，来源国则未有此愿，雇主更喜欢使用“非正规”移徙劳工，而外籍劳工更不喜“正规化”的繁琐与耗费。因此立法者将前后矛盾或相互冲突的条文杂糅，妄图用一部所谓的“包容性条约”满足各方所愿，这只会带来暧昧不清，更不利于适用，结果只能是适得其反。因此需要消弭条约内部的不一致，成立专家委员会展开调查研究，首先运用现代立法技术修正冲突与漏洞；对于一部条约之中试图兼容相互冲突的多重目的，首先要正视冲突的存在，不用暧昧态度和措辞回避问题，而是确立人权保护、劳工保护为第一原则，在确保第一原则优先的情况下，才考虑国家、雇主的愿望与利益。因此明确界定何种利益优先保护，确定各方利益价值位阶也是非常必要的，同时明确有关概念的内涵、外延，以及不同情形下的主体范围、主体的权利范围，这有利于条约在不同国家、不同情形下均可得到较为一致的适用。

（2）协调条约之间的冲突，使之相互借重

UN、ILO 关于移徙劳工的国际公约形成年代不同，立法的机关不同、适用的层面也不同，更主要的是两者的内在机制不同。联合国条约适用的联合国体系内的立法、执法体制机制，而 ILO 适用的则是独特的三方机制来展开规则创制和制度实施。这就决定了两大相互联系的国际组织之间在处理同

① International Law Commission, Report of the Study Group on the Fragmentation of International Law, finalized by Martti Koskenniemi, General Assembly, UN Doc. A/CN. 4/L. 682 of 13 April 2006. 王秀梅：《国际法体系化机制及其进路》，载《政法论丛》2007 年第 2 期；古祖雪：《国际法体系的结构分析》，载《政法论坛》2007 年第 6 期。

一问题时不可避免存在歧异。

而九个核心人权公约则是陆续缔结并生效，法律效力上相互独立，为实施条约而创设的八个条约机构亦彼此独立，且不一统于联合国，也不隶属于联合国人权高级专员。至于选择哪些人权公约加入或批准均由 UN 会员国自主决定，而不会受到任何限制和约束，联合国、ILO 均希望更多的成员国加入条约体系，基本持一种开放自由、不设门槛的态度，加入一个条约根本不需要以已经批准其他条约为前提条件，这样条约之间就缺少相互配合和协调，甚至有时还出现条约竞争情形。不同的条约不同的规定，导致各主权国家在同一国际法体系下承担不同的实体义务和程序义务，这使得国际条约体系特殊化和碎片化并存，而碎片化和特殊化又引发系统缺陷和规范抵触(normative incoherence)。ILO 关于移徙劳工的条约体系也存在条约之间不协调不一致的情况，碎片化现象也影响的概念的一致性、范围界定的统一性、适用上的标准化以及处理结果上无差别性。

对于各组织公约之间、同一组织不同条约之间的矛盾与冲突，联合国各条约委员会应举行会际协商或主持人会议，统一协调立场或联合发表“一般性意见”，对共性问题作出较为一致的规定，对冲突作出较为权威的一致性解释。① 同时实施综合的配套改革，加强条约间的协调统一，使之相互借重、互为支持。虽然国际法委员会对国际法碎片化问题并未形成明确的、足以指导条约实践的结论性意见，但至少点明了国际法主体和国际事务的多元化导致碎片化现象将长期存在。② 为减轻碎片带来的不利影响，应采取措施致力于减少规范抵触与系统缺陷，虽然整合条约实现人权条约的“法典化”暂不现实，但为未来的法典化打下前期基础仍是可能的，比如整合内容相近的条约实现“去碎片化”，如 1999 年劳工大会标准实施委员就讨论过全面修订第 97 号公约和第 143 号公约，并将两个公约文本合并成一个单独公约

---

① See Craig Scott, Toward the Institutional Integration of the Core Human Rights Treaties, pp. 7-38, in Isfahan Merali and Valerie Osterveld, eds. , Giving Meaning to Economic, Social, and Cultural Rights, Philadelphia: University of Pennsylvania Press (2001); Kerstin Mechlem, Treaty Bodies and the Interpretation of Human Rights, Vanderbilt Journal of Transnational Law, Vol. 42, pp. 905-947.

② International Law Commission, Report of the Study Group on the Fragmentation of International Law, finalized by Martti Koskenniemi, General Assembly, UN Doe. A/CN. 4/L. 682 of 13 April 2006, pp. 481-493.

以更加适应现实需要。① 最后还可借鉴国内法的形式，用《立法法》来指导如何处理“先法与后法”、“一般法与特殊法”、“上位法与下位法”之间的关系以及法律内部冲突问题。在国际法体系内，应注意研究利用现成的《维也纳条约法公约》，用《条约法公约》第 30 条、② 《联合国宪章》第 103 条确定条约之间冲突解决办法，③ 在条约的解释规则方面妥为利用“权威解释”或“有权解释”，④ 以及参考《维也纳条约法公约》的具体规定。

（3）衔接国际法与国内法，使之协调配合

关于国际法与国内法之关系，国际法理论上有几种不同的解说：一元论中的“国际法优先说”和“国内法优先说”以及二元论中的“对立说”、“平行说”，意即国际法国内法或本为一体或互不隶属。⑤ 无论是一元说还是二元说，国内法优先说或国际法优先说，抑或对立说、平行说都一定程度上源于实践经验或学者的意见，这些不同的学说均或多或少反映实践的真实、或观照实践，又或轻或重地对各国实施国内法、国际法产生影响。从国际条约的实施来说，最为有利的学说是国际法优先，当然也有国家也在履行这一学说，如荷兰。而一元论中的国内法优先说、二元论中的国际法与国内法对立说则无疑对国际法实施造成莫大的干扰与削弱，还不如平行说让两者相安无事更为妥当，当然平行论只是无奈之选。国际法与国内法联系论或协调论则最为科学、对国际法的实施最为有力、有利。因为一元论否定了两者“对立”之处，二元论则无视两者“统一”之处。联系论认为国际法与国内法两者之间存在内在联系的根本因素和纽带，一是因为主权国家是两者发生内在联系的最重要的纽带和动力，两者均以国家的存在及其意志活动为前提，均以国家意志为法律效力的根据；二是国家的内外职能和政策虽分属两个不同领域，但彼此密切相关；三是适用国内法之国内社会与适用国际法之

① 国际劳工组织：《标准实施委员会的报告》，第 87 届国际劳工大会，日内瓦，1999 年，第 174 段。

② See Vienna Convention on the law of treaties, New York: United Nations— Treaty Series 1980, Vol. 1155, 1-18232, pp. 339.

③ 梁西、曾令良主编：《国际法（第三版）》，武汉大学出版社 2011 年版，第 354 页。

④ 李浩培著：《条约法概论》，法律出版社 1987 年版，第 420 页。

⑤ 周鲠生著：《国际法（上册）》，武汉大学出版社 2007 年版，第 14 页。

国际社会虽各有特点，却具有千丝万缕的关系。①

国际法与国内法会因“平行说”并道而行、互不牵连，或因“一方优先”、“两者对立”导致冲突。但用联系论观点和方法则可获得良好的解决之道。联系论的观点和方法要求首先抛弃国际法与国内法对立或冲突的立场或国际法优先的立场，决不能简单追求加强国际法实施机制的准司法性和权威性，过于片面和武断地通过强化条约机构的职能和效率来“迫使“会员国政府“就范”,② 这样可能适得其反。必须认识到全球经济社会发展严重失衡的现实及由此生发的矛盾、冲突，进而认可各会员国在实施国际法上的认识、立场及诉求可以存在差异，在相关条约的批准和实施上，不能在策略上一意孤行完全忽视东道国之诉求，在行动上刻意追求“一步到位”而不顾及缔约国的接受能力和实际行动能力。

因此，在加入或批准条约时，应采取灵活政策，根据国家能力区别对待，允许那些在短期内没有能力采取实际行动对移徙劳工实行有效保护的国家分步实施条约义务，为其国内法设置一段合理的“过渡期”，待条件成熟时再完全履行国际法义务。对于那些认为条约个别条款与其国内法存在根本价值冲突的国家，则可允许其提出保留或作出解释性声明，可待将来合适的时候撤回保留或声明，从而最终达到与国际条约一致。最后国际条约应鼓励国家逐步扩大立法范围，促进将移徙劳工的保护扩大到农业、家政工人，或是国际法及时为国内法提供示范或指南，甚至可以将个别国家法律规定吸收引进到国际法体系内，尽可能创造一个有利于国际法国内法和谐共生、融合一致、相互促进的有利环境（an enabling environment）。

4. 扩大影响，推进实施

UN、ILO 相关国际条约欲扩大影响则需得到良好的实施，当然成员国如果实施的意愿和动力不强，则会让条约根本目的落空或条约设计的行动计划流产。是故条约欲得实施，须增强缔约国、当事国之政治意愿，补足其开展国内立法与行政行动的动力，最便捷可行的途径就是增强条约的监督机制。

首先，必须理清条约监督机制与国内法乃至国家主权之间的关系。一方

① 梁西、曾令良主编：《国际法（第三版）》，武汉大学出版社 2011 年版，第 15～16 页。

② 吴晓晖：《论联合国人权条约监督机制改革的若干理论和实践问题》，载《武大国际法评论》2011 年第 1 期。

面条约必守，国家在国际关系中的权利义务是由国际法规定的，国家不能利用国内法改变国际法，① 同时国内管辖事项由国内法调整，不在国际法效力范围内。② 条约监督机制在履行国际监察职能或准司法职能时不能超越国家主权，应尽可能与当事国展开建设性对话，比如联合国各委员会并不片面追求其发布的结论性意见拥有国际法上的约束力，但此种意见是依据国际人权条约、在全面扎实的材料分析基础上以及由独立的专家作出的评估和建议，因而具备一定的权威性和影响力，实际上多数缔约国当局、法律界人士和NGO对“结论性意见”均比较重视。因此辩证地看待人权国际保护与国家主权的关系，做到人权保护尊重国家主权，同时避免人权国际保护的政治性利用，才能实现人权国际保护与国家主权的和谐统一。③

其次，应成立统一的常设条约机构。因为想要达成人权保护或移徙劳工人权保护的目标，必须确保会员国或缔约国全面履行其承担的义务，这需要公约实施机制必须拥有足够权威、充分有效并为公众所熟知并接受，从而督促国家层面上的移徙劳工保护。④ 2006年UN人权高专《构想文件》（*Concept Paper*）指出现行八个独立、松散的条约机构已经接近其监督能力的极限，成立统一常设条约机构势在必行，将缺乏相互支持与联系的条约机构整合为单一的、常设的、由全职专业人士组成的条约机构，将在以下方面产生积极影响：（1）有利于缔约国全面地、深入地履行报告义务，有利于国际层面审议和监督公约的实施状况。通过责成缔约国编制一份综合性的国家报告，既减轻国家负担，又便于综合评估全部条约义务的实施情况。（2）统一常设机构有效消除各离散机构各自为政和政出多门，从而通过一个口径发布更权威、更一致和更清晰的条约解释和具体指导。（3）统一常设机构使得缔约国政府通过一个专门管道与联合国人权部门、国际劳工组织沟通信息、交换意见和开展建设性对话，从而加强国家、全球层面的人权保护行动相融合，这样也不会有原先疲于应付、重复工作之苦。（4）全职专家有充分的时间、更加独立的地位，便于其灵活地掌握各国人权保护实情，集中精

① 参见《美国国际法杂志》第51卷，1957年，第439页。

② 梁西、曾令良主编：《国际法（第三版）》，武汉大学出版社2011年版，第19页。

③ 杨泽伟著：《国际法析论（第二版）》，中国人民大学出版社2007年版，第216~218页。

④ See Concept Paper on the High Commissioner's Proposal for a Unified Standing Treaty Body, UN Doc. HRI/MC/2006/2 of 22 March 2006, paras. 6-7.

力处理国家报告和受理个人来文、个人申诉，跟踪、督促缔约国采取后继措施；(5) 统一常设机构因其直接隶属联合国人权高专，这样有利于加强与人权理事会、联合国发展机构、人权保护方面的非政府组织联系和协调，更有利于与 ILO 的相互配合、共同行动。①

此外，在联合国框架内，积极发挥国际法院的咨询管辖和诉讼管辖两大职能，发挥其司法解决程序处理或裁决缔约国之间关于公约的解释、适用和执行争端，通过咨询管辖发表关于劳工保护条约的咨询意见。国际法院作出的人权条约裁决具有一定的约束力，其发表的咨询意见虽无法律约束力，但可为相关会员国提供参考。② ILO 行政法庭也可探索再一次修改章程，扩大管辖权，③ 可以不经当事国同意对条约加以解释、发表咨询意见，或在原被告双方均一致接受的情形下，审理移徙劳工的人权保护案件。

二、区域层面条约和安排对海外劳工权利保护的不足和完善

(一) 现行区域层面条约概况

1. 欧洲

欧洲是海外劳工的主要目的国，因其人口自然下降和老龄化速度和水平远高于其本地劳动人口更替速度和水平，故其劳动力市场缺口较大。2004 年 ILO 报告显示，欧洲外籍劳工为 2 750 万，占全球总量达 34%。但多数欧盟国家只对成员国开放劳务市场，限制从第三国移徙劳工进入本国市场。欧盟在世界劳务市场上地位重要，其整合程度较高，欧盟层面的法律体系出现超国家的特点，其法律也比较全面、成熟。其涉及移徙劳工的条约主要由以下部分构成。

(1) 欧洲共同体条约。《欧洲共同体条约》第 125 ~ 130 条构成欧盟就业政策的法律基础，其就业政策是欧盟社会政策的中心，带动机会平等、社

① Concept Paper on the High Commissioner's Proposal for a Unified Standing Treaty Body, UN Doc. HRI/MC/2006/2 of 22 March 2006, paras. 27-36.

② 《国际人权公约在中国的实施——访中国社会科学院法学所莫纪宏研究员》，载《人权》2008 年第 1 期。

③ 日本国际法学会编：《国际法辞典》，世界知识出版社 1985 年版，第 504 页。

会保障等其他政策在欧盟范围内实现。欧洲共同体条约作为一个基础性的公约，是欧盟就业指南的根本性依据和方向性指导，因此欧盟就业政策指南规定了实现广泛就业和促进可持续发展的宏观目标，具体包括吸引更多人就业，鼓励欧盟人员内部流动，确保移民获得应有利益；同时还就就业安全、教育培训、雇佣制度作出规定，① 旨在保护劳动者利益，这对移徙劳工就业意义深远。

（2）欧洲人权条约。欧洲是区域性人权国际保护发展最早、也最发达的地区。②《欧洲人权公约》并未专门规定移徙劳工法律地位，但该人权公约开宗明义明确规定其适用于一切位于其成员国领域内的人，因此海外劳工不论其国籍如何，均可受到欧洲人权公约之保护。虽然欧洲人权公约重在保护政治权利和民事权利，但移徙劳工更在意、更易受侵害的往往是经济和社会权利，因此人权公约保护作用有限。根据《欧洲人权公约》欧洲建立了常设性、纯司法性的欧洲人权法院，个人可直接向法院提起诉讼，其作出的判决对相关国家具有拘束力，其案例法是促进欧洲法治的活的法律。在经济和社会权利方面如果认定外籍劳工遭遇歧视待遇，欧洲人权法院则可运用《欧洲人权条约》中的反歧视条款保护劳工利益。根据《欧洲人权公约》的反歧视原则维护了多起移徙劳工的社会保障和家庭权利等，这些案例业已形成有拘束力的判例法。

（3）欧洲社会宪章。该宪章对移徙劳工利益保护力度较强，措施也很具体。因其存在许多专门针对移徙劳工的条款。其中第 1～17 条规定下的权利是关于移徙劳工法律地位的基础条款，而同等的社会保障权利是由第 12 条赋予，医疗保障权利则由第 13 条规定。第 18 条规定移徙劳工从事有偿职业的权利，第 19 条则规定移民及其家庭获得保护和援助的权利，具体有报酬和雇佣条件平等、享受社会保障权、住房权、家庭团聚权、平等解雇权、免受驱逐权以及融合权、同等工会权。

（4）关于移民地位的欧洲公约。该公约是专门针对移徙劳工地位的综合性公约，但是一部框架性公约并未规定移徙劳工权利的所有方面，只是界定国家间义务而少有全面赋予移徙劳工权利。同时该公约参加国较少，影响力不够，并且允许存在差别待遇。所以该公约宣称规范移徙劳工法律地位、

---

① 王雅梅：《欧盟就业政策的发展趋势及对中国的启示》，载《四川行政学院学报》2002 年第 3 期。

② 白桂梅主编：《人权法学》，北京大学出版社 2011 年版，第 241 页。

保障移徙劳工享受同等待遇、援助移民及其家庭社会发展，但其实质内容和实际作用可能会削弱其公约目标。

（5）欧洲成立公约。该公约规定了缔约国人员进入其他缔约国领域的准入和居留以及移民地位，赋予缔约国国民一定的特别优惠，并提供雇佣准入平等、合法居留权以及驱逐保护等，最后该公约还在民事权利上规定国民待遇条款，涉及财产权、获得司法、行政保护权、免费法律保护权、获得工资权和教育权等。

（6）欧共体法。欧共体法主要有阿姆斯特丹条约对欧共体条约的修订部分会对移徙劳工产生影响，这部分规则包括签证、庇护、移民和人员自由移动之规则，涉及准入和居留许可的条件、许可证的签发程序。此外还有一系列规则、指令涉及移徙劳工地位和待遇、保护问题，如 1612/68 欧洲规则第 10、11 条规定平等雇佣权和平等的经济与社会权利以及 2001/55 共同体指令要求对外籍受雇人员、自雇人员提供临时保护等。其中第 1612/68 号条例的序文特别指出：自由流动是劳动者的一项“基本权利”。①

此外还有《关于社会和医疗援助的欧洲公约》以及欧共体同第三国的协议②均对移徙劳工问题作出规定。欧洲法院亦通过一系列判例来定义并扩展了劳动者的权利范围，包括实体权利与程序权利，如 Levin 诉 Staatssecetaris van Justitie 案（1982）、Lawrie Blum 诉 Land Baden-Wurttemberg（1987）以及 Groener 案（1989）、Brown 案（1988）、Santillo 案（1980），③ 这均有利于外籍劳工在欧盟范围内权利的确立、扩大以及社会保护的拓展。

2. 美洲

美洲国家组织为了贯彻《美洲人的权利和义务宣言》，建立了美洲人权委员会，根据《美洲人权公约》建立美洲人权法院。美洲人权委员会、人权法院职责都是监督美洲国家在尊重和保护人权方面所履行的义务。美洲人权委员会主要职责是受理个人来文，美洲人权法院具有咨询和诉讼管辖权

① 《最新不列颠法律袖珍读本——欧盟法》，袁发强译，武汉大学出版社 2003 年版，第 221 页。

② 欧共体同第三国协议主要有欧共体——土耳其联合协议，同北非三国阿尔及利亚、摩洛哥、突尼斯协议以及与东欧十国签署的欧洲协议，还包括一些与其他国家或国家集团的后续协议。

③ 《最新不列颠法律袖珍读本——欧盟法》，袁发强译，武汉大学出版社 2003 年版，第 225~267 页。

(任择性质),① 从法院建立到2010年底，美洲人权法院已处理20个咨询案件、受理223个诉讼案件。②

在劳工方面，美洲并未效仿欧洲专门制定劳工专门条约，也未制定移民地位公约。只有北美自由贸易区制定了《北美自由贸易协定》（NAFTA）以及与之相随的《北美劳工合作协定》（NAALC），构成NAFTA/ NAALC体制。下表附北美核心国家美国加入核心劳工条约的状况（表7），以及NAFTA、NAALC两个协定中关于劳工流动、劳工保护条款（表8）。

表7 美国加入核心劳工条约情况

公约	批准国家数	美国
第29号：《强迫劳动公约》（1930年）	174	未批准
第87号：《结社自由和保护组织权利公约》(1948年)	150	未批准
第98号：《组织和集体谈判权利公约》（1949年）	160	未批准
第100号：《同工同酬公约》（1951年）	168	未批准
第105号：《废除强迫劳动公约》（1957年）	169	1991年批准
第111号：《（就业和职业）歧视公约》（1958年）	169	未批准
第138号：《最低就业年龄公约》（1973年）	156	未批准
第182号：《最恶劣形式童工劳动公约》（1999年）	173	1999年批准

表8 北美自由贸易协定、劳工合作协定有关内容

名称	年份	内容
《北美自由贸易协定》(NAFTA)	1994年	逐步消除各种贸易壁垒，实现商品、资本自由流通和服务(含模式4下自然人)、人员(含移徙劳工)自由流动
《北美劳工合作协定》(NAALC)	1994年	国际社会第一份明确嵌入劳工权益保护的贸易协议，列示了成员国应予遵循的11项基本劳工原则，其涵盖了4项国际核心劳工标准，扩充了劳工权益保护的内容。规定了签字国的目标和义务、劳工事务组织机构以及执行措施、劳工争议解决办法

① 白桂梅主编：《人权法学》，北京大学出版社2011年版，第243~244页。

② 参见2009年美洲人权法院年度报告（Annual Report 2009）。

3. 亚洲

亚洲是国家组织化程度最低的地区。历史原因、经济社会文化原因、民族宗教原因以及政治特别是地缘政治原因一直影响亚洲国家的团结和整合，形成今日亚洲一盘散沙之乱象。在人权保护方面，亚洲既不存在国家或政府间专门保护人权的区域性公约，又不存在国家或政府间保护人权的区域性机构，这点既不同于欧洲、美洲，更落后于非洲。唯一值得提出的是1993年亚洲通过一个关于人权的宣言，史称《曼谷宣言》，其中规定了一些国家应予尊重的人权内容，但更多强调的是国家主权以及反对以人权为政治手段来妨害国家主权和干涉内政。但是亚洲地区目前仍未有、将来也难以产生《欧洲人权公约》、《美洲人权公约》那样有法律约束力的国际人权公约。

亚洲只在次区域范围内成立了东南亚国家联盟（ASEAN）。根据2007年《东盟宪章》的宗旨和原则，2009年东盟人权机构——东盟政府间人权委员会在东盟峰会期间正式成立，其宗旨是促进和保护东盟地区人民的权利，提高民众的公共意识，发展人权教育，向政府和东盟团体提供咨询服务。该人权委员会计划起草《东盟人权宣言》、《东盟公司社会责任原则》以及对区域内移民权利保护问题展开专题研究。①

东盟亦未制定专门处理劳工保护、移徙劳工地位方面的条约，虽《东盟宪章》从原则上规定了人权、劳工权利，如“实现人员自由流动”、“为东盟人民提供适当的就业机会、社会福利和公正待遇，提高其福利和生活水平”和“建设一个以人为本的东盟”。② 在《东盟服务框架协定》（AFAS）中规定了服务贸易中模式4下自然人流动问题。AFAS为东盟国家改善市场准入和确保服务提供者享有国民待遇制定了概括性的原则，规定了自然人流动制度，对市场准入、国民待遇、最惠国待遇的例外规定了限制。《保护和促进移民劳动者权利的东盟宣言》则提出保护移徙劳工的合法权利，各成员国加强在移徙劳工流动法律规制方面的合作。该宣言规定了劳工接收国和输出国的义务，特别强调了移徙劳工在东道国、母国享有社会融入权。但限于宣言性质，并无强制力、约束力。此外，东盟与第三国签订的自由贸易协定中也涉及自然人流动条款，还有部分提及海外劳工权利

① 白桂梅主编：《人权法学》，北京大学出版社2011年版，第247~248页。

② 资料来源于《东盟国家宪章》，http：//baike. baidu. com/_ id = 168517&type = syn&fromtitle = %E4%B8%9C% E7%9 B%9 F&fr = aladdin，2012年5月23日访问。

保护问题。

4. 非洲

非洲根据《非洲人权和民族权宪章》建立起非洲人权和民族权委员会以及非洲人权和民族权法院。委员会主要职责是促进、保护人权和民族权，解释宪章、制定与人权和基本自由相关的原则和规则、审议缔约国履行宪章的国家报告、受理来文及处理个人、非政府组织或个人团体对违反宪章行为提起的申诉。非洲人权与民族权法院享有诉讼管辖权和咨询管辖权，法院有权作出对非盟侵害人权的行为作出有法律拘束力的判决。①

《非洲人权和民族权宪章》提及人权保护、劳工权保护的条款，但未制定移徙劳工地位与权利公约。

（二）区域层面条约作用评价

1. 条约覆盖范围狭窄

就保护海外劳工权利而言，需要形成三个层次的公约方可构成完整的保护体系：宏观层次的人权条约、中观层次的劳工标准公约、微观层次的移徙劳工法律地位及权利保护条约。

（1）人权条约覆盖有限。就区域性国际人权条约而言，欧洲是先行者，发展最为成熟，堪为各地区标杆；美洲随之，但鉴于北美、南美发展不平衡，整合程度不如欧洲，其人权条约保护水平次之；非洲亦有人权条约，但鉴于历史上遭受西方殖民，故将人权与民族权两种性质不同权利人为捆绑在一起，孰轻孰重、两者关系如何处理含糊不清，加之非洲总体经济社会发展落后且只实现形式上的一统，其人权保护水平亦是差强人意，但非洲已有人权条约、人权法院，总之有聊胜于无；而亚洲作为经济社会发展最为迅速蓬勃、人口流动规模最大的地区，也是全球海外劳工最大的流出地同时又是最大的流入地，整合程度一盘散沙，几个大国争当核心，标榜或奢望自己可比肩美洲霸主美利坚、欧洲火车头德意志、法兰西，大国之间争相牵制、各不服膺，兼之亚洲民族、宗教、领土、意识形态纷争严重，历史问题、文化差异、地缘政治、经济竞争长期得不到有效解决，导致目前唯有亚洲未有人权公约，更侈谈执行公约之亚洲人权法院。总之区域性人权公约惟欧洲一枝独秀、美洲短时间内难望其项背、非洲虚有其表，亚洲前路漫漫且前途不甚明了。从国际法角度观之，人权保护在区域

① 白桂梅主编：《人权法学》，北京大学出版社 2011 年版，第 244~246 页。

范围内整体上尚属差强人意。

（2）劳工标准条约更少。就劳工标准条约而言，欧洲在其社会政策体系有所体现，其劳工权利及劳工保护条文之具体内容散见于欧盟条约、欧洲社会宪章、欧洲成立公约、欧共体法等不同形式、不同适用范围、不同实施效力的欧盟法体系内，内容较为全面，甚至标准较高有一定超前性，但外观上纷繁复杂，正确适用、完美衔接仍存在一定困难；美洲则有发达经济体美国、加拿大，其余则全是发展中国家，两大阵营发展程度相差悬殊，政治经济整合难度相当大，故效仿欧洲制定较为一体化的劳工标准则不大可行。目前在次区域范围内成立北美自由贸易区，依托自贸区各成员国签订《北美劳工合作协定》，其内容涉及劳工标准和劳工保护问题，覆盖北美三国对其产生约束力。而亚洲、非洲则在区域或次区域层面未有正式的劳工标准。

（3）移徙劳工条约几乎空白。在专门规范移徙劳工地位和权利的条约方面，欧洲制定有《关于移徙劳工地位的欧洲公约》，内容较为综合，适用于整个移民过程，全程覆盖移徙劳工之招募与准入、接收、停留与返还，从总体上规定移徙劳工之法定地位和应享有经济社会上的平等待遇。在涉及具体劳工权利类型时，欧盟还出台《关于社会和医疗援助的欧洲公约》重点规范社会保障权利问题；美洲则没有此类规范移徙劳工权利的综合性条约，在次区域层面上安第斯共同体 2003 年通过《安第斯劳务移民文书》，重在规范劳动力流动，而南方共同市场国家于 2002 年签署了内部公民的居留协议；非洲共同体条约规定了成员国国民享有劳动力自由流动和居留权利；中非货币共同体也同意采取新措施以实现劳务自由流动；亚洲在东盟层面尚未出台条约，但通过《保护和促进移民劳动者权利的东盟宣言》，限于宣言性质，暂无条约效力，产生不了国际法上的约束力。

总之，就保护海外劳工而言，世界各大洲（不含大洋洲）在普遍人权、劳工权、移徙劳工权三个层次的公约制定方面，总体动力不强，条约覆盖地区、覆盖对象、覆盖的权利范围均比较狭窄，尚待进一步完善。

2. 现有条约内容不全面不合理

海外劳工的劳动权是社会、经济权利的核心内容，不仅是获取物质保障所必需，也是实现全面发展所必需，实现世界持久和平所必需。劳动体现人之价值也体现社会需要，更是人的自我实现和个性发展的手段，劳动关乎人的自由和尊严。① 劳工的工作权经历了理想化、概念化和实证化三个阶段。② 劳动权法律化需要界定劳动权的内容，一般劳动权作为一个包罗性概念来指称范围广泛的一系列权利，这些权利可简称为“工作权和工作中的权利”，工作权是一个复杂的规范体系，而不仅仅是一个单一的法律概念，其涵括着第一代、第二代人权的内容，既是自由权又有社会权。从权利的构成看，劳动权或工作权包括就业权（又包含免受奴役的自由、免服强迫劳役的自由、择业自由权）、由就业权派生的权利（包括就业保护权、失业保障权）、辅助性权利（包括结社自由、集体交涉、罢工权和社会保障权）以及非歧视和平等原则。有关国家和政府对海外劳工工作权的实现不仅是一项应诚实履行的政治承诺，更是一系列需要严格履行的法律义务。目前工作权立法仍未达到合理化的法律程度，主要表现在权利内容和相应的国家义务的模糊性，工作权的实证化、规范化，还有赖于条约的完善、国际法的执行乃至监督机构的判例发展。

（1）条约规定的权利不全面。现有条约只限于整个海外劳工工作全程中某个环节，特别是首尾环节如招募与准入、接收、停留与返还，即只关注海外劳工工作权体系中的就业权，而并未顾及就业派生权、辅助权以及如何在工作中反歧视和实现平等，也无视或有意忽略海外劳工劳动进程最核心的环节，即中间工作环节的劳工权利保护。如区域和次区域机构在不同层次上规定了有关外籍工人的准入条件、居留和待遇问题。除欧洲外，所有其他大陆的区域经济一体化进程加速，促使其在劳动力流动领域签订条约。很显然各国在实现区域和次区域经济融合方面产生了共同兴趣，但却没有足够的动力和兴趣实现移徙劳工的融合，出台了越来越多的区域性经济一体化安排和劳动力流动方面的法律和协议，却独独缺少了对移徙劳工的政治承诺或法律保护。如为了加强一体化进程，安第斯共同体在 2003 年通过《安第斯劳务移民文书》、南方共同市场国家签署了关于共同市场内部公民的居留协议、非洲共同体成立条约规定了成员国国民享有劳动力自由流动和居留的权利、中非经济货币共同体（CEMAC）也计划有效执行劳务自由流动协定、南部非洲发展共同体起草了劳动力自由流动的议定书。诚然，作为贸易自由化和地区经济一体化的一部分，目的地国和来源国可以签订劳动力自由流动的协

① 白桂梅主编：《人权法学》，北京大学出版社 2011 年版，第 143 页。

② ［挪］K. 德罗兹维基：《工作权和就业中的权利》，载［挪］艾德等著：《经济、社会和文化的权利》，黄列译，中国社会科学出版社 2003 年版，第 254 页。

议、招聘和就业方面的协议，为来自成员国的国民自由流动、定居和进入劳动力市场制定规则，设定在移徙劳工管理方面的合作义务。但是在此类多边协议中，移民活动仅仅被看作是一体化进程的另一种形式，将劳动力视为可贸易、可流动的商品，而忽视移徙劳工是人，有人之本性需求、人之权利要求，决不能对其权利予取予夺、决不能随时引入随时推回。只有欧洲在欧盟层面有一套详尽的劳务移民标准，既涉及移民管理标准，同时也包括移徙劳工保护的标准。特别是经阿姆斯特丹条约修正后欧盟条约的生效，标志着欧盟在共同体层次上对移徙劳工保护作出了政治和法律上的双重承诺。

（2）条约重国家管理，轻国家义务。国家在移徙劳工政策和法律方面坚持一种实用主义、功利主义态度，将国际法、国际条约视为实现其功利主义目的的工具。在某些劳工输入国治理逻辑里，处理移徙劳工问题无非只有两种情形，需要时大力引入，不需要时尽可能遣返，所以国家移徙劳工政策的出发点是本国需要而不是劳工需要，处理方式是引入和遣返，而不是移徙劳工的平等保护和最终融合。东道国在招募、准入方面极尽国家管理之能事，设置入境许可、居留许可、工作许可，规定了签证条件、居住条件、雇佣条件，要求进行劳动力市场测试、经济需求测试，在经济形势下行时，为保护国内就业、稳定政治局势则通过警察权力、移民管理权力查缉非法移民，撤销工作许可、居留许可，遣返失业劳工、无证劳工或工作许可到期劳工，妄图像关水龙头那样随意处置外籍劳工，这样将国家权力开发利用到极致。国家在外籍劳工引入、遣返两头行使国家权力，却在中间劳动就业过程罔顾自身义务。须知权力和义务是如影相随的，移民为东道国带来多重收益，其应享有多重权利，而这种权利对应的就是东道国之义务，包括在雇佣关系中对违法雇主的管控处罚、对劳动条件的监察、对劳资纠纷的处理、对移徙劳工的社会救助和保障等。① 相反，有关东道国通过区域条约的形式，片面地、过度地行使了国家权力，却同时利用条约的形式“合法逃废”自身责任与义务。

（3）条约不完善带来风险。虽然区域性组织中的一些成员国已经批准了 ILO 公约，有些区域性条约也吸收了劳工国际标准的内容，特别是国际劳工组织第 97 号公约和第 143 号公约，但是也有多项区域性协议或条约并未参照 ILO 劳工标准所包含的经验，这可能引发双重风险：一是重复某些国际

---

① Joel P. Traehtman, *The International Law of Economic Migration. Toward the Fourth Freedom*, Kalamazoo: W. E. Upjohn Institute for Employment Research, 2009.

劳工标准曾刻意避免的错误；二是国家间采取的法律措施可能损害现有国际标准。

ILO为各国的国内政策和国际合作建立一个规范性框架，作为所有各方共同的参照标准，并规定了明确的责任和建立了相应的报告和监督机制。特别是第97号公约和第143号公约为各国在国家政策、法律法规、移徙劳工的工作和生活条件以及信息合作方面做出了规定。第143号公约还为各国采取的法律措施设定了政策目的和行动标准，如取缔海外劳工为就业目的而从事秘密活动，打击非法移民劳工流动的组织者和雇用非法入境劳工的雇主，保证使劳动力贩运集团受到惩处。但现有区域协议中允许国家采取的“遣返、取缔、打击、惩处”措施可能会危及合法移徙劳工和处于非正常状态移徙劳工的劳动权、人权，尽管这些措施有些是预防性的，有些是补救性的。

3. 贸易与劳工标准不当挂钩

世界许多发达国家、工会组织或跨国企业一直致力于在WTO协议层面、区域贸易协定层面和企业守则层面推行贸易与劳工标准挂钩，现今除在WTO框架内遭到广大发展中国家抵制而未得实现外，已经在民间层面、企业层面、非政府组织层面上得到一定程度的实现，如SA8000为代表的公司社会责任与公司生产行为守则；而通过区域贸易协定借助其国际法效力得到实现的情形则更为常见，发达国家推行的劳工标准不但成功实现与贸易挂钩，而且得到强力推行。同时，服务贸易协定（GATS）中模式4涉及自然人流动，因此许多区域自然人流动的规则，例如行业准入、资格认证也可视为影响海外劳工就业权实现的因素。因此可以初步得出结论，通过区域贸易协定、服务贸易协定发达国家广泛将劳工标准与贸易挂钩。

（1）劳工标准与贸易挂钩削弱劳工权独立价值。劳工权作为一种形式的人权，具备人权的属性，特别是人权的绝对性，即人权所蕴含的人道主义精神和人权价值是绝对的，人权的取得、享有应是不需附带任何条件的。总之，人权有其独立的精神、独立的价值，是不能依附于任何外在之物的。而贸易其实是一种物的交换过程，而人权是依附于人而存在的。将贸易与劳工标准挂钩就是将人权与贸易挂钩，这无异是将有精神价值的人与无理性追求的物强制挂钩。这显然贬损了人的地位，否定了人权的崇高性，削弱了劳动权作为一种兼具生存权与发展权的人权之独立价值。

（2）挂钩形成新的贸易壁垒。当然劳工标准与贸易挂钩客观上对劳工权利的保护起到了促进作用，但是其对发展中国家而言不啻是一种新形式的贸易壁垒。因为现阶段广大发展中国家发展国际贸易的唯一的、尚有竞争力可言的比较优势就是充足且廉价的劳动力或较低水平的劳动生产成本。如果强制要求发展中国家在贸易中推行统一的劳工标准，不管不顾国家间的现实差异和背后深层次的世界经济发展失衡的事实，是不尊重落后国家发展目标和发展模式的一种极不负责任的行径。在国际贸易中推行过高劳工标准迫使发展中国家提高劳动成本，会直接或间接削弱发展中国家的最后一点相对优势，同时发展中国家通过发展国际贸易拉动经济增长，从而最终实现提高劳工标准的希望也会破灭，因为过高的劳工标准捆绑低下的贸易能力将从根本上削弱发展中国家劳动保护的经济基础。而将两者成功挂钩对发达国家来说，这相当于事实上减少从发展中国家的进口，从而保护本国企业和本地劳工或者提升本国企业的相对竞争力。两相对照，损益互现，这无异于一种新形式的非关税壁垒。因此将贸易与劳工权利保护联系起来的社会条款被指借助贸易制裁的威慑和执行来实现贸易保护目的，是一种“蓝色条款”，是一种对发展中国家极不公平的、经济霸权主义条款，只会牺牲发展中国家利益，并终将扩大世界发展鸿沟。

（3）挂钩引起的泛政治化。失业是一种社会危机，更是一种政治危机，其实将国际贸易与国际劳工标准挂钩的动力完全不是发达国家出于改善第三世界国家劳工待遇的良善愿望，其背后的最终推动力量也决不是来自竞争产业的经济力量，而是强大的政治力量。在自由贸易区谈判进程中竭力推动劳工标准嵌入贸易协定的最大力量是发达国家的工会组织，如美国劳联—产联游说国会迫使总统在 NAFTA 谈判时推销劳工标准。而且在美国国内是否将两者挂钩也存在深刻的政治博弈，反对劳工标准嵌入贸易协定的政治力量也不在少数，因为区域劳工标准是约束所有缔约方的，至少在美国许多企业主是不愿意实行高标准劳工保护的，现实中美国几乎没有加入任何重要的 ILO 核心劳工标准。此外，许多发达国家在普惠制中也强行纳入劳工标准，在贸易准入时审核申请国劳工保护状况，从而实现在贸易安排框架内推行其国家政治要求。此外从不自愿的政治动因观之，发展中国家、弱小国家和最不发达国家欲得进入发达国家市场或获取投资、经济援助，往往不得不答应发达国家在有关区域贸易协定内外、前后提出的一些额外政治条件。研究任何一个有强弱两方参与缔结的区域协定，都不难发现政治因素。①

① 曾令良：《区域贸易协定的最新趋势及其对多哈发展议程的负面影响》，载《法学研究》2004 年第 5 期。

4. 冲击国际劳工组织地位及标准

美国从最初的国际贸易组织（ITO）、关税及贸易总协定（GATT）到现在的世界贸易组织（WTO），一直不遗余力将社会条款、劳工标准纳入多边贸易协定中，但遭到发展中国家甚至发达国家的普遍抵制，如 WTO 新加坡部长会议宣言就劳工标准作出了专门声明：WTO 成员国遵守并支持国际公认的核心劳动标准，承认 ILO 在设立和处理国际劳工标准方面的权威地位，在国际劳工事务方面起主导作用，并进一步表示支持 ILO 的工作并在促进提高劳工标准方面与 ILO 展开合作。在此情况下，美国有意绕开 ILO 另起炉灶，打造一套只有利于本国利益的劳工条款或社会条款，通过区域自由贸易安排强迫成员方接受。鉴于美国广阔的市场和强大的谈判能力，在多边层面难以实现的目的在区域层次上容易实现多了，现今美国在区域性自由贸易安排框架内终于达成纳入社会条款、劳工标准之目的。美国一直不愿加入 ILO 国际劳工标准，还自视本国标准远高于 ILO 标准，其实不然，在劳工结社自由和集体谈判权等基本权利的国内法保护方面是远低于发展中成员国，特别在移徙劳工保护方面更是低于国际标准，以至区域自由贸易伙伴方墨西哥、加拿大先后发起了对美国的正式“请求”。

（1）对 ILO 价值及原则产生影响。ILO 坚持劳工标准、追求体面劳动，其在协助自由贸易协定成员国，尤其是协助发展中国家在贸易体系中制定和执行更为一体化的体面劳动战略方面不可取代。但从 ILO 视角观察，自由贸易协定或经济一体化协定可能会给有关国家实施国际劳工标准带来一定的风险。因为自由贸易协定的最终达成是成员国之间给予和索取的谈判结果，而非完全出于无私的、团结的表述，区域自由贸易协定甚至造成的后果是自私的、排他的。这种自私性、排他性可表现为：区域贸易协定可起某种“双锁功能”，即把竞争排除在外，将利益据为己有。①

（2）对 ILO 目标和标准的内容产生影响。因为 ILO 的标准已经是最基本的标准，如果某些自由贸易协定擅自将国际劳工标准“区域化”，另行修改业已通行的普遍性标准，在本地区实行所谓更切合实际的“灵活性条款”，这可能偏离国际劳工组织的原则和标准。比如某些区域贸易协定不仅时有忽视基本权利的某些方面，而且还常常把体面劳动的其他内容撇在一

① Regional Trade Agreements Section, Trade Policies Review Division, WTO Secretariat, The Changing Landscape of RTAS, prepared for the Seminar on *Regional Trade Agreement and The* WTO, WTO Secretariat, Geneva, 14 November 2003, p. 9.

边，或是贸易协定制定了体面劳动目标，却未提及具体的行动义务。在就业和劳动力市场领域一个不容忽视的问题是，贸易协定纯粹基于相互间“给予与索取”因而存在深刻局限，难以在实力不对等的成员国之间建立起以团结为支撑的互惠关系。具有不同机制、经济和社会水平的成员国之间的自由贸易协定可能会严重影响到最脆弱的伙伴方，即发达的伙伴可能通过这些协定影响到最脆弱的伙伴创造体面劳动的条件。

（3）对ILO程序的完整性可能的影响。许多区域性协定规定了一套自成体系的实施机制和一套完全不同于ILO监督程序的自我监察程序。区域协定所规定的对国家履行法律法规进行监督的程序和ILO公约所规定的监督程序，两者之间可能存在重叠和冲突，特别是那些将ILO标准转化为国内法的成员国将会面临两种标准、两种程序的困扰。同时在评价国家履约表现方面，原则上ILO是唯一获授权作决定的机构，但如果某个区域协定的成员国被区域性机构认定为未能履行或者违反劳工公约的实质性义务，从而被取消优惠或施以制裁，与此同时又不容ILO对此发表意见或作出评论，这显然会有损ILO的权威和地位。①

5. 实施义务存在较大分歧

（1）存在实施主体之争。劳工标准欲在各国领域内得到落实，就需国家承担国际义务将其转化为国内法、官方政策、具体行政措施。落实过程及最终效果需要评估，其国内法内容需要考察、行政措施需要监察，并由国家递送执行报告，并由相关主体进行评价，提出意见、建议或结论，供相关国家参考或直接遵行。条约义务之实施主体，不外乎国际层面的ILO、区域层面的专门机构、国家自身。实施主体之争其实质是对ILO的认识之争、地位及作用之争。一派认为现行的国际劳工标准体系本身存在不完备、不健全的根本性问题，这导致了ILO本身的组织结构、实际能力的脆弱性。面对经济全球化和区域一体化趋势的加强，完全依靠道德说教和自愿遵守是无法实现劳工公约的广泛遵守，没有强制要求产生不了强大的动力，各国只会敷衍从事，这也导致违背国际劳工标准成为普遍现象。在WTO争端解决机构或区域性执行机构中引入劳工标准，将国际贸易与劳工标准挂钩，可以有效督促成员国遵守劳工标准，用机构的强制力来补强ILO的松软无力和脆弱性。

而另一派则认为在WTO、区域协定中将劳工标准与贸易问题挂钩，实

① 国际劳工组织：《加强国际劳工组织协助其成员国为在全球化背景下达到其目标所做努力的能力》，报告五，国际劳工大会第96届会议，2007年，第32~35页。

质上是越俎代庖，将本应属于ILO的管辖事项强行纳入到了自由贸易体制之中，因为各国广泛承认只有ILO才是目前唯一有权规范和统一国际劳工标准的政府间国际组织，其制定的劳工标准之效力源自于ILO广泛的监督职能，其通过建议方式执行劳工公约和建议书广为发展中国家所接受，如果抛开ILO的宽松体制，强行以贸易制裁的方式强制推行所谓的国际标准，就违背了ILO建立的原则。这也会让落后国家会心存疑忌，削弱国际上认同劳工标准的基础，这样只会适得其反。

（2）存在实施手段之争。采取司法手段或是准司法手段来执行劳工标准目前各区域、各国尚无统一模式。目前只有欧盟人权法院可以直接受理劳动权纠纷，特别是涉及移徙劳工之权利与福利待遇纠纷。司法解决手段有诸多好处，如客观、公正，法官很专业也不容易受到政治因素影响，司法解决具有终局性，是正义的最后一道防线，一旦得到司法判决则无须应用其他途径和程序。判决因其权威性，能对相关各方产生法律约束力，在实践中产生执行力，所以受到普遍的信任与欢迎。但司法手段缺点也是不可避免的，证据规则复杂事实认定困难，程序规则冗长法律成本过高。欧洲人权法院虽因公正性、权威性广为欧盟人士特别是移徙劳工之特别青睐与信赖，但其耗时过长、积案巨万，法官不堪重负，好制度遇上案件大拥塞，欧洲人权法院现在不得不开始程序改革。而非司法程序解决往往采取协商或调解方式，这样解决问题的好处恰为司法过程无法企及，其用时少、成本低，简便快捷、灵活易行。但调而不决也时有发生，决而不行则更为普遍。

（3）存在实施标准之争。标准有高有低参差不齐，各国各有打算因此在区域协定中并无整齐划一之标准，最终文本无一不是各国艰苦谈判、反复博弈、争夺妥协之结果。发达国家一般坚持高度义务、高度精确、高度授权，① 而发展中国家则反其道而行之，能少则少，能简则简，实质上反映同一区域协定框架内各国发展的高度不平衡以及被迫相互妥协勉强达成的一致性。高标准主要表现在国内实施要求、争端解决方式、制裁力度三方面。如美国要求缔约国在实施条约中的劳工标准时，规定了缔约国的“强制实施义务”、允许“私人救济”方式的存在，即要求缔约国确保利害关系人有权诉诸行政、准司法、司法程序或劳动法庭，并有权请求强制执行；在“程序保障”方面要求公平、公正具有透明度、遵循正当程序；此外还包括信息公开与公众认知要求。在争端解决方面，高标准则是要求尽可能地将争议

① 郑丽珍：《TPP谈判中的劳动标准问题》，载《国际经贸探索》2013年第9期。

更开放地向国际专家组提交，广泛授权专家组审查劳动争议；在制裁方面的高标准则是除金钱制裁外，还施加贸易制裁即中止贸易减让。总之，发达国家占上风的协议总是呈现标准三高态势，而发展中国家意愿得到满足的区域协议则存在很多任择条款、减轻义务条款、豁免条款或是过渡期安排条款。

（三）现行区域层面条约完善与利用

1. 建立、完善区域层面劳工条约

两次世界大战后，区域性国际组织迅速增长。现代各种区域性国际组织与全球性国际组织平行发展，已成为一种重要趋势。① 但不可否认的是区域性组织多数是一般性的区域组织，如美洲国家联盟、欧洲联盟、非洲联盟、东南亚国家联盟、阿拉伯国家联盟和上海合作组织。不同于世界性的专门性组织如 ILO、WTO 等蓬勃发展，区域性的专门组织发育尚不健全，比如在国际范围内还未出现冠以“某某地区劳工组织”的区域组织。

（1）建立、完善组织机构。若有条件在区域范围内成立专门处理劳工问题的区域性组织，如受条件制约可在各区域最重要、最普遍的政府间组织如非盟、欧盟、美盟系统内增设或专设劳工事务部门，在地区政治性联盟体制内开展劳工标准实施和劳工保护工作。同时在各洲人权法院内增设劳动法庭，专门负责解决本地区跨国劳动纠纷、处理涉及海外劳工的权利纠纷案件。亚洲地区还未形成普遍的政治性的政府间国际组织，可一方面积极行动起来，暂不建立政治性区域组织，各方可抛开矛盾拿出诚意尽快建立本地区的专门性组织解决劳工问题；另一方面在过渡期内可授权联合国人权机构、ILO“托管”或“代管”本地区劳工问题和劳工纠纷，特别是各大国如中国、日本、韩国、印度可率先垂范，放低姿态愿意接受联合国法院、人权理事会、ILO 等机构的监督、评议甚至真诚接受其司法或仲裁管辖。而次区域的东南亚国家联盟可利用现有基础，探索成立东盟人权法院，成立东盟劳工工作机构，先行探索形成经验，试点成功后可在亚洲范围内推广。

（2）创制、完善条约体系。在人权条约、劳工条约、移徙劳工条约三个层面逐步创制、完善条约。三大条约覆盖权利、对象范围由大到小、由抽象到具体，相互独立又相互联系，人权条约作为最高层次或有最高效力地位的条约，应在其条款中明确宣示本地区实施的核心劳工标准、尊重和保障劳

① 梁西、曾令良主编：《国际法（第三版）》，武汉大学出版社 2011 年版，第 314 页。

工权利，特别是要不惜笔墨重点申明同等保护海外劳工之权利；而劳工条约也要辟出专章专节规定移徙劳工之权利种类、权利内容、权利主体、责任主体、保护方法等；移徙劳工条约则更为细致规定具体实体权利内容、保护程序、处罚或制裁规则，如果说人权条约是宪法、劳工条约则是法律、移徙劳工条约则是法律的具体实施细则，三者从形式到内容须和谐一致互不冲突，相互呼应，层层落实，特别是要具体可操作，既要保证可在国内实施，又能保障其可诉性。目前三大条约实现全覆盖的只有欧盟，在劳工条约特别是移徙劳工条约创建方面各国认识不足、动力不强。建议美洲、非洲先易后难，在已有人权条约的基础上，先行制定劳工条约，待条件成熟时再制定移徙劳工条约。而亚洲在缺乏有效组织的情况下，既无人权条约，又无劳工条约，应择其要者先制定本地区的移徙劳工条约，先出台国际法上的措施保护受害至深、权利保护最为紧迫的移徙劳工。但最后不得不指出的是，国际人权条约没有一般国际条约所具有的权利和义务的相互性（reciprocity），① 缔约国一般不需要对他国负有义务，只需在本国管辖范围内尊重和保护人权，这只是一种条约规定的法律义务，在外在制裁机制不强时甚至可以视为一种仅仅源自国际社会共同价值观的道德义务或是一种法律承诺。所以亚洲国家在没有在政治上组织起来时，也可积极行动，先行制定亚洲人权条约。

（3）补充、完善劳工条约内容。在人权条约、劳工条约、移徙劳工条约中要限制国家的管理措施、规范国家的执法权行使，同时在条约中明确规定各国的保护义务与行动责任，努力防止和纠正国家“重管理轻保护”、“多权力少义务”以及“严执法宽责任”，特别注意防范国家在移民管理过程中的损害人权行为以及在劳动监察、劳动争议处理时对本国无良雇主、违法企业的偏私行为和纵容行为。同时劳动保护涉及出国归国、择业就业完整的过程，其中在东道国择业就业过程最为核心也是权利最易受侵害的阶段，劳工条约特别是移徙劳工条约要将其列入重点环节予以规范，详细规定劳资双方权利义务，以及明确法律责任，做到有法可依、违法必究。

2. 在人权发展的框架下解决海外劳工问题

（1）回归劳工权的人权本质。在国际人权法中，劳动权的主要依据是《经济、社会和文化权利国际公约》第 6 条、第 7 条、第 8 条，其中第 6 条是核心条款，关于公平与良好（工作）条件的第 7 条、关于工会权利的第 8

① 彭锡华：《国际人权条约实施的国际监督制度》，载《西南民族学院学报（哲学社会科学版）》2001 年第 10 期。

条是第6条的补充。《世界人权宣言》第4、20、23、24、25条，《公民权利和政治国际公约》第8条，联合国经济、社会和文化权利委员会第18号一般性意见也有规定。在区域性国际人权法文本中，《欧洲人权公约》第3条、《欧洲社会宪章》第1~4条、第18条、第20~22条、第24条和第26~29条，《非洲人权和人民权利宪章》第10条、《美洲人权公约》第6~7条均对劳动权进行了规定。可见，从法律文本分析上就可以得出劳动权既是人权，属于一类经济、社会和文化权利。国际劳工法和国际人权法范围不尽相同，但在保护劳工权利方面两者宗旨契合、功能互补，两者致力于劳动权法律化的目标也是共同的。可见人权与人类个性、精神、道德相联系，与个人理性、自由意志相依存，因此具有其独立之价值和自由之追求，不应为外物所牵绊，更不应从属、依附于任何外在物质或人为因素。作为一种形式的人权，劳工权应回归其人权的本质属性，让法律承认并保障其独立的地位，不能将其取消更不能将其剥夺或是将其与其他外物或利益捆绑，劳工权应是一种自在自为的权利、是一种独立存在并自由发展的权利，因此必须首先反对任何形式的对劳工权的剥夺、贬损和束缚。

（2）将劳工标准与发展贸易脱钩。某些国家将发展贸易与实行劳工标准挂钩，冠冕堂皇的表面理由是促进劳工标准的提高，背后深层次的原因是害怕发展中国家所谓的“社会倾销”，害怕发展中国家劳动力比较优势，害怕本国劳工失业和可能由此引发的社会危机，其实质是一种形式更加隐蔽的贸易保护主义和压制自由竞争的利器，而此时的劳工标准只是沦为一种推行保护主义和压制竞争的手段和工具。劳工标准本是一种目的、一种价值，而两者的简单挂钩则无异于将目的变异为手段，将价值幻化为工具，这是一种典型的本末倒置、赤裸裸的异化行为。将劳工标准与发展贸易挂钩，其最终的后果是形成制约发展中国家经济发展、人权进步的贸易壁垒，壁垒的存在使得发展中国家劳工标准的提高失去基本的经济支撑。可以说，促使劳工标准的提高从开始到结局只是一种口号、一个幌子。因此区域组织内成员特别是发展中国家应坚决抵制将劳工标准与发展贸易挂钩，采取一种非暴力不合作的态度和团结一致的集体行动，迫使发达成员方作出让步，将现有贸易条约中的劳工条款逐步清理出去或是加以软化处理、灵活安排，① 在将来的谈判中揭露借实施国际劳工标准之名行贸易保护之实的虚伪性，坚决抵制发达成员方将劳工标准纳入贸易投资安排或区域一体化协定之中。

① 郑丽珍：《TPP谈判中的劳工标准问题》，载《国际经贸探索》2013年第9期。

（3）将劳工标准与政治动机脱敏。世界各国扩大贸易、发展人权、提升劳工标准的愿望是共同的，目标是一致的，只是根据各自历史发展阶段、经济基础、社会文化等不同的国情来选择适合自身的发展模式。其他国家如果对此横加指责，甚至站在完全利己的立场上对他国的发展道路制造障碍，则是粗暴干涉他国内部治理、甚至危及其主权完整，这背后的政治动机和行为从根本上也是违背《联合国宪章》，应首先予以摒弃。其次，将劳工标准与政治动机脱敏，就是要反对借自愿谈判、平等合作之名行霸权主义之实。因为发达成员方往往在多边体制中实现不了其提出的苛刻条件，他们就将同样的要价转移到区域层面上实现。许多弱小成员在区域协定中被迫接受高标准实在是迫于压力和双方悬殊的实力。同时，与政治脱敏还需要排除工会组织不正当的政治干扰，发达国家工会组织绝不会发挥国际主义精神，“联合世界无产者”，帮助欠发达成员方改善劳工地位与待遇，其本质动机是保护本国工人工作、保护就业岗位。现实中有些国家工会组织直接通过政治力量和政治活动来迫使他国提高劳动标准，从而实现限制出口竞争的目的。

3. 坚持国际劳工组织的主渠道地位

（1）客观比较 ILO、区域组织之功能及地位。根据《联合国宪章》第 63 条的规定，经社理事会可以与政府间专门机构订立协定，使之成为联合国体系下的专门机构。联合国专门机构是指根据特别协定同联合国建立关系的、对某一特定业务领域负有广大国际责任的政府间专门性国际组织。ILO 即是与联合国建立法律关系、对国际劳工事务负有广泛国际责任的政府间专门性国际组织，虽然被正式纳入联合国体系但其有法律上的独立地位，并不附属于联合国，其决议和活动无须联合国批准。ILO 经过多年发展，其基本文件、成员国、组织机构、议事规则、经费来源和工作总部都比较成熟和稳定，同时具有很高的行动能力，能够负起相应责任。

区域性国际组织首先表现为地理性，其成员一般限定于特定区域内的国家，虽然不一定吸纳区域内全部国家或有时还吸收区域外国家；其次表现为成员国之间存在的共同利益或政策背景，或是民族、历史、文化、语言或精神上的密切联系，在现实中有共同关心的政治经济、军事、社会问题，并形成某种较为稳定的相互依存关系；最后表现为承担维持稳定与解决争端的职能以及促进地区社会、经济及其他专门领域关系发展的职能。区域组织一般是政治、经济职能为主，目前还缺乏社会方面的专门性区域组织，这会影响其工作能力、减损处理跨国劳工事务的权威性与专业性。

（2）深刻分析双轨并行制下的弊端。现今在跨国劳工事务上呈现出双轨并存的体制，即在国际层面上，ILO 发挥广泛的作用。在区域层面上，各区域性组织在区域内也在推行国际劳动标准、处理劳工方面的争端。诚然，许多区域性组织及其成员国同时是 ILO 成员，也批准一些国际核心劳工公约，有些国家还进一步将国际公约转化为国内法予以实施。但正如上文提及，区域劳工条约可能在价值原则、内容标准、程序完整性方面冲击 ILO 的地位，弱化其作用。甚至某些国家一方面自身并未加入或批准主要的国际劳工条约，另一方面却在区域层面上另搞一套劳工标准，不顾现存 ILO 标准的权威性、公正性、广泛接受性和可行性，完全出于自身利益炮制一些偏高或过低的“区域标准”或直接复制自己国内标准，并强行在区域内推行，压迫伙伴方接受，导致伙伴方的屈从。被迫接受区域标准的伙伴方往往是弱势的发展中国家或欠发达国家，其接受那些不切实际的标准实际上并不能真正改善国内劳工保护状况。因为在广大发展中国家劳动权的第一要义是解决生存权，在解决生存权的基础上再有步骤有秩序地提高劳动待遇、改善生产条件。目前一部分区域组织实施的区域劳工标准可能起到适得其反的作用。

（3）参照《联合国宪章》确立 ILO 的主导地位。《联合国宪章》第八章规定了区域组织的地位及其与 UN 的关系。宪章强调区域组织的基本职能是以区域行动来维护国际和平与安全，其存在和活动不得违反联合国的宗旨和原则。就联合国而言，区域组织处于合作和补充地位。宪章还为如何规范两者相互关系制定了具体行动规范和程序。参照宪章第八章的原则同样可适用于处理 ILO、区域性组织两者在处理国际劳工事务上的法律地位与相互关系。第一步明确 ILO 在处理国际劳工事务上的主导地位和负有主要的、广泛责任，区域性组织无论是现在的一般性的区域政治组织、区域经济组织，或是将来出现的专门性区域组织都只具备从属或补充地位；第二步从法律上规定具体的行动措施及程序：①ILO 鼓励并支持区域组织在国际劳工标准框架内处理本地区劳工问题、解决劳工纠纷；②协助 ILO 展开的核心劳工标准实施行动，但此等行动必须以 ILO 授权为限；③区域性组织所进行或正在考虑进行的行动，应及时向 ILO 沟通协调或遵循规定程序报告，接受 ILO 监督、评议。总之，将两者权利地位法律化，两者关系法律化，两者行动程序化、规范化，防范在解决同一事件上出现双轨制背向而行，双重标准冲撞矛盾。

4. 坚持共同但有区别的责任的原则

（1）理论层面的“共同但有区别的责任”。“共同但有区别的责任”是一项国际环境法的基本原则，其理念发萌于 1972 年斯德哥尔摩环境会议，其原则在 1992 年里约宣言中得到进一步明确，而作为一项严格适用的基础性原则载入法律文本的则是 1997 年的《京都议定书》。① 这里借用国际环境法的原则，运用到国际劳工法中，也适合于区域、多边或双边劳工问题的缔约谈判与实施原则。

国际劳工法中引入的“共同但有区别的责任”原则，② 其具体内容有：由于全球劳工体系因贸易投资等经济一体化系统的连结、整合而呈现出较强的整体性，以及虑及全球经济发展、劳动治理的不平衡，各国均应共同承担起改善全球劳工待遇的责任，但应根据实际能力差异在承担责任的大小、方式、手段以及时间等方面区别对待。发达成员方的处于产业链的上游（历史形成的优势）和能力优势（现实的经济和科技优势），理应承担更多更高的劳工保护责任。该原则完全可以引入国际劳工法。

“共同但有区别的责任”原则从表面看虽是一种差别责任、不平等责任，似乎对发达成员方有失公平。但观察分析全球发达国家的经济社会发展史与国际劳工问题形成之间的因果关系，就会发现实施差别责任恰恰维护了国际政治经济新秩序中的公平和正义，是一种实质正义对形式正义的胜利与超越，是一种全球正义观的体现与最新发展。③ 因为正是西方发达国家近代史上的政治军事侵略和经济殖民、资源掠夺以及现代史上的西方世界制造的国际政治经济不平等秩序和不平衡格局，才造成国际劳工标准发展失衡、特别是欠发达成员方劳动保障保障低下。正是西方国家在近现代的持续剥削与压榨，才使得自己居于全球分工的优势地位，直至今天仍能延续这种剥削与压榨，只不过形式更为隐蔽罢了。从影响上来看，位于全球价值链末端或下游的发展中国家是全球政治经济发展不平衡后果的主要承担者和全球问题的最大受害者。西方国家一边拼命压低发展中国家产品价格从而拉低工资，一边要求发展中国家提高劳动标准、工资水平，显然是自相矛盾和极不正义的。

现阶段相对而言，发达国家国强民富，其实施的劳工标准已逐渐步入舒

① 姚天冲、于天英：《“共同但有区别的责任”原则刍议》，载《社会科学辑刊》2011 年第 1 期。

② “共同但有区别的责任”原则（The Principle of Common but Differentiated Responsibility），又称“共同但有差异责任”原则。

③ 杨兴：《试论国际环境法的共同但有区别的责任原则》，载《时代法学》2003 年第 1 期。

适性、享受型标准，而发展中国家的劳动标准目前只能保障基本的生存，此外发展中国家需要背负起持续发展、减贫脱贫的重任。与此同时，鉴于发达成员方所应承担的历史责任及相较于欠发达成员方绝对的经济和科技优势，如果仅要求两类历史责任与现实能力完全不同的成员对全球劳工问题担负同等程度的义务，对发展中国家来说只是一种形式正义，却难掩盖实质上的不平等。

（2）法律层面的“共同但有区别的责任”。目前“共同但有区别的责任”原则内涵和适用尚存在诸多不确定因素，导致法律约束力久久未能形成，甚至会引起某些发达成员方刻意的模糊处理。“共同但有区别的责任”应首先对发达国家为发展中国家提供特殊优惠待遇的义务施加约束，不能任其成为一种道义上的援助，一项没有约束力的道德义务。建议以成员方各自的能力为标准确定“区别责任”的法律约束力：在区域条约中规定经济援助、技术支持条款以及具体操作制度。将发展援助、技术合作、能力建设明确为发达国家的强制性义务，并进一步将法律上的义务具体化、制度化、程序化及规范化，强化法律约束力的同时又增强可操作性，防范发达成员国单方面任意解释和降格适用。对于不履行相关条款的行为则明定为违反公约义务，同时建立配套责任机制“依法”强制要求违约方履行义务或施加制裁。总之，明确分配世界各国在劳工保护方面的区别责任，将“共同但有区别的责任”原则转化为具体的立法实践，推动责任到国、措施到位，形成保护全球劳工权利和改善海外劳工待遇的合力。

（3）实践层面的“共同但有区别的责任”。任何一项国际法原则的从确立到适用都不可能一帆风顺，在付诸实践时总会遭遇各种无形或有形、可以预见或无法预见的阻力。由于“共同但有区别的责任”原则需要对国际社会中的既得利益进行现时调整以及未来义务的预先分配，① 必然遭致既得利益者及不愿承担义务者的反对与阻滞。国家不同阶级间的利益纷争、国际社会不同国家间的政治博弈必然导致“共同但有区别的责任”原则实施过程的复杂与艰难。但鉴于共同解决国际劳工问题的迫切性和各方可能达成广泛的共识，找出解决问题的出路和方法。

① 边永民：《论共同但有区别的责任原则在国际环境法中的地位》，载《暨南学报（哲学社会科学版）》2007 年第 4 期。

鉴于制度落后与能力亏欠同时并存，广大发展中国家尚不能依赖一己之力在其国内实施国际劳工标准，发达国家应切实履行政治承诺及条约义务，承担起保护海外劳工的主要责任，同时引导和帮助发展中国家承担力所能及之责。首先发达国家应在经济援助和技术合作方面帮助发展中国家增强其应对全球劳工市场变化和保护海外劳工的能力。此外，应当尽量帮助发展中国家及人民加强劳动保护意识，从思想上树立经济发展与劳工保护相协调、可持续发展的思想。

在发展中国家中劳工问题多半是由于发展不足造成。发展中国家的优先任务和迫切需要是致力于经济发展，但鉴于国际劳动力市场的整体关联性和相互依赖性，因此欠发达成员方在努力发展自身经济的同时应充分考虑到人权保护、劳工保护与可持续发展之间的密切关联。尽力在发展经济的同时保护劳工权利，承担起与其经济发展水平相适应的维护海外劳工权利的共同责任。同时加强与改善国内劳动立法，提升立法质量逐步推行国际核心劳工标准，最后应积极参与国际劳工保护，提高自身参与能力，在参与过程中保障和实现自身的合理要求和合法权利。

（4）强调区别责任的前提是共同责任的承担。各国除了各自的私利外仍有共益的存在，因此增加各国在国际劳工法立法、执法、司法方面的交流、增强国际劳工领域的相互支持与合作，确立共同目标以使强弱双方互利双赢。

5. 发挥经济发展和能力建设的基础性作用

（1）推动经济发展，促进劳工标准提高。实际上，区域内的发展中国家、欠发达国家不可能一蹴而就接受并实行较高的劳工标准，因为其国内尚不具备足够的物质条件和足以支撑核心劳工标准的经济基础、社会文化基础或法律基础。无视国情之别、发展阶段之别、基础和能力之别，强行推行高标准，只会适得其反、南辕北辙。只有通过经济发展带动国家财力增长，国家有财力才有能力投入劳动基础设施建设，才能加强劳动监察、搞好劳动立法、加强劳动执法、劳动司法力量。劳工只有在收入提高的基础上才会进一步追求更高的劳动保障水平、要求更好的劳动条件，享受更多的福利待遇。因此区域内发达成员方在条约协定或区域安排中对发展中伙伴多作出让步、多施予优惠、多给援助、多加支持。惟其如此，改善别人，最终惠及自身。

（2）能力建设促进劳工标准的实施。区域性人权条约机制目前一样面临“实施危机”，甚至到了“危险境地”，也是源于在制度发展、运行和参与方等方面存在“系统缺陷”和“能力亏缺”。① 区域中低收入国家既缺乏有效的政治法律环境，又缺少基本的经济条件去实施区域劳工条约和区域劳工标准。因此既要增强其自身经济发展的内生能力、帮助欠发达成员夯实经济基础，又要为其提供政策、法律技术援助。实际上劳务移民引发的经济和社会问题贯穿 ILO 标准和技术合作活动的所有领域。寻求就业和社会—经济保障是劳工移徙的主要动机，这给母国和东道国都带来棘手的就业政策问题。对移徙劳工的社会保护，是 ILO 工作的核心内容，无论是保护劳工免遭强迫劳动和歧视，为其提供社会保障，减轻贫困和使其体面劳动，为妇女提供就业机会，与人口贩运作斗争，或是制止艾滋病的传播，这些工作的展开是 ILO 的职责与专长，但对区域内成员方来说既是义务又是短板。因此能力建设势在必行。

首先，建立知识库。具体对 ILO 而言，就是建立国际移民数据库和国家劳工法律数据库，以及定期发布出版物如《国际移民报告》、《劳务移民观察》，为成员方提供咨询与参考，让其足以面对全球化时代的劳工问题。

其次，加强技术援助。技术援助也是实现 ILO 使命和目标的一种行动手段。通过外部的技术援助项目，有助于成员国在劳务移民政策和行政管理方面得到超出自身资源所允许最大技术支持。通过技术援助，国际劳工局可帮助成员国做好做实劳务移民政策的基础，具体做法有使相关政策立足于本国及国际劳动力市场条件，协调区域规范和国际标准，以及通过社会对话扩大政策支持度。

最后，加强业务培训。随着跨国流动的日益复杂化和多样化，通过组织成员国移民政策管理人员、劳务参赞参加跨机构的“国际移民政策计划”会议或专题研讨会，开发创新劳务移民管理模式，能够有效引导成员国采用适当的标准、政策和实用管理措施，将其作为健全的移民政策的核心组成部分。②

---

① 吴晓晖：《论联合国人权条约监督机制改革的若干理论和实践问题》，载《武大国际法评论》2011 年第 1 期。

② 国际劳工组织：《在全球经济中为移徙劳工谋求公平待遇》，报告六，国际劳工大会第 92 届会议，2004 年，第 87~91 页。

国家一旦没有了正义，就沦落为一个巨大的匪邦。

——奥古斯丁

三、双边层面条约和安排对海外劳工权利保护的不足和完善

（一）典型国家间双边劳工条约

在实践中，双边条约长期以来就是管理和解决国家间劳工流动的手段。在20世纪60年代，许多劳动力短缺的欧洲国家为了招募劳工而签订了双边协议。直到20世纪70年代全球经济陷入萎缩之前，双边劳工协议一直是通行的做法。不过从那时起，大量的双边劳工协议在20世纪70年代起由于经济危机慢慢消失了，取代它们的是更加松散、更加宽松的框架协议，谅解备忘录以及限制和保护海外劳工的相互合作声明。①

从20世纪90年代以来，虽然各地区做法不同，但签订双边劳工协议的做法在全球范围内又重新风行起来。例如，在20世纪下半叶拉丁美洲签订的168个双边协议中，有一半是在1991年至2000年10年间中签订的，其中拉丁美洲国家间签订了35个双边协议，拉丁美洲国家和其他国家间签订了47份双边协议，内容分别是关于移民规范化、劳工自由流动、劳工返回原籍国、劳工重新接纳、劳工保护以及劳工管理合作。② 在经合组织国家中，目前有173份双边协议，涉及的国家遍布世界各地。由于中东欧开放边界，到90年代初，双边协议的数量增加了5倍。③ 2003年国际劳工组织的劳工移民调查也表明，中东欧国家和独联体国家都大量采用了双边协议，这些协议不仅是本地区的国家间或者是和欧盟的邻国之间签订的，而且还有与南欧国家如西班牙和葡萄牙甚至是和其他大洲的国家签订的。这些双边协议可能有一系列广泛的目标，包括专门防止非法移民活动上升，或寻求解决更广泛的经济和社会问题，如阿根廷与玻利维亚双边协议，其他目标则是专门处理与农业部门季节性工作相关的问题，这方面的例子有加拿大与墨西哥关

① M. I. 阿贝拉：《送工人出国》，国际劳工局，日内瓦，1997年。

② 参见国际移民组织：《世界移民报告2003年》，第178页。

③ 经合组织：《双边劳务协议：评估与前景》，由经合组织和瑞士政府联合举办的关于双边劳务协议的研讨会，蒙特勒，2003年7月。

于农业季节工人双边协议。①

国际劳工组织正持续关注双边协议的作用。早在 1949 年第 97 号公约包含一项总的呼吁，要求成员国在必要或可取的情况下签署双边协议，用以规范与实施公约相关的海外劳工问题，并建议采用第 86 号建议书附件中提供的一份关于临时和永久移徙劳工范本协议。这一范本协议覆盖了移民过程的主要问题，还包括标准就业合同的基本内容，其条款包括移民流量调节、工作条件和生活条件以及人人享受社会保障方面的规定。事实证明仿效 ILO 标准或其他国际标准而缔结的双边协议是管理海外劳工有序流入的有效办法。据 ILO 国际移民调查发现，第 86 号建议书已经被各国广泛用作范例，② 或者是将被使用，甚至包括那些还没有批准 ILO 公约的国家亦愿使用。

虽然签订双边协议不是一种解决所有问题的最全面办法，但在为移徙劳工提供更好的保护方面，特别是在某些特定领域，譬如社会保障，对于最为脆弱类别的移徙劳工来说，缔结双边协议依然不失为一种有益的办法。

双边劳工条约有劳务输出国（一般是发展中国家）发起、推动并主导的条约，旨在扩大劳务输出，保护本国海外劳工（见表 9）。也有劳务输入国（一般是发达国家）设计方案、发起谈判并发挥主导作用之条约，旨在规范与管理劳务输入，让外籍劳工被东道国所用、所管、所控（见表 10）。中国作为最大的发展中国家、最大的人口大国近年也开始重视劳务输出与海外劳工保护，主动或被动与一些国家制定双边劳工条约（见表 11）。

表 9　　**劳务输出国主导之双边劳工条约例示**

印度		
名称	年份	内　容
《印度新加坡全面经济合作协议》	2005 年	协定第九章规定了自然人流动问题，双方在市场准入、国民待遇等方面作出承诺；在入境管理政策（如申请程序、入境措施、争议解决和监管透明度）方面达成一致；专章规定相互资格承认、就业许可证发放

① P. 马丁：《劳务移民管理：面向 21 世纪的临时工人计划》，国际劳工组织劳工研究所，日内瓦，2003 年。

② 欧洲国家有法国、奥地利、葡萄牙、塞浦路斯；美洲有阿根廷、哥伦比亚、厄瓜多尔、危地马拉、巴巴多斯、乌拉圭；非洲有肯尼亚、毛里求斯、卢旺达；亚洲有韩国、缅甸、塔吉克斯坦、阿联酋、黎巴嫩。

续表

名称	年份	内　容
《印度与韩国全面经济合作伙伴协定》	2010 年	协定第八章较全面规定了自然人流动。涵盖一般原则、范围与定义、临时入境许可、家庭成员雇佣等条款

表 10　　**劳务输入国主导之双边劳工条约例示**

美国		
名称	年份	内　容
《美国—加拿大自由贸易协定》	1989 年	协定关于允许劳工自由流动的权利较少，只允许在特定领域内技术熟练的加拿大工人进入美国，但 NAFTA 第 12、16 章是在美—加自贸协定中的移民问题条款发展而来的。协定还对劳工问题订有附加协定
《美国—约旦自由贸易协定》	2001 年	服务贸易部分涵盖了劳工流动的内容，参照 GATS 自然人流动条款，规定了自然人流动的权利和义务。对自然人流动作出了水平承诺。承诺包括的对象有服务销售人员、公司内部派遣的经理或主管、企业工作人员、专业人员。根据互惠条件，约旦国民有资格获得美国签证，但须服从东道国入境、逗留、就业法规
《美国—新加坡自由贸易协定》	2003 年	双方确保在服务贸易方面履行国民待遇和最惠国待遇的核心义务，以最先进的管理手段增加制度的透明性和采用便捷的核准程序，增大市场准入机会。但为签证设置了年度数值上限，数额限制无疑限制了两国之间自然人流动
《美国—智利自由贸易协定》	2002 年	协定有少许规定自然人流动的条款，为自由贸易而出入境的专业人士建立了新的签证类别，同时在协定中规定了智利国民的签证配额上限

表 11　　**中国签订的双边劳工条约举要**

中国签订的双边自由贸易协定		
名称	年份	内　容
《中国—巴基斯坦自由贸易区服务贸易协定》	2009 年	中国对外开放程度最高、内容最全面的双边服务贸易协定。巴方授予中方服务提供者（含海外劳工）优惠待遇，人员自由流动较为宽松和便利，市场准入和国民待遇限制较少

续表

名称	年份	内 容
《中国—智利自由贸易协定》	2006年	双方约定增强在劳动、社会保障方面的合作。中方和智方的具体承诺表中对分支领域的自然人流动作出具体承诺，开放程度较高
《中国与新西兰自由贸易协定》	2008年	中国与西方国家签订的第一份自贸协定，全面覆盖货物贸易、服务贸易、投资领域。第10章专章规定了自然人移动
《中国和新加坡自由贸易协定中新关于双边劳务合作的谅解备忘录》	2008年	第9章规定了自然人流动。第10章明确界定自然人流动之概念和人员范围，具体规定了申请程序、临时入境许可、临时雇佣入境的准予、透明度、联系点、自然人流动委员会、争端解决

（二）双边劳工条约作用评价

1. 谈判双方实力不对等，各方受益不平衡

（1）双方存在一定的利益对立，发达一方让步有限。虽然不否认谈判双方共同利益的存在，否则解释不了双方为何能够形成谈判和缔约的愿望并共同推动缔约进程并最终达成协议。对劳务输入国来说，希望外籍劳工能为己所用又能为己所控，一味希望输出国采取国内措施管理劳工有序流动，特别是打击非法移民，故其一般只愿意签订双边劳务移民管理协议，而不愿意签订移民地位和待遇、权利保护和利益保障之类的双边劳工条约，而且往往自以为本国劳工标准已经足够高，不需要再作改进，发达一方更愿意在贸易条约中嵌入劳工标准或劳工条款，只不过其实质目的是通过迫使发展中国家提高劳动标准降低“社会倾销”，从而最终保护本国就业岗位，取悦国内产业工人。而发展中国家一方希望劳务输出给母国带来经济、社会收益。作为母国更关注自己国家的海外劳工在东道国的权利与待遇问题，因而最希望与发达国家达成双边劳工保护条约。鉴于其国力有限暂不具备短期内提高劳工标准的条件，故不希望将双边贸易协定或服务自由化协定与劳工标准挂钩。所以，双方利益是很不一致的，母国一方希望东道国保护本国海外劳工利益，而东道国则希望母国提高其国内劳工标准，因此在采用何种形式的条约来实现各自目标上，双方难以达成一致。

（2）谈判的前提性判断有所偏差，发达一方占据心理优势。发达国家从来就在谈判中作为绝对的主导力量，总是不遗余力、得寸进尺地把加强输出国劳工管理、提高劳工标准，确立为双边劳工条约或贸易协定的基本目标，完全从自身利益出发推动国际劳工实践。可以说，其行为逻辑乃基于三项前提性判断：①发展中国家只是纯粹的劳工输出国，而其接受外来劳工数量与能力微不足道，且发达国家几乎不需要对外劳务输出。意即发展中国家是完全的请求者，发达国家对发展中国家基本“无欲无求”，是完全的施惠者，一求一施之间，地位自然不对等。②发达国家认为自身国内劳工标准很高，甚至超过国际核心标准，特别是在工资方面，反而最需要提高劳工标准的恰恰是发展中国家。③发达国家有相对完善的政策与法治环境，完全可以为来自境外的外籍劳工提高切实有效的法律保护，因而不需要再在双边劳工条约中承担修改国内法的义务，而发展中国家这方面是需要大力提升的。①第一项判断显然忽视发展中国家在接受外来劳工以外的能力，如广阔的国内市场是发达国家一直希求的；在第二项判断方面，其实国际核心标准是最低标准，发达国家完全没有必要对超越核心标准而自鸣得意，其实发达国家劳工标准在社会福利某些分支有时还远低于发展中国家，如墨西哥劳动法规定劳工有权分享工厂利润，这恐怕是美国远远达不到的标准；第三项判断也不尽合理，因为高标准的法律保护在实际施行中则会变异或弱化，层出不穷的海外劳工受虐待、剥削事件恰恰出现在法律体系完善的发达国家。但发达国家就是基于以上偏执的判断，不切实际地出价要价，毫无妥协打算。

（3）发展成员方谈判能力低下，制约其出价要价能力。发展中国家往往一方面制度落后、一方面能力亏欠，这大大影响其谈判能力和对谈判过程的把控。自身国内制度落后甚至制度空白，就缺少将国内法拓展、延伸或直接复制到国际法、双边条约的基础。因为很多时候国际法和国内法可以相互转化的：源于履行条约的义务或国际法的可适用性，通过直接纳入或间接转化程序可将国际法转化为国内法，同时国内法的原则、规则、制度则可以被国际法直接引用而转变为国际法，特别是那些技术性较强又无涉意识形态与价值判断的法律容易上升为国际法、或为双边条约所直接引用。发展中国家因经济实力不强、教育落后，在国际谈判中缺少精通国际法规则及外语娴熟的专家，国内又缺乏必要的谈判支持体系如基础数据系统、影响力评估系统，因此很难在谈判中占有话语权，甚至同等对话权也会被无形削弱，更不

① 陈安、蔡从燕著：《国际投资法的新发展与中国双边投资条约的新实践》，复旦大学出版社 2007 年版，第 3 页。

用说议程设置权、进程控制权和最终决策权。往往只能被动接受发达国家事先拟就的方案，稍作修改最终全盘接受，而这些方案可能是其国内法的直接翻版，或是完全体现发达国家的单方意志。

2. 条约内容不完善，缺乏合理公正

（1）管理多保护少。外籍劳工流动对东道国的影响远远大于跨境交付、境外消费，很有可能带来移民管理难题、冲击东道国劳动力市场，甚至诱发不同国家国民间的种族、宗教和文化冲突。因此海外劳工流动不仅关系到东道国人力资源市场，还可能进一步影响到国家经济利益乃至国家安全。为保护国内市场和规范移徙劳工，东道国在双边条约中最想实现的就是最多的管理，从而舒缓国内排外情绪和对外来劳工的不满情绪以免危及执政安全。而东道国政府实现自身的执政目标确保执政安全的方式是严格的监管，而不是采取满足移徙劳工的权利诉求、保护外籍劳工利益的方式来解决问题。故纵观此类双边劳工条约，其中充斥的是出入境管理、居留管理、工作许可管理、区域流动管理、职业流动管理、返回管理，但对出入境过程、居留期间、工作期间、失业待业期间如何有效保护脆弱的移徙劳工却只字未提或一笔带过、轻描淡写。

（2）义务多权利少。劳动力不是商品，海外劳工更不是惟命是从的奴隶和“非人之物”，商品的流动可以控制，使用也可控制，而完全不必担心商品会有主体意识的产生或自我意识的苏醒。大概发达的东道国也作如是观，希望能像控制水龙头开关一样控制外籍劳工。他们妄图通过抑制移徙劳工的主体意识、权利意识来实现控制和利用，采取的措施就是多科以义务少赋予权利。虽然劳动权作为人权，不依赖于法律和双边条约授予，更不能通过法律和条约剥夺，但是东道国借条约形式公然无视移徙劳工之应有权利。虽然权利和义务是对应存在，彼此结合的，但东道国公然违背法理和正义，将管理权力操之于手，而丝毫不顾外籍劳工在承担诸多义务（如服从东道国管理、向东道国纳税）时应该享受相应权利，即受到国家尊重之权、国家保护之权、国家满足请求之权以及国家帮扶之权。

（3）自由流动权多福利保障权利少。发达国家往往在条约中应劳务输出国之要求，在条约中较全面规定移徙劳工的入境权、居留权、就业权，而且有逐步放松之势和宽缓之态，仿佛移徙劳工在条约安排中得到的利益颇多，争取的自由不少，貌似发达国家已经作出妥协和让步。其实背后的原因有两大方面，一是外籍劳工自由流动本身有利于东道国劳动力市场的发展，能及时调剂余缺，但同时不容忽视的事实是外籍劳工一般倾向于稳定的工作，流动的意愿与程度远不如本国劳工，形式上规定自由流动权并不会因此带来管理上的困难和资源上的投入。更深层次的原因是，东道国通过在条约安排中作出形式上的、无伤根本的让步，以此换取的却是更大的收益，即在福利保障权方面的收益。如移徙劳工在同样在东道国缴纳社会保险、社会保障费，但是在离境时却往往不能提取，或是缴费年限不足或缴费不能累加达不到规定的领取条件导致白白缴费。海外劳工在东道国负有同等的缴费义务，但福利保障却远逊于本土劳工，这是典型的双重标准、歧视待遇。据粗略测算，仅印度在美企业及其移徙劳工每年向美国缴纳了超过 10 亿美元的社会保障税。① 这笔巨款在印美展达成双边社会保障协议前是无偿奉献给美国政府，而无法提取，更无法汇回国内。可见，东道国通过在谈判中向移徙劳工开放自由流动权的同时却隐蔽地剥夺了劳工应有的福利保障权，究其实质是发达国家一种策略性妥协。

3. 条约解释不一，适用困难

（1）某些基础性概念和关系尚未廓清。双边劳工条约亦是从基础概念、基础关系出发，逐步构筑权利义务体系，但鉴于立法技术制约以及各方利益不同立场不同，导致一些基本概念与基本关系无法在条约中得到清晰定义，如自然人流动概念本身如何定义？移徙劳工的范围是否包含非正常移民、季节性工人、研修生和临时入境从事特别任务的雇员？因为难民、寻求庇护者、永久移民非常有可能需要在东道国通过劳动谋生，那么移徙劳工制度与这些移民制度之间的关系如何进一步廓清？劳动者尤其是低技术劳动者的保护与高技术劳动者保护有何不同，依据何在？东道国紧急保障措施的采取及其滥用如何规范？双边协定中自然人流动条款与 GATS 最惠国待遇条款的冲突如何解决？以及争端解决程序如何利用？这些问题在诸多 ILO 条约中都无法厘清，甚至多边条约与区域条约就同一问题产生分歧与冲突，这都导致双边条约无法确定而又清晰地作出规定。

（2）移徙劳工的特殊标准导致条约无法作出规定。移徙劳工除在东道国及其母国享有一般劳工标准保护外，还有其自身的特殊保护标准。如 ILO 第 97 号公约、第 86 号建议书被许多双边条约直接作为范本使用，但现实中某些成员国国内法要么对上述权利没有作出相关规定，要么规定这些权利只

---

① 资料来源于 Amiti Sen. Indians in US May Get to Bring Back Social Security Contribution. 网址 http：//articles. economictimes. indiatimes. com/2011-07-20/news/29794804_1_totalisation-agreement-social-security-indian-workers，2012 年 6 月 27 日访问。

能由本国工人享有。又如要求移徙劳工与本国工人同等待遇，条约文本可能会与现实背离，因为东道国不会在任何情况下给予移徙劳工同等待遇的，特别是两者没有同样履行纳税、缴费义务的情形下。移徙劳工地理和职业流动权虽然条约都有规定，但各国为管理方便一般给流动自由施加一定限制，如农业工人在限定区域内工作、其他工人转换工作有次数限制等。此外对于移徙劳工在丧失工作能力情况下居留权的保留问题，东道国法律规定大多是限期离境，甚至直接驱逐，但国际劳工条约的规定是保留。综上，移徙劳工特殊标准往往与国内法相冲突、或是出现在国内法的真空地带，因此在条约中势难作出规定。

（3）依附于贸易条约导致解释困难。现行许多双边条约附属于双边自由贸易协定，这也带来了解释上的困难。自由贸易协定的根本目的是促进双边贸易的自由化、便利化，从而最终推动经济发展。而劳工条款的根本目的是促进核心劳工标准的实施，改善劳工待遇，推动劳动者保护，从根本上实现人权保护。双边条约一般围绕根本目的，通过构筑权利义务关系编制其逻辑一致的法律体系。法律解释方法有目的解释、体系解释，但是如果同一条约文本出现双重目的，而且一个是经济目的、一个是人权目的，在两种目的冲突时如何确定何者优先？按一般法理应是人权至上，人权保护优先，但在整个条约中劳动条款处于附设地位、人权追求往往被经济追求所遮蔽、所笼罩。所以一旦发生歧义或冲突，采用何种解释方法和如何解释皆有困难。

4. 争端解决机制不合理

（1）可能损及国家主权。虽然双边劳工条约或双边贸易协定的劳工条款存在改善成员国劳工待遇、提高劳工保护水平的良好动机，但是这些条约或协定规定的争端解决机制可能不适当地限制缔约国决策者为追求本国发展或其他政策目标而享有的灵活性。毕竟扩大双边贸易或提高本国劳工标准只是一国实现全面发展的手段之一，因此双边条约或协定充其量只是成员国发展政策体系的组成部分之一而已。但因为条约具有国际法上的效力，强制要求国家承担履行责任以及承受履约不能的不利后果，因此国内法或国内措施一般情形下均得实施条约义务，不得单方面以国内法改变国际条约，这虽然是成员国自愿接受一定程度的主权限制，但因此影响国家其他发展政策的实施，减少了国家政策选择的手段、克制了政策操作空间，也一定程度上可能损及国家主权。

（2）程序不合理导致实施困难。现行双边条约往往是发达国家主导的，其大多选择在双边贸易协定中嵌入劳工标准，迫使发展中国家接受。条约中规定的争端解决机制往往会试图完全脱离发展中国家的管控，直接交由第三方仲裁，就如国际投资条约中将投资争端完全提交给 ICSID 一样。鉴于在众多发展中国家团结联合、据理力争，尽力维护国家主权特别是司法主权，坚持“留权在手”抵制将所有争端全部交由国际裁决机构处理。发达国家吸取教训开始在新的双边协定谈判中限制发展中国家的“权利保留”，如有意识地弱化或排除发展中国家保留的四权，即限制发展中国家运用“逐案书面同意权”、“当地优先救济权”、“东道国法律适用权”和“重大安全例外权”,① 如美国—秘鲁 RTA 中规定“提交专家组解决的劳动争议不设条件要求”、“允许选择争端解决机构”,② 这无疑会悄无声息地消解发展中国家来之不易的四大保留权。虽然发展中国家被迫接受条约文本，同意将一切争端毫无保留毫无条地提交国际裁处，显然实施起来不会总是遂就发达国家之愿，毕竟发展中国家虽四权脱手，最后仍“主权在握”。

（3）责任大、制裁重蕴含风险。本来条约规定责任机制、辅之以制裁措施是保障条约实施的有力手段和应有之义，但责任过大或制裁畸高则会适得其反，甚至诱发风险。如美国—秘鲁 RTA 中规定的制裁显然责任过大、制裁过重，如规定“申诉方可直接适用贸易制裁（即终止贸易减让）”、“可采用金钱制裁，金钱制裁数额不设上限”。金钱制裁似可接受，但不设上限则难以让弱小成员方心安，因为在任何情形下适用贸易制裁都显得过于严苛，这很可能引起发展中国家的反弹，甚至会引发国家经济危机、国家间诉讼危机、司法主权危机、主权信仰危机，比如阿根廷危局即是前车之鉴。③

（三）中国完善和利用双边劳工条约的建议

1. 运用利益杠杆，积极参与谈判

双边条约的谈判是一场深刻的利益调整过程，是在政治经济发展不平衡的大背景下让实力不对等的双方艰难达致一定程度的平衡，这种表面的平衡可能内含巨大的张力，也许在不可预见的将来会产生反弹。在发达国家实力、能力全面占据优势的情形下，他只会漫天要价而丝毫不会做出妥协和让

① 陈安、蔡从燕著：《国际投资法的新发展与中国双边投资条约的新实践》，复旦大学出版社 2007 年版，第 382 页。

② 郑丽珍：《TPP 谈判中的劳动标准问题》，载《国际经贸探索》2013 年第 9 期。

③ 江时学著：《阿根廷危机反思》，社会科学出版社 2004 年版，第 97~102 页。

步。劳工来源国和目的国谈判协商，肯定存在先在的、固有的利益障碍，利益对立冲突的双方之谈判过程是利益博弈、权利再分配的过程。因此必须妥善运用利益杠杆。

（1）通过国内市场优势吸引发达国家合作。我国作为一个最大的发展中国家和世界第二大经济体，拥有十分巨大的国内消费市场和非常广阔的投资空间，这也是西方发达国家一直努力争取扩大进入的领域，虽然中国多年前已加入 WTO、承诺开放市场并持续扩大开放，但进一步提高对中国的贸易规模和投资深度仍是前景广阔、有利可图的。我国应当充分利用国内市场优势、发展空间优势去推动双边谈判，以市场换让步，以发展换合作，建议在双边协定谈判中对承诺提高中国海外劳工待遇并保护其权利的国家，可以在 WTO 允可的范围内扩大其国家商品、服务、投资的准入，为其提供便利化安排，让其直接或间接得益。在当前欧美经济危机不断深化、欧美国家对国外投资合作机会的依赖加剧的背景下，以中国市场利益杠杆去撬动中西方在劳工方面的合作是大有可为的。

（2）劳工流动的国内管理政策配合劳务输入国。移民政策是一个未来决策受制于过去决策的领域，具有较强的“路径依赖性”。因为不同于商品流动，人的流动是难以出现逆转的，事实上也不可能突然发生逆转。即便是经济环境发生变化，对移民流量、流向的影响也微乎其微，因为移民活动可能以一种不对称的方式对经济周期做出回应，即经济增长时可以随之上升，但经济衰退时却并不一定跟着下降。更为普遍的是，尽管移民可能是对移民来源国和目的国之间的基本经济差别做出的反应，但对经济波动则不一定及时做出反应。这就决定了东道国的移民政策目标常常会落空，移民管理决不是像开关自来水那样简单易行。移徙劳工目的国家越来越认识到，它们没有什么能够单方面地影响“不需要的”移民的办法。这种认识虽然常常不被公开承认，现在却导致了在移民管理方面一系列合作活动，大多数是双边性质的合作。随着自由贸易壁垒的减少，国家间更易于达成劳动力自由流动协议。目的地国和来源国也可以签订招聘和就业方面的协议，并在返回计划的管理方面进行合作，采取多种多样的措施，包括预防性措施和补救性措施，旨在实现如下目的：取缔移民为就业而秘密活动，打击非法移民流动的组织者和雇用非法入境工人的雇主，保证使劳动力贩运集团受到惩处。显然这种合作由于具有巨大潜力而注定会得到进一步加强。

既然东道国单方面无法有效管理、控制外籍移民的流入、居留和返回，移民母国的协调配合则是必不可少的，没有母国的国内管理措施也基本上是不可能的。因此，在谈判中劳工来源国可要求目的国承诺保护外籍劳工权利，并以此作为来源国采取国内移民管理政策、法规和行动的回报。这样一来实际上双方都有收益，有母国的国内配合东道国管理移民的投入相应减少了，虽然自身为此付出了改善移民待遇的代价；而对母国来说，虽然国内管理投入加大了，但其收益却转移到处于东道国的海外劳工身上，移徙劳工待遇提高了，最终国家自然会间接得益，利益杠杆的运行可让三方受益。

（3）恰当运用互惠原则、对等原则。互惠原则可以通过双边条约施予，条约双方互为施惠方、受惠方。而对等原则由来已久，在国际法上也得到承认和合法适用。印度将互惠原则、对等原则运用到极致，发达国家一般都规定外籍劳工在东道国国内必须缴纳社会保障税。印度也开始如法炮制了，2008年印度修改《雇员储蓄基金计划》和《雇员养老金计划》，将“国际劳动者”（International Workers）强制性纳入两个计划的覆盖范围，必须向印度交纳社会保障费。若想豁免此项义务，除非国际劳动者母国与印度签订有社会保障国际合作协议。中国可师法印度，通过提高外国企业在华用工成本，减少发达国家在现有利益格局中的固定收益，恰当运用互惠规则和对等限制，从而进一步降低双边谈判的利益障碍。①

2. 加强双边合作，争取最大利益

双边协定以及相关国家国内立法对移徙劳工流动具有重要影响。在劳务输出领域和服务贸易领域，由于我国劳动力总量与结构、技能和素质方面具有一定的比较优势，促进劳务输出和自然人流动符合我国的利益，应顺应国际劳务市场宽缓化、自然人流动自由化的国际趋势，加强与劳务输入国、WTO成员方或服务贸易缔约国加强双边合作，争取我国取得最大利益。

（1）争取扩大低技术劳动力市场准入承诺。发达国家、发展中国家在经济发展水平、人才结构、教育体制和对外投资规模方面存在巨大差异，决定了各方不同的人力资源优势以及不同的人才供给与需求，即发达国家在高技术劳动力上供给或输出有优势，其国内也有输入需求，发展中国家在低技术劳动力生成数量和输出上有优势。但实际上，无论是各国在服务贸易协定领域作出的具体开放承诺，还是发达东道国在劳动力输入市场上的国内管制措施，都对低技术劳动力准入及自由流动设置层层限制，发展中国家要求合理开放低技术劳动力市场的呼声基本遭到发达国家漠视，尽管GATS附件规

① 吴伟东：《印度社会保障国际合作的实践及其启示》，载《中国行政管理》2012年第7期。

定关于模式4的谈判应当扩大到提供服务的所有类型的自然人，但低技术劳动力市场准入的承诺仍未确定为成员方的普遍义务。①

因此我国应积极行动、特别是团结广大发展中国家以求协调一致，避免被发达国家在条约中给予的个别利益、短期利益所分化，导致整体利益、长远利益被遮蔽、牺牲。广大发展中国家应团结一致，要求发达的东道国在给予高技术劳动力便利和自由的同时，正视并兼顾发展中国家在低技术劳动力输出方面的愿望和利益，满足本国发展程度不同的各经济行业对各种低技术劳动力的需求，以使本国雇主、外籍劳工乃至劳工母国、东道国四方受益。惟其如此，各方受惠才能保障自由贸易体制的权威性和约束力，为贸易体制、劳工体制在可持续发展方面注入新的活力。其实，经过发展中国家的不懈争取以及发达国家自身的客观需求，发达国家对低技术劳动力的引进方式也日趋灵活，特别是实施短期外国工人计划取得一定的成功。如在一定条件下允许外籍劳工短期进入并在短缺的经济部门就业，或是限定外籍工人职业类别如卡车司机、宾馆服务员、酒店侍者，允许其在旺季从事工作时间有弹性的工作，同时要求其承诺到期返回，且履行承诺者在再次招募时优先发放许可。这样既满足了国内用工需求的同时又保证该批外籍工人及时回国，从而有效避免大量移民对本国的集中冲击。② 正如国际移民专家菲利普·马丁指出："灵活的安排在便利劳动力流动、给短期移民和雇主带来了利益的同时，对减少非法移民，降低输出国和接收国的管制成本以及减少主管当局所面临的政治风险都具有重要意义。"③

（2）争取专业服务人员执业资格互认。东道国对外籍劳工的资质、技能或经验的认证是一种影响劳动力流动的最常见的障碍，它要么会完全阻止外籍劳工的市场准入，要么认定外籍劳工的实际从业能力低于资格证书所要求的水平、学历或其他条件。目前有几种不同的机制来开展资格评估和技能认证。一个重要的机制是相互承认协定（MRAs），这是两国之间签署或国

---

① 李先波：《自然人流动规制的晚近发展及其对中国的启示》，载《法学研究》2010年第1期。

② Background Paper IOM / World Bank / WTO Trade and Migration Seminar, Geneva, October 4, 2005.

③ Philip Martin, Managing Labor Migration: Temporary Worker Programs for the 21st Century, in INTERNATIONAL SYMPOSIUM ON INTERNATIONAL MIGRATION AND DEVELOPMENT, Population Division Department of Economic and Social Affairs, United Nations Secretariat, Turin, Italy, 28-30 June 2006.

家集团之间签署的，在全国或联邦以下的特定行业和职业被相关专业机构或协会管理。相互承认协定大多用于职业认证和职业许可，比如医疗和会计服务业，这些行业一般都建立了通行的国际实践标准和基准，基本上能保障资格证书在不同的国家间是对等的、相互承认的。另一个认证机制是能力测试，可能采取多种形式，包括雇主面试或测试、职能力评估——在服务期间或服务一段时间之后，举办试用期或考察期的工作、知识、技能和语言能力考试，这些测试可以由雇主、政府机构或专业机构和协会实施。

虽然资格认证旨在实现一定的公共政策目标，确保服务工作的质量和标准，从而保护消费者和国家利益，因此从本质上讲并没有实施保护主义。但是在东道国具体实施过程中和实施程序方面，它们可能成为市场准入门槛。例如在一些领域东道国和来源国之间缺乏相互承认协定，外籍劳工可能会被要求参加东道国的考试和进行能力测试，才有资格在东道国从业。而且这种资格认证和能力测试可能受到各种行政障碍和歧视问题。而对于那些技能较低的行业（如维修和维护服务、建筑施工工作）的资格认证和验证则更加困难，因为在这些行业中基本不存在正式的纸质资格证书，实际工作质量可能是判断劳动能力的唯一的证明方法。进一步而言，缺乏明确的标准来判断不同国家之间的资格证书的一致性与等同性，可能导致很大的自由裁量。此外通过注册或许可获得的东道国认证也可能受到歧视性的要求，像居留权和国籍条件。外地人或外籍人士可能不被允许在某些领域从业或可能在从业中会受到限制，仅仅只能从事这个行业的某些工作。例如在法律服务部门，非居民或非国家法定专业人士往往只允许充当法律顾问和咨询顾问，绝不允许在法庭上代表当事人或签署任何法律文件。

此外还有一些部门运用认证措施是高度任意的，特别是在服务业可能没有明确指定的通行国际标准，用来判断来源国和东道国之间资格证书和工作经验是等价的情形时。因此此种认证的高度自由裁量和巨大的不确定性相当于给发展中国家劳动者设置了重大的障碍。可见认证要求的实施也可能存在内在的问题，由于缺乏明确的实质性认证因素，评估程序可能缺乏透明度，在实施中也可能出现内在歧视。对申请人来说，评估也可以引起高昂的费用或过重的行政成本。同样需要注意的是在认证安排上，发展中国家处境尤为不利，因其国家职业资格认证体系、认证制度不健全或现行制度与发达国家的培训制度和监管规则也不尽相同，导致发展中国家缺乏技术和管理能力来从事相互承认的谈判。总之，尽管认证需求可能是合理的，如果以公共利益为由。他们可能在实践中为服务提供者跨越各个国家自由流动创造重要障碍。①

中国应首先建立完善自身的认证体系，并在培训制度和监管规则方面尽可能保持与发达国家一致，以实现谈判中的平等对话和为建立相互认证制度打下良好基础。同时积极行动尽快与发达国家签署双边资格认证协议，在双方都建立认证体系的行业承认对方资格证书的有效性和等价性，避免重复认证和再认证；在不适合建立认证体系的职业领域如维修维护、泥工手工等行业职业，豁免资格要求和认证要求；在确实需要资格认证的行业，尽量减少劳工负担和成本、简化程序，增强透明度和减少自由裁量权。

（3）保护本国海外劳工权利，特别是社会保障权利。保护本国海外劳工权利，主要是督促东道国通过国内立法、行政措施、司法手段来实现，主要依赖“当地保护和当地救济”，特别是人身权利、财产权利和自由权利方面。鉴于移徙劳工的社会保障权利最容易为东道国所有意无意地剥夺或施加不正当的限制，作为海外劳工的母国应该积极与东道国积极谈判，展开合作，保障海外劳工的社会保障权利。

由于海外劳工的社会保障权利通常与就业期限、缴费或居住期相联系，所以移徙劳工在社会保障领域面临着特殊的困难。他们冒有由于不在本国居住而失去社会保障津贴的风险，与此同时，又可能遇到在东道国国家社会保障体系覆盖范围方面严格的限制条件。对移徙劳工来讲，尤其重要的是：①应同该国民一样，享有同样的受保机会和应享津贴权利；②离开该国时保持已获得的权利（包括津贴转移支付）；③从不同国家中获取的累积权利。②

几乎所有现行的 ILO 社会保障标准都对人员的覆盖范围做出了界定，而不论其国籍如何，并且几乎所有标准都包含有东道国国民和外籍劳工待遇平等的条款，如 1925 年平等待遇（事故赔偿）公约（第 19 号公约）。社会保障平等待遇公约规定 9 个分支领域③内外劳工权利平等。但这些平等待遇条

---

① Rupa Chanda：Movement of Natural Persons：A Case Study of Soutu Asian Countries，CUTS Centre for International Trade，Economics & Environment，Reaearch Report，2004，pp. 30-32.

② M. 亨布莱特、R. 席尔瓦：《二十一世纪社会保障标准》，日内瓦，国际劳工局，2002 年，第 41～45 页。

③ 社会保障津贴传统上分为 9 个分支：医疗保健、疾病津贴、失业津贴、老年津贴、就业伤害津贴、家庭津贴、生育津贴、残疾津贴和遗属津贴。详见 ILO 有关社会保障的文件。

约需要双方均已批准，而且公约中的条款实现还依赖于互惠原则。在社会保障领域歧视也无处不在，虽然 1952 年社会保障（最低标准）公约（第 102 号公约）包含有特别的非歧视条款。

在移徙劳工既得权利的保持和津贴的转移支付方面实质上也受到限制，与移徙劳工有关的受益人如果居住在东道国国外，则极有可能得不到某一特定分支的海外津贴，这虽然与第 118 号公约精神不符，但常有发生，向外籍劳工转移支付津贴也是如此情形。但是只有两国缔结双边社会保障协议才能实现上述权利。此外向海外转移支付失业津贴可能受到限制，临时移徙劳工在这方面处于相当不利的地位：往往是正常缴纳失业保险，但失业时得不到保险支付。在大多数情况下，移徙劳工在不同国家各工作一段时间，他们应有权积累并保持权利，但真正落实起来仍很有难度。

可见在社会保障方面，移徙劳工的权利虽然得到国际公约的确认，但鉴于批准公约的国家数量少，公约上权利义务的实现又高度依赖互惠原则，所以中国尽快与海外劳工目的国签订社会保障双边协议尤为迫切。参照印度—德国双边协议成功做法，中国版双边协议的示范样本应包含以下核心条款：①中国劳工应同东道国国民一样，享有同样的受保机会和应享津贴权利；②对于 3 年以内的短期合同，只要劳工继续在中国大陆缴纳社会保障费，就不需要在东道国缴纳，避免双重缴费；③如果中国劳工在东道国工作期满返回母国，他们有权要求返还在东道国期间缴纳的社会保障费；④在一个国家缴费的期限可以与在另一个国家缴费的期限合并计算，用以确定社会保障待遇的领取资格；① ⑤不管中国劳工及其受益人居住地在何处，东道国均应保持津贴的海外转移支付。

3. 修改完善国内法规，实现多元目的

（1）国内立法配合国际谈判，修改完善社会保障法、出入境管理法。如前所述，一般情况下发达国家的社会保障法规定，移徙劳工必须向东道国缴纳社会保险费用，因此东道国社会保障基金可依法获得境内外籍劳工的资金供给，而无须承担相应的风险和需求。法律人为制造的非对称性，使得发达国家社会保障收费领域获益良多，近乎无本生意。作为既得利益者的发达国家往往缺乏谈判的诚意与主动。更何况，双边协议势必影响其国际竞争力

---

① 资料来源于 Center for International Exchanges of Ministry of Human Resources and Social Security. India：Sign Social Security Agreement with Germany. 网址 http：//www.cie.gov.cn/cie/zwzx/2770.htm，2014 年 5 月 22 日访问。

和国内就业水平。因此，在对国际利益博弈的复杂性产生深刻的认识基础上，中国必须依靠自身采取有力措施，主动出击，打好“先手拳”，迫使发达国家“就范”。如修改《社会保障法》，包括以下内容：①要求所有在中国境内工作的外国劳动者都必须参加中国社会保障体系，在当地缴纳规定的社会保险税费；②设定外籍劳动者资格条件（如设定一个最低缴费年限），只有满足条件者才能享有领取社会保障的权利；③设定外籍劳动者在离境回国时领取保险金的条件；④设定同一劳动者在不同时期、不同国家分段缴纳保险的累积条件；⑤规定社会保障津贴的海外转移支付条件。以上五条均可理解为中国对外籍劳工的社会保障权利的合法限制，条条效仿东道国现今的普遍做法，款款均是反制发达国家的手段，是典型的“以其人之道还治其人之身”。当然发达国家在华企业和劳动者欲得免除限制，就必须与中国签订社会保障双边协议，实行对等互惠。

鉴于出入境管理法也是发达国家经常娴熟运用的法律手段来控制移民流入，我国也很有必要完善《外国人出入境管理法》。原因有二：一是中国已是许多国家劳动者就业的热点目的地，现行法律内容明显陈旧，而且不够完善，许多重要制度没有规定，难以规范日益复杂的自然人流动。① 特别是科学的签证制度和符合国情的劳动力需求测试制度远未建立起来，不利于管理外国人流动，既不能采取便利措施有效吸引高技术人员来华为我所用，又不能甄别并限制低技术劳工入境，防范其冲击我国劳动力市场；二是考虑到发达国家频频利用签证制度、入境许可等合法手段限制中国劳动者流入，对我国低技术劳工的就业机会和就业权利造成一定的伤害。我国应反其道而行之，将此种限制措施定向针对该国人员，迫使发达国家降低劳动者准入门槛和放宽限制条件，真正给予外籍劳工准入前国民待遇。

（2）落实双边条约义务，修改完善劳动法，保护国内劳工。我们必须清醒面对这样的现实：国内雇主常常以低下的工资、恶劣的生产条件、过低的劳工标准来换取市场竞争力和国际竞争力。这导致国内外批评我国产业发展模式是建立在“牺牲民工身体健康、牺牲农村利益和整个国家的和谐发展”的基础之上，这种“中国模式”在现实中已难以为继，廉价劳动力时代必须终结，劳动保障必须提高。同时国际法、国际条约对劳工标准的强调，是社会生产力发展和人类文明进步的必然结果，是极具进步意义的，我

① 李先波：《自然人流动规制的晚近发展及其对中国的启示》，载《法学研究》2010 年第 1 期。

国保护劳工权利，提高劳工标准同时也是在加入人权条约、双边劳工条约后应该履行的国际义务，这也是国际法效力的应有之义。正人先正己，虽然发达国家有利用双边条约或贸易协定中的劳工标准进行贸易保护之嫌，但在我国公共利益、公共政策范围内我国完全可以接受条约要求的劳工标准。其实实施起来并不困难，鉴于某些国际标准是最低标准，我国在很多方面的现有标准还高于国际标准。毕竟，劳工标准已在市场、企业、双边协定和自由贸易区、WTO 多边体制、社会、民众等多个层面对国际贸易全面产生深刻的影响，我国修改劳动法势在必行。

同时要求政府部门必须严格劳动执法、司法机关必须公正适用劳动法。我国劳工权利大面积受侵害的原因之一就是劳动执法不力、劳动司法不公。劳动监察部门必须加大监管力度，各级政府必须以壮士断腕的勇气去废弃以廉价劳动力来招商引资的落后做法，坚决改变牺牲劳动者权利的经济增长模式，在全社会树立起“牺牲劳动者权利的增长是不道德的增长”的正义观。一切法律资源必须整合起来，切实保护劳动者的合法权利。

（3）完善劳务输出法，更好保护海外劳工利益。除了少数几个专制国度或孤立国家，基本上所有国家都保证其公民有权赴海外就业。当本国工人在国外受到严重侵害事件频频见诸报端时，往往会使输出国政府处于巨大公众压力之下，社会民众亦会要求母国政府对劳务移民进行监管，以保护自己的海外公民。许多国家因此专门制定法律法规，规范对外劳务输出、保护海外劳工权利。我国迄今尚未出台专门法律，规范自然人流动和劳务输出，地方性法规、条例、办法甚至是紧急通知充斥其间，且法规、条例等法律效力层级低下、缺乏相应的协调，内容凌乱且不系统，不时发生冲突和矛盾，影响法律的权威性和统一性。①

一般来说，劳劳务输出国的政策措施旨在实现三大目标：促进就业、保护和促进海外劳工福利、发挥海外劳工促进发展的最大效应，且三大目标是有价值序列，层层推进、相辅相成的。因此大多数劳务输出国政府都承担了一项或多项与海外劳工有关的监督职能，包括：①通过宪法、法律和条例制定标准并进行监督和强制执行；②提供公共就业服务、并对公私职业中介机构进行规范和监督；③制定和采用规范的就业合同；④采取特别措施打击贩运和走私；⑤对移徙劳工与其外国雇主之间的劳动争议进行仲裁；⑥在国家

① 李先波：《自然人流动规制的晚近发展及其对中国的启示》，载《法学研究》2010 年第 1 期。

或地方层面建立劳工保护机构；⑦调整移徙劳工的就业，签订多边或双边协议对国家间的移民流动进行管理。①

4. 限定争端解决条件，维护国家主权

（1）维护国家主权。如著名国际法学家克拉伯所言，国家之所以区别与人类社会的其他组织的基本特征，就在于它的主权。② 国家主权同时具有动态与静态两方面的特征。所谓静态是指主权的内涵和本质是静态不变的权利，如国家内政不受干涉、自主选择发展道路、自主安排国内政治经济、社会文化制度等，这是任何国家均拥有的固有权利；动态是就国家主权的外延而言，它是处于动态状态的即国家可以根据国家利益和社会发展的需要自主改变其某项制度，以利于调整或适应对外关系，实施新的政策等。所以一个国家在不同的时期，其动态的主权之内容或会有所不同，同时动态主权依附于静态主权，亦即国家主权的本质属性时刻影响并决定着动态主权之内容变动。③

对于发展中国家来说，在与发达国家谈判过程中，一定要牢牢把握国家主权的实质，即国内最高权、国外独立权与平等权，不得因为发达国家施加的压力或授予的利益而放弃内政自主权、管理权，或牺牲自身的独立权、平等权。当然为了达成有利于海外劳工权利保护、有利于国家利益的双边协议，我国自主自愿地放弃或让渡部分权能、接受双方共同受辖的机制或独立的第三方机制的规范乃至裁处，这只是动态主权的自我变动，无损于静态主权的根本，从某种意义上说这正是坚持行使国家主权的一种表现，因为主动作出的让步完全出于国家的自由意志和独立意愿。

（2）设定提交程序。设定争端提交程序的意义在于为双方建立一个合理的解决程序框架，使得争端解决更具可行性、可操作性并最终得到妥善解决。但对发展中国家来说，如果任何主体都可以发起申诉、利用争端解决程序，或是任何案件均不设限制的提交争端解决程序，则会让发展中国家频频应诉，产生诉累和巨大的诉讼负担，而且某些涉及国家公共政策、特别是公共安全的案件是不适合提交第三方机制或国际机制解决的，这会带来一系列

① M. 阿贝拉：《送工人出国：针对中低收入国家的教材》，国际劳工局，日内瓦，1997 年。

② 周鲠生著：《国际法》（上册），商务印书馆 1981 年版，第 175 页。

③ 张庆麟：《金融全球化下的国家货币主权》，载余劲松主编：《国际经济法问题专论》，武汉大学出版社 2003 年版，第 451 页。

困难和不当后果。况且有些案件性质本身属于国内管辖事项，如贸然提交则会损害国家的国内管辖权、司法主权，特别是将某些本属于国内程序解决事项提交到国际层面解决，这就相当于将国内法问题上升为国际法问题，这就会给发展中国家施加不必要、不合理的国际政治压力。因此，如效仿美国—秘鲁 RTA 协定中所规定的“提交专家组解决的劳动争议没有条件要求”，则自然会损及秘鲁主权。显然，设定条件要求、限制案件提交是非常必要的。

实践中争端的案件提交程序有“有限同意”式、“全面同意+重要例外”式。在双边投资条约实践中，一般前者适合于与发达国家签订 BIT，后者适用于与发展中国家签订 BIT 中。① 鉴于我国主要与发达国家签订双边劳工协议，建议采用“有限同意”式。因为“有限同意”式可以在不降低发达国家信任的同时较好地维护了国家经济主权，能有效防止国家宏观经济管理权力和发展自主权受到过分约束。如果再对有限同意的事项加以进一步限制或澄清限制条件，将可减少东道国的抵触情绪，一种透明、清晰的条件会让东道国形成合理的预期，也有利于发达国家接受。

（3）软化责任机制。在双边条约中完善监督机制、责任机制，本可以增加双边条约的稳定性，② 但高标准的保护、“高硬度”的强制则对一方意味着收益，而对另一方意味着风险。对发展中国家来说，伴随着高标准保护、高度义务而来的风险往往可能更加难以承受，如卡尔沃主义现今又在拉丁美洲复活重生即是明证。③ 我国虽然在改革开放后法治化水平明显提高、决策科学化程度日益增强、经济结构逐步优化，但无论是从政治或是经济角度看，中国仍处在转型期，因而有必要在收益和风险之间审慎权衡，努力减少风险，扩大收益。

减少风险的办法在于弱化中国可能承担的高强度义务和软化过重的责任承担。根据现行有效的 ILO 宪章第 19.3 条之规定，起草公约时应虑及“发展中国家之工业组织发展不完善、或社会环境条件不足，导致其工业条件实质上有别于发达国家”，并建议“公约作出适当修改以适应发展中国家的特

① 王海浪：《中外双边投资条约中仲裁管辖权的同意方式》，载陈安主编：《国际投资法的新发展与中国双边投资条约的新实践》，复旦大学出版社 2007 年版，第 420 页。

② 陈安：《对外投资保护与中国的双边投资条约实践》，载陈安主编：《国际投资法的新发展与中国双边投资条约的新实践》，复旦大学出版社 2007 年版，第 453 页。

③ 单文华：《卡尔沃主义的“死亡”与“再生”——晚近拉美国家对国际投资立法的态度转变及其对我国的启示》，载《国际经济法学刊》第 13 卷第 1 期。

殊情况”。所以在双边谈判时中国可以援引 ILO 宪章之精神，尽可能降低或软化中方义务，根据本国的经济社会发展实际情况或现存困难，在遵循善意原则的前提下，为中方争取一定的自由裁量权，以便灵活实施条约义务而不会处处受制于条约要求。①

同时可以参照 WTO 协定中的发展中国家优惠条款和 ILO 条约体系中灵活安排机制，争取发达国家作出适度让步，承认中国的发展中国家地位，同意中国享受一定期限的发展中国家优惠待遇，承担较轻的履行义务或部分豁免义务，抑或在实施高强度义务方面授予中国一定的过渡期，以缓解中国短期内履行义务的压力。

① 郑丽珍：《TPP 谈判中的劳工标准问题》，载《国际经贸探索》2013 年第 9 期。

仁慈，归根到底，难道不正是一切正义和法吗？

——德国作家 Werner Bergengruen

第六章　海外劳工权利保护的新工具——软法

一、海外劳工权利保护中的软法概观

（一）软法的含义

“软法”这一概念的最初渊源出自于国际公法学，英国国际法学家麦克耐尔被公认为提出“软法”术语的第一人，根据其定义：软法是在没有法律约束的黑色地带与有法律约束的白色地带之间的灰色地带中发挥作用的、没有确切内容与适用范围的行为规则。① 软法的发展与经济全球化和规则趋同化以及国际贸易投资、人员流动扩大化密切相关，也与多中心治理的潮流相一致，在国际硬法尚未触及以及无法调节的领域发生作用。软法因其生成和适用的灵活性且不具有强制约束力而逐渐被各方主体所接受，甚至偏爱。今天在学术界得到广泛认同的软法概念由弗朗西斯·施尼德提出，“软法是原则上没有法律约束力但有实际效果的行为规范”；埃里克·A. 波斯纳则认为，“软法指的是一套没有中央权威加以创设、解释和执行的规则”。②

软法是硬法的对称，如果说硬法是具有强制约束力的法律规范，那么软法就是那些具有执行实效且被相关各方接受认同，但却不具有强制约束力的文件。学界有时甚至不会刻意给出一个明确清晰的软法概念，而是习

---

① 杜志华、陆寰：《欧盟消费者保护的新工具——软法》，载《法学评论》2010年第4期。

② 资料来源：Eric Posner, Soft Law in Domestic and International Settings. 网址 http://www.j.u - tokyo.ac.jp/ coelaw/ download/material.htm，2014年9月26日访问。

惯于就软法、硬法两者之间的比较来解释和说明软法的特征。其实软法早在诞生之初就被国际硬法屡次提及，因为硬法本身的僵硬性和强制力有时并不适合完全涵括软法规则，此时软法往往是硬法的伴生物，供有关国家、组织任择、自愿适用，这样既不牺牲法律的一致性，又不至于减损硬法的约束力、强制力，相反还有利于扩大诸国的适用或是提高适用标准。如今在宏观国际法体系中，软法已广泛生成并活跃于国际人权法、劳动法、环境法等诸多领域。一些国际性文件其本身不具有法律约束力，不属于现行法律范围，却在不同的领域对人类行为起到指引、评价、预测、约束作用，关乎人之权利与自由，生存与幸福。相较于传统硬法，软性行为规范一般依赖自我服从、市场压力或社会舆论来实现一种规则的治理，其并不以国家强制力为后盾，可将视之为一种柔性约束与内在限制。因此，软法可以概括为在硬法规范尚未发挥调节作用的社会关系领域，经过利益相关各方共同协商产生并得到广泛认同接受，不依赖于国家强制力保证实施的规范或准则。

随着全球化不断向纵深方向发展，国家间联系、合作及相关性加强，与此同时政府间、非政府间国际组织数量扩大和影响力深化，加之国际硬法的生成上的先天不足与适用上的重重困难，使得以生成方式快捷民主、适用起来灵活便利的国际软法有了更广阔的生存与发展空间，从形式到内容、从实体权责到程序规则也在不断的丰富与渐变。全球化的力量扩大了有组织的人类活动之范围和规模，使得全人类日趋结成利益攸关的命运共同体，社会关系的方方面面均在世界范围内勾连、展开、稳固、深化。各国在打击恐怖主义、应对气候变化、国际环境保护、疾病防治等全球性问题的治理联系紧密，急需一种能够接纳多方共同参与、民主化的治理规则。但现有国际硬法往往需要一个中央权威和一个最终的强制执行力，远不能包容一个多中心的、去权威的柔性治理规则，因而硬法力有不逮还不能覆盖到全部领域，在一些棘手的问题上尚不能短期内达成共识，许多冲突与问题还不能得到及时有效的解决。① 这为软法的生成和适用提供了空间和可能。

（二）软法的规范形式

由于国际软法的自身特点，被广泛应用于国际贸易、投资和国际移民管理、劳工保护过程之中。国际软法的表现形式名称不一、多种多样，在海外

① 姜明安：《软法兴起与软法之治》，载《中国法学》2006 年第 2 期。

劳工就业和保护方面广泛存在的宣言、决议、章程、谅解书、备忘录、建议书均是国际软法的具体表现形式。

1. 国际组织无约束力的规范性文件

国际组织的规范性文件指由国际组织主导制定的无法律约束力的文件，以规范性文件为表现形式的国际软法在国际社会广泛存在、展现出较好的灵活性和适应性，① 其中以联合国大会的规范性文件最为典型。众所周知，《联合国宪章》中明确规定联合国安理会是唯一有权采取行动的机构，而联合国大会只能作出无约束力的建议，虽然大会建议欠缺强制约束力，但这毫不影响以大会决议形式出现的国际软规范对国际秩序的维护和重构能力。而联合国为保护移徙劳工权利所制定的示范性规范或建议书，欧盟为保护欧洲区域内人权、劳工权所出台的倡议性文件，无一不体现了世界人权保护大势，引领了人类社会的进步，也正是这样的国际软法取得了国际社会的广泛认同，认同会产生榜样的力量、引发从众效应，势必影响、带动有关国家政府、雇主企业、市场主体、社会组织接受规范、适用规范，从而让软性规范成为广泛执行、自动执行的"硬性规范"。例如国际劳工组织制定的建议书，《保护移徙劳工（不发达国家）建议书》、《关于移徙劳工的建议书》、《雇佣移民建议书》等。②

2. 非政府间国际组织的章程

非政府间国际组织章程主要是指建立组织机构和指导组织活动的基本文件，非政府间国际组织章程主要是用章程或组织法命名，其内容包括该非政府间国际组织的创建宗旨、组织机构、职权范围、成员资格、运作程序、行动准则。虽然非政府间国际组织其功能、影响不可与政府间国际组织相提并论，但在国际交往中许多非政府间国际组织往往扮演主角，其影响力与日俱增、不可忽视。其相较于政府间国际组织而言，其身段更软也更接地气，能以其特有的灵活性、伸缩性有效填补国际组织运行范围的灰色地带，引领示范无所依归者循道而行。以组织章程形式呈现的国际劳动软法，在维护海外劳工利益、促进世界经济社会发展亦有不可替代的指导作用。

3. 以技术规范为表现形式的国际软法

技术规范最早源自工业工程领域，其原指关于设备使用工序、工艺执行

---

① 罗豪才、周强：《软法研究的多维思考》，载《中国法学》2013 年第 5 期。

② 范姣艳：《海外劳工权利保护迈出重要一步》，载《法制日报》，2012 年 10 月 2 日。

过程以及产品质量、劳动要求、服务标准等方面的规定与准则。[①] 当技术规范被国家现行法律加以确认后，就成为有约束力的技术法规。由于技术规范的制定者一般不是国家立法机关，而是由行业协会或标准研究机构制定，因而其往往只具有推荐性而不具有强制性，但国际技术规范往往适用者众，适者生存不合用者必遭淘汰，因而在无形的市场竞争法则指引或约束下，技术规范会成为一种无须政府当局强制推行而有市场主体自发适用的规范。国际上有影响力的国际性行业技术规范机构有国际电工委员会、国际电信联盟以及由国际标准委员会国际联盟和联合国标准协调委员会合并而来的国际标准化组织亦即 ISO。ISO 迄今拥有农业、制造业、服务业、信息产业、管理服务领域内的 17 000 余项国际标准，小到一张 A4 纸的尺寸，大到企业管理模式，ISO 为人类社会带来高效率、高品质、高标准的生活，[②] 尽管技术规范标准形式体现的国际软法仅有推荐性质，但许多国家和地区的公司企业纷纷采用，因为这种国际软法业已对生产生活的方方面面产生积极的重要影响。此类有国际玩具协会制定的外部生产守则（ICTI Code）和美国经济优先领域鉴定代理认可委员会（CEPAA）一类的社会责任组织（SAI）制定的社会责任标准（Social Accountability）SA8000。如 SA8000 是在全球范围内率先出台的公司社会责任国际标准，可供全球雇主企业采用，该标准也能被第三方机构客观可靠地加以认证检验，其已被全球众多负责任的公司企业广泛采用。SA8000 发布了一系列有道德的采购活动准则、雇佣全球劳工的工作条件标准，如切实应用 SA8000 标准将实现对海外劳工权利的保护，也有利于将建构和谐的劳资关系，[③]从而在全球市场不致受到同行谴责、社会排斥，从而保持强劲的竞争实力。

（三）软法的特征

软法最初在国际贸易领域出现并发生作用，通过对国际软法含义的理解，可以将软法的特征概括为以下几个方面：

1. 制定主体多元化

国际硬法的制定主体主要是国家或由国家组成的政府间国际组织（如

---

① 蔡学熙著：《现代机械设计方法手册》，化学工业出版社 2004 年版。

② 罗鹏兴：《软法：公共治理不该遗忘的角落》，载《理论研究》2007 年第 6 期。

③ 郑启福：《推行社会责任标准 SA8000 构建和谐劳动关系》，载《北京邮电大学学报（社会科学版）》2006 年第 1 期。

联合国)。各国遵照一系列严格的规程，经过法定代表人草签、国内批准和定案生效程序，最终出台形式规范、内容确定、刚性十足的硬法。国际硬法的实施主要依赖各国根据硬法规范自觉遵守、相互监督。因此从制定到实施的全过程，发挥核心作用的主体是国家。而软法则不然，其制定和实施的主体除国家之外，也可以是政府间或非政府间国际组织、社会组织，甚至是私人组织。① 全球化的推进使国际关系、国际形势随之发生急剧、深刻变化，单单依靠国家制定硬法毕竟无法亦无力及时、妥善应对日新月异的国际实践，多元主体参与制定规则与共同治理也就在所难免。目前，多元主体参与全球公共事务治理业已相当普遍，潮流已不可逆转，多元主体角色亦无可替代。就以联合国为例讨论国际组织在软法世界的作用，1998 年联合国大会通过决议，承认教科文组织拟定的《世界人类基因组与人权宣言》，宣言为国际基因研究的方式方法、成果共享、人权保护等提供指引，联合国专门机构的宣言为更为权威的联合国决议所确认，两者虽然都不具有强制约束力，但鉴于联合国在国际政治方面的巨大影响力、教科文组织在国际专业领域的良好声誉，决议与宣言在实际操作中就可具备事实上的强制约束力和自动执行性，从而可在创制或维护国际社会良好秩序方面产生有益影响。

同时非政府间国际组织也可作为软法的制定主体，比如制定国际技术规范的国际标准化组织、制定反兴奋剂守则的国际奥委会等，软法规范制定主体多元化的主因是随着公共治理的兴起，许多机构在公共治理实践中希望通过自己的规范来实现公共治理的目的。② 劳动世界的公共治理亦是如此，随着劳动形态的多样化、劳动关系的民主化，劳动领域的劳工组织、雇主组织、市场组织、社会组织不断涌现，日趋活跃，积极参与、携手在国际劳工实务中合作共治。

2. 制定程序灵活开放

随着公共治理理念在国际社会兴起，软法的创制规则及其制度安排使得更多的市场与社会主体参与，其制定程序自然一改硬法的刚性与僵化、自足与封闭，变得更为灵活、包容、开放、透明，也更加民主。公共治理摒弃传统的统治意识和管控思维，更加强调多中心、大民主，通过开放包容引致多元参与、共同治理。通过多元化主体的共同协商与沟通一致并最终形成软法准则，民主、平等与开放、多元在软法创制中得到体现。软法的笼统，利于

---

① 程信和：《硬法、软法与经济法》，载《法学》2007 年第 4 期。

② 程迈：《软法概念的构造与功能》，载《金陵法律评论》2009 年第 1 期。

兼容并包；软法的模糊，利于多元合理的解释与适用；软法的灵活，利于各方博弈回旋；软法的柔和，重在指导建议，法不强人所难；① 软法的抽象，重在原则底线，不强求利益分配。凡此种种益处，可快速回应实践需要，弹性满足各方需求，也使得其制定程序具有生动蓬勃的民间性、灵活性和简便性。

3. 不具备强制约束力

与硬法不同，软法没有国家强制力来保证其实施。在国际政治交往、国际经贸往来中，如有国家公然违反国际公约或者协定，就会有联合国体系内的国际法院、海洋法法庭甚至国际刑事法庭，在特定区域内的裁决机构如欧洲法院、欧洲人权法院对违约者加以裁断判决，追究其追责，惩罚其行为。又如 WTO 的争端解决机制被国际社会誉为“武装到牙齿”，强制力、执行力同时兼备，是国际经贸领域的第一硬法。该类公约或协定之所以归属于硬法范畴，因其有着完整的监督与惩罚机制来保障其实施，如联合国体系制定的国际硬法既有国际法院、法庭等司法机构保障依法实施与正确适用，更有联合国安理会这样的强力机关作为司法机关的强大后盾，确保硬法的实施和判决的执行。WTO 的争议裁决机制和后续的制裁和报复机制亦能强力保证 WTO 一揽子协议的落地与执行。而国际软法则不具备这样的机制，国际社会一般不能对违反软法的国家或组织施加直接的判决或惩罚，因为没有一整套严格规范的裁判机制和强制执行机制，因而软法一般不具备强制约束力。国际软法多数成型于多方民主参与、自由协商过程之中，基本上体现各方的自由意志，实现了适度的利益平衡，因此其实施可完全依赖成员方的自我约束与自觉遵守，其监督机制也得依靠国家导向、市场压力、社会舆论和道德规制。② 可见，它是一种柔性约束，其背后并不需要硬法一样的国家强制力来保证其实施。值得指出的是，国际软法规范诚然无强制约束力，但并不意味国际软法不具有任何法律实效。相反，在某些特殊情形下，国际软法可能比国际硬法更具约束力，更易达成实效。莫里斯·斯特朗曾在 1992 年里约热内卢环境与发展大会上提出：“国际上最重要的是政治承诺，政治承诺比法律更重要。”国际软法也许在政治上、市场上或社会上表现为一种承诺，

① 西方法律谚语，“法不强人所难”，lex non cogit and impossibilia，参见吴静：《期待可能性理论在我国刑事司法中的适用》，载《法律适用》2009 年第 11 期。

② 何志鹏、孙璐：《国际软法何以可能：一个以环境为视角的展开》，载《当代法学》2012 年第 1 期。

而此种承诺往往体现的是各国、各种市场主体或社会主体的共同信念或利益诉求。一般说来源自于自身的信念和凝聚的利益共识无须监督与制裁，其执行实施完全源自内生的动力。除内生执行动力外，因参与治理主体的多元多样，国际软法的实施还包括社会舆论监督、市场利益诱导和社会排斥、自发耻感、从众心理等多种方式，多一种方式就多一重保障。

（四）软法的价值

1. 劳动软法硬法优势互补、分工合作

法无万能，软法硬法各有长短优劣，作为两种形态的法律规范，其各自功能范畴自有边界之限，亦存鞭长莫及之所。软法硬法在调整规范社会劳动关系时往往各自优劣兼备，且己之优长恰是彼之低劣，反之亦然。劳动硬法刚性有余、弹性不足，而劳动软法则是灵活有余、稳定不足，这恰恰奠定了软硬之法合作互补的总基础。民主性、合意性、柔和性、灵活性、自愿性、经济性是软法相较硬法的优势，同时又是其内生的劣势；同理，硬法之刚性、强制性、权威性、明确性、既定性、普适性也是优劣兼备。① 两者唯有以己之长补彼之短，做到软硬兼施、刚柔并济方能相辅相成并行不悖，不抵不耗直道而行。具体来说，软硬结合需要交相反映国家意志和社会意志，不可偏执一端；在维护主体自由方面，将积极自由、消极自由等量齐观，不可顾此失彼；在强调法律之间关联时，既重横向沟通协调，又重纵向位阶维护，强调上下协同与纵横统一；过程导向、结果导向两手并用，形式理性与法律绩效两相兼顾；既重管理又重服务，秩序与福利、制约与激励、强制命令与自愿服从、国家主导与社会参与、体系稳定与灵活回应等几对相反相成的关系均需硬法软法协调权衡，让两方因素均有反映。惟其如此方能构建一种体系周延、功能完备、注重实效的劳工法律体系，推动劳动世界循法治理。

软硬之法在地位与功能并非重合，只有在优势互补的基础上结合成统一的劳动体系，才可能实现分工合作。第一，两者在功能上互为依赖、相互强化。劳动硬法的规范性与实效性因借重软法而益彰，而软法得硬法的推动才得施行；第二，软法、硬法各有特定指向，两者可能调整不同的社会关系，虽进路不同但最后殊途同归，生相互配合之功；第三，也可调整同一社会关

① 李丽辉：《试论软法的理论生成及其应用》，载《国外社会科学》2010 年第 2 期。

系的不同层面，虽方法有异但最后目的与价值却归依一致、起彼此呼应之效。劳动领域的硬法软法应是同生共长，相互协调，纯粹的劳动硬法可能再无特立独行之空间，也无法广收预期理想之效。可以说，劳动治理领域无软法则整个劳动法系贫血无华，不依靠硬法软法将孤掌难鸣。如无视劳动世界无所不在、充满亲切感与亲和力的软性“活法”，①人为地隔断软法硬法两者联系，硬法将会孤立无援，欲行硬法则不达，终将事倍而功半。

2. 柔性治理提升劳动领域法律实效

在现代劳动世界里，劳动关系市场化、分层化和非典型化的发展趋势愈益凸显，弱势的劳工群体处在一个不确定性泛滥、信息不对称弥漫和利益冲突频发的世界。而权利最为脆弱的海外劳工更会发现国家劳动硬法动辄被束之高阁，与利益保护渐行渐远。他们对就业秩序的需求、对法律规则的依赖和对劳动正义的渴望从未得到关注与满足。久而久之在其眼中，至上崇高的法律权威温情不再、光芒不再。

从法理上说，硬法是政治国家代议制的产物，缺乏深厚的民意基础，只有国家强力“拟制”而成的正当性，而与之相对的软法则是市民社会民主参与、多元协商的产物，其正当性基础来自合意、共识和自愿服从，因而具有广泛而又坚实的民意基础，是一种从内心深处自然生成的天然正当性。

具体说来，劳动软法的正当性来自于规则形成、制度实施、变动逻辑三方面。一则，在劳动软法规则形成过程中，其创制伊始即向劳工群体、工会组织、声援或同情劳工的社会第三方组织或利益相关方开放，让各方主体平等地各抒己见、直陈诉求，最终凝聚共识、广达民意。二则，在制度实施过程中，劳工群体包括海外劳工的利益诉求均有所体现，得到真实回应。制度实施亦可实现劳资两利，各方受益。无论是利益诱导下的雇主，还是出于自愿服从的劳工和公民美德支配下的社会公众，无一不受自利动机驱动，自觉自愿地遵行软法规则。相对于硬法而言，有关各方更有动力遵守并维护这种“自私自利”的软法规范。三则，软法规则的灵活适应性维系并强化了正当性。劳动软法往往由雇主企业或企业组织一方主导创制、实施和适用，多种身份重合于一身，易于实现自我创设自我规制、自我执行自我监督，这样可有效避免法律的正当性在复杂多变的运行过程中流失。正是软法正当性的维护和保全，才能实现法畅其流，效趋至善。劳动软法兼具灵活、快捷和易于

---

① Ulrika Morth, *Soft Law in Governance and Regulation: An Interdisciplinary Analysis*, Cheltenham, Edward Elgar, 2004, p. 1.

试验等特性，其载体有预备性立法、解释性立法、执行性立法等多样化形式，既可先行先试，推广示范，又可灵活调整、快速适应，让劳动关系多元化发展和劳动治理转型都能得到法律规制，从而强化劳动法律的正当性基础，进而巩固并增强法律实效，使得劳动领域法律权威回归、法律保护疆界延伸至最弱势群体，最终让法治原则得以确立。

3. 机制多元推动劳动治理模式革新

法之规制效力的实现需要执行机制的保障。硬法的执行与实施单方面地依靠国家强制力，软法的实施保障则主要依赖于国家之外的市场力量、社会力量或共同体成员力量，自利动机、美德激励、外在压力甚至从众心理都会诱致软法规制对象的自我服从和自愿遵守，从而确保软法的规范效力。

劳动软法效力的实现机制既有内外之分，又有市场社会之别，呈现多元发展、四方加持之态势。第一，共同体内部成员自觉服从劳动软法。劳工、雇主基于个性诉求、共性追求均能在不同层次上结成利益共同体，如劳工组织、雇主组织或是同时吸纳劳工、雇主的共同体组织。共同体软法创制中各方普遍参与，软法文本也回应成员诉求，在共同体范围内凝聚共识，形成民意的最大公约数。这种内生成长、自我立法和自我执行的规范无须外部强加压力，自会得到自觉遵从。如劳动行业标准因为平等接受劳资双方意见，均衡考虑各方利益，最终形成价值共识，让雇主、劳工无须外来强制均能自觉服从。第二，劳工组织的自治力维护软法。国家权力穹顶之下不灭不涉社会自治之权。从社会契约论的观点观之，自治权可视为一种社会保留权，国家应予尊重无须干涉。如工会组织可依据章程赋予的管理权、监督权和一定的惩戒权，在自治权限范围内对会员或成员企业施以引导和惩处。公司企业亦可根据公司劳动规章施加罚薪、调岗、解雇等纪律处分。第三，市场机制强化软法。此处软法主要有旨在保护劳工的劳工标准或内含劳工标准的生产守则，市场机制通过“劳工标准—商业订单”挂钩机制来强化软法。市场上处于产业链下方的采购商组织有权对生产商进行现场检查或授权第三方劳动监察，一旦发现合作方不遵守劳工标准如跨国公司生产守则，将课以取消订单，施以市场排斥。第四，社会压力机制支持软法。社会压力机制一般借助非组织化、非结构化的社会权力，通过大众舆论、社会运动、公民行动等管道发挥规制效果。① 现代社会可通过发达的公共媒体或无所不在的自媒体、社会责任运动、消费者联合抵制运动来声讨、批判那些降低劳工标准、虐

① 罗豪才、宋功德著：《软法亦法》，法律出版社2009年版，第377~380页。

待海外劳工的企业、雇主，降低其声誉，抵制其产品，弱化其品牌，此种社会压力可从根本上危及其利益，迫使其尊重软法，加强劳工保护。

软法实施机制多元化，也有利于劳动治理模式的治道革新。传统的劳动关系规制模式高度依附国家权力、过分依赖国家权威，是一种硬法单一主导的统治型、管制型模式。其过度强调政府单中心治理，拒斥劳资自治和合作博弈，过分迷信全知全能的万能国家，对市场力量、社会组织参与劳动治理产生了挤出效应，已与现今世界推崇的多中心治理潮流格格不入。而富有生命力的全新模式应是一种多元网状治理模式。传统的规制模式急需变革，而变革利器即是软法规范。因为软法机制与新型治理模式同质同构，高度契合。因为软法规范、新治理模式在价值理念、利益导向上均一致倾斜保护弱者权利和劳工利益，在制度安排上也注重合作、认同，自我规制与柔性治理；同时软法规范作为一种规制和训导的力量，一种内含理性的控权机制，也为劳动关系的转型、劳动治理模式变革提供了可资利用的制度资源与规范依据，能够较好地满足劳动世界的秩序需求。从这种意义上说，多元网状的劳动治理模式需要软法与之配套，其顺利生成与良性运行有赖于软法的支持与强化。

4. 降低劳动治理成本和经济社会运行成本

软法之治作为法治的一种形态，天然具备法治的普遍共性与正当性基础，能为社会关系主体的行为选择提供稳定而又明确的预期，从而减少交易成本和交易费用。劳动世界的硬法排斥社会多元主体参与立法博弈，貌似节省了高昂的谈判成本，实则谈判成本的节减并不导致社会总成本的降低。硬法以命令—服从为行为模式，强求整体划一、一视同仁地无差别适用，这会遮蔽作为小众群体的海外劳工的个体诉愿或特别要求，这又会违背“法不强人所难”原则，将导致可能的法律规避或违法抗法，谈判环节节约下来的成本将会推高后续的实施、监督、守法、司法成本。而软法简省了复杂严格的立法程序，也不依赖国家强制力来保证实施，而是驱动共同体成员在认同的基础上去自觉遵从，市场与社会多元治理资源的调动和使用有效减少了国家统治资源的消耗。①

在回应新型劳动关系、解决新兴劳动纷争、变革旧有的不合理不公正的制度的时代大背景下，劳动领域的软法规范应运而生。其生成过程容纳民主协商、制度安排基于共识和合意、实施监督较为轻柔温和，使得软法

① 徐崇利：《跨政府网络与国际经济软法》，载《环球法律评论》2006 年第 4 期。

的创制、实施、监督、遵循四大环节的成本大大降低。基于共识形成的软法规范尤为利于理顺劳动世界的公共关系，其运行亦更顺畅流利。劳动硬法软法和衷共济，各得其所各专所长足以减少冲突与对抗、摩擦与内耗，从而建立一种自发内生、具有内在稳定性的劳动秩序，即哈耶克最为推崇那种“并非一种以外部强加给社会的压力，而是一种从内部建立起来的平衡秩序”。① 软法引导和补充硬法，能丰富硬法的民主成色，赢取更多社会认可，法律执行将更加到位，司法适用将更为公正，最终的法律实效将水涨船高。

总之，劳动领域的软法之治有利于降低法治成本和社会成本。在宏观层面实现民主法治进程、和谐社会建设的低成本、高收益，在中观层面有利于和谐劳资关系的构建与巩固，在微观层面最终也有利于移徙劳工权利保护。软法的勃兴对于海外劳工权利保护和全球经济发展持续具有重要意义。国际社会借助硬法软法保驾护航，各国才能实现互利共赢、优势互补，一种公平开放、平等公正的多边体制才得以建立健全，国际贸易投资、社会发展体制方可不断变革完善，这将使所有国家都能从中受益。②

二、海外劳工保护领域中软法的制定

（一）软法的制定方式

软法规范可以根据软法制定过程中参与主体的不同分为两类：

1. 单方制定的软法规范

单方制定的软法规范一般只对制定者本身或其内部成员具有约束力，是一种低水平约束、弱效力强制的软法规范，也被称为自律规范（self-discipline）、行为规则。此类软法规范没有严格的程序要求，一般由雇主组织或者跨国公司自行发起制定，并由其主导全程。其间重要环节是由相关成员企业通过内部途径听取劳工意见，进而在此基础上形成行之于企业或集团公司内部的劳工保护规范。在制定过程中，一般由雇佣海外劳工的当地企业或跨

① ［英］哈耶克著：《自由秩序原理》，邓正来译，生活·读书·新知三联书店1997年版，第183页。

② 陈海明：《国际软法在国际法律秩序中的作用》，载《政治与法律》2010年第1期。

国公司的法务部门邀请劳工代表通过灵活多样的形式表达意见和诉求，然后在总结、提炼诸种意见和诉求的基础上制定出具体详明的规则，该规则一般都会在实体和程序上赋权给海外劳工，体现劳工一方的角色功能和参与治理。单方软法规范出台后通常会以组织宣言或公司宣言的形式公开发表，让劳工等相关各方周知，也让会员企业、公司内部遍晓，从而作为企业的行动规范和指引，也可作为海外劳工维权的依据。

另一种是由劳工组织制定的标准合同或集体合同，此种规范文本一般由国际劳工组织遵照科学严谨的程序，经广泛调查研究和严密论证而制定。其一般由劳工组织聘请劳动法律专家，组织雇主组织、劳工组织、政府部门举行三方会谈，再将三方凝聚而成的基本共识提交给法律专家，在此基础上最终制订出格式标准、术语严谨的合同。值得指出的是，三方会谈、三方共识只是一种征集意见的过程或曰调查研究的过程，至于对会谈意见是否吸收以及吸收的程度如何，则完全由法律专家或劳工组织最终决定。所以在这种情形下，三方意见可视为一种参考而不是一种重要的影响因素和主导力量。劳工组织起草的标准格式合同亦是自律性软法规范的一种，具有示范意义，供相关企业、劳工选择适用。但一旦适用，就须以此合同文本为准绳，自觉自动地履行合同义务。

2. 多方制定的软法规范

多方制定的软法是指由劳工组织、雇主组织、海外劳工或社会第三方多方参与、共同制定的软法规范，是软法体系中最为重要的规范形式。这种规范以劳工组织为主导，有明确规范的制定程序和较为漫长的形成过程。具体可分为两类，一类是由雇主、雇员、政府等相关各方代表通过共同磋商的方式制定软法规范与行为准则。一般先由雇主企业和海外劳工代表协商并各自提出独立的意见与诉求，再由劳工组织法律专家汇总各方意见，在集中意见的基础上再制定出软法草案。① 草案的最终通过需要雇主企业和海外劳工达成一致，也只有劳资双方一致通过的软法规则才可生效。此种软法规范代表性较强。另一类是由雇主企业法务部门制定相关规范文本，再由劳工组织提出具体修改意见，而在此期间海外劳工并不具体参与制定过程，但可提出自己的修改意见。显然多方制定的规范相较于单方制定的规范而言，制定主体更有广泛性，更富民主性，也在一定程度上突出了海外劳工的主体地位，其

① 杜志华、陆寰：《欧盟消费者保护的新工具——软法》，载《法学评论》2010年第4期。

参与程度越深，其对软法文本的最终定型就越有影响力，也越有利于自身权利保护。

（二）软法制定过程中的问题

从软法的制定方式、形成过程来看，无论是单方制定软法规范还是多方制定软法规范，对海外劳工权利保护都存在着明显的缺失和弊端。

1. 制定各方地位不平等

由多方制定的软法规范在协商与制定过程中邀请劳工方、社会第三方参与，一定程度上吸收劳工方和第三方的意见，并在劳动软法最终文本中有所体现。从表面上看扩大了劳工表达利益诉求的机会，使得各方利益、主张都能得到一定程度的实现，貌似机会平等、待遇平等甚或话语权平等。但事实上，因为生产资料所有者与劳动力提供者的市场地位从根本上不平等，因而决定了雇主企业与海外劳工在软法制定中不可能拥有完全平等的地位和对等的话语权。在劳资关系中海外劳工始终处于被控制、被损害的弱势地位，其自身声张权利的能力终究有限。实质上整个协商过程、软法制定过程皆由企业一方主导，其能或明或暗地对劳工权利予取予夺。海外劳工则缺乏专业的谈判知识和博弈能力，又囿于财力不济、时间有限以及信息不完全，使得其在软法的商谈与制定过程只起“点缀”作用，在广泛的应有的权利中仅能获得些微“安慰性”的法定权利，更遑论可与企业平起平坐地争权谋利。

2. 各方利益难以协调平衡

法律一般在利益协调平衡的基础上凝聚社会共识，软法更应有此种功能而求得自身的存续与发展。但在劳工治理世界，软法却较难真正实现海外劳工与雇主企业两者之间的利益平衡。从传统的劳动硬法制定过程来看，立法机构在正式法律文本出台前，会广泛征询利益相关方意见，使雇主、劳工、工会均能充分地表达利益诉求。然后在集中各方利益的基础上，决定如何调和利益冲突，达致利益均衡。因为立法机构或政府在利益协调过程中自身始终处一种较为中立、超脱的地位，其所代表的广泛的公共利益或曰社会整体利益和长期利益，一般少有自身私利或部门利益。从维持整个社会的稳定和谐出发，政府会尽可能使得各方利益均能得到妥当的体现。而在劳动软法制定中，一般没有立法机构这样的无相关利益的第三方主导或参与。挟财力优势、信息优势、谈判优势的企业组织一方往往主导整个进程，设置立法议程，竭力追求自身利益最大化，压制海外劳工的合法诉求，或者运用种种筹码迫使劳工作出牺牲与让步，其话语权无人能及，其控制权无可匹敌。最后导致劳动软法不是自由博弈后的调和性平衡，而是持强凌弱、不平等博弈后的表面平衡、畸形平衡，其实质是权利的压制、利益的失衡。

3. 对海外劳工保护不足

无论是单方制定还是多方制定的劳动软法规范，无一不由雇主企业一方牢牢主导。而由其主导就不可避免追求自身利益，并将其置于第一位考虑。软法的制定是因为雇主真切地感受到来自劳工的压力、市场的压力、社会的压力或终极的政府压力，才极不情愿或很识时务地通过劳动软法来减缓压力、疏解压力。这就决定了由其主导制定的软法只是一种维系和保全自身利益的一种手段和工具，而不是根本目的，而对海外劳工而言唯有权利才是终极目的。雇主的工具价值和海外劳工的目的价值就会遭遇冲突、难以调和。由企业单方制定的软法规范虽经海外劳工部门认同，但其主要基于企业单方意愿和雇主利益而定，决定了其只可能是一种低层次保护、低水平约束的软法规范。这种劳动软法只对雇主企业才有单边意义与自利作用，那就是通过让小博大的手段减少劳工摩擦与劳资对立，而此时海外劳工得到的只是较小的保障，其大部分应有权利仍是悬置空转，应有权利转化为实有权利仍是遥遥无期，不可企及。

三、海外劳工保护软法的实施

在海外劳工权利保护过程中，国际国内硬法并不能一劳永逸地解决诸多问题。因为软法的多方参与性、实施的非强制性、适用的灵活性，以及柔性治理、自我服从等特点，在解决国际劳工争端、保护劳工权利方面有着独特的作用，为广大海外劳工提供了一个全新的保护工具。在海外劳工权利保护中，软法适用路径与硬法有着诸多不同，在海外劳工权利保护方面有着硬法所无法比拟的优势。

（一）全面落实海外劳工权利诉求

软法因其创制、实施、适用、遵守过程的参与性与协商性，在保护海外劳工权利方面有着硬法无可比拟的优势。硬法在创制过程中虽在一定程度上关注劳工权利诉求，但这种关注可能不全面，也不直接，终难得到法律全面回应和全盘落实。因为国际劳工保护领域的硬法创制主体是国家，国家固应是劳工利益的代言人，但同时也要照顾雇主利益，虑及人权发展目标的同时也要顾及经济发展目标，何况国家还要区分本地劳工、外籍劳工的不同诉愿诉求，即使在海外劳工内部也出现分化分层，其利益诉求亦各不相同。国家此时作为多元主体的单一代表，在酝酿最终文本时只能在不同的利益诉求之间作出选择权衡，这势必会选择性无视或有意克减部分群体的权利要求。而作为其中最弱势者——海外劳工的权利诉求往往必遭最先牺牲。而软法推崇多元参与、合作共治，摒弃国家单一中心和权威治理，除国家可为劳工利益代言外，劳工组织或海外劳工代表均有公平的参与机会，公开、充分地表达权利诉求，平等参与软法创制过程中的协商与博弈，从而让自身的权利呼声不致屏蔽无声。

（二）督促雇主企业自我约束

软法的灵活性与开放性远胜硬法的僵化性与封闭性，其创制和施行均接纳各方平等博弈，也广泛吸纳了各方民意，其最终代表的恰是各方的认同、合意、共识，从根本上体现的也正是自身利益，从而在合意、共利的基础上才铸就软法的合法性根基。从某种意义上说，遵行软法也就是遵循主体自我的自由意志，实现的是自我利益。因此共同体成员的自我约束与自觉遵守既有合法性基础，亦有动力机制。

对国家而言，劳动软法的创制和实施不必大量调用国家的立法、执法、司法资源，母国、东道国政府均可能对国家软法持一种包容、欢迎的态度，甚至会主动动用国家权威和权力资源来推行软法、支持软法，从而给雇主企业自动执行软法造成一种外在的暗示、影响或压力；对海外劳工而言，劳动软法载体多样化、文本叙事方式多样化，很容易为弱势劳工喜闻乐见，也更易于理解和接受，相较于硬法更可亲、可及、可得。再则软法不必依靠国家强制力保证实施，也可摆脱司法中心主义困扰，这让在东道国求助无门、告诉无力的海外劳工无形中多了一道权利保障，添了一项维权工具。因为一旦诉诸国际软法，海外劳工可借助自我力量、市场力量、社会力量给侵权雇主施加外来压力，督促无良雇主自我纠偏、自我监督和自我约束；对雇主企业而言，违背软法会有一套或明或暗，但能发挥惩罚、制裁实效的后续机制，这会大大抑制其违法冲动与侵权动机；同时软法内含的利益诱导机制和激励机制亦能通过利益再分配来驱动市场主体，使其自觉遵守软法标准。可见，劳工软法可通过配套附随的成本—收益权衡机制来促使相关各方自我约束。

（三）弹性灵活应对矛盾纠纷

由于经济全球化的不断深入，劳工领域的矛盾与纠纷也应运而生，诸多矛盾和纠纷硬法尚未涉及、无从应对，硬法既不能成为行为指引，也不能变身司法依凭。总之，硬法总是落后于社会现实，动辄与劳动实践脱节。究其原因，一则硬法制定程序繁琐、耗费时日，无法及时应对新型矛盾；二则硬法依赖强制力执行，需要动用大量司法资源，在资源约束条件下硬法的实际施行可谓“不是不愿，而是不能”，从而导致硬法空有权威，无从落地，最后反而累及权威、减损权威。软法创制、实施、修改过程均较为简便灵活、开放通融，因为制定主体、实施主体、遵行主体不如硬法那样泾渭分明，而往往是高度重合，这使得软法对社会现实反应尤为灵敏，能够及时回应实践变化，因事因人灵活变通，甚至可不拘一格立行立改、边改边行。

劳动世界的新关系、新问题总在一刻不停地生发、流变，软法以其特有的灵活性、适应性，能及时因应劳工世界的新问题、新矛盾。劳工软法的出现，不仅能填补硬法的真空地带，拓宽硬法的适用范围，还能先行一步立法并施行，从而让新型劳动关系也能归于软法调整，从而实现劳动领域的规则之治。其发挥先行先试的试错功能，还能起到试验立法、预备立法的作用，让国际劳工领域产生的新型劳资争端有法可依，纠纷解决有软法可凭。进而言之，软法在将来一旦具备硬法所必备的“明确、义务、授权”三大基本要素时，①即可由相关国家、国际组织将之转化为更有约束力的劳动硬法。

（四）协调各国劳动治理行动

在经济全球化、政治民主化大潮推动下，民主诉求的范围更广，层次更高，方式更加多元，要求也更加全面，这需要劳动治理模式更为开放和更广泛的公众参与，这无疑会首先在一国范围内取代传统的国家管理模式或者统治定式。在一国突破后再示范带动，逐步在世界范围内形成方向一致的劳动治理模式和标准趋同的劳工软法体系，在此基础上方能够协调各国的共同行动，从而顺应世界潮流实现民主治理转型。现代劳工世界的民主治理不可能构建于纯粹的硬法之上，其需要硬法软法软硬兼施、刚柔相

---

① 罗豪才、宋功德：《认真对待软法：公域软法的一般理论及其中国实践》，载《中国法学》2006年第2期。

济，因为劳动软法的兴起能够填补劳动领域民主化治理转型带来的法律真空。可以说，民主化与软法具有内在的关联性，表现为软法与民主化治理须臾不离，互为借重、相互强化。首先，软法广为接纳多元利益诉求，重在民主协商，崇尚合意与共识，与民主一样高度关注社会公共性，在功能定位与价值取向上软法与民主高度一致，软法的崛起必将建构与巩固劳动世界民主治理的法理基础；其次，民主治理无疑会拓展活动边界和运行范围，在唤醒、引致多元主体参与时也让原本压抑的社会权力复苏和扩展，但社会权力不加节制亦会滥用，导致民粹主义或多数的暴政，而此时软法作为一种规则的力量则可对社会民主权力加以正确的规制与引导；最后，软法为规范和保障多元主体参与民主治理提供了一个广阔的平台，同时满足了民主过程所要求的主体多元化与运行方式多样化的内在需要，很好地实现多元治理结构和“良法善治”目标。总之，软法的兴起为劳动世界确立民主治理模式提供了正当的法律依据，又从理念与意识、制度与规则上直接推动劳动治理民主化进程。

劳动世界实现规则之治，法律之治需要软法和硬法优势互补、交错运用。完全依赖硬法单打独斗无法实现良法善治，应软硬兼施、刚柔相济，形成法治合力。首先，软法拓展了劳动治理领域。海外劳工作为母国不理、东道国不亲的特殊弱势群体，其权利往往不为劳动硬法所覆盖，侵权行为发生时也会陷入无法可依的尴尬境地，甚至遭遇司法拒绝，而劳动软法的出现则将长期游离于法治之外的海外劳工权利纳入调整范围和保护领地；其次，软法再造了劳动治理流程。软法的制定与实施不再如硬法那样被动消极、机械片面，它能吸引海外劳工、市场主体、社会保护组织等第三方力量，积极能动地参与劳动维权的法律行动，全面深刻又不失灵活权变地处理秩序与自由、公平与效率、公益与私益之间的对立统一关系，从而在法治框架下确认权利、争取利益、追求正义；最后，软法丰富了劳动治理方式。软法的出现使得法治目标的实现不再依赖传统的命令—服从模式，消除或克减了国家权威与强制力的无节制使用，而是代之以更加开放、更加公正的规则治理。软法与硬法合作共治，让柔性治理与适度强制并行不悖，公权主导与社会参与相得益彰。总之，软法能激发海外劳工、市场主体、社会力量的参与热情，优化配置并合理调动公共资源，诉诸更为科学的行动方式，广集民智民意，善用民心民力，推动海外劳工保护领域的良法善治。可见软法亦法，软法之治亦是规则之治，良法之治！

四、海外劳工权利软法保护的不足及其完善

（一）海外劳工权利软法保护的不足

1. 约束乏力，难以确保各国履行

软法不具有强制约束力，也没有强制力来保证其实施，① 国际劳动软法亦难以充分保护海外劳工的合法权利。国际硬法有着完整的实施监督机制，联合国国际法院、国际仲裁机构、区域性裁决机构如欧洲法院均能对国际硬法的实施起到一定的保障作用。同时，违背国际硬法很可能会招致国际制裁、利益受损国的反报或报复，甚至卷入国际公断或国际诉讼，可见违背硬法的后果相当严重，过高的违法成本迫使各国对硬法的自动遵守，从而确保硬法的强制力、公信力和约束力、执行力。软法则缺乏这样的监督保障机制，违背软法也不会有如同违背硬法一样的严重后果，违法成本低违法收益高。如此柔和的规则致使有关国家并未给予软法足够的重视，从未"认真对待软法"，也不认为"软法亦法"。在实践中软法的约束程度、自动执行水平自然远不及硬法规范。软法虽可弥补海外劳工保护中硬法的空白与不足，但因其缺乏硬法的刚性、强制性，国际劳工组织、国际人权组织等国际法主体并不拥有法定的强制执行权，既不能直接制裁侵犯海外劳工的无良雇主，也不能间接制裁纵容侵权行为的国家当局，这就难以保证劳动软法在世界范围内得到普遍的良好遵行，唯有寄希望于成员国的自觉自愿以及在一国范围内依赖国内硬法推动国际软法的施行。

2. 监督不力，违约责任难以追究

劳动软法的实现机制主要依靠共同体成员的自觉遵从、劳动组织的自治力、社会压力机制、市场监控机制、国家机关内部的自我规制。② 就共同体成员的自觉遵从而言，劳动软法一般由雇主组织主导制定，进而由其主导实施，这无异于既让其当运动员又让其当裁判员，自会从根本上违纪"任何人不能做自己案件的法官"这一基本的法治准则。③ 若自我监督全靠自愿自

① 万霞：《国际法中的"软法"现象》，载《外交学院学报》2005 年第 2 期。

② 何伦坤：《劳动软法：我国劳动治理现代化的新机制》，载《中国劳动关系学院学报》2014 年第 6 期。

③ 阎礼：《任何人不能做自己案件的法官》，载《法律与生活》2006 年第 11 期。

觉，则自我追责无异于形同虚设；在社会压力机制监督制约方面，因为社会压力的传导需要一个过程，其间压力也不免衰减，雇主的响应难免滞后甚或抵制，此间压力不一定会转化为企业保护海外劳工的动力，即使有转化的可能其转化效率与比例仍然存疑；劳动组织的自治力实现方面，ILO 虽为软法实施制定了配套机制，如要求成员国定期向国际劳工局报告公约执行情况，督促当事国政府监控和追诉违反劳动软法的企业。但在实际运作中此种监督措施很难奏效，申诉和控诉极难发挥预想的防范制约、追责制裁效用。迄今为止，由海外劳工直接向国际劳工组织发起的申诉案不足 10 起，而针对违反国际劳工保护公约的国家间指控更是寥寥无几。而国际劳工组织几乎无权采取任何强制性制裁措施，唯有施以公开的道义谴责。劳工软法的实施根本上还得高度依赖成员国的自觉遵从。① 市场监控方面也是如此，雇主企业往往利用自身的市场优势地位，有意义、有选择地过滤、屏蔽市场信息，将自身包装成遵循劳动软法标准的良善企业以应对市场的检验和竞争。盛名之下，其实难副，伪装之下却能轻易逃脱市场法则的淘汰和惩罚，甚至会产生劣币驱逐良币的负面效应。

3. 劳工保护水平参差不齐，诸国实施歧异

各国政治制度、经济发展水平、法律治理能力以及历史文化传统各有差异，导致诸国劳工保护水平参差不齐，难有整齐划一，甚至在同一国家不同的产业部门之劳工标准也会天差地别。一般说来，移徙劳工保护标准必定低于本地工人，临时劳工必定低于长期劳工。若想在国际层面顺利生成并普遍施行一个放之四海而皆准的劳工保护标准，不可不谓万方多难志难成。国际关系、国际政治以及最核心的国家利益时时会形塑、冲击、改变劳工保护国际软法。

东道国一般会根据外籍劳工在就业与工资、财政税收、社会适应方面的影响，制定出某些自视合理平衡的外籍劳工管理与保护政策法规，因而世界诸国海外劳工保护水平不尽相同。国际劳工标准尚未达成完全一致，发达国家劳工保护水平普遍高于发展中国家，两大阵营之间存在较大的实施分歧。② 发达国家自恃国力强盛，意图遏制贸易竞争，其坚决主张高水平的国际劳工标准，并要求加入贸易的任何成员方都一体遵循，不能因国家经济发

① 蒋凯：《国际软法的缘起及影响》，载《当代世界》2010 年第 8 期。

② A. T. Guzman, T. L. Meyer, *International Common Law: The Soft Law of International Tribunals*, Chicago Journal of International Law, 2009.

展水平而降格或变通适用，认为如此这般方能保障贸易公平和人权发展。发展中国家则针锋相对，认为国际劳工标准在所有成员方国内无差别地实施极不现实，人权保护亦应与一国经济发展水平相适应，人权保护不能脱离经济环境、经济能力的支撑而独立自行。一国的人权保障能力、劳工保护能力必须以物质力量和资源能力为基础和前提。在一定时期内，国际社会应允许发展中国家有着一套切合自身国情特别是经济发展水平的劳工保护、人权保护标准，在此基础上循序渐进，最终以发展促人权、以发展促劳工保护。目前参差不齐的保护水平，日趋严重的国家分歧势必影响软性国际劳工标准的实行，长此以往甚至会从根本上撼动、削弱处于底线保障地位、具有硬法性质的核心劳工标准。

4. 政治色彩日益浓厚，实施效果大打折扣

从国际人权组织、国际劳工组织成立之初，矛盾和分歧一直就存在于发达国家与发展中国家之间，成为整合两大国际阵营不同诉求和标准的隐忧，导致最终出台的人权保护、劳工保护国际软法文本支离破碎，不成体系，成为各国博弈的产物和相互争夺的牺牲品。虽然维系表面的统一，但始终难掩实质上的离散杂乱；虽有平等互惠的表象，但本质是发达国家独断专行。那些具有软法规范性质的国际劳工标准要求过高，难以被广大发展中国家所接受，而发达国家则对其国内标准自视甚高，公然抛弃国际标准，或另起炉灶各行其是，更有甚者，一俟根据“量能担责”原则要求发达国家承担更多的海外劳工保护责任，其竟会置最低要求的劳工标准而不顾，悍然对抗国际舆论。战后随着新兴民族国家壮大了发展中国家阵营，国际劳工标准之争中各方力量逆转。发展中国家的崛起生成了抗衡发达国家、变革不公正不合理标准的强大动力。劳工输出国与输入国之责任、权利、利益分配是此消彼长的关系，因此双方博弈、争斗更加激烈。劳工保护标准实为国家利益之争，国家利益之争往往演绎为政治之争，因而让保护劳工个人私益的劳工标准无法保持独立价值，被迫染上一层浓重的政治色彩。一旦国际劳工标准之争演化为国际政治之争，就会使国际劳工软法的实施效果大打折扣，让劳工世界的软法偏离劳工保护的中心目的和核心价值，而沦落为博弈工具，异化为政治过程。

（二）海外劳工软法保护的完善与利用

1. 劳动软法的自我完善

（1）软法制定过程加强民主协商。劳工保护领域软法的制定与实施应当建立在各利益相关方共同协商的基础之上，雇主组织、工会组织、行会组织、消费者组织乃至海外劳工都须充分发表意见，表达其正当诉求。因为软法不具有硬法的强制性，其实施过程不能够依靠国家强制力，而是依靠市场约束、舆论监督、社会监督以及成员的自觉遵守与自我约束。自觉遵守与自我约束是建立在认同相关原则与规则的基础之上，这就要求软法在制定环节应经过充分的利益表达。各方经过平等的沟通与协商，阐明各方利益诉求，从而形成一致认同的规范。倘若出现共同体成员一方的专制独裁，所形成的规范必定不能够得到成员的广泛认同与服膺，那么软法规定将成为一纸空文，不具有任何约束力，且促进软法实施的激励机制、监督机制等也将失去依凭。因此，民主协商是软法得以发挥作用的前提条件。软法制定过程必须保证各方都能够充分发表意见、表达诉求，所制定的规范须经过民主协商，在此基础上，软法才可发挥作用。

（2）推动劳动领域国际软法的标准化。全球化的日益加深必然带来市场规则体系、国际软法的全球统一，必然引起核心劳工标准国际化，进而引起全球法律体系的全面改革，逐步趋同。海外劳工权利的保护必须加强国家间、区域内乃至全球范围内的交流与合作。在经济全球化的时代背景下，国家保护主义、地方主义、民族主义、排外主义所带来的后果，只会是将自己排除在世界规则之外，这会导致在国际规则体系内丧失应有的话语权、控制权。因此，为加强海外劳工权利保障，必须全面深入地参与劳工领域国际软法的交流与合作、谈判与博弈，吸收国际人权保护的发展成果和发达国家劳工保护的良好实践，推动多边、区域、双边层面的海外劳工保护软法体系的普遍化、统一化，各国普遍遵行国际核心劳工标准，确保劳工权利底线一致，在此基础上根据各国国情选择更高层次的本土化劳工标准。就中国而言，我们要与发达国家合作博弈，在国际劳工保护领域树立良好的国际形象，寻求发达伙伴方技术上的支持和安排上的优惠便利，同时与发展中国家团结协作，争取有利条件，共同致力于达成有利于发展成员方的国际劳工标准协议。①

2. 外在力量的干预

（1）各国政府推动劳工软法的普遍遵守。软法、硬法各有特点和优势，各有其适用空间和情势。但两者虽无法等量齐观，却须臾不可偏废，软法、

① 戴德生：《WTO劳工标准与中国劳动立法的完善》，载《政治与法律》2004年第2期。

硬法应携手合作，参与多元劳动世界的共同治理。在全球贸易投资、人员跨国流动、移民就业进程中，各国政府应积极利用硬法的力量与权威来推动本国遵守和执行海外劳工领域的国际软法。政府的干预、支持能够扩展软法的适用范围，增强软法的强制力、约束力和执行力，使当地雇主企业既有动力更有压力遵守软法规则。同时，当事国政府应加强对国际人权和劳工标准的研究，在多边层面、区域层面、双边层面推动国际人权法和劳工标准的统一化和逐步落地，从而力求在国际国内范围内为海外劳工权利保障创造一个良好的外在环境。我国作为重要的劳务输出国，当多边层面推进劳工保护国际软法受阻时，政府应通过与主要劳务输入国对话与磋商，通过双边协定、区域条约安排的方式，加强对跨境流动劳工权利的保护，尤其要加强在移徙劳工权利保障方面的监管和合作，制定软法和硬法结合的标准与规范，为本国海外劳工提供基本的权利保护，对权利受侵害的海外劳工予以救助，对非法中介组织、违法雇主企业及相关责任人员施加制裁，从而形成保护海外劳工权利的长效国际合作机制。

（2）社会督促企业履行社会责任。作为市场经济运行的主体，企业有效配置着经济资源，同时也创造着社会财富。企业的社会性要求其维护和促进社会公正、公平、平等地保障相关各方利益，切实承担起社会责任。公司社会责任的理论不仅适用于公司制企业，也适用于非公司制企业。国外相当一部分企业已有所行动，如麦当劳、瑞步、耐克、迪斯尼、沃尔玛等公司针对中国劳工问题制定专门的“工厂守则”，来确保中国的供应商与分包商在劳工雇佣方面按照守则标准履行社会责任。一些公司甚至设立了企业社会责任部门，或委托第三方机构来监督和评定企业劳工标准在供应商和分包商中的执行。如多家劳工组织、消费者组织、人权组织联合起草，多家跨国公司签署《中国商业原则》，宣称尊重 ILO 基本劳工标准、联合国人权标准以及中国劳动法律”。①因此雇佣海外劳工的企业决不能一味追求股东利益最大化、企业利润最大化，罔顾社会责任。劳工组织、社会团体、行业自律组织、良善履行社会责任的企业应致力于发挥影响与导向作用，督促雇主企业顺应趋势切实履行社会责任，尽快参与公司社会责任标准认证与实施，在公司企业运营中保护海外劳工权利，遵循公认的基本劳工标准，在企业内部推行企业社会责任的良好实践，从而使得国际劳工组织或跨国公司制定的工厂

---

① 杨超捷：《论 WTO 劳工标准之争与中国“劳动三权”制度的完善》，载《南京师范大学学报（社会科学版）》2005 年第 2 期。

守则或规范、企业社会责任标准能有效保障海外劳工权利。

3. 市场主体的角色功能发挥

（1）劳资双方合作共守市场软法。无论是软法的制定还是实施，海外劳工雇佣双方的交流合作必不可少。在制定阶段，双方充分的意见沟通和全面的利益表达，是软法顺利生成不可或缺的支撑，其所形成的软法规范才有可能为双方一致认可，因权利表达不充分而遗留下的任何问题，都有可能成为软法今后发挥作用的障碍，甚至危及稳定劳资关系的维系。在软法制定阶段，劳资双方充分的交流沟通使得软法一旦形成便能自动有效地发挥约束作用；在软法的实施过程中，也少不了雇佣双方的沟通合作，这一环节的合作能使软法监督机制获得畅通无阻的运行环境，以及得到适用各方的支持力量。在双方责权明确的基础上，雇主劳工合作互动、共守软法，就有一种内生的力量和机制督促各方自我约束、自动执行，从而保证软法的平和实施。另外，软法有助于熨平劳资双方事实上不平等的地位、软化传统上那种控制与被控制关系，软法柔性运作，劳资共同参与有助于将僵硬的雇佣关系改造成一种平等的合作关系，而唯有此种关系才可达致互利共赢、长期稳定以及可持续发展。劳资双方建立沟通对话机制，打造一个平等的对话合作平台，通过这一平台监督、支持软法实施，使双方都能够自觉遵守软法规则，方能同步提高企业效益和劳工待遇，达致双赢。

（2）海外劳工善用软法自我维权。提高海外劳工自我权利保护意识十分必要，在跨国就业活动中，东道国雇主企业与海外劳工不可能形成完全平等的地位，“强资本弱劳动”在世界范围内莫不如是。雇主企业作为生产资料占有者所处的地位总是高于海外劳工，加之海外劳工对于东道国政策法律认知的缺失，其权利受到侵害与剥夺几乎不可避免。提高海外劳工的合同意识、法治意识，尤其是自我权利保护意识，使其意识到自己有责亦有权，有权应实现，权损应填补；在海外劳工知法明权的基础上，进一步让其熟知维权途径与用法方式，同时助其发展组织能力、提高组织化程度来增强维权力量；东道国当地工会组织和非政府组织亦应摒弃排外思想，一视同仁为外籍劳工提供同等支持与同等保护，将其纳入当地劳工保护网络，①为其辅导东

① ［美］大卫·贝肯：《美国组建工会的核心问题——争取移民的平等地位和权利》，载《国外理论动态》2012年第3期；［美］丹·克劳逊、玛丽·安·克劳逊：《美国工会状况及其复兴战略》，载《国外理论动态》2010年第5期；李会欣：《冷战后美国工会对外来移民的态度变化探析》，载《世界民族》2005年第5期。

道国劳动政策、法律法规，帮助其有效应对可能发生的各种风险，减少低效无果的盲目维权。因此，加强对海外劳工权利意识的培养，促进其法律素质与维权能力的提高，是海外劳工权利保护的有效途径之一。

人必须为善，必须期待那最后者。

——康德

结语：体面劳动，公平的全球化

全球化是劳动力国际流动的宏大背景与发展环境，现代国际劳动力人口迁移既是全球化的要素也是其历史进程的产物。经济、政治和人口因素推动世界进入并长期处在一个移民就业压力增加的时代，跨国就业愈发成为一种日益增长的全球现象。在发展中国家每年都有数以百万计的适龄人口进入劳动力行列，但本国创造工作岗位的速度却不足以全部吸纳他们；与此同时，较为发达的国家和地区人口日益老龄化，很多产业部门出现劳动力供给严重不足的现象。此外促使或造成人们跨出国界寻找工作机会的因素还有国家间差别日益扩大，交通、信息技术的迅猛发展，这些都促成全球劳动力市场的形成和深化。可以说，贸易投资的全球化进程推动并形塑了劳动力市场的全球化。因此，全球化与弹性化、取消干预（Globalisation，Flexibilisation，Deregulation）是当代劳动法与劳资关系中频繁出现的核心关键词，三者集中反映出在全球化新时代劳动雇佣关系更加自由、更有弹性以及更加排斥政府干预。

从历史上看，出国务工活动有利于绝大多数移徙劳工本身，也有利于移徙劳工的东道国和母国，但全球化中的人员流动自由化并不必然带来国际劳动市场的公正化，全球化的利益与机遇并没有得到平等分享。从某种意义上说，全球化是资本在全球范围内实现联合的产物，但全世界无产者并未在全球范围内实现联合，反而有被全球资本分割、分化的危险甚至让国别不同的劳动者相互为敌，可以认为“强资本弱劳工”、“资本控制劳动”现象从国内扩展到国际，劳资双方不平等博弈的态势正在持续恶化。可以说，为建立一种各方接受的规范移徙劳工活动的法律框架，从而确保劳工移徙产生互利效果、确保全球化在社会方面的公正，迄今看来尚无多少成功迹象。处于非正常状态的移徙劳工数量正在急剧增加，移民过程的不断商业化，以及东道国非正规就业方式的增加，都在一定程度上损害海外劳工合法权利和应得待遇。全球化在国际政治经济关系层面以及实现平衡、可持续发展方面并未给发展中国家及其国民带来公正，全球化更未给广大海外劳工带来公正。因此海外劳工权利保护问题既是全球化在社会方面产生的问题、也可能是影响人类安全与发展的全球性问题。除非国际社会采取行动，通过更快的经济增长和更公正的全球化使移徙劳工权利压抑得到缓解，否则局面将进一步恶化。

对市场魔力的笃信业已逐渐淡化，若得市场运作良好，使其既未受到不当扭曲，又能均衡分配社会成果，就需要有效的国家。一个矢志保障人权又实现治理现代化的法治国家和具有活力的国家、市场、社会三方合作仍是实现经济、社会和人权可持续发展的核心。面对全球化提出的新挑战，急需加强尊重劳工的权利与自由、强化政府劳动治理以及在社会对话的基础上积极完善劳动力市场政策。此外还需建立国家间和区域层面、国际层面的协作伙伴关系。

在一个美好的世界里，正义、尊严、相互尊重、平等、容忍和团结这些基本价值观指导人们创建更加美好的未来；对美好世界的憧憬，促使人们团结起来，找寻新的方式，努力实现共同的目标，而这一共同目标最佳实践方式就是人人拥有体面劳动。“人人享有体面劳动”既是国际劳工组织致力实现的目标，也为联合国和国际体系所支持的国际发展议程的重要组成部分。正如葡萄牙劳动和社会保障部长指出的那样：“体面劳动或许是国际社会所能够提出的最强有力的概念和有效的工具，因为他提供了可能会对全球化的影响作出有效反映的政治选择。”体面劳动议程目前业已受到全球首肯，是国际社会努力消除贫困、持续发展的关键，也是致力于公正、包容性的全球化的关键。人人享有体面劳动的目标就是促进充分的、生产性就业以及创造高质量的就业条件和体面劳动的环境，保障所有工人的基本权利，使全球劳工通过自由选择的生产性就业和劳动获得有保障的、可持续的生计。体面劳动议程——执行国际劳工标准、充分就业、社会保护和社会对话政策，目前不但在全球和地区最高政治层面得到全面赞同，而且在民间社会层面都是如此，因为体面劳动赋予经济政策和全球化更强的道义和人道成分。因此，体面劳动应该成为全球目标，作为各国经济和社会政策的一个基本优先重点，也可将其作为消除世界贫困、构建更具持续性、包容性的全球化的核心政策目标。

下一步应重点研究不可逆转的全球化事实以及持续深化的全球化进程对海外劳工地位和待遇的正反影响，在客观评价影响的基础上，为多边、区域或双边、国家层面的法律政策、协作措施建构一个多边参与以公正为目标、有约束力的问责制行动框架，确保全球化在社会方面的公正，在海外劳工权利实现方面的公正。因此需要进一步审视以下政策法律主题：对待全球化的国家政策，全球生产体系中的体面劳动，增长、投资与就业全球政策一致性，构筑社会经济最低标准，全球经济与人民的跨境流动，以及加强国际劳工标准体系。

海外劳工权利保护问题是当前国际社会面临的一个共同的难题。在全球化进程中嵌入体面劳动目标，旨在社会层面或劳动世界实现更公平的全球化，有利于千千万万在海外奋斗的中国劳工。对海外劳工而言，体面劳动的实现即是公平全球化的实现，那么全球化进程就可以变为持续性更长、包容性更大、社会正义更多的过程。

参 考 文 献

一、著作类

[1]《马克思恩格斯全集》第 1 卷，人民出版社 1995 年版。
[2]《马克思恩格斯全集》第 3 卷，人民出版社 2002 年版。
[3]《马克思恩格斯全集》第 46 卷，人民出版社 1980 年版。
[4]《马克思恩格斯全集》第 47 卷，人民出版社 1979 年版。
[5]《马克思恩格斯选集》第 1 卷，人民出版社 1995 年版。
[6]《马克思恩格斯选集》第 3 卷，人民出版社 1995 年版。
[7] 马克思:《资本论》第 1 卷，人民出版社 1963 年版。
[8] 马克思:《资本论》第 2 卷，人民出版社 2004 年版。
[9] 马克思:《1844 年经济学——哲学手稿》，人民出版社 2000 年版。
[10] 马克思、恩格斯:《共产党宣言》，人民出版社 1959 年版。
[11]《列宁全集》第 12 卷，人民出版社 1987 年版。
[12]《毛泽东选集》第 1 卷，人民出版社 1991 年版。
[13]《邓小平文选》第 3 卷，人民出版社 1993 年版。
[14] 周鲠生著:《国际法》(上册)，武汉大学出版社 2007 年版。
[15] 董保华著:《劳动关系调整的法律机制》，上海交通大学出版社 2000 年版。
[16] 董保华著:《劳动法论》，上海世界图书出版公司 1999 年版。
[17] 董保华、程惠瑛著:《中国劳动法学》，中国政法大学出版社 1992 年版。
[18] 韩德培主编:《人权的理论与实践》，武汉大学出版社 1995 年版。
[19] 孙国华主编:《人权：走向自由的标尺》，山东人民出版社 1993 年版。
[20] 李龙著:《宪法基础理论》，武汉大学出版社 1999 年版。
[21] 李龙、汪习根主编:《法理学》，人民法院出版社 2003 年版。
[22] 李龙著:《人本法律观研究》，中国社会科学出版社 2006 年版。

［23］常凯主编：《劳动合同立法理论难点解析》，中国劳动社会保障版社 2008 年版。
［24］常凯著：《劳权论——当代中国劳动关系的法律调整研究》，中国劳动社会保障出版社 2004 年版。
［25］常凯主编：《中国劳动关系报告——当代中国劳动关系的特点和趋向》，中国劳动和社会保障出版社 2009 年版。
［26］张文显著：《法理学》，北京大学出版社 1999 年版。
［27］白桂梅主编：《人权法学》，北京大学出版社 2011 年版。
［28］白桂梅、刘骁主编：人权法教学参考资料选编，北京大学出版社 2012 年版。
［29］汪习根著：《司法权论》，武汉大学出版社 2006 年版。
［30］卓泽渊著：《法的价值论》，法律出版社 1999 年版。
［31］翁里著：《国际移民法学》，浙江大学出版社 2000 年版。
［32］范姣艳、殷仁胜著：《中国海外劳工权利保护法律制度研究》，中国经济出版社 2013 年版。
［33］姜爱丽著：《我国外派劳务关系法律调整理论与实务》，北京大学出版社 2004 年版。
［34］郭东杰著：《公司治理与劳动关系研究》，浙江大学出版社 2006 年版。
［35］何志鹏著：《人权全球化基本理论研究》，科学出版社 2008 年版。
［36］叶静漪、周长征主编：《社会正义的十年探索：中国与国外劳动法制改革比较研究》，北京大学出版社 2007 年版。
［37］吕世伦著：《当代西方理论法学研究》，中国人民公安大学出版社 1997 年版。
［38］陈业宏著：《中国海外投资法律问题研究》，湖北人民出版社 1998 年版。
［39］姜颖著：《劳动合同法论》，法律出版社 2006 年版。
［40］曹天予主编：《劳动产权与中国模式——当代马克思主义在挑战中发展》，社会科学文献出版社 2006 年版。
［41］郭捷主编：《劳动法与社会保障法》，法律出版社 2008 年版。
［42］杨燕绥主编：《劳动法新论》，中国劳动社会保障出版社 2004 年版。
［43］强世功著：《法制与治理》，中国政法大学出版社 2003 年版。
［44］张奇仔著：《社会资本论》，社会科学文献出版社 1999 年版。
［45］梁西、曾令良著：《国际法（第三版）》，武汉大学出版社 2011 年版。

[46] 李浩培著:《条约法概论》,法律出版社1987年版。
[47] 程燎原、王人博著:《赢得神圣——权利及其救济通论》,山东人民出版社1993年版。
[48] 苏力著:《法治及其本土资源》,中国政法大学出版社1996年版。
[49] 邓正来著:《市民社会理论的研究》,中国政法大学出版社2002年版。
[50] 强世功著:《法制与治理——国家转型中的法律》,中国政法大学出版社2003年版。
[51] 范愉著:《多元化纠纷解决机制》,厦门大学出版社2005年版。
[52] 公丕祥著:《纠纷的有效解决——和谐社会视野下的思考》,人民法院出版社2007年版。
[53] 林嘉著:《劳动法与现代人权观念》,中国劳动社会保障出版社2001年版。
[54] 贾俊玲主编:《劳动法学》,中央广播电视大学出版社2005年版。
[55] 黄越钦著:《劳动法新论》,中国政法大学出版社2003年版。
[56] 付子堂著:《法律功能论》,中国政法大学出版社1999年版。
[57] 季卫东著:《法治秩序的建构》,中国政法大学出版社1997年版。
[58] 杨泽伟著:《国际法析论(第二版)》,中国人民大学出版社2007年版。
[59] 赵汀阳著:《论可能生活——一种关于幸福与公正的理论》(修订版),中国人民大学出版社2004年版。
[60] 程燎原著:《从法制到法治》,法律出版社1999年版。
[61] 阿贝拉著:《送工人出国》,国际劳工局,日内瓦,1997年。
[62] 阿贝拉著:《送工人出国:针对中低收入国家的教材》,国际劳工局,日内瓦,1997年。
[63] 亨布莱特、席尔瓦著:《二十一世纪社会保障标准》,日内瓦,国际劳工局,2002年。
[64] 马丁著:《劳务移民管理:面向21世纪的临时工人计划》,国际劳工组织劳工研究所,日内瓦,2003年。
[65] 胡玉浪著:《劳动权研究》,知识产权出版社2009年版。
[66] 陈安、蔡从燕主编:《国际投资法的新发展与中国双边投资条约的新实践》,复旦大学出版社2007年版。
[67] 余劲松主编:《国际经济法问题专论》,武汉大学出版社2003年版。
[68] 王全兴著:《劳动法》(第二版),法律出版社2004年版。

[69] 王益英主编、黎建飞副主编：《外国劳动法和社会保障法》，中国人民大学出版社2001年版。
[70] 李航著：《我国转型期弱势群体社会风险管理探析》，西南财经大学出版社2007年版。

二、期刊、论文类

[1] 丘立本：《国际移民的历史、现状与我国对策研究》，载《华侨华人历史研究》2005年第1期。
[2] 常凯：《WTO、劳工标准与劳工权利保障》，载《中国社会科学》2002年第1期。
[3] 李文臣：《国际劳工权利保护及其对中国企业的影响》，载《中国工业经济》2005年第4期。
[4] 李先波、谢文斌：《东盟自然人流动制度探析》，载《时代法学》2008年第1期。
[5] 李雪萍：《论经济全球化背景下国际劳工权利保护监督机制》，载《武大国际法评论》2005年。
[6] 曹德骏：《跨国公司与中国劳工权利受损关系初探》，载《中国工业经济》2005年第5期。
[7] 孙国平：《我国海外劳工法律保护之检视》，载《时代法学》2013年第2期。
[8] 李先波：《自然人流动规制的晚近发展及其对中国的启示》，载《法学研究》2010年第1期。
[9] 单海玲：《我国境外公民保护机制的新思维》，载《法商研究》2011年第5期。
[10] 徐钢、方立新：《论劳动权在我国宪法上的定位》，载《浙江大学学报（人文社会科学版）》2007年第4期。
[11] 许建宇：《劳动权的位阶与权利（力）冲突》，载叶静漪、周长征主编：《社会正义的十年探索：中国与国外劳动法制改革比较研究》，北京大学出版社2007年版。
[12] 翁天真：《发展劳动价值论，推进分配制度改革》，载曹天予主编：《劳动产权与中国模式——当代马克思主义在挑战中发展》，社会科学文献出版社2006年版。
[13] 常凯：《外派劳动者权利亟待立法保护》，载《法制日报》2011年7

月 19 日。
[14] 谢德成、穆随心：《试论就业权性质》，载《宁夏社会科学》2005 年第 1 期。
[15] 林剑：《论马克思实践唯物主义人学理论的深刻革命》，载《哲学研究》2006 年第 9 期。
[16] 林剑：《社会规范领域的义务与责任》，载《学术月刊》2010 年第 10 期。
[17] 林剑：《论马克思历史观视野下的社会正义观》，载《马克思主义研究》2013 年第 8 期。
[18] 汪习根、王琪憬：《论人权属性的多维解构与系统重构》，载《暨南学报（哲学社会科学版）》2009 年第 6 期。
[19] 黄涧秋：《论工作权》，载杨海坤主编：载《宪法基本权利新论》，北京大学出版社 2004 年版。
[20] 万斌、诸凤娟：《人权的四维透视》，载《浙江学刊》2009 年第 6 期。
[21] 魏新兴：《劳动权保护制度的比较研究与启示——以典型国家的劳动立法为例》，载《郑州大学学报（哲学社会科学版）》2008 年第 5 期。
[22] 孙晓燕、陈业彤：《弱势、准弱势劳动者公平就业的实现途径》，载《山东社会科学》2006 年第 6 期。
[23] 常凯：《劳动合同立法的社会背景和基本定位》，载常凯主编：《劳动合同立法理论难点解析》，中国劳动社会保障出版社 2008 年版。
[24] 张慧平：《论社会保障权》，载杨海坤主编：《宪法基本权利新论》，北京大学出版社 2004 年版。
[25] 汪火良：《论劳动权与人的发展的内质契合——马克思主义的视角》，载《湖北师范学院学报（哲学社会科学版）》2006 年第 3 期。
[26] 吴焕新：《劳动创造与实现人的全面发展——对马克思思想史的一个考察》，载《探索》2003 年第 6 期。
[27] 吴向东：《论马克思的人的全面发展理论》，载《马克思主义研究》2005 年第 1 期。
[28] 汪习根、王丽莎：《论劳动权法律保障机制的完善——全球化视野下的思考》，载《湘潭大学学报》（哲学社会科学版）2009 年第 5 期。
[29] 苏颖霞、李星光：《试论德国劳动法律制度》，载《理论导刊》2001 年第 3 期。

[30] 常凯：《劳动合同立法的社会背景和基本定位》，载常凯主编：《劳动合同法立法理论难点解析》，社会保障出版社 2008 年版。

[31] 张慧平：《论社会保障权》，载杨海坤主编：《宪法基本权利新论》，北京大学出版社 2004 年版。

[32] 唐开元：《论劳动权保障中的公共利益》，载《社会科学家》2008 年第 12 期。

[33] 胡芬：《我国政府职能转变与对劳动权的保护》，载《法学评论》2009 年第 3 期。

[34] 杨曾宪：《论‘超质劳动’及其倍增价值创造》，载《河北学刊》2009 年第 4 期。

[35] 李涛：《菲律宾侨汇的特点、作用及其发展前景》，载《经济问题探索》2012 年第 9 期。

[36] 吴伟东：《印度社会保障国际合作的实践及其启示》，载《中国行政管理》2012 年第 7 期。

[37] 蔡定剑：《关于前苏联法对中国法制建设的影响——建国以来法学界重大事件研究》，载《法学》1999 年第 3 期。

[38] 许丹松：《从认识误区开始——探索我国对外劳务合作管理的新路》，载《国际贸易》1999 年第 11 期。

[39] 徐梦洲、杨晖：《金融功能异化的金融法矫治》，载《法学家》2010 年第 5 期。

[40] 夏新华：《中国法的“混合”性与未来世界三大混合法系》，全国外国法制史研究会第 20 届年会论文集。

[41] 武树臣：《走出‘法系’——论世界主要法律样式》，载《中外法学》1995 年第 2 期。

[42] 张小虎：《以当代日本混合法的演进为视角》，载《南华大学学报（社会科学版）》2010 年第 5 期。

[43] 赫然：《论日本法的发展特征及趋势》，载《社会科学战线》2007 年第 6 期。

[44] 李放：《日本法浅析》，载《东北亚论坛》1994 年第 4 期。

[45] [韩] 崔钟库：《韩国法与西洋法移植与变化过程分析》，韩大元译，载《比较法研究》1995 年第 2 期。

[46] [韩] 洪广烨：《中国和韩国的法律与社会——相关问题及对未来的展望》，载《当代韩国》2002 年冬季号。

[47] 杨春福：《韩国法治化进程中的人权法律保护及其启示》，载《法制与社会发展》2003 年第 6 期。
[48] 章莉：《韩国的法律文化初探》，载《东南大学学报（哲学社会科学版）》，2000 年 9 月第 2 卷增刊。
[49] 谢青霞：《新加坡边缘劳动力法律与政策评介》，载《南洋问题研究》2008 年第 3 期。
[50] 吴晓晖：《论联合国人权条约监督机制改革的若干理论和实践问题》，载《武大国际法评论》2011 年第 1 期。
[51] 王秀梅：《国际法体系化机制及其进路》，载《政法论丛》2007 年第 2 期。
[52] 古祖雪：《国际法体系的结构分析》，载《政法论坛》2007 年第 6 期。
[53]《国际人权公约在中国的实施——访中国社会科学院法学所莫纪宏研究员》，载《人权》2008 年第 1 期。
[54] 王雅梅：《欧盟就业政策的发展趋势及对中国的启示》，载《四川行政学院学报》2002 年第 3 期。
[55] 曾令良：《区域贸易协定的最新趋势及其对多哈发展议程的负面影响》，载《法学研究》2004 年第 5 期。
[56] 彭锡华：《国际人权条约实施的国际监督制度》，载《西南民族学院学报（哲学社会科学版）》2001 年第 10 期。
[57] 郑丽珍：《TPP 谈判中的劳动标准问题》，载《国际经贸探索》2013 年第 9 期。
[58] 姚天冲、于天英：《“共同但有区别的责任”原则刍议》，载《社会科学辑刊》2011 年第 1 期。
[59] 杨兴：《试论国际环境法的共同但有区别的责任原则》，载《时代法学》2003 年第 1 期。
[60] 边永民：《论共同但有区别的责任原则在国际环境法中的地位》，载《暨南学报（哲学社会科学版）》2007 年第 4 期。
[61] 吴晓晖：《论联合国人权条约监督机制改革的若干理论和实践问题》，载《武大国际法评论》2011 年第 1 期。
[62] 王海浪：《中外双边投资条约中仲裁管辖权的同意方式》，载陈安主编：《国际投资法的新发展与中国双边投资条约的新实践》，复旦大学出版社 2007 年版。
[63] 陈安：《对外投资保护与中国的双边投资条约实践》，载陈安主编：

《国际投资法的新发展与中国双边投资条约的新实践》，复旦大学出版社 2007 年版。
[64] 单文华：《卡尔沃主义的“死亡”与“再生”——晚近拉美国家对国际投资立法的态度转变及其对我国的启示》，载《国际经济法学刊》第 13 卷第 1 期。
[65] 刘诚：《全球化背景下劳动法面临的挑战及对策》，载《上海工会管理职业学院学报》2008 年第 8 期。
[66] 吴峰：《我国海外劳工权利保护机制构建》，载《开放导报》2014 年第 3 期。
[67] 谢海霞：《浅论国际劳工标准的多样化治理》，载《政治与法律》2007 年第 4 期。
[68] 杜志华、陆寰：《欧盟消费者保护的新工具——软法》，载《法学评论》2010 年第 4 期。
[69] 万霞：《国际法中的“软法”现象》，载《外交学院学报》2005 年第 2 期。
[70] 范姣艳：《海外劳工权利保护迈出重要一步》，载《法制日报》2012 年 10 月 2 日。
[71] 陈海明：《国际软法在国际法律秩序中的作用》，载《政治与法律》2010 年第 1 期。
[72] 徐崇利：《跨政府网络与国际经济软法》，载《环球法律评论》2006 年第 4 期。
[73] 程信和：《硬法、软法与经济法》，载《法学》2007 年第 4 期。
[74] [美] 大卫·贝肯：《美国组建工会的核心问题——争取移民的平等地位和权利》，载《国外理论动态》2012 年第 3 期。
[75] [美] 丹·克劳逊、玛丽·安·克劳逊：《美国工会状况及其复兴战略》，载《国外理论动态》2010 年第 5 期。
[76] 肖蓓：《企业并购中劳动者劳动权保护法律问题研究》，华中师范大学博士论文，2010 年。
[77] 李琴：《临时劳动力流动全球性法律制度研究》，湖南师范大学博士学位论文，2011 年。
[78] 王晓杰：《马克思休闲思想及中国休闲经济发展研究》，东北师范大学博士论文，2008 年。
[79] 李世军：《我国跨国就业立法研究》，安徽大学博士学位论文，2012 年。

[80] 王毅:《欧洲一体化进程中的移民政策研究》,中国社会科学院研究生院博士论文,2002年。
[81] 薛长礼:《劳动权论》,吉林大学博士学位论文,2006年。
[82] 周毅:《论劳动权及其法制保障》,暨南大学博士学位论文,2006年。
[83] 傅义强:《欧盟移民政策与中国大陆移民》,吉林大学博士学位论文,2008年。
[84] 郝鲁怡:《欧盟国际移民法律制度研究》,华东政法大学博士学位论文,2009年。
[85] 朱剑宇:《中国劳工权益保障制度研究——以国际劳工标准为参照》,苏州大学博士学位论文,2012年。
[86] 李凌云:《劳动权保障的国际标准及其发展趋势》,华东政法大学博士学位论文,2008年。
[87] 徐军华:《非法移民的法律控制问题研究》,武汉大学博士学位论文,2005年。
[88] 张一明:《多边贸易体制下国际劳工权利的法律保护》,东北大学学位论文,2009年。
[89] 梅跃:《流动的财富——WTO框架下我国自然人流动研究》,复旦大学学位论文,2006年。
[90] 郭琳佳:《GATS框架下自然人流动的法律问题研究》,西南政法大学学位论文,2004年。

三、外文、译著类

[1] [英] 特里·伊格尔顿著:《为什么马克思是对的》,李杨译,新星出版社2011年版。
[2] [美] 保罗·斯威齐著:《资本主义发展论:马克思主义政治经济学原理》,陈观烈、秦亚男译,商务印书馆2013年版。
[3] [德] W.杜茨著:《劳动法》,张国文译,法律出版社2005年版。
[4] [瑞典] Ronnie Eklund 主编:《瑞典劳动法导读》,叶静漪译,北京大学出版社2008年版。
[5] [加] A.E.奥斯特、L.夏莱特著:《雇用合同》,王南译,中国对外翻译出版公司1995年版。
[6] [美] 罗伯特.A·高尔曼著:《劳动法基本教程——劳工联合与集体谈

判》，马静等译，中国政法大学出版社 2003 年版。
[7] [美] 罗尔斯著：《正义论》，何怀宏等译，中国社会科学出版社 1988 年版。
[8] [美] 弗兰克·戈布尔著：《第三思潮：马斯洛心理学》，上海译文出版社 1987 年版。
[9] [日] 大沼保昭著：《人权、国家与文明：从普遍主义的人权观到文明相容的人权观》，王志安译，生活·读书·新知三联书店 2003 年版。
[10] [英] 罗素著：《权力论》，东方出版社 1998 年版。
[11] [南] 铁托著：《铁托选集（1974—1980）》，人民出版社 1980 年版。
[12] [德] K. 茨威格特、H. 克茨著：《比较法总论》，潘汉典等译，法律出版社 2003 年版。
[13] [美] 赖肖尔著：《东方文化与现代法》，时事出版社 1992 年版。
[14] [日] 川岛武宜著：《现代化与法》，中国政法大学出版社 2004 年版。
[15] [日] 日本文化会议编：《日本人的法意识——调查分析》，东京至诚堂 1973 年版。
[16] [美] 露丝·本尼迪克特著：《菊与刀——日本文化面面观》，上海三联书店 2007 年版。
[17] [日] 日本国际法学会编：《国际法辞典》，世界知识出版社 1985 年版。
[18] [美] 道格拉斯·G. 拜尔著：《法律的博弈分析》，严旭阳译，法律出版社 1999 年版。
[19] [挪] 艾德等著：《经济、社会和文化的权利》，黄列译，中国社会科学出版社 2003 年版。
[20] [英] 戴维·米勒、韦农·波格丹诺主编：《布莱克维尔政治学百科全书》邓正来译，中国政法大学出版社 1992 年版。
[21] [法] 托克维尔著：《论美国的民主》，董果良译，商务印书馆 1997 年版。
[22] [法] 卢梭著：《社会契约论》，何兆武译，商务印书馆 2003 年版。
[23] [英] 霍布斯著：《利维坦》，黎思复等译，商务印书馆 1997 年版。
[24] [英] 洛克著：《政府论》，叶启芳等译，商务印书馆 1964 年版。
[25] [英] 亚当·斯密著：《国富论》，郭大力等译，商务印书馆 1974 年版。
[26] [英] 亚当·斯密著：《道德情操论》，谢祖钧译，陕西人民出版 2004 年版。

[27] [美] 约瑟夫·熊彼特著:《资本主义、社会主义与民主》, 吴良健译, 商务印书馆 1999 年版。

[28] [美] 丹尼斯·C. 缪勒著:《公共选择理论》, 杨春学等译, 中国社会科学出版社 1999 年版。

[29] [德] 柯武刚、史漫飞著:《制度经济学》, 韩朝华译, 商务印书馆 2003 年版。

[30] [德] 哈贝马斯著:《交往行动理论》, 洪佩郁等译, 重庆出版社 1994 年版。

[31] [美] 罗尔斯·庞德著:《普通法的精神》, 唐前宏等译, 法律出版社 2000 年版。

[32] [德] 拉德布鲁赫著:《法学导论》, 米健等译, 中国大百科全书出版社 1997 年版。

[33] [美] 罗尔斯·庞德著:《法理学》, 邓正来译, 中国政法大学出版社 2004 年版。

[34] [美] R. M. 昂格尔著:《现代社会中的法律》, 吴玉章、周汉华译, 译林出版社 2001 年版。

[35] Mantouvalou V, Migrant Workers and Modern Slavery, Yearbook of Immigration and Refugee Law, United Nations Office of the High Commissioner in Human Rights, 2006.

[36] Mantouvalou V, Are Labour Rights Human Rights? European Labour Law Journal, 2012.

[37] Chanda R., Migration between South and Southeast Asia: overview of Trends and Issues, Institute of South Asian Studies (ISAS) Working Paper No. 140, National University of Singapore, 2012.

[38] Chanda R., Migration between South and Southeast Asia: Role of Interstate Cooperation, Institute of South Asian Studies (ISAS), Working Paper No. 141, National University of Singapore, forthcoming 2012.

[39] Rupa Chanda, Movement of Natural Persons: A Case Study of Soutu Asian Countries, CUTS Centre forInternational Trade, Economics & Environment, Reaearch Report, 2004.

[40] Joel P. Traehtman: The International Law of Economic Migration. Toward the Fourth Freedom. Kalamazoo: W. E. Upjohn Institute for Employment Research, 2009.

[41] International Labour Organization: International labour migration A rights-based approach. Geneva: International Labour Office, 2010.

[42] Philip Martin, Managing Labor Migration: Temporary Worker Programs for the 21st Century, in International Symposium on International Migrantion and Development, Population Division Department of Economic and Social Affairs, United Nations Secretariat, Turin, Italy, June 2006.

[43] Migration and Social Replacement Incomes: How to Protect Low-Income Workersin the Industrialized Countries Against the Forces of Globalization and Market Integration HANS-WERNER SINN Institute for Economic Research, University of Munich, 2007.

[44] ILO. International Labour Conference Report VI, 92nd Session: Towards a Fair Deal for Migrant Workers in the Global Economy, Geneva, ILO, 2004.

[45] Christian, Bryan Paul. "Facilitating Highly Skilled Migration to Advanced Industrial Countries: Comparative Policies" Institute for the Study of International Migration, Georgetown University, Washington, D. C, 2000.

[46] Commission of the European Communities, "Green Paper on an EU Approach to Managing Economic Migration" COM (2004) 811 final, Brussels, 11. 1. 2005.

[47] Martin P. Abella, M. and Kuptsch. Managing Labor Migration in the Twenty-first Century, Yale University Press, New Haven, 2005.

[48] OECD. Main trends in International Migration, OECD Paris, 2003.

[49] World Bank. Report on Global Economic Prospects, Washington, D. C, 2006.

[50] Winters Alan. "The Economic Implications of Liberalizing Mode 4 Trade" paper presented at the Joint WTO-World Bank Symposium on the Movement of Natural Persons Mode IV under the GATS, Geneva, 11-12 April 2002.

[51] Weinstein, Eric. "Migration for the benefit of all" International Labour Review, 2002.

[52] Ruhs Martin "The Potential of temporary migration programmes in future international migration policy" Paper prepared for GCIM, Sep 2005.

[53] Newcombe E., Temporary migration to the UK as an au pair: cultural exchange or reproductive labour?, Sussex Migration Working Paper No. 21,

University of Sussex, 2002.

[54] Ruhs Martin Temporary Foreign Worker Programmes: Policies, Adverse Consequences, and the Need to Make Them Work. ILO Perspectives on Labour Migration, No. 6. Geneva. 2003.

四、条约、报告类

[1] 联合国：《世界人权宣言》，引自 http://www.un.org/zh/documents/udhr/index.shtml.

[2] 联合国：《保护所有移徙工人及其家庭成员权利国际公约》，引自 ttp://www.un.org/chinese/hr/issue/mwc.htm.

[3] 国际劳工组织：《关于移徙劳工受歧视地位及提高移徙劳工平等权利与待遇公约》（第143号公约），1975年。

[4] 国际劳工组织：《移民就业公约》（第97号公约），1949年。

[5] 国际劳工组织：《组织起来争取社会正义》，局长报告，国际劳工大会第92届会议，2004年。

[6] 国际劳工组织：《劳动世界的格局改变》，局长报告，国际劳工大会第95届会议，2006年。

[7] 国际劳工组织：《面向可持续发展的体面劳动》，局长报告，劳工大会96届会议，2007年。

[8] 国际劳工组织：《加强国际劳工组织协助其成员国为在全球化背景下达到其目标所做努力的能力》，报告五，国际劳工大会第96届会议，2007年。

[9] 国际劳工组织：《在全球经济中为移徙劳工谋求公平待遇》，报告六，国际劳工大会第92届会议，2004年。

[10] 国际劳工组织：《关于从事有时限活动的移徙劳工的特别保护性措施的指导原则》，移民领域未来活动的三方专家会议，日内瓦，1997年4月25日。

[11] 国际劳工组织：《促进职业安全与卫生框架》，报告四，国际劳工大会95届会议，2006年。

[12] 国际劳工组织：《雇佣关系》，报告五，国际劳工大会第95届会议，2006年。

后　记

——不忘初心，方得始终

2008年的一个冬日，闲读《武汉大学学报》（2006年第6期）上刊载的法学论文。那时学术根基尤浅，读书只能浮光掠影、浅尝辄止，未有能力深究细品。一篇关于“外资并购法律管制与应对”的学术论文却让我眼前一亮，首先觉得题目新颖，紧扣时代脉搏，于是吸引我一气呵成地读下去，读罢仿佛能感觉作者行文谋篇时亦是酣畅淋漓。纵观全文，理论开篇言之有理，材料铺陈持之有据，勾画梳理言之有物、四维精到，对策建议有的放矢、切弊而行。回味久难淡去、景仰久久不已。那时就记住了一个光辉的名字，心中种下一颗梦想的种子。

2009年多方辗转与业宏老师建立联系，之前未识老师一面，老师竟仍古道热肠，未嫌我功底浅薄与不谙世情，毅然决定毫无保留地接纳我，并在最艰难的时候奔走呼吁为我争取宝贵的资格。虽然老师至今未只言片语提及当年过程，但其中困难滋味我仍能深味。老师关照提携，学生常怀感念。正是老师将我招至少年时、青年时梦寐以求的桂子山下，才让生性自卑的我多一份自信乐观，常常自闭的我添一份开放热忱。老师的倾心帮扶犹如我命运中的金手指，从此为我开启幸福之门，在这里我开始踏上磕磕绊绊的学术探索之路，同时展开鲜活灵动而又成熟丰满的生活画卷。永远忘不了桂子山间，南湖岸畔，恩情、友情、爱情、亲情我一一收获，从此以往我被点醒灵魂，也点亮了整个人生。如今一细想，正是老师为我在华中师范大学种下理想的种子、学术的种子、成长的种子、幸福的种子。

老师的教导，看似琐碎，实则全面，观世处世、治学为人、理想信念、健康养生、幸福生活无所不包；看似浅易，实则深刻，穷根溯源、洞悉本真、见性见心，直抵本原。法心理心不二门，一层境界一层理，老师总能层层剖析，让学生如沐春风。老师言传身教犹三千沧浪之水，我辈只取一壶便可足慰平生。细品老师话语，其义深远；善用老师钧言，受益无尽。“舍不舍得花时间是检验爱的标准”，我将之演绎为“爱一个人就舍得为她花时间”，“爱在华师”我真切地亲身体验，在这里收获真爱、觅得一生伴侣，筑就幸福家庭！四时养生、顺势而为，常治未病、心静境宽，让我有了养生意识和健康理念，虽未能主动锻炼，但能消极保养，长此以往就不知不觉节食少欲、去除陋习！养智修身，自强人敬，唯有真才实学、才德两兼方能安身立命，灵活权变适者生存，通情达理不失诚心！法恒有心，须穷源究本，多路求证，终能见性知灵！我虽慧根未开离法心甚远，却倾慕法理已久，长亲“法的精神”不已！

读书人，平凡而又厚重，老师自己是这么做的，也是如此教的。周六课堂，不避严寒酷暑，甘冒雨雪风雷；有字书无字书，耳提面命口授心传，处处皆得学问。法学教育、处世学问、健康理念、爱的教育构成老师“四位一体”的育人体系，其中核心则是治学求真，处世、健康和爱三者支撑治学求真，四者方得相辅相成。读书人的精气神是知识、见解以至思想，健康的体魄、和谐的人际关系、浓情的家庭生活最能滋养读书人广大精微之神气！老师引导我们不断读书读好书，发问不止，求索不止，并为我们指明那终极之处：法律之心、学问之心即是朴实的真理、是美、更是爱！

学生资质愚钝又兼懈怠，师之教诲，未能砺行，惭愧自责至今不已。论文三定题目、数易其稿、历经五载仍觉粗浅。其间幸得老师寻题定题，勾勒总纲，口授观点，电陈弊病。老师在我心烦意乱时让我平心定气，得以重整思绪；在一筹莫展时拨开迷雾，让我豁然开朗；在我懈怠丧志时，适时敲打提点，让我重拾初心。老师如父，亦远又亦近，关爱觉近，自愧觉远！老师如书，似浅却深，浅得其皮毛，深得其精神，唯有常读常新，渐读渐懂！

华师，最美的地方，回忆温暖之地，心中柔软所在！林剑老师的马恩课堂和层层说理、有如证明题一样严谨周密的论文让我常常回味，华师的名家讲座依然让我久久留恋。从德老师的长期提携、泽雄老师的重要帮助、姜红老师的悉心服务我一一铭记在心。同门学友春游冬聚，昼学夜歌，卧谈晨练，生活中的温情与欢乐历历在目，时常独自记起，总还会心一笑！同门好友的关心与帮助、热情与智识伴我在华师度过美好的温暖时光！

母亲一生命运多舛，却不失坚韧乐观，从来克己克难、无索无求，让儿不必持汤问药而能安心向学。慈母之恩，永难为报！感谢岳父岳母将最疼的满女托付于我，一直视我为亲儿。千里辗转潇湘八桂，不畏奔波劳累；呵护孙儿不分昼夜晨昏，呕心沥血只为婿女梦成！

感谢妻子丽平，在华师一场最美的遇见，从此激活并幸福了我的整个人生。持家不易，育儿辛苦，你任劳任怨；争气深造，治学不辍，让我汗颜发奋！最爱小女儒曦，健康活泼，欢乐天真，一直是我前行的动力！

感谢梧州学院的领导、同事，特别是善茂书记、杨奔校长在我读博期间给予我无私的支持和帮助！感谢我的硕士生导师陈宗波教授长期的关怀与指导！感谢武汉大学张庆麟教授、夏建国教授、张乾元教授，中南财经政法大学刘仁山教授、夏勇教授、苏彩霞教授，武汉工程大学曹胜亮教授给予我宝贵的指导与帮助！感谢《中国社会科学》孙麾老师、《哲学研究》鉴传今老师、《江海学刊》韩璞庚老师的指导！感谢广西民族大学谢尚果、何立荣、蒋慧、齐爱民教授，广西大学魏敦有、谢舜、王玉生教授，广西师范大学周世中教授、黄竹胜、郭剑平、张才圣教授对我的关心与帮助！

学问无止境，且读且思长珍惜；

大恩言难谢，愿好人一生平安！

陶斌智

2017 年 8 月 8 日